高等院校经济管理类专业本科系列教材

江苏省高校"青蓝工程"优秀教学团队——电子商务专业教学团队、国家级一流本科专业——徐州工程学院电子商务专业建设点阶段性成果

数字营销

SHUZI YINGXIAO

主　编　杨　雪　叶梦洁

副主编　范以定　李　君

重庆大学出版社

内容提要

作为数字经济时代新营销的重要形式,数字营销已经成为以客户为中心的现代营销变革的重要方向和企业竞争的热点,是当前企业追求高增长的必然选择。本书紧跟时代发展的潮流,结合传统市场营销理论和新兴数字技术发展,从理论基础和模式体系角度详细地进行了阐述和分析,系统地介绍了数字营销的基本理论、数字营销的组合策略、数字营销的常见模式与应用实践等内容,引领读者全面了解数字营销,并提升数字营销的能力。本书强调内容的应用性和实践性,可作为高等院校相关专业的教材,也可作为企业管理人员和营销人员的培训参考用书。

图书在版编目(CIP)数据

数字营销 / 杨雪,叶梦洁主编. -- 重庆 : 重庆大学出版社,2025.1. --(高等院校经济管理类专业本科系列教材). -- ISBN 978-7-5689-4827-2

Ⅰ. F713.36

中国国家版本馆 CIP 数据核字第 20256BV927 号

数字营销

主 编 杨 雪 叶梦洁
副主编 范以定 李 君

责任编辑:文 鹏 版式设计:顾丽萍
责任校对:王 倩 责任印制:张 策

*

重庆大学出版社出版发行
出版人:陈晓阳
社址:重庆市沙坪坝区大学城西路 21 号
邮编:401331
电话:(023) 88617190 88617185(中小学)
传真:(023) 88617186 88617166
网址:http://www.cqup.com.cn
邮箱:fxk@ cqup.com.cn(营销中心)
全国新华书店经销
重庆华林天美印务有限公司印刷

*

开本:787mm×1092mm 1/16 印张:19.75 字数:482 千
2025 年 1 月第 1 版 2025 年 1 月第 1 次印刷
ISBN 978-7-5689-4827-2 定价:49.00 元

本书如有印刷、装订等质量问题,本社负责调换
版权所有,请勿擅自翻印和用本书
制作各类出版物及配套用书,违者必究

前　言

党的二十大报告提出："加快发展数字经济,促进数字经济和实体经济深度融合,打造具有国际竞争力的数字产业集群。"数字经济已经成为我国经济发展的一种核心驱动力,有力地推动了围绕数字化、产业化的变革升级。数字技术与实体经济深度融合,赋能传统产业转型升级,以互联网、移动互联网和户外电子媒体为代表的新兴数字媒体平台发展迅速,利用这些平台开展数字营销成为企业市场营销发展的新趋势和必然选择。随着数字技术的不断发展,消费者的生活方式发生了翻天覆地的变化,"数字化生存"已然成为现实。数字营销是利用网络技术、数字技术和移动通信技术等手段,借助各种数字媒体平台,针对明确的目标用户,为推广产品或服务、实现营销目标而开展的精准化、个性化、定制化的实践活动,是企业在数字时代与用户建立联系的一种独特的营销方式,具有高度互动性、目标精准性、平台多样性和服务个性化、定制化等特征。

"应用性"已经成为现今高等教育的关键词,强调理论服务于实践,以及学生技能的提高。本书的编写力求兼顾理论与实践,使两者能够完美融合、相得益彰,既做到理论先进、系统完整,又涵盖现实、贴近实际,既不放弃传统理论,又兼具时代特点,在系统培养学生数字营销理论知识的基础上,提高学生的悟性,培养学生的实际应用能力。

本书结合传统市场营销理论和新兴数字技术发展,将数字营销的内容体系划分为两个部分:第一部分是数字营销理论,包括第一章到第四章,主要介绍了数字营销的概念内涵和发展历程、数字营销的环境分析、数字营销的消费者分析、数字营销的组合策略,作为全书的理论基础。第二部分是数字营销模式,包括第五章到第十二章,主要包括数字媒体营销、数字场景营销、数字内容营销、大数据精准营销、数字化 IP 营销、短视频营销、跨界营销、社群营销等。本书对当今数字营销领域的策略方法进行整合,并配有相关模式的典型案例,供实战参考。

本书的特色主要体现在以下两个方面:

①内容全面,知识新颖。本书紧跟时代发展的潮流,对数字营销的常见模式和策略进行了深度诠释,案例丰富,注重实用,并充分考虑课程要求与教学特点,以必需和实用为准则,将重点放在思维的开拓和实操技能的培养上,以进一步提升学生的数字营销能力,解决数字营销中的痛点和难点。

②强调内容的应用性和实践性。本书在编写过程中,力求以通俗易懂的语言,简明扼要的小案例、知识链接等向广大读者阐述数字营销的主要内容。每一章都以精心选择的案例作为切入点,各章后面均配有本章小结、本章复习题、案例分析等内容,使学生在学完每个知识点以后都能在企业经营与现实生活中加以运用。

本书可作为高等院校相关专业的教材,也可作为企业管理人员的培训参考用书。本书由杨雪、叶梦洁任主编,范以定、李君任副主编。全体参编人员共同设计全书框架,拟订编写大纲。具体分工如下:杨雪编写第八章;胡继华编写第一章、第五章;谢丽丽编写第二章、第十二章;叶梦洁编写第三章、第六章、第十一章;李君编写第四章;陈德胜编写第七章;尹彬编写第九章;范以定编写第十章。杨雪、叶梦洁负责全书的统稿工作。

本书在编写过程中,除书中注明出处和列出的主要参考文献外,还参阅并吸收了国内外大量有关著作、教材和论文中的最新研究成果,限于篇幅,未能一一列出,敬请谅解,在此一并表示感谢。

由于作者水平、能力有限,本书难免有不足之处,诚恳祈盼各位学术界同人和读者指正,对本书提出宝贵意见。

编 者
2024 年 4 月于中国徐州

Contents

目 录

第一篇　数字营销理论

第二篇 数字营销模式

第一篇

数字营销理论

第一章

数字化转型与数字营销

📖【导入案例】

打造数字营销中台,助力创建国际化品牌医药强企

华东医药股份有限公司(以下简称"华东医药")成立于1993年,业务覆盖医药全产业链,以医药工业为主导,同时拓展医药商业和医美产业,已发展成为一家集医药研发、生产、经销为一体的大型综合性医药上市公司,多次荣获福布斯"亚太最佳上市公司50强",是中国十佳医药医疗上市公司、最具投资价值医药上市公司十强。2021年,华东医药以2020年336.83亿元的营业收入位列中国企业500强第314位。

华东医药始终秉承"以科研为基础,以患者为中心"的企业理念,致力于成为一家以科研创新驱动的国际化品牌医药强企。基于这一战略目标,华东医药积极创新业务模式,支撑业务发展。为应对快速变化的市场,满足国家对医药行业的监管政策,华东医药加速推进数智化转型,以创新营销模式、提升营销能力,助力创建国际化品牌医药强企。

按照前、中、后台的应用架构理念,基于用友YonBIP营销云打造数字营销中台,建立商品中心、资质中心、会员营销中心、客户服务中心、门店管理中心、订单中心、营销政策中心、费用中心、返利中心等业务中台应用,实现统一主数据、统一会员、统一业务、统一服务、统一结算;经营管理后台采用用友NC6医药行业解决方案,打通财务、供应链、HR等业务,实现业财一体化运营。

通过订单中心实现多端订单自动化处理,订单处理时间由原来的5分钟下降到每单最快8秒,大大提高了订单的处理效率,提高了医院客户到货及时率;通过返利中心对返利协议划分分类形式设置预警报表,满足了企业上下游针对返利政策的预估,以及快速处理对账、建账、兑现、核销等业务的需求;通过营销政策中心对GSP资质及两票制进行集中管理,确保GSP资质的合法性和两票制的合规性,大大降低了管控难度;通过库存中心对所有仓库进行统一的视图管理,在多仓联动的运营下,快速满足配送和降低物流成本的需要,有效提升库存周转率及物流配送效率,降低配送成本。

(资料来源:用友网络-案例中心)

思考:请分析华东医药的成功之处。你是如何理解数字营销的?

引言

随着科技的飞速发展,我们正处于一个数字化的时代。这个时代的特点是信息的传播速度快,信息的获取方式多样,信息的处理能力强。在这样的背景下,数字化转型和数字营销成为企业生存和发展的关键。数字化转型可以帮助企业提高效率,降低成本。通过数字化技术,企业可以实现业务流程的自动化,减少人工操作,提高工作效率。数字化技术还可以帮助企业实现数据的集中管理和分析,提高决策的准确性和速度。

数字化转型是指企业利用数字技术改变业务运营模式,提高效率,创新产品和服务,以满足市场和客户的需求。这需要企业对现有的业务流程、组织结构、企业文化等进行全面的改革和升级。数字化转型和数字营销可以帮助企业应对市场变化,抓住发展机遇。在数字化时代,市场环境和消费者行为都在快速变化。只有通过数字化转型和数字营销,企业才能及时了解市场动态,把握市场趋势,抓住发展机遇。

数字营销是企业在数字化转型过程中,利用数字技术和平台进行产品推广和品牌建设的一种营销方式。它包括搜索引擎优化(SEO)、内容营销、社交媒体营销、电子邮件营销等多种策略和方法。数字营销可以帮助企业扩大市场,提高品牌知名度。通过互联网和社交媒体等数字平台,企业可以更直接、更快速地接触潜在客户,推广自己的产品和服务。同时,数字营销还可以帮助企业收集和分析客户数据,了解客户的需求和行为,从而更好地满足客户的需求,提高客户满意度。

数字化转型和数字营销是相辅相成的。只有完成数字化转型,企业才能有效地进行数字营销;而成功的数字营销又能推动企业的数字化转型。对于现代企业来说,无论是为了提高效率,还是为了扩大市场,或者是为了应对市场变化,掌握数字化转型和数字营销的知识和技术,已经成为一项必备的能力。

第一节　数字时代的转型

数字时代的转型是指从传统的信息技术和商业模式向数字化、网络化、智能化的方向发展的过程。这种转型涉及各个领域,包括政府、企业、教育、医疗、金融等。数字化转型是建立在数字化转换、数字化升级的基础上,进一步触及企业核心业务,以新建一种商业模式为目的的高层次转型。数字经济时代的新型能力就是数字化生存和发展能力,就是为适应快速变化的环境,深化应用新一代数字技术,建立、提升、整合、重构组织的内外部能力,也是赋能业务加速创新转型,构建竞争合作新优势,改造提升传统动能,形成新动能,不断创造新价值,实现新发展的能力。

一、数字时代的概念

数字时代,又称数字化时代,是指在当今互联网时代,社会发展形态的一种新的变革,指社会经济文化发展的新模式,是"互联网+"的核心赋能。数字时代,主要是指在当今互联网经济时代,通过将数字化的技术融入社会的各个领域,来推进社会的数字变革和发展,从根本上构建数字社会文明。数字时代,不仅社会经济发展形势发生重大变化,而且重塑了今天人类社会的发展形态。

在数字时代,数据被视为一种重要的资源,大数据技术、人工智能和机器学习等技术的发展使数据分析变得更加高效和智能。同时,数字化生产已经成为现代社会的基础,各种传统行业都在与数字化融合,形成新的商业模式。

此外,数字时代的需求呈现4种特点:多样化、综合化、个性化、互动化。这4种特点反映了消费者需求的多样性和个性化,企业需要提供个性化和定制化的产品和服务来满足消费者的需求。

数字时代是一个复杂而深远的时代,它正在改变着我们的生活方式、工作方式和思维方式。在这个过程中,我们需要不断学习和适应新技术,以应对不断变化的市场环境。

二、数字化技术的发展带来的变革

数字化技术的发展带来的变革是全方位的,它正在深刻地改变着经济、政治、文化、社会和生态文明建设。

1. 数字化技术带来了产业组织模式的革新与重构

数字化技术的应用使企业可以更加灵活和高效地进行生产和管理,推动产业的数字化转型和升级。数字时代产业组织的演变改变了产业经济的运行规则与逻辑,为新产业、新业态、新模式的发展提供了空间,同时推动了跨国合作和智慧监管的推进;数字化技术的应用正在推动企业组织模式和产业创新发展范式的重构,以及数字技术与实体经济的深度融合,这是一个实现加速创新与能力跃迁的动态过程;数字化转型是用数字技术重构组织和业务的过程,包括对产品本身、服务流程、组织结构、渠道与供应链整合、商业模式等进行数字化再造。

2. 数字化技术带来了基础设施体系的现代化

大数据、云计算等新技术的应用,使现代基础设施体系变得更加智能化和高效化,我国正在加快建设以新发展理念为引领、以技术创新为驱动、以信息网络为基础的基础设施体系,为数字技术的快速发展提供了有力支撑。这不仅推动了产业的数字化转型和升级,也为社会治理模式创新带来了新机遇。

3. 数字化技术带来了科技人才培育体系的改革

数字化技术的发展给人才的需求带来了新的变化,需要培养更多具备数字技能和创新能力的人才。随着数字技术和数字经济的快速发展,社会对数字人才的需求呈井喷式增长。而高校的数字人才培养体系尚不健全,专业和课程设置、师资配备、招生规模不能满足数字人才培养的需要。培养和引进高素质的数字化人才成为亟待解决的问题。

4. 数字化技术带来了数字经济的崛起

近年来,互联网、大数据、云计算、人工智能、区块链等技术加速创新,日益融入经济社会发展各领域全过程,数字经济成为重组全球要素资源、重塑全球经济结构、改变全球竞争格局的关键力量。数据已经成为驱动社会经济发展的关键生产要素。数字技术决定了数字经济发展的水平和规模,其渗透率在不断提升,越来越多的产业受到数字经济发展的影响。同时,数字化服务作为满足人民美好生活需要的重要途径,正在有效地打破时空阻隔,提高有限资源的普惠化水平,极大地方便群众生活,满足群众多样化、个性化需要。

总的来说,数字化技术的发展正在推动社会向一个全新的范式转变,这是一个复杂而深远的过程,我们需要不断学习和适应新技术,以应对不断变化的市场环境。

三、社会经济文化形态因数字时代而转变

数字化技术的发展和应用正在深刻地改变着我们的社会经济文化形态,推动着我们从工业时代向数字时代的转型。

首先,在经济领域,数字化技术正在推动产业升级和创新。例如,通过大数据、云计算、人工智能等技术的应用,企业可以更有效地管理和分析数据,提高生产效率和产品质量,从而推动经济发展。

其次,在社会领域,数字化技术正在改变我们的生活方式和社会交往方式。例如,通过社交媒体、在线教育、电子商务等平台,人们可以更方便地进行信息获取、交流和交易,从而提高生活质量和社会效率。

最后,在文化领域,数字化技术正在推动文化创新和文化传播。例如,通过数字化技术,我们可以更好地保护和传承文化遗产,同时可以通过网络平台将优秀的文化作品传播到全球各地。

总的来说,数字化技术的发展和应用正在深刻地改变着我们的社会经济文化形态,推动着我们从工业时代向数字时代的转型。这不仅为我们带来了新的机遇和可能性,也对我们提出了新的挑战和要求。数字时代的发展推动了全球经济文化发展形态的重大变革,使社会形态也随之发生变化。

(1)普惠金融方兴未艾

传统金融业已经迎来"互联网+"的爆发,在数字时代,普惠金融的发展迅速,在保护投资者权益的同时,可以让更多的低收入群体进入金融市场,获得融资,改善贫困人口的生活。

(2)传统商业转向新型商业

随着大数据技术的应用发展,新型商业模式如互联网金融、移动支付、O2O等,开始成为商业活动的主流形式,推动着实体经济的发展。

(3)社会服务体系得到模式升级

随着护理服务的信息化、社会福利保障服务的智慧化、政府的电子服务改革,公共服务体系得到大幅度提升,解决了传统服务模式中的安全、效率、合理性等问题,提高了人们的生活质量。

📖【知识链接】

数字经济时代企业数字化转型的路径选择

随着信息技术和互联网的快速发展,数字经济逐渐发展成为我国经济的重要组成部分,传统产业数字化转型也保持持续深入发展,从提升效率和打通销路两个方面入手可以促进企业数字经济实现更好发展。目前我国数字经济规模占GDP的比重已经超过1/3,在我国经济步入新常态后,数字经济已经成为我国中长期经济转型的重要依托。然而随着经济进入新常态,我国产业大而不强的问题显现,加上劳动力成本和环境成本不断上升以及发达国家再工业化战略的实施,我国产业发展速度明显变缓。数字经济成为带动产业转型升级、实现经济新增长的重要引擎。数字化转型是企业借助数字技术手段,改进和调整管理和生产流程、商业模式、组织结构等方面,以适应环境变化所进行的变革。数字化正成为重组全球要素资源、重塑全球经济格局、改变全球竞争格局的重要手段,中国政府要积极出台各项政策引导、鼓励、支持数字经济的发展。

1. 转变经营思维和理念

①要建立大数据思维。在传统理念中,数据统计仅仅关注数字精准度。但大数据对整体情况描述清晰的同时,更加注重数据之间的相关性以及数据的整体性,具有较为明晰的总体思维、容错思维。

②建立数据驱动理念。企业要通过客户数据模型来分析存量客户、潜在客户,更好地为客户提供有针对性的综合性服务。通过加强客户与企业之间的联系实现共赢,彼此共生关系成为企业持续增长的内生动力。

2. 组织再造优化

组织构架是现代企业高效运作的基本保障,也是企业开展数字化转型能否成功的关键。只有构建与现代企业制度相适应的组织构架,才能在数字经济时代实现数字化转型并取得竞争优势。

①要建立紧密融合机制。区别于传统的独立条线管理,企业要跨层级、跨部门调用资源,建立更适应当前环境、更加开放、更具有包容性的队伍,建立紧密融合机制,并且依据当前市场、行业、政策等形势实现动态自我调整,既加强穿透力,又能提升协同力,能将客户服务得更加细致。

②将专业技术与业务发展相融合。高度重视数字转型,将网络经营业务部作为推动数字转型的牵头部门。企业的分(子)公司层面要设置独立的网络经营业务部。将专业技术与业务发展融合,在政府服务、产品研发、购物体验、精准营销等领域建成互联网有效场景,深化数字化建设,并通过优化线上App提升个人线上服务。

③推进协作共赢机制。要加强跨条线、跨部门沟通协作,加强与行业其他企业沟通交流,思维从"在一块蛋糕中如何瓜分得更多"转为"如何协作做大蛋糕实现共赢"。企业文化中融入共建共赢理念,通过促销推广活动、与消费者面对面对话等活动推进理念深入人心。

④提升员工综合素质。以人为本是组织架构的核心元素。企业要鼓励员工"跨专业、多才能"发展,储备更多的前沿知识,掌握更多的生产经营技能,钻研更多的数字化技术,并鼓励科技人才、互联网人才等加入,定期开展员工数字化技能培训,助力培养数字化人才发展,

提升分析处理数据的能力。

3. 加强风险控制和数据整合

①加强数据安全监管。企业要与上级以及同业监管部门加强沟通合作，通过服务监管进一步严格管理数据信息，有效防范大数据安全风险事件。企业还应该构建全面的风险控制管理机制，制订数据规范安全的标准，有效监督、控制企业数字化转型期间的风险。

②建立强大的大数据风险控制机制。目前企业线上交易量巨大、客户数多、交易并发集中，要建立强大的大数据风险控制机制，智能、自动管控、监督客户的各项交易。可以充分利用人脸识别系统、物联网系统、大数据、5G等先进技术在多个方面开展更加精细的风险控制，创新研究基于客户与市场的各类非结构数据、结构数据等进行的数字化风控模型，进一步做好风险预测与警示。

③将风控融入业务流程。例如，研发动态的风控模型，持续完善与企业数字化转型相匹配的业务流程。在完善业务流程的过程中，要在风险可控、监管合规的前提下，优化企业风险控制制度，从而实现企业风险管理、业务发展共赢。再如，生产经营方面，构建合理的职能部门—分(子)公司、职能部门—职能部门联动营销机制，为客户提供更加综合化、立体化的服务，横向贯穿公司、个人条线，纵向连接研发投入、生产营销、售后服务，充分挖掘价值。同时，通过风险控制机制有效地把握控制数据流、资金流、贸易流是否真实，全面系统地实现风险控制。

④强化数据应用整合。当今社会已经步入数字化时期，可使用人工智能大数据专业技术来重新获得数字经济背景下的生命力，充分全面地使用大数据，及时迅速作出相关管理决策，向数字化企业转型，从"外拓延伸式"向"精密细致化"发展。智慧风控要加强数据运用，核心是风控模型数据化建设，重点是风险能力输出，与外界平台有效对接。例如，将智能数据库、大型互联网企业等外界平台信息适当引入，加强企业数字化转型需要的内外部数据整合。

⑤完善内控制度。数字经济背景下，企业要加快完善内控制度新体系。一方面，要进一步规范流程。风险控制部门要在线上业务的研究、开发、试点、推广等各阶段充分介入，加强监督，并且要对各部门、各条线、各岗位制订较为明确的风险控制要点。对属于低风险的事件，要充分授权，充分发挥职能部门、分公司和员工的自决、自动、自治。另一方面，要进一步推进数据标准化。目前，数据已经作为重要的生产要素，和资本、劳动、知识、土地并列。通过数据的力量为内控减负、为发展提速已经是主流思想。企业要打通各个系统之间的数据通道，整合现有的管理系统，研究开发出适合企业数字化转型发展战略的数据信息系统，完善数据采集和分析的工具，进一步推动数据标准化建设，形成客户全方位画像，具象化客户的潜在产品需求。

4. 强化数据治理，积极共享

①加强数据治理。做好数据资产表整理，做好数据资产图谱管理，更好地运用数据，提升数据的治理水平，充分体现数据的效用。

②完善数据洞察力。建立一支更加专业的生产经营数据分析师团队，更加有效地运用各类数据分析工具、数据模型等，并且运用较为科学的数学算法，将多维度、多类型、巨量的数据相互之间紧密联系起来。

③夯实数据框架基础。构建整体的数据框架,以智能化为基础,实现数据对风控、管理、服务等工作的支持,将决策由传统的经验判断逐步转型为以数据为基础的判断。

④采用合作的方式共享数据。企业应该采取合作的方式获取数据,得到相关的结果,同时要有效地保护客户信息。近几年来,很多企业逐渐开始和腾讯、百度等公司合作,其目的就是对数据信息开展共同享用。企业应利用企业的核心优势,积极联系第三方合作平台,与其联合双方优势互补,合作为客户提供更加高效、更加便捷的服务。

⑤统一数据标准。企业要统一企业内外的数据采集标准,形成企业统一的数据视图,持续将财务收支、生产经营、关键客户、供应商、经销商等关键数据信息纳入数据库,同时开展客户行为分析、非账务日志、非结构化数据等数据信息采集及入库,统一各类数据标准。

（资料来源:敖韫.数字经济时代企业数字化转型的实现路径分析[J].全国流通经济,2023(20):120-123.）

第二节　数字营销的内涵

比尔·盖茨曾经说过:"21 世纪,要么电子商务,要么无商可做。"这句名言已经成为许多企业开展电子商务最好的宣传用语。"数字营销"一词是移动互联时代的专门用语,这个词仅存在于互联网时代。数字营销是指新兴多媒体用数字工具取代以往的技术来进行传播活动,并且进行销售、沟通的营销活动。

随着"数字营销"逐步推广和传播,它已经被定义为是多媒体渠道推广公司的传播活动,而且可以与客户进行及时有效的沟通。数字营销主要依靠移动互联、通信技术和数字交换技术在互联网上宣传自己的公司和产品,并且利用当今迅速发展的互联网数据采集和挖掘技术,以最直接、最有效、最节约的方式来发掘新的市场和消费者。数字营销作为营销的一种新型方式,其实质和目的与传统的营销一样,数字营销借助了现代化的数字手段,传播范围更广、传播速度更快、传播方法更灵活、更有可能帮助企业产生"爆款"产品。

综上所述,数字营销(Digital Marketing)就是指借助互联网、通信技术和数字交互式媒体来实现营销目标的一种营销方式,从而以一种及时、整合、定制化和节省成本的方式与消费者进行沟通。从广义上看,数字营销不仅包含了诸多网络营销中的技术与实践,如 Blog、BBS、Video、Banner、IPTV、互动广告等,还包括诸多基于通信技术的技术与实践,如 WAP、SMS、MMS、手机报、手机电视等,基于数字交互式媒体的新技术及应用,如互动电视、移动电视等,以及传统媒介形式的数字,如数字广告牌、楼宇视频广告等4个大类。从"数字的营销组合"这一相对狭义的角度来说,数字营销主要指的是企业依托互联网、手机等数字沟通手段,以沟通品牌信息、激发购买行为、获取产品反馈等常见营销目标为目的的市场行为。

尽管数字化营销的最终着眼点仍然是营销,但是它将先进的计算机网络技术以及信息处理技术广泛运用于营销活动中,这就形成了它与传统营销之间最大的区别,这种差别的存在使实施数字化营销既能为企业带来良好的机遇,也会为企业带来一定的挑战。

与传统的营销方式相比,数字化营销主要表现在以下几个方面的不同:

1.形式多样

信息技术的发展,使信息化产品越来越普及,而信息化产品的多样性,形成了数字化营销形式多样性的基础。目前主要的数字营销形式包括网络广告与IPTV(网络电视)、手机与即时通信、Vlog播客与Blog、楼宇与广播、分众电视等。

2.直接的互动与体验

宝马集团收购MiniCooper后,在官网上增加了很多互动栏目,其中就包括"车主休息室"和定制油漆商店,顾客可以根据自己喜欢的款式、颜色以及内部个性化设计,得到完美的营销体验。同时,网站根据顾客的基本信息建立顾客数据库,为客户关系管理做准备,以便根据客户需要,不断地调整其沟通策略,进而达到互动性与体验性的效果。

3.娱乐与全天候

网络在线游戏能够拉近与顾客的距离,提高用户黏性。数字技术可以无限拓展产品与消费者的接触点,随时随地与消费者进行对话,甚至有可能使他们全天候被营销信息所包围。数字化营销相当于一条虚拟的"章鱼",综合了各种媒体的功能,延伸出无数只为消费者贴身服务的"触手"。

4.分众和整合,不受地域限制

数字化营销可以拓展出新的市场区隔,不受地域和时间的限制,能使企业、咨询公司、广告公司、公关公司、传统媒体、新兴媒体充分整合,达到营销组合的效果。以大众媒介作为主要载体的广告模式效益日渐下降,而建立在数据库基础上的网络营销将成为更为有力的市场营销工具。

📖【知识链接】

数字营销未来研究展望

1.个性化隐私悖论的解决途径以及对企业绩效的影响研究

首先,探索如何化解个性化隐私悖论。消费者信息分享带来的厌恶感、信任感、倦怠感等情感性因素如何化解个性化隐私悖论?企业有哪些措施能降低消费者的隐私关注?例如,根据非理性折现理论,人们在评估未来收益时更愿意选择眼前较少的收益而不愿选择长期较多的收益,这意味着消费者明知隐私保护更重要,但为了获得眼前短期利益完全有可能披露个人隐私信息。企业和消费者在经济、心理方面的互动机制有助于化解隐私悖论。其次,假如个性化隐私悖论一时难以化解,那么该如何降低其对公司绩效的负面影响?有哪些因素能够弥补公司损失进而提高公司的财务绩效?隐私保护设计理论认为信息的价值和管理成本会随着时间的变化而变化,通过综合考虑信息生命周期中每个阶段是否存在隐私悖论及其形成的机理,进而企业合理进行资源投入,很可能有助于解决因隐私顾虑对公司绩效的负面影响问题,并最终助力企业发展。

2.算法黑箱效应以及可解释AI对消费者行为的影响研究

首先,可以探讨如何化解或缓解算法黑箱效应。例如,运用"可解释人工智能技术(ExplainableAI,XAI)"来尝试化解算法黑箱问题。XAI技术是一系列可以向用户解释其输出结果或过程合理性的技术,通过向用户解释某种算法决策的基本原理和过程,提高用户信任,从而缓解算法的黑箱效应。通过开发决策树、深度学习和神经网络等"可解释AI"技术,不但有助于提高算法的透明度,而且有助于处理好商业领域中针对算法系统可解释性的"一刀切"现象,能够较好地解决算法黑箱效应问题。其次,探讨可解释AI技术对消费者行为的影响。以往研究多是基于算法黑箱的不可知性来探讨消费者的响应问题,但随着可解释AI系统的出现和普及,对消费者的影响是否会出现与以往研究不同的结果?为了解决上述问题,可以根据可解释性的不同类型,如局部解释和全局解释,与以往研究进行对照研究,观测顾客反应是否存在差异;还可以探索从"可解释"到"可信"的算法推荐与人工智能伦理研究。

3. 区块链赋能的数字营销对企业绩效和人类福祉的影响研究

首先,可以探讨区块链营销如何影响客户关系。区块链技术基于点对点通信,通过促进非中介化(去除处理和过滤数据流并增加成本的中介)来改变市场结构。例如,通过创建不可变和共享的数据记录,帮助提高数据质量并促进数据访问,从而提高数据和信息的透明度、提高隐私的安全性,大幅改变顾客关系。可以基于区块链技术的以上特性,探索如何依托区块链技术开展营销活动、开发和维护客户关系。再如,区块链技术允许消费者在平台上拥有经过认证和验证的配置文件,自主控制网站收集的信息,这有助于提高顾客信任。根据承诺信任理论,信任可以使合作双方减少风险性和投机等短期行为,使双方保持长期关系。还可以基于区块链的平台特征和信任承诺理论来探讨如何提高顾客信任度以及忠诚度,也可探讨区块链赋能的推荐系统对消费者响应的影响。以往推荐系统收集顾客数据等原因容易加剧消费者的提防心理,区块链的安全性有助于缓解消费者对推荐系统的不信任。基于此,可以探讨基于区块链的推荐系统如何改善顾客关系。其次,可以探讨区块链营销对公司绩效的影响。例如,产权理论认为明确、专有、可转让和可操作的产权能够保证经济效率。区块链技术的特性决定了基于区块链的营销活动具有很高的安全性和可操作性,可以借助区块链营销活动来创造经济效益,提高公司绩效,从而深挖区块链技术在营销中的应用,丰富企业开展数字营销活动的手段。

4. 探索数字技术赋能下营销能力的差异化作用

首先,探索新兴数字技术赋能的营销能力的具体内涵。例如,资源优势理论认为技术是一种基本资源,利用物理技术的能力往往涉及社会复杂现象,如社会关系和文化,是不能完全模仿的,物理技术的开发通常可以维持竞争优势。针对当前对数字营销能力的内涵莫衷一是的现状,可以基于资源优势理论,通过访谈、案例或过程研究等质性研究方法来对AI等新兴技术赋能的营销能力的内涵进行概念化,并进一步实证检验探寻内在机制,从而形成对数字营销能力的全新认识,以期为企业带来更大的竞争优势,同时契合数字营销理论智能化的发展方向,完善数字营销理论体系。其次,探索数字营销能力对公司绩效的双刃剑效应。

5. 数字化背景下的顾客定制战略研究

首先,探索数字化顾客定制战略的创新形式。随着数字技术的不断演进,产品或服务定制是否出现了新的模式?不同的模式适用于哪些特定的产品或服务?企业在采用不同的定制模式时需要具备哪些特定的能力?技术的进步可以有效地提升企业定制制作周期和顾客响应速度,那么在数字化时代,产品的定制时间是否仍然是影响顾客定制决策和战略实施效果的重要因素?为了解决这类问题,可以采取案例研究,深入相关企业进行访谈,归纳出实践中存在的新定制模式,进而了解不同模式下的产品类型和定制能力,并进一步演绎验证归纳出的变量间可能的潜在关系,完善数字化顾客定制战略理论。对此类问题的探究,可以更加全面地刻画出顾客定制的表现形式,同时将帮助准备实施或正在实施顾客定制的企业更加全面系统地认识顾客定制,通过剖析自身资源能力,对定制方案进行周密设计,更好地服务顾客的多样化需求,进而实现定制的长期效益。其次,探索和提炼数字时代顾客定制新形态。数字技术丰富了顾客定制的实现手段,催生出新的顾客定制形态,如 C2M 定制、3D 打印技术以及基于人工智能技术的定制化推荐等,这些新出现的顾客定制形态被越来越多地应用在管理实践中。

6. 深入探讨数字营销敏捷性的前因及其对企业绩效的影响

首先,可以探讨影响营销敏捷性的前因有哪些?组织能力对营销敏捷性的影响如何?营销敏捷性可以看作一种即兴、动态的或者更高阶的能力,可以促进学习或"学习去学习"。那么是怎样的特定流程或决策,使一些组织在敏捷营销方面比竞争对手更好?对此,可以开展多案例比较研究,找到采取敏捷营销的不同组织之间的共性和个性,从而凝练出可复制的理论观点。其次,探讨营销敏捷性对企业绩效的影响。例如,在购买周期较长和较复杂的行业中,大幅缩短上市时间难以实施,缩短上市时间的程度取决于营销活动的契合度。那么营销敏捷性可能带来的市场效益是什么?在什么情况下,效益可能会下降?最后,可以探索营销敏捷性对品牌形象的影响。尽管频繁地尝试变更营销决策可能会增加品牌差异化,但随着时间的推移,可能稀释品牌的意义或降低品牌相关性。

7. 进一步展开与数字营销有关的跨文化和本土化研究

首先,结合跨国文化维度,如基于霍夫斯泰德的多文化维度视角进行跨文化研究,对比分析权力距离、不确定性规避、集体或个人主义、男性或女性倾向、长期或短期导向如何对企业营销决策机制产生影响,从而进一步揭示不同文化情境下个体行为差异性以及哪些文化因素更适合何种数字营销战略,如何影响在国际上的数字营销绩效等问题。这种跨文化的比较研究往往有助于形成更具普适性和可操作性的研究结论,对开展国际数字营销活动的企业具有较大的参考价值。其次,探索构建中国本土化特色的营销绩效衡量标准,如应该通过何种标准来衡量国有企业的营销绩效?我国国有企业"物质基础和政治基础"的功能定位是国民经济的支柱,在国民经济的关键领域和重要部门中处于支配地位,承担着发展社会经济、壮大综合国力、保障改善民生的庄严使命。国有企业的数字营销活动需要综合考虑国家发展、环保和社会责任等因素,以便更有利于贯彻国有企业的发展战略,助力构建国有经济理论体系。

8. 基于新兴数字技术的研究情境和研究方法探索

首先,挖掘新技术创造的新情境。例如,如何构建元宇宙营销体系?元宇宙如何进行品牌推广?如何提高用户的购买意愿?如何在元宇宙中嵌入产品信息,提升品牌价值?元宇宙营销是人、货、场的升级,可以通过虚拟场景实现与消费者深度互动,企业能够借此实现跨平台、跨空间的营销推广活动,是数字营销很好的研究场景。还可以探索政策导向下有哪些新的营销情境产生。例如,在建设完善全国统一大市场、加快构建新发展格局的政策导向下,在进一步发展新产业、新业态、新模式的过程中,有哪些情境可以挖掘其营销价值?其次,可以探索海量数据下的营销研究方法。例如,面对海量数据如何选择统计回归方法?鉴于海量数据集的数据结构和有限的计算机内存给数据分析带来的挑战,可以尝试海量数据中分布式支持向量回归的 CSL 方法,该方法有助于解决分位数回归问题,可以作为数字营销实证研究中分析海量数据的一个较好方案。

（资料来源:王永贵,张二伟,张思祺.数字营销研究的整合框架和未来展望:基于 TCCM 框架和 ADO 框架的研究[J].商业经济与管理,2023(7):5-27.）

第三节　数字营销的特点与价值

一、数字营销的特点

数字营销的营销思想与传统营销是一致的,但在实施和操作过程中却有自己独特的优势和特点。众所周知,计算机网络之所以有当今飞速的发展,是因为它有五大特点,即互动性、虚拟性、私人性、全球性和永恒发展性。数字营销正是一种基于计算机网络环境中的新型营销模式,具有其独特的优势和特点。

（一）成本低和速度快

在网上发布信息,代价有限,将产品直接向消费者推销,可简化分销环节,发布的信息谁都可以自主地索取,可拓宽销售范围,这样可以节省促销费用,从而降低成本,使产品具有价格竞争力。前来访问的大多是对此类产品感兴趣的客户,受众准确,避免了许多无用的信息传递,也可节省费用。还可根据订货情况来调整库存量,降低库存费用。

当下几乎人人有手机,很多人都在上网,玩微信、玩微博、玩头条、玩短视频、玩钉钉、玩热门 App,借助社交媒体平台、借助网络平台进行数字营销所面向的受众是非常广泛的。撰写编辑几篇图文或者根据热点编辑一条微博、随手拍个短视频,点击发送后几分钟之内就可以传送到粉丝的手机上,再经由朋友圈转发将会有更多的阅读量和关注度。

（二）精准性和个性化

不同的企业、不同的品牌有着自己独特的目标客户群体,通过建立公众号可以将自己品牌的潜在客户集中起来,实现每一次的数字营销都能精准地面向这些有可能购买自己产品的客户。同时通过分析营销数据能进一步了解潜在客户的关注点和兴趣爱好,做到更精准的营销。

众所周知,现代社会是一个人人追求个性化的社会,无论是一言一行还是广告宣传,有个性才能有人记住,有人记住了才能带来营销效果。而以往的推广营销模式虽然也可以达到推广的目的,但是与个性化极少沾边,数字营销则不同。它能够按照客户的需要提供个性化的产品,也可以跟踪客户销售习惯和爱好,推荐相关产品,是一种人性化的营销模式。

（三）集成化和灵活性

数字营销实现了前台与后台的紧密结合，不仅能快速响应客户的需求，还能实现商品信息、收付款、售后服务一体化服务，是一种比较全面的营销渠道。此外，企业可以通过互联网进行统一的规划和协调实施，能够避免宣传的不一致性带来的客户质疑。

营销产品的种类、价格和营销手段等可根据客户的需求、竞争环境或库存情况及时调整，网络能超越时空限制和多媒体声光功能范畴，可发挥营销人员的创新意识。数字营销还具备多媒体、跨时空、交互式、拟人化、超前性、高效性、经济性等特点。利用数字产品的各种属性，数字营销在改造传统营销手段的基础上，增加了许多新的特质。

（四）信息丰富和转化率高

数字营销通过互联网可以提供非常详尽的产品规格、技术指导、保修信息以及使用方法等，还能对常见问题提供解决方法，用户也可以通过网络获得相关信息，方便省事且更快捷，能极大地提高客户对企业的好感度。

数字营销成功案例的一个共性就是具有高营销转化率，也就是将营销受众变成真实消费者的转化率。这样的营销效果其实是得益于上面两个营销效果，广泛的传播范围加上为潜在客户定制的数字营销活动必然能够得到较高的营销转化率。正是数字营销能够实现用最小化的投资达到最大化的营销效果，才有了现在这个巨大的数字营销市场。数字营销需要专业的理论技术支持以及丰富的媒体资源，寻找专门的营销机构进行合作成为各大中小企业比较好的选择。

二、数字营销的价值

数字营销顺应了当今经济发展的潮流，能够帮助企业在激烈的市场竞争中逐渐建立自己的竞争优势，企业实施和完善数字营销是势在必行的趋势。数字营销是在新经济发展中孕育的硕果，新经济是一种以信息技术为基础，由知识要素驱动，以网络经济为核心内容的经济。新经济时代要求企业必须采取与之相适应的营销模式，才能获得发展和壮大，企业采取数字营销战略是新经济社会的必然产物。

数字营销的实施有助于增强企业的核心竞争力。

第一，企业可以创造出与众不同的产品样式和难以复制的服务特色。这种产品的技术含量竞争对手无从企及。

第二，企业产品的生产成本可以降低。以零售业为例，如果客户与供应商之间可以通过信息系统和数据库直接订货和送货，可以大大降低仓库和店面成本，并节省送货时间。

第三，企业通过更加专门化的产品来开发新的目标市场，并提供深入的服务等。企业借助信息系统进行信息采集、管理集成和共享，将信息作为一项战略资源来进行数据挖掘和知识发现。从数据库的众多数据中，通过筛选和识别，找出具有一定商业价值的顾客购买偏好和习惯，然后将其融入广告中，将营销策略主要集中到目标顾客群中，或者通过附加服务等方法来提高企业的营销效率，以及产品的市场占有率，这种技术方法目前在金融业和其他零售业务中进行了广泛的使用。

第四,优化企业价值链的内部联系。企业的竞争优势主要集中在企业管理各个环节的相互协调和配合方面,其注重各环节之间的相互联系,最终达到环节之间的信息共享和无缝对接的实现,可以通过相互的联系提高企业的运行效率,创新产品的工艺,同时可以不断地降低企业成本,最终达到其竞争优势。采集信息是各信息链中最重要的环节,通过信息系统的加工可以发挥各生产环节的作用。

第五,优化企业价值链的外部联系。价值的定义是指客户愿意为企业提供给他们的产品或服务所支付的价格。如果企业所得的价值超过产品成本,企业就盈利。以供需双方为平台的电子商务可以提高采购的效率,不断降低采购成本,提高企业价值。企业可以通过数据库来进行企业商业情报的挖掘,获得最新的专利信息技术,同时可以将新的信息和知识融合到产品或服务中去,将产品的科技含量进一步提升,从而提高企业产品或服务的附加值。

📖【知识链接】

互联网视域下数字营销的新变局

1. 销售引导

基于互联网视域下的数字营销过程中,销售引导策略发生较大的变化,需要顺应市场形势特点,合理进行销售引导。第一,选择广大受众喜闻乐见的形式,将企业营销的产品信息、品牌理念、相关服务均纳入数字营销平台;第二,对数字营销平台展开精心设计,通过打造专业化的数字营销网站,为广大客户群提供有针对性的信息资料内容,使客户可通过数字营销途径广泛了解企业的产品和服务,精准向客户推送信息内容;第三,制订销售引导策略的过程中,数字营销网站和平台需要提供专业化的咨询服务。应根据网站后台统计客户的浏览时间,在达到相应标准后,为客户提供一对一的沟通交流服务,在交流中为客户讲解详细的产品介绍,根据实际情况为客户提供试用服务等;第四,根据客户的需求情况,征得客户同意后,销售人员可利用网络社交媒体平台,如 QQ、微信、微博、邮件等形式,与客户构建长期稳定的联络关系,及时发现客户对产品需求发生的变化,并通过销售引导策略将客户的需求意愿转化为实际购买行为。

2. 客户关系管理

客户关系管理是数字营销不可或缺的环节,基于互联网视域下开展数字营销工作,可以转变传统客户关系管理方法。一方面,凸显客户核心的管理理念,利用当前运用较为广泛的微博、抖音、小红书等新媒体平台,以短视频、互联网形式为广大客户群体提供参与、交流与互动的平台,使客户可以分享自身的产品选购经验,并与其他的客户展开沟通交流,继而更加充分地了解企业产品信息,增强客户黏性与忠诚度,使其对数字营销模式具有较高的认可度和满意度。另一方面,优质的产品必然会在客户群体之间广泛传播,继而形成良好的口碑宣传形式。对此,基于互联网视域下开展数字营销,即可利用口碑传播模式,鼓励广大客户参与企业管理工作,在相关网站和平台中提出自己的建议、想法等,增强客户的参与感,不仅可以了解企业的产品信息、特点和优势,还能形成良好的品牌形象。通过这种主动参与式的客户关系管理,相比一味地向客户灌输产品营销而言,能与客户形成更和谐的关系,避免引发客户的反感心理,进而提高数字营销的有效性。

3.品牌建设

长期以来,品牌建设均是行业和企业营销工作的核心内容,任何营销活动的组织和开展均需围绕品牌,品牌建设和品牌效应的形成均离不开客户认同。基于互联网视域下,数字营销过程中,应革新传统的品牌建设策略。首先,利用互联网平台开展问卷调查工作,面向客户群和潜在客户群体发布调查问卷,了解客户对产品的实际需求、想法与建议,为数字营销中的品牌建设奠定坚实的基础;其次,转变企业的传统观点和立场,在推进品牌建设的过程中,立足客户视角下,对产品的价值、效果等进行正确认知、思考和评价,了解产品存在的不足并及时改进和优化;再次,发挥互联网平台的互动性功能和优势,为广大客户群赋予发言权、话语权,让客户的发声成为产品与品牌宣传的有效载体,充分体现口碑传播的优势,进一步拓展企业品牌的宣传范畴,强化品牌效应;最后,当前互联网平台用户群体十分庞大,且具有很强的活跃性,可依托互联网平台进行品牌促销,进一步增强品牌的宣传效应,让更多客户有机会真正了解品牌,提高客户对品牌的认可度、忠诚度,依托品牌建设增强数字营销效果。

4.持续改进

在互联网技术的推动下,数字营销的技术、模式、途径均在不断变化和发展,各行各业在开展数字营销的过程中,必须与时俱进地调整,以顺应互联网时代的发展特点和趋势。具体可以根据数字营销的不同形式、优势和产品的实际特点,对数字营销展开持续化的改进和优化。应合理进行数字营销广告投放、网站信息的及时更新、各类营销管理策略的不断优化,将常见的数字营销方式进行持续改进,继而使不同类型的数字营销方式,为不同产品和企业的数字营销提供针对性的营销服务,达到数字营销的最优模式。

(资料来源:张雨钊.互联网视域下数字营销的变局[J].商展经济,2023(2):64-66.)

第四节　数字营销的发展历程

数字营销自20世纪90年代开始萌芽,随着数字技术的不断进步,之后的二十余年间一直处于快速发展的步伐之中。从20世纪90年代初第一支互联网商业展示广告出现,到搜索引擎关键词竞价排名机制的使用,再到近年来大数据精准营销模式的火爆;从PC端互联网营销,到移动互联网的迅速崛起引发的社交媒体营销,再到基于商业生态圈的生态圈营销。可以说,数字技术的更迭,激发新的营销工具和手段的出现,推动数字营销不断进化。以标志性的数字技术应用和经济组织形式为重要节点,将数字营销的发展历程划分为5个阶段:基于Web1.0的单向营销、基于Web2.0的互动营销、基于大数据的精准营销、基于商业生态圈的生态圈营销,以及基于人工智能大模型技术应用的营销。

一、数字营销1.0时代：基于Web1.0的单向营销

20世纪90年代初,World Wide Web(即万维网)诞生,Internet真正变成了全球互联网,

互联网开始走进人们的生活。Web1.0是互联网最早版本的术语,从技术角度来说,Web1.0的网页是"只读的",用户无法进行编辑,只能浏览信息或搜索信息。尽管如此,互联网也为人类打开了新世界的大门,Web1.0时代的互联网用户不断增长,这激发了工商界利用互联网进行营销的兴趣。

搜索引擎也是Web1.0时代的重要参与者。企业开始利用互联网展示自己的产品和品牌,搜索引擎自然成为引导用户找到产品或企业信息的重要途径,于是搜索引擎广告应运而生。搜索引擎广告也称为关键字广告,是指广告主根据产品或服务的内容、特点等确定相关的关键词,撰写广告内容并自主定价投放的广告。当用户搜索到广告主投放的关键词时,相应的广告就会展示,并在用户点击后按照广告主对该关键词的出价收费,无点击不收费。但是,不同的搜索引擎公司在关键字竞价排名机制的设计方面存在巨大的差异。例如,雅虎对推广结果和自然结果进行严格区分,在右侧呈现广告链接,且在搜索结果上部用蓝色背景颜色标注,并标记为"推广链接";百度的竞价排名的核心思想是价格决定排名,谁对某个关键字支付的费用越高,谁在该关键字搜索结果中的位置越靠前。

在数字营销1.0时代,互联网内容创造由网站主导,用户没有交互权,广告以单向传播为特征,用户被动接受网站上的营销信息,主要运用展示类横幅广告、弹出式广告、搜索引擎广告等,营销的理念则是以销售产品为主要目的。

二、数字营销2.0时代:基于Web2.0的互动营销

互联网的第二次迭代被称为Web2.0,也就是"可读写"网络。与Web1.0单向信息发布的模式不同,在Web2.0时代,用户不仅可以浏览信息,还可以自己创建内容并上传到网络。典型的代表就是以Facebook、Twitter、微博为代表的社交媒体,用户既是网站内容的浏览者,也是网站内容的制造者或参与者。基于Web2.0的数字营销更多地体现在沟通与传播上,是企业信息、产品信息、品牌信息、营销信息等在与消费者沟通传播,进而与消费者建立关系上的创新。

Web2.0时代的重要标志就是社交媒体的兴起。在社交媒体上,消费者分享自己的生活,展示自我的个性,与企业或品牌互动,也会分享自己对产品或服务的体验。于是,社交媒体的快速发展必然要求企业利用好社交媒体展开营销。想要利用社交媒体成功营销,必须掌握好有效的方式和策略。那么社交媒体营销方式有哪些呢?互动营销、口碑营销、内容营销、情感营销、事件营销、名人效应营销等都是社交媒体营销策略的重要组成部分。这些策略的应用要求企业必须带着明确的目标发起营销活动,对目标客户的特征和偏好等进行深入研究,选择最好的社交媒体平台,定期发布有价值的信息,以及跟踪营销活动的进展、参与程度和成功程度。企业应用社交媒体,可以实现提升企业的网络曝光率、减少整体营销预算投入、吸引更多业务合作伙伴、带来高质量的销售机会、促进具体业务成交、提升客户管理和危机攻关能力等目的。

在数字营销2.0时代,随着社交媒体和视频网站的异军突起,企业拉近了与用户的距离,建立了全面的营销策略,实现了对数据实时监控和定期分析,互联网逐步成为企业营销的重要渠道,广告主将更多的广告预算投入从线下媒体转移到线上媒体。

三、数字营销 3.0 时代：基于大数据的精准营销

随着移动互联网和智能手机的迅速普及，消费者的生活方式日益信息化、数字化。由于消费者在互联网上留下的个人数据存在潜在的商业价值，因此各大互联网公司开始积累和争夺数据，催生了大数据技术在商业领域的广泛深入应用。自 2013 年起，无论是学界还是业界，都开始将视线聚焦于大数据。

传统营销往往基于市场调查的人口统计信息（如性别、年龄、职业等）以及用户主观信息（如生活方式、价值取向等），来推测消费者的需求、购买力和购买的可能性，从而帮助企业细分消费者、确立目标市场和定位产品。传统营销利用的数据存在来源单一、对消费者的刻画不够全面、数据更新较慢等缺点。大数据营销是一种区别于传统营销的精准营销模式。大数据营销与传统营销模式最主要的区别在于，它是通过以互联网为主的渠道来收集、分析、执行大数据所得的消费者洞察结果，精确定位目标消费者群体，对营销活动进行预判与调配，对营销各个环节进行优化以提升总体营销效果的过程。通过手机消费者在门户网站、搜索引擎、智能手机中安装的 App 等留下的数据，企业可以利用大数据挖掘获得消费者的习惯、偏好等信息。从某种意义上说，企业甚至可以做到比消费者更了解他们自己，企业的营销可以做到有的放矢，更加精准化，在降低营销成本的同时提升了消费者的体验和营销效果。

如何更精准地进行广告投放并进一步利用大数据带来的好处，是每一个广告主和广告代理商的挑战。为此，国内互联网巨头纷纷出招，为面对大数据时代的机遇和挑战不断调整自己的战略。例如，阿里通过收购优酷、土豆，将阿里的数据与其打通对接，在视频内容中植入广告，让用户可以在观看的同时进行网购，并且可以随时随地分享到社交媒体平台；腾讯整合自己的社交媒体广告资源，利用其 DMP 大数据库为客户做资源和广告投放的更优配置，使得社交媒体广告更加细分精准。

以大数据技术应用为特征的数字营销 3.0 时代，收集和分析用户搜索、浏览、点击、购买和共享等数据变得可行，基于这些数据的"用户画像"帮助企业精准了解用户的需求和偏好，从而使营销活动更加集中和高效，使品牌得到充分有效的展示。

四、数字营销 4.0 时代：基于商业生态圈的生态圈营销

近年来，随着新技术的不断应用，产业环境日趋变化，传统的商业模式正在逐渐被颠覆。互联网企业通过平台建设、资源整合、兼并重组、资本运作、连锁经营等方式不断拓展商业版图的边界，阿里、腾讯、小米、百度、亚马逊等纷纷布局商业生态圈，实现企业运营管理创新。

纵观全球商业的发展，商业生态圈是一个历史的必然。基于互联网构建的商业生态圈的出现，改变了商业旧有的操作方式，许多之前无法想象的事情变成了现实。首先，商业生态圈内部企业通过数据打通和数据共享，打破数据垄断和数据孤岛，为利用大数据实现精准营销，将消费者圈定在商业生态圈内，提供了必要条件；其次，商业生态圈内部企业同时具有竞争性和协作性，能够实现不同产品和功能（如电商和实体店）之间的互补；最后，在生态圈

中,各企业要随着时间的推移,重新定义自身能力以及与其他企业的关系,共同进化。

在商业生态圈的构建方面,阿里巴巴无疑是一个成功的案例。通过构建涉足电商、物流、实体店、金融、媒体、旅游、医疗等多个领域的立体化商业模型,阿里如今打造了庞大的商业生态圈,这为阿里利用其掌控的商业生态圈实现生态圈营销提供了良好的条件。首先,由阿里控股或持股的电商平台(如淘宝)、社交媒体(如新浪微博)、物流平台(如菜鸟物流)、医药健康服务网络(如阿里健康)、旅游服务平台(如飞猪网)等实现了数据共享,赋予了阿里利用大数据广告定投、精准营销的能力;其次,通过直接或间接持有高鑫零售、大润发、欧尚、银泰等零售巨头的股份,加上近10万家智慧门店、60万家零售小店、5万家金牌小店、4 000家天猫小店、3万个村淘点,阿里实现了线上和线下渠道的融合,为消费者带来了立体、全方位的新零售体验;最后,阿里以电商业务为依托,物流、支付、媒体、旅游、医疗、文娱等领域协同发展,商业生态圈内企业间从原来的竞争关系变为协作关系,加入组合,专注优势,抱团出击,分工明确,实现了强强联手,达到"1+1>2"的效果。

在数学营销4.0时代,数字技术的高度发展和移动互联网的盛行,推动着商业模式的不断更新,大型互联网公司都在构建自己的生态圈,如阿里系、百度系、腾讯系、小米系,等等。营销也由只注重产品生产到侧重销售环节再到重视商业生态圈的协作,通过生态圈内企业间数据共享、策略导流,实现产品的个性化定制、广告的定向投放、线上线下渠道的融合和消费者需求的精准锁定。

五、数字营销5.0时代:基于人工智能大模型技术应用的营销

企业要想实现可持续的业绩增长,就一定要灵活运用移动互联网、大数据、人工智能、社交媒体等技术和手段,构建服务客户全生命周期的整体运营体系,深化客户、放大价值。在以人工智能大模型技术应用为特征的数字营销5.0时代,AIGC+营销,在数字营销体系之上,生成式人工智能技术的出现进一步修补了数字营销存在的痛点,推动营销模式的再创新。AIGC在内容生产、创新运营、客服、销售、洞察决策5个方面为营销模式创新提供了新的思路。

较之过去传统的广告制作模式,AIGC解决了企业在原有的纯人工创意制作、运营优化、用户洞察过程中的很多问题。过去需要场景搭建实拍的营销素材,制作周期较长。而利用AIGC技术,很快能够给出复杂的场景制作素材,有效节省人力物力。从用户画像、精准推荐、内容创造、数据分析到产品设计,人工智能贯穿各个环节,并发挥作用。而在这之中,尤以AIGC文生图品牌应用最多,最为典型。文生图带给广告内容制作的改变是革命性的,其大大降低了内容制作的成本,延展了创意的想象空间。

AIGC构建了更高效的内容生产线,带来海量内容供给,面向不同消费者生成不同内容,更好实现触达转化效果;更个性化、有温度的、一对一服务成为可能,消费者期待更及时、更个性化的服务;自然语言交互终端+大模型原生应用,精细化消费者洞察,优化广告营销策略,流量向新应用转移,消费者期待与品牌随时随地互动,大模型加速颠覆原有的市场研究模式,数据洞察向敏捷化、自动化升级。AIGC有望塑造数字内容生产与交互新范式,成为未来互联网内容生产基础设施,带来营销生产力的大爆发。

AIGC 可以实时解读全网舆情数据,帮助品牌主更快把握社媒趋势,还可以解读会话数据、挖掘消费者需求,从而优化营销策略。例如,通过 AIGC 工具设计一款牛油果酸奶概念产品,只需要输入"牛油果酸奶、Z 时代小仙女、下午茶、解馋饱腹、不腻"等关键词,就可以自动生成产品概念卡,再通过 AI+HI 根据场景生成产品概念图。

📖【知识链接】

元宇宙+AIGC 数字人:数字营销体验和效率的巅峰融合

数字人通过 AI 的赋能,拥有更强的人类情感感知能力,使其智慧与完整的"人格"得到进一步提升。元宇宙为数字营销提供广阔的空间,品牌可以在虚拟环境中创造独特的体验和故事,以吸引用户的注意力。当基于 AIGC 的虚拟数字人营销助手与元宇宙相融合时,将突破虚拟与现实的界限,开启数字营销服务的新纪元,在更多垂直领域创造营销与传播奇迹。基于 ChatGPT 的"人格化 AI 数字人"能够实现与"人类元住民"的自然交流,让元宇宙充满更真实的人气,极大地提升互动体验的真实感,推动理想的元宇宙更快地实现。

在金融领域,面向 B 端的虚拟数字人具备专业、完备的金融服务技能,可以帮助金融行业实现数字化转型,从而提供智能高效、简单快捷、安全可靠的服务体验。例如,浦发银行打造了行业首位数字员工"小浦"。虚拟人能够在线上和线下的多个场景中完成业务问答、客户引导等工作,提供全天候即时的金融服务。在接入 AIGC 聊天助手(如 ChatGPT)后,虚拟人的感知能力和分析决策能力得到显著增强,能够更好地理解客户需求。在涉及与用户沟通的场景中,虚拟人能够实现专业且自然的交流和互动,承担金融客户问答、业务操作指引等关键服务职能,并根据客户需求提供更加智能和个性化的营销宣传。这些能力的提升将模糊金融数字人与现实人类之间的界限。

在汽车销售领域,数字人以真实的形象出现,并通过肢体动作、面部表情和语音等方式与用户互动。在元宇宙中,汽车品牌可以创造虚拟的汽车展厅和驾驶场景,让用户通过虚拟现实技术身临其境地感受不同车型的驾驶体验。数字人通过分析用户的购车偏好、需求和预算等信息,能够为用户提供个性化的汽车选择建议,并解答相关问题。此外,数字人还可以通过手势操作完成车内功能的控制,如调节空调温度等。在驾驶过程中,车主可以通过语音与 ChatGPT 互动,如请求导航或播放音乐。这种人机交互方式既让用户感受到尊重,又提供了便利。通过数字人与 ChatGPT 的结合,汽车品牌能够提升消费者的兴趣和好感,促进潜在客户的转化和销售的增长。

在电商销售领域,电商可以充分利用 AIGC 营销助手(如 ChatGPT)打造具备思考能力的个人购物助手,为每个用户提供独特的商品推荐。数字人可以通过与用户的聊天互动方式向他们推荐最适合的商品,并提供相关的信息和推荐理由,就像为每个用户量身定制的专属客服一样。例如,在电商直播中,数字人利用 ChatGPT 的能力以更生动、清晰的方式向用户介绍商品的细节、特点和功能,加深用户对商品的了解和信任。此外,数字人还能智能地与用户互动,回答问题、解答疑惑,并提供解决方案,以提升用户的参与感和互动体验感。通过数字人与 ChatGPT 的结合,电商能够为每个用户带来智能而个性化的购物体验,提高用户的满意度和忠诚度,从而促进业务增长以及取得竞争优势。

随着 ChatGPT、NewBing、Bard、文心一言等实时高度拟人化聊天机器人的成熟应用,基于

AI回复的营销系统有望加速渗透,高智能虚拟数字人将成为营销的主导力量。这些技术和应用为数字营销带来了创新的需求和机遇,实现营销策略的自动生成和迭代,并实现渠道的自动分流。通过这些技术的发展,营销能够更好地满足不同用户群体的需求,提供更精准、个性化的营销策略和体验,与消费者建立更紧密的联系,提升用户的满意度和忠诚度,从而实现千人千面的精细化营销。这一进步将使品牌能够在竞争激烈的市场中脱颖而出,为消费者提供更具吸引力和个性化的品牌体验。

（资料来源:韩国颖,张科. AIGC营销:人机共生式营销模式推动数字营销向数智化跨越[J].企业经济,2024,43(2):111-124.）

📖【本章小结】

本章主要介绍数字化转型与数字营销,主要包括以下4个方面的内容:

第一节介绍了数字时代的转型。数字时代,又称数字化时代,是指在当今互联网时代,社会发展形态的一种新的变革,指社会经济文化发展的新模式,是"互联网+"的核心赋能。数字时代,主要是指在当今互联网经济时代,通过将数字化的技术融入社会的各个领域,来推进社会的数字变革和发展,从根本上构建数字社会文明。数字化技术的发展带来的变革是全方位的,它正在深刻地改变着我们的政治、经济、文化、社会和生态文明建设。数字化技术的发展和应用正在深刻地改变着我们的社会经济文化形态,推动着从工业时代向数字时代的转型。

第二节介绍了数字营销的内涵。数字营销就是指借助互联网、通信技术和数字交互式媒体来实现营销目标的一种营销方式,从而以一种及时、整合、定制化和节省成本的方式与消费者进行沟通。与传统的营销方式相比,数字化营销的不同主要表现在以下几个方面:形式多样、直接的互动与体验、娱乐与全天候、分众和整合,不受地域限制。

第三节介绍了数字营销的特点及价值。数字营销的特点,即成本低和速度快、精准性和个性化、集成化和灵活性、信息丰富和转化率高。数字化营销的实施有助于增强企业的核心竞争力,企业可以产生和创造出与众不同的产品样式和难以复制的服务特色,企业产品的生产成本可以降低,企业通过更加专门化的产品来开发新的目标市场,并提供深入的服务等,优化企业价值链的内部联系,优化企业外部价值链的联系。

第四节介绍了数字营销的发展历程。数字营销的发展历程划分为5个阶段,数字营销1.0时代:基于Web1.0的单向营销;数字营销2.0时代:基于Web2.0的互动营销;数字营销3.0时代:基于大数据的精准营销;数字营销4.0时代:基于商业生态圈的生态圈营销;数字营销5.0时代:基于人工智能大模型技术应用的营销。

📖【复习思考题】

1. 什么是数字时代? 为什么说数字化技术的发展带来的变革是全方位的?
2. 什么是数字营销? 与传统的营销方式相比,数字营销主要表现在哪些方面?
3. 数字营销有哪些特点?
4. 数字营销的价值主要体现在哪些方面?
5. 数字营销的发展经历了哪几个阶段?

📖【案例分析】

AIGC 重塑数字营销，利欧股份抢滩布局

2023 年，人工智能迎来了爆发式的发展，ChatGPT 的横空出世引发各行各业对 AIGC（人工智能生成内容）技术的广泛关注。AIGC 能够自动生产文本、图片、音乐、视频等各种形式的内容，重塑数字内容的生产方式和消费模式，使内容创作更具创造力，并在降本增效上发挥作用，将为数字营销行业的上下游企业带来新一轮红利。利欧股份于 2007 年上市，原有主业为微型小型水泵制造业，2014 年创立利欧数字，开始借并购之力向数字营销公司转型，先后收购或入股聚胜万合、琥珀传播、氪氪互动等数十家广告营销公司，形成覆盖营销策略和创意、媒体投放和执行、效果监测和优化、社会化营销、精准营销、流量整合等完整的服务链条。2023 年上半年，利欧数字集团实现营业收入 93.71 亿元，同比增长 20.70%，实现净利润 7 560.07 万元。随着 AIGC 等新型人工智能技术的突破，利欧数字抢先布局紧抓 AI 时代机遇，推出面向营销全行业的 AIGC 生态平台 LEOAIAD，以及营销领域大模型"利欧归一"，力求通过 AI 技术重塑营销方式，助力客户实现数据化转型和全面增长。

1. 从品牌到销售端完整的营销链路布局

从 2014 年成立至今，利欧数字一直在完善和形成自己的数字营销生态闭环。在产业链上下游做了非常广泛的布局，实现了从品牌到销售端完整的营销链路布局，构建完整的"端到端"的营销服务。目前已形成了以媒体代理和整合营销两大事业群为核心的业务架构。在产业链前端，利欧数字整合营销事业群持续向上游拓展，业务延伸至商业策略端、产品设计包装端，同时利欧数字打造了一套完整的新消费品牌策略工具，助力品牌在不同发展阶段的营销规划。

2023 年上半年，利欧数字成立品牌咨询团队，从提供创意与策划、产品包装设计服务，进一步向品牌咨询、品牌管理延伸。以品牌拍档的角色，在"创意"和"生意"两个维度为品牌创造价值。在产业链后端，利欧数字的媒体代理事业群围绕核心头部媒体，积极探索媒介与内容的结合，提升流量效率，与客户共同探索基于流量变现与销售转化的全新销售模式。利欧数字媒体代理事业群不断优化搜索、厂商、信息流三大领域媒体的服务能力，与字节巨量引擎、快手磁力引擎、腾讯广告、360、百度、小米、OPPO、华为等多个头部媒体平台建立了深度的合作关系，排名不断攀升，整体合作规模达百亿。2023 年上半年，利欧数字与 12306 达成为期 3 年的合作伙伴关系，独家代理快消品、大健康两大行业，进一步拓宽了利欧数字媒体代理的业务版图。依托利欧数字"品、效、销"为一体的全链路营销模式，利欧股份近几年互联网业务收入持续增长，除 2022 年受整体市场的需求萎缩的影响营收出现小幅下滑之外，利欧股份营销业务均保持两位数增长。2023 年上半年利欧数字集团互联网业务实现营业收入 93.54 亿元，同比增长 20.51%。

2. AI 赋能，抓住数字营销新机遇

2023 年上半年，利欧数字紧跟 AI 时代带来的生产力变革，通过开源生态、合作开发、自主研发等多种模式，率先推出了面向营销全行业的 AIGC 生态平台 LEOAIAD。AIGC 对于数字营销行业而言，首先是内容生产力的极大提升，AIGC 正在重新定义营销人的工作流程。AIGC 可以降低内容生产的门槛和成本，根据不同的平台、场景、目标和用户，生成适合的内

容,提高内容生产的效率和质量,满足海量和多样化的内容需求。同时可以实现内容的优化和迭代,根据数据反馈和用户反馈,不断调整和改进内容的效果。以利欧数字 LEOAIAD 为例,输入你想要的 idea,最高可在 10 秒内一键生成适用于微博、小红书、微信公众号、知乎、大众点评、邮件、网站、信息流等符合营销领域的多任务、多场景、多功能需求的图文内容和广告创意。目前,LEOAIAD 针对文案创作的 AICopy2.0,以及聚焦图片创作的 LEODiffusion 已进行多轮升级和优化,每天可实现高达 300 万张图片的产值,设计师出图的速度可从原先的平均 6 小时/图提升至 1 分钟/图。

除了提升生产力,AIGC 正在重构数字营销行业,利用数据分析、市场预测、竞品分析等方式,提供更及时、更全面、更深入的策略洞察,帮助企业量身定制更合理和更有效的数字化营销策略和决策,推动营销行业进入下一个智能时代。2023 年 9 月,利欧数字率先推出营销领域大模型"利欧归一"。"利欧归一"在通用 L0 级语言模型基础之上,结合利欧数字长期积累的大量营销行业知识、投放经验以及对客户需求的深入理解,训练出适配各媒体平台投放工作流的 SEMGPT 专属模型,为企业提供更加智能、精准和高效的营销解决方案。企业可通过"利欧归一"营销领域大模型中的 AI 投手 Agent"归一妙计",实现广告投放的智能执行和策略优化。并且,结合 AI 知识库"归一锦囊"和 AI 导购 Agent"归一妙语",形成从核心模型层到工具产品层的综合型解决方案,让企业能真正在大模型时代享受到 AI 带来的增长红利。

(资料来源:第一财经,2023-12-14.)

问题:

1. 利欧股份如何通过 AI 技术重塑营销方式,助力客户实现数据化转型和全面增长?

2. 结合案例分析利欧股份 AIGC 重塑数字营销给了我们哪些启示?

第二章

数字营销环境分析

美团的成长秘籍是什么?

美团,成立于2010年,是一家提供本地生活服务的互联网公司。早期主要以团购业务为主,后逐步拓展到外卖、酒店、旅游等领域,成为中国本地服务领域的领军企业。2018年9月20日,美团点评在香港上市。截至2021年,美团的市值已经突破千亿美元,成为中国互联网界仅次于腾讯和阿里巴巴的中国第三大互联网公司。美团快速成长的秘籍是什么呢?

从业务领域来看,有大而全的阿里巴巴和腾讯,还有小而专的小红书和蘑菇街等。在这种背景下,美团找到了一个特别的定位——团购,这使其得以在众多的互联网企业中脱颖而出。以团购起家的美团迅速增长,其业务范围主要分为两个方向:针对消费者的生活服务(To C)和商家的系统支持性服务(To B)。

To C:生活服务,覆盖到家、到店、旅行和出行四大板块。到家:餐饮外卖、上门服务;到店:餐饮、电影、丽人、婚庆、亲子、娱乐;旅行:酒店、旅游、机票、火车票、景点门票;出行:打车、单车。

To B:商家支持,包括系统支持、营销支持和供应链支持三大板块。系统支持:RMS(SaaS收银与点餐)、聚合收单、LBS平台;营销支持:营销平台(广告平台与品牌广告);供应链支持:快驴。

美团的业务领域覆盖了大众生活中除"衣"之外的"食住行"的所有主要市场,同时打通了商家的服务支持体系。

从市场环境来看,美团以O2O交易型平台起家,而平台则意味着流量的获取和转化至关重要。此时,顾客流量在整个平台市场中就成了最为珍贵的战略资源。为了尽可能地获取和留住顾客,美团定位的业务本质是通过构筑以消费者服务为中心的体系,形成各项服务之间的交叉引流和整体闭环,尽可能地将市场流量吸引过来并留在美团的服务体系当中。

从宏观环境来看,在数字化时代,高度活跃的数字消费市场、人们对美好生活的迫切需求以及移动智能生活的普及等,都为美团的快速成长营造了良好的数字化环境。在这一背景下,美团将其使命界定为:以"零售+科技"的战略践行,"帮大家吃得更好,生活得更好",致力于为消费者提供全方位的生活服务。

(资料来源:王赛,李阜东.市值第三 互联网界的"八爪鱼"美团的增长模式是什么[EB/

OL].(2019-10-10)[2024-01-28].中欧商业评论.)

思考:结合案例试分析,美团面临着怎样的外部营销环境?

引言

数字技术的快速发展以及与实体经济的加速融合,催生了当前的数字经济,开启了全新的数字化时代。相应地,企业的数字营销环境也发生了重要变化。随着人工智能、大数据、5G等数字技术对营销领域的渗透逐渐深入,一个全新的数字营销时代已经来临。

第一节 数字营销环境概述

一、数字营销环境的概念

数字营销环境是传统营销环境在数字化时代下的新型表现形式。本书将数字营销环境界定为对企业的生存和发展产生影响的各种外部条件,即与企业利用数字化手段开展营销活动有关联的因素的集合。随着社会的发展,特别是网络技术在营销中的运用,营销环境更加变化多端。数字营销环境正是新时期信息化技术发展与传统营销手段结合后形成的,其目的是应对数字营销环境下消费者行为呈现出的显著差异。

二、数字营销环境的分类

根据企业营销活动受制于营销环境的紧密程度,可将数字营销环境分为数字营销宏观环境、数字营销中观环境和数字营销微观环境。

数字营销宏观环境是指与企业不存在直接的经济联系,在很大程度上超出了组织的直接控制,但可能给企业带来市场营销机会或潜在威胁的主要社会力量,如经济条件、国际贸易立法的变化、技术发展和创新、社会变革和政治干预,即企业市场营销的间接环境。

数字营销中观环境主要涉及企业所处的市场环境,包括数字平台市场和数字平台治理。在数字化时代,数字平台成为新的产业组织模式,它是企业开展数字营销实践的主要市场。同时,数字平台治理对营造健康繁荣的平台市场环境至关重要,若没有良好的平台治理,很容易出现平台垄断、不正当竞争、数据泄露、用户隐私被侵犯等问题。

数字营销微观环境是指与企业营销活动紧密相关的,且直接作用于企业营销活动的各种力量。它关注的是塑造即时交易环境的参与者,即作为市场主体的企业和顾客。在数字化时代,数字技术是企业开展数字营销的关键要素和工具,也是消费者参与市场活动的技术支撑,数字技术赋能企业和消费者。

三、数字营销环境的特点

在营销环境瞬息万变的今天,不管消费者群体、媒介环境与营销技术如何"创变",关注消费者的需求转变,优化消费者的营销体验,始终都是数字营销的终极追求。面对更加细分的产业、更加激烈的同质化竞争、更加挑剔的广告主与受众,进入行业发展"深水区"的数字营销产业,势必将在机遇与挑战中砥砺前行。了解数字化营销环境的特点对企业的变革和发展至关重要。本书认为,相较传统营销环境,数字营销环境的新特征主要体现在国际通用标准日趋重要、不可控因素有所改变以及顾客影响力不断提升等方面。

(一)国际通用标准日趋重要

当今世界经济的发展已经进入一个新的时代。数字营销在全球商品和服务流通中所扮演的角色越来越重要,是当前世界贸易中增长速度最快的领域之一。由于数字营销会直接面对世界各地的在线顾客,因此它必须遵循世界上普遍认可的国际惯例,不能只根据企业面向本土市场的方法行事。熟悉国际惯例、遵循通行的国际标准,就成了一项迎接数字营销挑战时必须考虑的重要工作。在当今社会,质量已成为各类经营实体参与全球竞争必须重视的要素之一,相对优质的顾客往往对质量的期望十分严格。只有理解并掌握国际通用标准,企业才能打造出被外部市场所接受和认可的商品。

📖【知识链接】

全球航空公司如何拥抱数字化转型

在互联网大潮的推进下,数字化转型已成为全球航空公司追逐的热潮。当下,谁能借助数字化转型精准地洞察旅客个性化需求,更好地实现差异化服务,谁就能获得持续的竞争力。

1. 春秋航空:自建 IT 系统,实现高效直销

作为中国最大的低成本航空公司,春秋航空堪称数字化时代的"弄潮儿"。春秋航空从创始就完全独立开发 IT 系统,不通过 GDS 做分销,其高达 91% 的直销比例同样受益于这一策略。利用大数据整合客户多样化需求及提供个性化服务,是目前春秋航空数字化应用的主要目标。

2. 阿提哈德航空:不管经济舱还是商务舱,都能自选产品组合

作为商业航空历史上发展最快的航空公司,阿提哈德航空在研发创新方面一直走在前沿。阿提哈德航空将打破现有头等、商务和经济 3 种舱位的划分,向客户提供自选付费的旅行组合产品。尽管阿提哈德航空的实际座椅仍然保留头等、商务和经济 3 种款式,但在基础价格之上,乘客可以通过手机 App、航司官网或者第三方代理等渠道,付费购买其他服务,包括休息室、餐饮、毛毯、读物、特定影视节目、专车接送以及酒店等。

3. 芬兰航空:优化数字接触点,打造全新预订体验

2017 年,芬兰航空开始研究数字服务策略,不断充实数字业务团队,提高数字接触点的效率。目前,芬兰航空启动了一些开创性举措。"例如,我们开发了新的预订引擎,让乘客预订芬兰当地旅游产品。目前,用户可以通过 beta. finnair.com 享受新的移动预订体验。芬兰航空还在所有宽体客机上配置了 Wi-Fi,确保机上娱乐和通信性能达到世界一流标准。"

（资料来源:陈喆.全球航空公司是如何拥抱数字化转型的？[J].新营销,2018(06).)

（二）不可控因素有所改变

一般认为,政治、法律、文化等因素属于不可控制因素,是企业凭借自己的力量无法改变的。但是,早在 20 世纪 80 年代中期,"大市场营销"理论的提出就从一定程度上突破了这一判断。"大市场营销"理论将有关权力与公共关系纳入 4P 营销战略,使这些因素成为有条件的可控制的要素。数字营销的产生改变了企业与企业、企业与消费者的关系,迅速提升了消费者地位,引发了企业间竞争格局的重大变化,在相当程度上改变了传统营销的环境结构。传统市场营销中的某些不可控因素,一旦进入数字化时代,就在一定意义上具备了所谓可控因素的属性。随着数字化程度的不断加深,传统环境力量对企业营销的影响就会明显减弱。

（三）顾客影响力不断提升

数字营销条件下,作为一个整体的宏观环境要素对市场营销的影响减少了,然而,微观环境要素中的顾客影响力却迅速增大。在线购物顾客相对较高的支付能力与企业进行数字营销所具有的比较优势,会使在线用户成为世界企业竞相满足的重点,其结果就是用于满足顾客需要的商品更加充裕、质量更加优良,顾客的挑选余地越来越大。企业要保持技术的优势和生产率的领先地位将变得更为困难,企业利润的增加难以再由生产力来提高,而主要靠提高服务质量和塑造企业形象来获得。这就启示企业要将顾客摆在更加重要的战略地位上,通过多种渠道倾听顾客的声音。

第二节　数字营销宏观环境分析

数字经济已成为我国经济高质量发展的重要引擎。相应地,企业所处的宏观环境也发生了巨大变化。为了认清其中的关键变化及其影响,本节从数字经济环境、数字技术环境、数字政策环境三个方面来分析企业的数字营销宏观环境。

一、数字经济环境

数字经济的涌现成为企业开展数字营销的起点,促使企业的市场营销由传统营销向数字营销转变,为企业开展数字营销创造了良好的经济环境。

（一）数字经济发展现状

以移动互联网、大数据、云计算、人工智能、区块链为代表的数字技术的发展与应用,标志着数字化时代的来临。其中,数字经济是指一系列包括以下内容的经济活动:以使用数字化的知识和信息作为关键生产要素、以现代信息网络作为重要载体、以信息通信技术的有效使用作为效率提升和经济结构优化的重要推力。近几年,我国数字经济规模不断发展壮大,占 GDP 的比重日益增加,取得了令世界瞩目的成绩,如图 2-1 所示。到 2022 年,我国数字经济规模已经达到 50.2 万亿元人民币,占 GDP 的比重为 41.5%。放眼全球,与其他国家(如美国、德国、英国)数字经济的发展步伐相一致,但中国和爱尔兰等国的数字经济增速尤为突出。特别地,中国数字经济同比增速已位居全球第一。

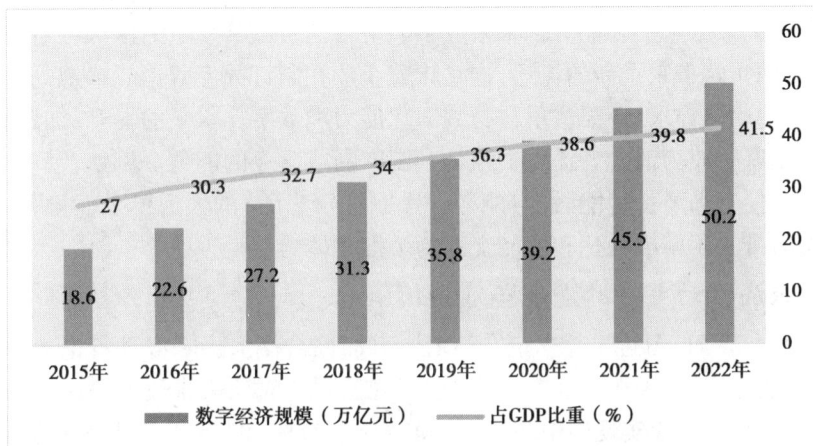

图 2-1　中国数字经济规模及其占 GDP 的比重

(二)数字经济驱动着市场营销的变革

数字经济的快速发展促进了数字化生活、数字化生产经营、数字化治理、数字化城市、数字化政府以及数字化企业等方面的数字化发展。这些发展变化对企业开展市场营销活动的需求端、供给端以及市场营销环境都产生了十分重要的影响。例如,数字化生活改变了消费者的消费行为和习惯,越来越多的消费者喜欢线上购物。又如,数字化生产运营催生了新的商业模式——O2O 模式,即消费者线上选择、线下体验的新模式,这改变了传统市场营销的渠道、促销和定价等策略。当前,人类社会正在加速迈向一个更加美好的数字化时代,以技术和数据为关键要素的数字经济的蓬勃发展,正在成为中国经济社会高质量发展最为重要的推动力。

(三)数字经济发展为数字营销带来的机遇

1. 数字经济助力美好生活需求的满足

截至 2022 年 6 月,互联网普及率高达 74.4%,强大的内需市场为数字经济的发展奠定了良好的基础。近年来,中国居民的消费水平呈现明显的高端化、智能化、个性化、健康化趋势,消费层次不断提高,数字技术所带来的数字产品发展和服务创新大大提升了市场活力。而且,数字经济的蓬勃发展,为企业在健康、教育、文化等领域开展数字营销实践带来了新机遇。企业在选择目标市场、制订数字营销策略时可以立足于国内国际双循环这一大背景,以满足消费者在健康、教育、文化等领域的美好生活需要为核心价值主张,开展有效的数字营销活动。

2. 数字经济加速推进消费供给领域的革新

中国具有独立完整的现代工业体系,数据显示,2021 年中国制造业增加值总量为 31.4 万亿元,已经连续 12 年位居世界首位。依托完整的工业体系和庞大的市场需求,未来仍将继续加速深入推进企业在研发、生产、销售、服务等环节的数字化发展。其中,柔性智能制造、网络化协同、个性化定制、服务型制造、精益化管理等新模式层出不穷,加速了产业的数字化进程。这些进程使得企业能够向消费需求端提供更加智能化、更加个性化的产品或服务,提升了企业的供给水平和能力。未来数字经济在消费供给领域的深入推进与革新,为企业开展数字营销实践带来了新的机遇,这意味着企业在制订数字营销战略规划时,除了关注消费端的个性化动态需求,还要注重自身数字化能力和数字化水平的提升,加速企业自身的数字化转型,提升企业为消费者提供个性化定制产品或服务的能力。例如,基于大数据技术的革新与应用,使青岛酷特智能股份有限公司(原红领集团)的大规模个性化智能定制成为可能,为消费者带来了精准触达和智能交互的个性化体验。

3. 数字经济推动可持续发展与可持续消费

2020 年 9 月 22 日,习近平总书记在第七十五届联合国大会一般性辩论上提出,中国将提高国家自主贡献力度,采取更加有力的政策和措施,二氧化碳排放力争于 2030 年前达到峰值,努力争取 2060 年前实现碳中和。"3060'双碳'目标"的提出,表明了中国经济将开启长期的低碳转型模式。根据世界经济论坛(WEF)的评估结果,使用数字技术可以减少至少 15% 的碳排放,数字技术创新成为推动可持续发展的重要途径。

数字经济与绿色可持续协同发展,促进消费升级。越来越多的消费者开始关注可持续消费。据埃森哲 2022 年对我国消费市场调研分析:越来越多的消费者意识到可持续发展的重要性,并愿意为环保付出精力和金钱。其中,43% 的受访者表示愿意为环保产品支付溢价,全民参与绿色环保逐渐发展为一种趋势。这为企业制订数字营销策略,引导绿色可持续消费指明了新的方向。未来企业可以通过数字技术的创新与应用,将绿色可持续发展的理念融入产品的研发设计、营销推广、品牌升级等方面,为推动可持续发展贡献力量。例如,蚂蚁集团推出带动公众低碳减排的公益项目——蚂蚁森林,基于数字平台技术,将消费者的绿色消费行为转化为线上"绿色能量",这些线上能量又可以转化为认领线下一棵树的环保行为,进而助力生态环保。

二、数字技术环境

大数据、物联网、人工智能等数字技术的创新与应用,促使企业开启了数字营销时代,而数字技术是企业开展数字营销实践的重要工具,更是企业开展数字营销活动的焦点。了解数字技术给营销带来的挑战与机遇,对企业把握技术环境,制订正确的数字营销策略具有重要意义。

(一)数字技术的内涵

数字技术与实体经济的融合开启了数字化时代,数字技术作为数字经济的重要驱动因素,一直备受产业界和学术界的关注。确切而言,数字技术以计算机技术、微电子技术和现代通信技术组成的新技术群体为基础,经过不断地发展和演变而来,其本质是实现对各类信息的识别、转化、存储、传播和应用。在实践中,数字技术改变了产品的研发生产过程和形态,提升了企业管理运营的效率,催生了新的商业模式和组织形式。关于数字技术的内涵,业界有着十分丰富的观点,见表2-1。

表2-1　数字技术的内涵

内涵	来源
数字技术是可以将信息标准化并且能够快速编码、存储、形式化和分发知识的信息和通信技术系统	Williams et al.,2009
数字技术包括设备、网络、服务和内容4个层次。设备层包括计算机硬件等物理部分和对计算机的控制以及与其他层次连接的部分。网络层包括光纤电缆、无线电波等物理部分和媒体访问等部分。服务层包括访问、创建、存储和操作内容等应用程序功能。内容层包含各种形式的数据,如文本、声音、影像等	Yoo et al.,2010
数字技术是以物联网、云计算、人工智能、区块链等为代表的信息、计算、沟通和连接技术的组合	Bharadwaj et al.,2013
数字技术是指数字组件、数字基础设施和数字平台3个不同但有关联的元素	Nambisan,2017
数字技术是一系列信息、计算、沟通和连接技术的组合,包括社交技术、移动技术、分析技术、云计算技术和物联网技术等,通常概括为数字技术的SMACIT模型:社交(Social)、移动(Mobile)、分析(Analytics)、云计算(Cloud)、物联网(Internet of Things)	Sebastian et al.,2017;Vial,2019
数字技术是指改进了的信息通信技术或系统,既包括数字硬件等物理部分,也包括网络连接、访问和操作等逻辑部分,还包括数据、产品、平台和基础设施等部分	郭海,杨主恩,2021
数字技术主要表现为数字产品技术、数字平台技术、数字基础设施技术,以及数字技术的应用、组件或媒体内容	Berger et al.,2021

资料来源:根据相关文献整理。

从表2-1可知,数字技术是在信息技术的基础上演变而来,是信息、计算、沟通、连接等技术的组合,物联网、云计算、人工智能、区块链等技术是数字技术的常见表达形式。本书借鉴Vial(2019)的研究,从市场资源的角度,将数字技术界定为:数字技术是一种可以改变消费者行为和期望,打破竞争格局,促进数据生成并增加数据可用性的颠覆性资源。数字技术本身对企业没有价值,只有应用在特定的环境中,才能体现出数字技术的价值所在。例如,数字技术在市场营销领域、生产领域、运营管理领域的应用,催生了数字营销、智能生产和数字化管理等。

（二）数字技术对市场营销实践的影响

据悉,在亚马逊每分钟卖出的4 000件商品中,有一半是通过个性化推荐技术呈现给用户的。当消费者浏览亚马逊网站时,其算法会预测消费者此刻的购物需求,进而从约3.53

亿件商品里选出一组推送给消费者。由此可知,数字技术能够改变企业向消费者提供产品和服务的方式。此外,应用于健康检查的移动传感技术、人工智能和机器人、社交媒体、店铺零售技术等数字技术在营销实践中的应用,能帮助企业提升顾客满意度,获得顾客忠诚度,提高员工福利,提升企业的盈利能力,进而有助于构建可持续生态系统。不过,在应用数字技术的过程中,企业需要善用大数据分析、关注顾客体验管理、规避数字技术应用带来的安全问题和隐私问题。

数字技术正在对市场营销实践产生深远的影响,主要表现在:①增强现实、面部识别、计算机视觉等新互动形式的数字技术,以及基于数字技术应用的数字平台,支持消费者和企业之间以各式各样的形式进行互动;②利用计算机视觉方法分析销售人员的面部表情在直播营销中的有效性,优化产品发布与淘汰的决策等新技术的应用,产生了新的数据形式,进而使新的营销分析方法成为可能;③聊天机器人等数字新技术提供了新的营销沟通工具,推动了服务营销的创新;④数字虚拟人等数字新技术催生了新的营销代言人策略等。

(三)数字技术的应用

随着信息技术的全面进步,我们进入了一个互联网、云计算、大数据、物联网、感知技术、触摸技术和人工智能等数字技术综合应用创新的时代,一个人与技术共同进化的一个时代,一个以数字化驱动实体经济与虚拟经济高度融合的新时代。数字化技术正向人类生活的各个领域全面推进与渗透。从传统制造业,到更广阔的行业领域,数字化技术赋能千行百业加速迈向灵活、高效、高质量、可持续进步的时代,经济进步新活力不断得到释放。

数字化时代几乎所有业务都将运行在技术底座之上,其发展和创新都离不开技术的支撑,技术已成为业务创新和发展的核心动力。互联网时代的新技术包括云技术、物联网、大数据、人工智能、增强现实技术、虚拟现实技术、移动支付、区块链等技术。

1. 云技术

云技术是指在广域网或局域网内将硬件、软件、网络等系列资源统一起来,实现数据的计算、储存、处理和共享的一种托管技术。最简单的云计算技术在网络服务中已经随处可见,如搜寻引擎、网络信箱等,使用者只要输入简单指令即能得到大量信息。未来如手机、GPS 等装置都可以通过云计算技术发展出更多的应用服务。云技术不完全局限于互联网之中,它提供了一种思维模式和营销模式,在线上可以搜集客户的行为喜好,洞察其购买需求,在适当的时候给予客户最想要的东西。

云营销就是以云技术为主要媒介,通过网络把多个成本较低的计算实体整合成一个具有强大营销能力的系统云平台。其核心理念在于不断提高"云"的覆盖能力,以及"云"之间的逻辑计算能力,从而达到系统营销的结果。云营销能够减少用户的经济负担,最终使用户在家里,一台计算机终端,就可以得到近乎无限数量的优质商品,享受"营销云"带来的巨大经济利益。

2. 物联网

物联网是指通过各种信息传感设备,实时采集任何需要监控、连接、互动的物体或过程等需要的信息,与互联网结合形成的一个巨大网络。其目的是实现人和所有物品与网络的连接,方便识别、管理和控制。

物联网的范畴覆盖了从传感器、控制器到云计算的各种应用,包括产品服务、智能家居、交通物流、环境保护、公共安全、智能消防、工业监测、个人健康等领域。其核心在于物与物、人与物之间的信息交互,基本特征可概括为整体感知、可靠传输和智能处理。物联网设备数量的增加,有效地帮助企业打开了"数据之门",从而获取更多一手的消费者数据,也帮助企业打通了设备间的传输壁垒,方便打造更多的产品应用场景。

📖【知识链接】

"小米"家居物联网

小米在物联网领域做了很多年的储备,目前连接的设备超过 1.32 亿台,已经成为全球最大的消费类的物联网公司,小米把 AI+IoT 简称为 AIoT,就是万物智慧互联。

1. 小米电视:智能家居重要入口

2016 年,小米发布的 3S 电视系列,搭载了革命性电视系统"PatchWall 拼图墙",成为全球首款人工智能电视。2017 年,小米发布全球首款人工智能语音电视系列,将交互体验进一步升级。可以说,中国智能电视的行业革新,绝对有小米的贡献。

2. 小米智能音箱:AI 语音交互落地的重要载体

2017 年 7 月,小米正式推出 AI 音箱"小爱同学"。彼时,亚马逊、百度、阿里早已推出智能音箱。但是,小米音箱推出后冲劲十足,2018 年 Q3 出货量位居全球第四。极致性价比+互联平台生态优势,是小米智能音箱的核心竞争力。

3. 小米路由器:抢位天然网络流量入口

2015 年年初,小米路由器总销量突破 100 万台,同年 8 月和 10 月,分别突破 200 万和 300 万台,2016 年 3 月突破 500 万台,2017 年 12 月突破 1 800 万台。2017 年全年,小米路由器占国内市场份额排名已跃升至第二,仅次于路由器 TP-LINK。

(资料来源:胡巍巍.焦虑的小米,披上了物联网的战袍[EB/OL].中国家电网,[2019-03-17].)

3. 大数据

关于大数据,麦肯锡全球研究所给出的定义是:一种规模大到在获取、存储、管理、分析方面大大超出了传统数据库软件工具能力范围的数据集合,具有海量的数据规模、快速的数据流转、多样的数据类型和价值密度低四大特征。

大数据对企业的价值体现在 3 个方面:一是对大量消费者提供产品或服务的企业,可以利用大数据进行精准营销;二是中小微企业可以利用大数据作服务转型;三是互联网压力之下的传统企业可以充分利用大数据进行转型。

📖【知识链接】

阿里巴巴是如何做大数据营销的?

用过淘宝的你一定有这样的经历,购买某件产品后,你的首页推荐会出现同类产品,你收藏过或者加入购物车的产品,也会给你进行推荐。就算你不买,只要浏览过的产品,都会给你推荐同类产品。这是大数据营销的手段之一,根据用户行为,对目标用户进行"画像",

智能判断用户情感,推荐系统认为你感兴趣的产品。大数据显示,网购用户女性远超男性数量,因此无论是淘宝还是天猫,在主题市场一栏,女装始终是第一位。当女性用户漫无目的地打开淘宝时,用户可以第一眼看到女装分类,促进用户消费。数据进一步证实,得到女性的心,就等于得到她的一切。当然主题市场不仅只有导航功能,淘宝的产品分类本身就是对用户的"分类",用户在无目的的状态下首选的产品,就是你购物的潜在习惯,由此淘宝商家可以定制活动,实行精准营销。

（资料来源:阿里巴巴是如何做大数据营销的？营销那点事儿.2018.09.26.）

4.人工智能

人工智能是研究、开发用于模拟、延伸和扩展人的智能的理论、方法、技术及应用系统的一门新兴技术科学。美国斯坦福大学人工智能研究中心尼尔逊教授对人工智能这样定义,"人工智能是关于知识的学科——怎样表示知识以及怎样获得知识并使用知识的科学"。美国麻省理工学院的温斯顿教授认为,"人工智能就是研究如何使计算机去做过去只有人才能做的智能工作"。这些定义反映了人工智能学科的基本思想和基本内容。人工智能是计算机科学的一个分支,它企图了解智能的实质,并生产出一种新的、能以人类智能相似的方式作出反应的智能机器,该领域的研究包括机器人、语言识别、图像识别、自然语言处理和专家系统等。

一场由人工智能赋能的数字营销变革悄然兴起,在营销领域,利用智能技术可以让人从庞杂的选词流量匹配中解放出来,从智能感知到理解、决策,再到优化流量的分配,智能技术大幅提升了用户体验。利用人工智能技术,营销人员将加快实现一对一营销活动的自动化,不仅使营销内容更有针对性,而且使沟通的时机、频率和渠道都更具有针对性。

📖【知识链接】

AI 实时翻译

AI 具有自然语言检测功能,用一种语言形成的新闻可以翻译成另一种语言。人们可以同时关注一个新闻或同时更新,而不需要人工翻译的接入,也可以在面对面对话的时候进行实时翻译。原理是使用神经网络翻译技术处理人的讲话,这也是通用语音识别系统的工作原理。谷歌翻译可提供超过 100 种语言,每天提供超过 10 亿次的翻译,月度活跃用户超过 10 亿人次。实时翻译机器也非常强大,除了官方语言的支持,还支持方言,同时保障了很高的准确率。在未来智能眼镜内置了机器翻译程序之后,可以通过 AR 的方式投射在智能眼镜上面,这样当我们在看到外文的时候,将会实时地翻译成母语,显示在眼镜上面;听到外文的时候会实时翻译成母语,传给我们的耳机。再也不用花很多时间去掌握一门外语,依然不能达到流利沟通的目的,有了机器翻译对外的商务沟通和出国旅游会变得非常便捷。可以随时来一场说走就走的旅行,去一个小语种的国家,开始一段冒险体验。

（资料来源:AI 发展渐入高潮,未来有望引爆新一轮技术革命,泽平宏观.2018.10.23）

5.增强现实技术

增强现实(augmented reality,AR)技术,是一种实时计算摄影机影像的位置及角度并加上相应图像,将真实世界信息和虚拟世界信息"无缝"集成的新技术。它把原本在现实世界的一定时间、空间范围内很难体验到的实体信息(视觉信息、声音、味道、触觉等),通过模拟仿真后再叠加,即可将虚拟的信息应用到真实世界,被人类感官所感知,从而达到超越现实的感官体验。这种技术的目标是在屏幕上把虚拟世界套在现实世界并进行互动。随着随身电子产品运算能力的提升,AR技术可广泛应用到军事、医疗、建筑、教育、工程、影视、娱乐等领域,同时为企业与消费者的营销互动带来更多的可能。

6. 虚拟现实技术

虚拟现实(virtual reality,VR)技术是一种可以创建和体验虚拟世界的计算系统,它由计算机生成,通过视、听、触、嗅等作用于用户,为用户产生身临其境的感觉的交互式视景仿真。随着虚拟现实技术的不断完善,它受到越来越多人的认可,用户可以在虚拟现实世界体验到最真实的感受,其模拟环境的真实性让人难辨真假,有种身临其境的感觉。与传统技术相比,虚拟现实具有一切人类所拥有的感知功能,它具有超强的仿真系统,真正实现了人机交互,使人在操作过程中,可以随意操作并且得到环境最真实的反馈。随着VR技术的发展,企业营销也可以用虚拟现实产品展示系统来进行,它能够消除企业与消费者之间的沟通障碍,从而显著提升销售效果。

📖【知识链接】

虚拟现实体验

使用VR和AR技术,可以给用户提供沉浸式体验。人工智能的加入将会让这种体验更加真实和更加有趣味性。比如,各种主题虚拟世界会有各种各样的主题开放场景可以体验,玩家可以按照自身偏好来进行场景设置,场景中的AI会按照你需求的方式来与你互动,游戏没有唯一目标,而是开放式可以进化的系统。这样每个人都可以选择不同的游戏交互,给玩家更接近真实的体验。同时玩家会佩戴各种身体传感器,用身体的移动直接控制游戏,这些传感器可以感知身体的动作并使游戏角色在虚拟世界中移动。就像各种虚拟题材的游戏一样,只是这将会是一个更加真实的世界,这样的世界将会非常宏大和充满想象力,可以在里面任意创造,也可以与其他玩家互动。

(资料来源:http://baijiahao.baidu.com/s?)

7. 移动支付

移动支付是指使用普通或智能手机完成支付或者确认支付,而不是用现金、银行卡或者支票支付。买家可以使用移动手机购买一系列的服务、数字产品或者商品等。移动支付是第三方支付的衍生品。第三方支付是指在使用第三方支付平台的交易中,买方选购商品后,使用第三方平台提供的账户进行货款支付,由第三方通知卖家货款到达并进行发货;买方检验物品后,就通知第三方付款给卖家,第三方再将款项转至卖家账户。移动支付具有时空限制小、方便管理、隐私度较高、综合度较高等特点。随着线下移动支付的快速普及、线上线下的融合发展,"移动支付+营销"赋予了商户全新的营销体验。移动支付已经成为营销切入点,使门店更轻松地拉新、蓄流,帮助门店突破传统的经营瓶颈。

📖【知识链接】

移动支付应用场景举例

移动支付是指移动客户端利用手机等电子产品来进行电子货币支付,移动支付将互联网、终端设备、金融机构有效地联合起来,形成了一个新型的支付体系,并且移动支付不仅能够进行货币支付,还可以缴纳话费、燃气、水、电等生活费用。移动支付开创了新的支付方式,使电子货币开始普及。

1. 购物方面

随着电子商务的快速发展,人们越来越热衷通过电商平台购买服饰,这样既省时又省力,同时促进了移动支付的发展。移动支付的快速发展,使得除网络购物以外,线下各个大型商场,甚至街边的小服装店、饰品店等也开始为消费者提供扫码支付等移动支付方式。现如今,人们可以通过手机直接购买自己想买的服饰;可以不带现金出门逛街;可以直接用移动支付的方式结账;不用担心逛街时选好物品却发现钱没带够的窘境出现。

2. 饮食方面

随着各种餐饮类的应用软件的兴起和发展,如美团、饿了么等网上订餐平台,移动支付开始进入餐饮行业,这给不会或者不愿做饭的人们带来了极大的便利,为大学生群体提供了福利。消费者可以直接从网上订餐平台下单并支付,然后在家,或其他地方等待外卖的到来。当然,除线上的餐饮平台外,线下的各类餐饮店,无论规模大小,都逐步开始兴起使用移动支付的方式。

3. 生活方面

随着支付宝等移动支付平台的发展,移动支付开始扩大其范围。如今,人们可以通过支付宝、微信支付等移动支付平台缴纳家里的水、电、气费;可以购买理财产品、保险等;可以缴纳手机话费;可以向别人进行转账服务;可以随时随地查询自己一周、一月、一年的消费情况;在一些城市,去菜市场买菜也可以使用移动支付,除此之外,移动支付平台还有很多功能。移动支付的不断发展为人们的生活带来了便利。

4. 出行方面

现如今,人们出行也可以使用移动支付手段。例如,滴滴出行、共享单车等移动出行平台,人们可以在平台上选择乘坐私家车、出租车等,或者自己骑单车出行游玩。当然,坐公交也是一种日常的出行方式。移动出行平台和移动支付平台的结合,给人们的出行带来了极大的便利,人们再也不用在乘坐公交车时纠结没有零钱的问题了。

8. 区块链

互联网高速发展使信息传输系统变得高效可靠,创造出与互联网相匹配的价值传输网络。区块链的诞生正是人类构建价值传输网络的开始。狭义来讲,区块链是一种按照时间顺序,将数据区块以顺序相连的方式组合成的一种链式数据结构,并以密码流方式保证的不可篡改和不可伪造的分布式账本。广义来讲,区块链技术是利用块链式数据结构来验证与存储数据,利用分布式节点共识算法来生成和更新数据,利用密码学的方式保证数据传输和访问的安全,利用由自动化脚本代码组成的智能合约,来编程和操作数据的一种全新的分布式基础架构与计算方式。

一般来说,区块链系统由数据层、网络层、共识层、激励层、合约层和应用层组成。其中,数据层封装了底层数据区块以及相关的数据加密和时间戳等基础数据和基本算法;网络层则包括分布式组网机制、数据传播机制和数据验证机制等;共识层主要封装网络节点的各类共识算法;激励层将经济因素集成到区块链技术体系中来,主要包括经济激励的发行机制和分配机制等;合约层主要封装各类脚本、算法和智能合约,是区块链可编程特性的基础;应用层则封装了区块链的各种应用场景和案例。

目前,区块链技术已广泛应用于金融、保险、营销、公益、公共服务、物流等领域。从企业数据管理的视角来看,区块链技术可以提高数据质量并促进数据访问。从以消费者为中心的视角来看,区块链技术有潜力通过增强数据和信息的透明度以及改善隐私和安全性实质性地改变消费关系。消费者可以通过真实且经过验证的产品或服务评论回应商家的营销活动。区块链技术还允许企业采用创新形式的消费者忠诚度计划创造附加价值。

📖【知识链接】

区块链技术传递信息的同时,实现信任互联

信息时代下,人们在享受信息红利的同时,信息获取的不对等必然会出现社会成员间信任缺失的问题。传统互联网的发展实现了信息的互联,但网络世界的信任问题始终是制约产业融合的重要难点。被称为信任的机器的区块链技术应运而生。它具有去中心化、防篡改、智能合约等特征,能有效应用于上述多项领域,解决部分行业痛点和社会问题,一定程度缓解当前的信任缺失问题。

传统批发市场的农产品数据仍然主要依靠纸质或电子台账,数据极易被错误篡改,给病毒溯源加大了难度,但若利用新技术手段即区块链技术就可实现产品的精准溯源,有效保证食品的安全并可降低大量人力、物力、成本。通过区块链的分布式账本原理,可以保证信息的无法篡改和公开透明,解决商品在供应链不同节点的流通一致性及可追溯性。很多企业已经开始对这一技术的应用:京东联合生鲜领域的品牌厂商建立了"京东区块链防伪追溯平台";阿里的菜鸟网络和天猫国际用区块链的这一特性来记录跨境进口商品的物流全链路信息。新创公司溯源链(Traceability Chain)以二维码、RFID 作为入口进行溯源,用户可以追踪到商品的生产、储存、出仓等信息,它将药品、食品作为主要切入窗口。把握好区块链技术的原理和特性,有利于将区块链技术更广泛地应用于各行业场景以解决信任危机问题,实现信任互联。

(四)新技术体系的形成

技术的发展不是孤立的,新技术体系是通过持续交叉融合来推动形成的。本书认为,新技术体系体现为新技术的融合发展与创新,可以用"四个新"来概括,即新基础、新智能、新体验和新应用。

从新基础角度看,以量子计算、5G 和 AI 芯片为代表的新基础迅速发展,标志着计算正在进入异构时代。2020 年 9 月阿里云推出的异构计算平台,提供了 GPU 和 FPGA 等异构实例,可以大幅降低 AI 的应用成本以及提供高性能计算。

从新智能角度看,以在线计算、大数据处理和大规模机器学习为代表的新智能与应用场景的匹配更多地体现了大数据的价值。大数据处理技术的方向是复杂、实时、智能与低成本。比如,"11·11"电商大脑为消费者的个性化推荐,正是这样的大数据技术在起支撑作用。

从新体验角度看,机器智能、人机自然交互、无人驾驶、VR/AR 等技术无所不在。以阿里发布的天猫精灵智能音箱为例,目标就是抢占智能交互的新入口。语音识别技术未来还需要不断迭代,在识别方言和多语言方面的能力还有待提高,在降噪技术、远场语音识别、语义理解和多轮对话管理方面的技术有待完善。

从新应用角度看,未来购物的场景从头至尾都有新技术的身影。从身份识别到个性化推荐搜索、AR/VR 购物、购买服装时的虚拟试衣间,再到 VR 支付、仓储、物流、客户服务,都是新技术在支撑。比如,菜鸟机器人仓库已经落地,今后逐步会有更新升级。

三、数字经济政策环境

随着"互联网+"、分享经济等新经济形态的不断涌现,网络直播、物联网、AI、VR、AR、5G 等新技术及其应用得到迅猛发展。同时,网络强国战略、"互联网+"行动计划、大数据战略得到深入贯彻实施,移动互联网发展的政策法规相继出台,政策监管力度不断加大,形式不断创新。

(一)政策推动数字经济发展

近年来,我国高度重视数字经济的发展,出台了一系列支持政策(表2-2),充分发挥数字技术在促进制造业、农业、能源、环保等产业转型方面的巨大作用,数字技术在医疗、教育、交通、能源、政务等领域的应用场景不断丰富。政策突出线上线下协同发展,并对传统行业进行数字化改造。这些政策都与新发展理念的内在要求高度契合,是驱动经济社会高质量发展的新动能。习近平总书记强调,要抓住产业数字化、数字产业化赋予的机遇,加快5G 网络、数据中心等新型基础设施建设,抓紧布局数字经济、生命健康、新材料等战略性新兴产业、未来产业,大力推进科技创新,着力壮大新增长点、形成发展新动能。这体现出国家从政策层面对数字经济发展的支持。

表 2-2 2015—2022 年中国数字经济发展相关政策或行动

时间	发文部门	政策名称
2015 年 4 月	国务院	《关于积极推进"互联网+"行动的指导意见》
2015 年 12 月	工信部国标委	《国家智能制造标准体系建设指南(2015 版)》
2016 年 5 月	国务院	《关于深化制造业与互联网融合发展的指导意见》
2017 年 11 月	中办国办	《推进互联网协议第六版(IPv6)规模部署行动计划》
2017 年 11 月	国务院	《关于深化"互联网+先进制造业"发展工业互联网的指导意见》
2019 年 11 月	工信部	《"5G+工业互联网"512 工程推进方案》
2020 年 3 月	工信部	《工业和信息化部办公厅关于推动工业互联网加快发展的通知》

时间	发文部门	政策名称
2020 年 7 月	国家发改委等	《关于支持新业态新模式健康发展 激活消费市场带动扩大就业的意见》
2020 年 9 月	国务院	《关于以新业态新模式引领新型消费加快发展的意见》
2020 年 10 月	工信部	《"工业互联网+安全生产"行动计划(2021—2023 年)》
2020 年 12 月	工信部	《工业互联网创新发展行动计划(2021—2023 年)》
2021 年 3 月	国务院	《中华人民共和国国民经济和社会发展第十四个五年规划纲要》
2021 年 8 月	江苏省政府	《江苏省"十四五"数字政府建设规划》
2021 年 11 月	工信部	《工业互联网综合标准化体系建设指南(2021 版)》
2022 年 1 月	国务院	《"十四五"数字经济发展规划》
2022 年 3 月	国务院	《2022 年政府工作报告》

为了发展数字经济,国家出台了大量新政策,催生了大规模个性化定制、网络协同制造、服务型制造、智能化生产等一系列新模式、新业态,有利于推动产能优化、存量盘活、绿色生产,创造更多新兴经济增长点。这些措施加速了各领域的大众创业、万众创新,进一步丰富了数字经济的发展动能。

数字经济的发展为数字营销的发展奠定了丰厚的产业基础,各地出台的相关政策为技术的进步提供了制度保障,这些都为数字营销提供了充分的发展基础。

(二)政策监管力度不断加大

随着信息时代资源的共享以及快速传递,互联网极大地提高了各个领域人员的工作效率,但产生了信息泄露、黑客袭击、病毒传播等网络安全问题,严重危害了国家安全和公共利益,这些问题受到了党和国家的重点关注。

没有网络安全就没有国家安全,没有信息化就没有现代化。国家相继出台了《中华人民共和国网络安全法》《国家网络空间安全战略》等政策法规,网络安全获得了快速发展的强劲动力。政策监管力度的加大约束了企业行为,给所有企业划定了一条不可逾越的红线。未来互联网企业可以通过包括大数据、云计算、智能、移动、社交、共享等新技术为企业和员工赋能,提升研发、供应链和销售等各环节效率,实现数字化转型,提高企业经济效益。同时,企业应当遵守法律法规,注意用户隐私保护,维护信息安全和国家安全。

(三)行业监管更趋系统创新

随着互联网与其他行业的不断融合发展,互联网行业业务类型繁多,新业态新模式不断涌现,推动着"互联网+"领域监管政策的创新。未来行业监管创新将集中在 3 个方向:第一,构建多层次、全流程的监管体系。建立事前的算法审计制度,建设可在网络营销活动过程中动态监测、实时监管有关不正当竞争行为的大数据平台,进一步完善事后的法规监管体系。第二,设法提高算法透明度。引导企业基于诚信原则,积极披露算法策略和规则,使算法更加具有可解释性。第三,构建多元协同的新型治理机制。在政府强监管之外,给消费者和企业提供共同参与算法治理的渠道,同时建立相对完善的行业自律、社会监督、消费者联合维权等机制,提高治理效率,减小消极影响,扩大受益面。

随着互联网行业政策监管的不断完善,政府强化事中事后监管,积极创建公平竞争市场,为互联网行业创新发展提供了良好的政策环境。面对变化的政策环境,互联网企业要主动把握行业趋势,提升我国互联网行业的国际竞争力。

📖【知识链接】

蚂蚁集团上市按下暂停键,背后真相浮出水面

2020年11月3日"蚂蚁金服"的上市被叫停,眼看距成为史上最大IPO仅剩一步之遥的关键时刻,却被四大监管机构同时约谈,而不得不将上市暂时搁置。消息一出迅速引起轩然大波,究竟是出于什么原因导致即将上市的"蚂蚁金服"被按下"暂停键"?被四大监管机构约谈的原因是什么?难免不令人感到好奇和疑惑。

而这一切的变数源自2020年11月2日为规范小额贷款公司网络小额贷款业务,统一监管规则和经营规则,银保监会会同人民银行等部门出台了《网络小额贷款业务管理暂行办法(征求意见稿)》。该办法明确规定网络小额贷款业务应当主要在注册地所属省级行政区域内开展,未经银保监会批准,不得跨省级行政区域开展网络小额贷款业务;规定监管主体、监管规则和措施,并对网络小贷公司在经营过程中的风控体系、单户上限、信息披露等问题作出详细规范,划定了限制跨省展业、联合贷款出资不低于30%的若干红线;对自然人的单户网络小额贷款余额原则上不得超过人民币30万元,不得超过其最近3年年均收入的1/3,该两项金额中的较低者为贷款金额最高限额等内容。这些法规内容成为阻止"蚂蚁金服"上市的真正导火索。

(资料来源:商媒体,2020-11-09.)

第三节　数字营销中观环境分析

数字营销的中观环境主要涉及企业所处的市场环境。在数字化时代,数字技术成为推动经济社会发展的新动能,数字平台成为新的产业组织模式,在购物、社交、资讯、出行、金融、健康等领域涌现出一批超大规模的数字平台企业,如阿里巴巴、腾讯、百度、美团等。相应地,数字平台市场作为新的经济业态应运而生。其中,数字平台市场作为数字经济中的一种特殊形态,是数字经济的重要组成部分。换句话说,在提及数字经济市场的时候,平台是其中重要的分析要素。不过,尽管数字平台是企业开展数字营销实践的主要市场,但若没有良好的平台治理,则很容易出现平台垄断、不正当竞争、数据泄露、用户隐私被侵犯等问题。平台治理对营造健康繁荣的平台市场环境至关重要。基于数字平台市场及其治理的重要性,本节重点从数字平台市场和数字平台治理这两个方面来分析数字营销的中观环境。

一、数字平台市场

移动互联网、大数据、云计算等数字技术引发的新技术革命,催生了数字平台企业。作为一种新型的组织形式,这些数字平台企业已成为驱动数字经济发展的主要组织模式。在2021年全球市值100强上市公司排行榜中,前10名中有7家是数字平台企业,包括苹果(操作系统 IOS 平台)、微软(操作系统 Windows 平台)、亚马逊(电商平台)、谷歌(搜索引擎平台)、腾讯(社交平台)和阿里巴巴(电商平台)等。由此可知,数字平台市场已然是数字经济市场的主阵地。在数字化时代,理解数字平台的内涵、类型及其营销启示是至关重要的。

(一)数字平台的内涵与类型

1.数字平台的内涵

概括而言,数字平台是指由一系列的互补性产品、技术或服务的公司组成,使得生产者与消费者进行价值创造与交互的数字资源集合体。数字平台促使企业突破地域、领域、技术的界限,不断拓展企业的资源配置边界,一定程度上有效地降低了交易成本。对数字平台的界定,学术界主要从技术架构、组织架构、双边市场理论、生态系统理论、分工理论5个视角展开,见表2-3。

表2-3 对数字平台的界定

理论视角	内涵
技术架构	数字平台是一个稳定的技术架构,具有模块化生产功能
组织架构	数字平台是由累积性、互补性资源和能力构成的组织架构
双边市场	数字平台是一种实体或虚拟的交易空间,促进两种不同群体之间互动,降低交易成本,实现交易利益
生态系统	数字平台是由控制知识产权和治理的平台所有者、连接平台和用户的平台提供者、生产创造产品的平台生产者和使用消费产品的平台消费者组成
分工	数字平台是一个以数字共享平台为黏合剂,由数字化分工的自治主体构成的元组织,呈现"实体平台—数字平台组织—数字平台生态系统"的演进路径

(资料来源:李春利,高良谋,安岗.数字平台组织的本质及演进:基于分工视角[J].产经评论,2021,12(6):134-147.)

从表2-3可知,数字平台是利用数字技术向双边或多边用户提供交易与互动的空间,具有多边架构(如淘宝中存在企业供应商、个人供应商和消费者等)和网络效应两个主要特征。数字平台突破了传统平台所面临的地域、时间、交易规模、信息沟通等方面的约束,获得了全新的规模、效率和影响力。同时,驱动了企业通过多边架构的开放式创新实现与多个利益相关者之间的价值共创和共享。本书基于双边市场理论认为,数字平台是基于数字技术的应用来广泛连接不同群体的网络空间,这些群体包括产品生产者、服务提供者以及消费者等,而数字平台的价值与单边群体和多边群体中的用户数量紧密相连。例如,百度搜索就是同时服务于有网络推广需求的广告商和有信息检索需求的用户的应用平台,微信则是连接个体与个体以及服务商的应用平台。

2. 数字平台的类型

在现实世界里,数字平台具有十分丰富的类型。例如,商品交易类的电子商务平台有天猫商城、京东商城、亚马逊、拼多多等;服务类的在线办公以及生活服务类平台有腾讯会议、企业微信、钉钉、美团、饿了么等;社交类平台有新浪微博、微信、QQ 等;用户生成内容类和内容付费平台:抖音、快手、YouTube、喜马拉雅等;操作系统平台有 IOS、Android、鸿蒙等软件开发平台。表 2-4 概括地描述了不同划分视角下的数字平台类型。

表 2-4 数字平台的类型

划分视角	数字平台类型	数字平台举例
平台的开放性程度	企业内部平台	海尔集团员工创客平台
	企业外部平台	京东电商、淘宝、微博
平台的应用	数字媒体平台	抖音、微博
	数字交易平台	天猫、淘宝、京东、拼多多
	数字分享平台	Uber、Airbnb、滴滴出行
平台的服务对象	生产服务平台	智能制造服务平台、大数据服务平台
	生活服务平台	互联网零售平台、酒店住宿平台
	科技创新平台	互联网技术交易平台、知识产权交易平台
	公共服务平台	互联网政务平台、交通服务平台

(1)从平台的开放程度来划分

从平台开放程度的视角看,数字平台主要包括两种类型:一是企业内部平台,这类平台不对外开放 API 接口,如海尔集团内部的员工创客平台;二是企业外部平台,这类平台对外开放 API 接口,为其他企业提供服务,如京东集团的线上商城、阿里巴巴的淘宝商城平台、美团外卖平台等;或是嵌入其他外部平台企业当中,以便充分利用平台企业的用户或流量优势,如积攒了海量活跃用户的微信公众平台、小程序、微博、抖音等。

(2)从平台的应用来划分

从平台的应用视角看,数字平台主要包括数字媒体平台、数字交易平台、数字分享平台三大类应用模式。其中,数字媒体平台是指以互联网为载体,通过信息汇集、检索和交互等,聚集一批用户,然后吸引广告商的应用模式,如抖音、微博等。数字交易平台是指通过互联网平台直接实现供需双方对接和交易的商业应用。数字交易是对数字技术应用和功能的极大拓展,使数字平台由单纯的媒体属性向交易属性拓展。随着数字技术的进步和竞争环境的变化,数字交易平台也在不断地丰富完善,交易的内容和渗透的环节不断深入。数字分享平台是指供需双方通过数字平台进行闲置资产或技能经验分享和交易的平台,如 Uber、Airbnb、滴滴出行等。

(3)从平台的服务对象来划分

从平台服务对象的视角看,数字平台可以分为生产服务平台、生活服务平台、科技创新平台、公共服务平台 4 种类型。其中,生产服务平台是指专门为生产服务提供第三方服务的互联网活动平台,覆盖研发设计、生产制造、经营管理、销售服务等领域,如智能制造服务平台、大数据服务平台等;生活服务平台是指专门为居民生活服务提供第三方服务的互联网活动平台,覆盖"衣、食、住、行、玩"等领域,如互联网零售平台、酒店住宿平台、旅游平台等;科技创新平台是指专门为科技创新、创业等提供第三方服务的互联网活动平台,覆盖科研创意、技术、产权、孵化等领域,如互联网技术交易平台、知识产权平台、众创众包平台等;公众服务平台是指专门为公共服务提供第三方服务的互联网活动平台,覆盖政务治理、环保节能、数据共享等领域,如互联网政务平台、交通服务平台、物联网数据开放平台等。

(二)数字平台对企业数字营销的作用

1. 数字平台是企业数字营销的重要支撑

在数字化时代,消费者的消费活动几乎离不开数字平台市场。从数字平台企业的数量来看,中国目前有36家大型数字平台,涵盖了电子商务、在线教育、在线医疗、数字媒体和物流等诸多领域。数字平台不仅打破了传统市场营销中的时空限制,而且带动了巨大的消费,带来了就业机遇。有数据显示:2020年3月至2021年3月,滴滴在中国有1 300万名年活跃司机;2020年全年,在美团上获得收入的骑手超过470万人;2019年8月至2020年8月,在抖音上获得收入的创作者和主播达到2 097万人、网络零售平台店铺数量为1 994.5万家。由此可知,数字化时代中的大多数交易行为都跟平台有着直接或间接关系。即便是路边的摊点,也通过微信或支付宝支付平台来进行交易。可以说,数字平台现在关乎着人们交通、学习、工作、社交、娱乐、消费、支付等几乎所有活动,已经成为支持企业数字营销的最重要基础设施。

2. 电商平台成为消费活动的主要场所

电商平台是数字平台市场繁荣发展的重要支撑力量。据统计,我国电商平台从业人员规模超过6 000万人,交易额从21.8万亿元增长到37.2万亿元,电商平台已经成为市场交易的关键渠道。截至2020年6月,中国电商直播用户规模达到3.09亿户,成为2020年上半年增长最快的个人互联网应用平台。在2020年,实物商品网上零售额占社会消费品零售总额的比重接近1/4,我国已连续8年成为全球规模最大的电商平台市场。可见,电商平台已成为大众消费活动的主要场所。再如,俞敏洪正在带领"新东方"向直播电商转型,截至2022年6月21日,东方甄选抖音账号粉丝已经突破1 700万,处于抖音直播榜的第一位。电商平台的市场力量可以迅速地帮助企业实现业务转型。

3. 数字平台促进线上线下加速融合

在数字化时代背景下,数字平台的加速发展和数字技术的迅猛突破,使移动互联网无处不在,无论身在何处,消费者都可以连接上网。特别地,全球新冠疫情加速了线下业务向线上的转移,大大增强了消费者对互联网的依赖,进一步促使人们的购物、社交、娱乐等活动纷纷向线上转移,激发了人们对远程医疗、在线教育、远程办公等方面的需求,培养了用户线上生活的习惯,实现了数字平台市场的持续增长。数字平台的繁荣发展,正在促使众多企业线上线下渠道的加速融合,这意味着企业必须重视如何在全渠道中开展有效的数字营销实践。

4. 数字平台促进市场快速全球化

2022年1月1日,《区域全面经济伙伴关系协定》正式生效,这是亚太地区规模最大、最重要的自由贸易协定,各国实行关税互惠,为各国的数字平台企业国际化与全球化布局带来了巨大的市场优势,为数字平台企业构建全球化的服务生态体系营造了良好的外部环境,有利于提升我国数字经济的国际竞争力,在实现高水平对外开放等方面具有重要的现实意义。数字平台企业还推动了全球产业链和国际分工的变化,以互联网和信息技术为基础的数字平台企业降低了产品、信息和人员流动的成本,提高全球范围内的产品和服务的交易量和信息的交换效率,赋能世界各国企业以更多样化的方式参与全球价值链中,推动着普惠贸易和服务贸易的发展,引领着数字化时代的全球产业链创新。此外,"二十国集团数字经济发展与合作倡议"等在全球赢得了广泛共识,信息基础设施互联互通取得了明显成效;"丝路电商"等大大提升了我国数字平台企业全球化的影响力和竞争力。以上种种信息预示着企业的数字营销实践不仅要立足于本土化,而且要有全球化视野,要综合考虑不同国家的经济、文化、政策、数字经济发展水平等因素,因地制宜地制订国际化数字营销策略。

5. 数据中台提升市场营销决策效率

淘宝所收集的海量行为数据带来了高昂的储存成本,而广告、商家、搜索等各种功能都需要调用淘宝的基础数据,以便进行分析和建模。相同数据的相互重叠存储、不同团队的各自为营、缺少数据的分享和复用,导致了数据储存成本成倍增长且浪费严重。针对这一问题,阿里巴巴斥资数亿元建设了顾客数据中台(Customer Data Platform),它汇集企业所有顾客的数据,将数据存储在统一的、可为多部门访问和轻松使用的数据平台。作为企业级的数据共享平台和企业数字化转型的中枢系统,顾客数据中台是获取、管理、应用企业的全域顾客数据的一种系统,主要应用于企业的后链路营销和运营。该平台能够将细分人群数据输出给市场营销自动化工具和机构,展开有针对性的、个性化的消费者触达、沟通和互动,帮助企业以数据驱动全链路的市场营销管理和运营决策。数据中台还可以有效地解决企业内部各系统之间的数据孤岛问题,将企业全域海量、多源、异构的数据进行整合,为业务前台提供数据资源和分析能力支撑,进而实现数据驱动的精细化运营与精准化营销。

数据中台的核心任务就是推进企业数据资源的运营、持续沉淀数据技术和数据产品的能力,它有利于构建"消费便捷、质量可靠、安全稳定、生产经济"的数据资源体系,进而驱动业务数据化运营并产生价值、释放数据红利,最终帮助企业制订出正确、高效、实时的市场营销决策。

二、数字平台治理

数字平台市场在促进经济发展和为消费者带来便利的同时,在如何实施有效的治理方面却遇到了新的问题。例如,数字平台垄断、数据广泛应用所带来的消费者隐私担忧、网络安全与消费者权益保护等问题在数字营销管理实践中尤其突出。这关乎着如何处理好平台垄断与有效竞争的关系、如何处理好隐私保护和数据有效利用的关系等问题。应对上述挑战,维护数字平台的健康长期发展是数字平台治理工作的关键。

(一)数字平台垄断与规范

数字平台的规模扩张使一些平台企业利用自身的市场优势和信息不对称,开展"自我优待"、强制"二选一"、滥用市场地位、数据垄断、价格歧视、排他性交易等平台垄断行为成为可能,严重破坏了公平的市场竞争秩序,损害了消费者的合法权益。从 2020 年开始,数字平台市场的治理与反垄断已经成为全社会普遍关注的重点问题。2021 年年初,国务院反垄断委员会制定发布了《国务院反垄断委员会关于平台经济领域的反垄断指南》,2021 年 11 月 18 日,国家反垄断局正式挂牌;2021 年 12 月,中央网络安全和信息化委员会发布了"十四五"国家信息化规划,其中明确提出:鼓励企业开放平台资源,推动资源共享,提升企业共享生产的能力,进而促进平台经济健康发展。这些举措进一步规范了平台市场的竞争格局,为企业开展数字营销实践营造了更加公平有序的竞争环境。

(二)消费者隐私担忧与权益保护

数字平台承载了大量的业务、用户和数据信息,其灵活多元、快速迭代的特征,使其制度的制订和实施不可避免地面临着滞后或缺失的挑战。特别是在数据安全和个人信息保护的问题频繁发生的情况下,急需治理体系的进一步完善。2021 年 11 月 14 日,国家互联网信息办公室发布了《网络数据安全管理条例(征求意见稿)》,规范了网络数据处理活动,进一步加强了平台用户的数据安全。对平台上的经营者、服务企业、用户等市场主体权益的保护,是平台治理的重要内容。微信社交平台、淘宝电商平台、百度搜索平台等,都有着明确的平台用户隐私保护条款,以便确保用户权益得到保护且不受侵犯;微信公众号平台、知乎平台等知识创作平台还进一步明确了相应的知识产权保护条例,建立了用户争端解决机制,这对促进数字平台主体间的信任和推动数字平台市场的良性发展具有重要意义。企业在平台市场基于数据分析开展数字营销实践的时候,需要关注用户的隐私担忧等重要问题,以便确保用户的合法权益不受侵犯。

第四节　数字营销微观环境分析

大数据、云计算、人工智能、区块链、5G 等前沿数字技术正在加速创新,以新一代 ICT(Information and Communication Technology)技术为基础的数字技术发展正在引领着新一轮的市场变革,具体表现为数字技术对市场主体(如企业与消费者)的赋能,其中,数字技术赋能是指以数字技术为基础来驱动经济社会以及各方面创新与增长的过程。从企业和顾客这些市场的基本单位来看,数字技术是当下企业开展数字营销的关键要素和工具,也是消费者参与市场活动的重要技术支撑。本书对企业微观环境的分析主要从数字技术赋能企业和数字技术赋能消费者两个方面进行。

一、数字技术赋能企业

数字技术赋能企业是指企业以大数据、云计算、人工智能等数字技术为依托,构建和提升有利于企业价值增值活动的数字化能力,进而表现为增强企业在市场活动中对需求识别的精确性、反应的敏捷性、衔接的灵活性以及决策的高效性。由此可知,数字技术赋能企业能够帮助企业达成许多传统营销难以实现的目标。例如,大数据技术应用可以帮助企业更加精准地预测顾客的需求、人工智能技术可以帮助企业提升顾客服务的水平等。

(一)企业数字化转型的内涵

关于数字化转型的内涵,多位学者从不同的方面对企业数字化转型的内涵进行了界定,见表2-5。可以说,数字化转型是众多企业适应数字经济发展的主动选择,也是数字经济高质量发展中的关键一环。例如,华为将数字化转型确定为企业未来五年最重要的发展战略。不过,对于企业来说,数字化转型是一个复杂而艰难的旅程,面临着技术、资源、能力、文化和管理等各方面的挑战。其中,数字技术是企业数字化转型的重要驱动力量,数字技术可以催生新的商业模式、增强企业获取客户资源的能力,并推动企业更有效地践行客户服务意识和推动企业向智能化转型等。

表2-5　数字化转型内涵的界定

学者	内涵
Singh & Hess,2017	数字化转型是指企业使用新的数字技术以实现重大业务改进或创新、组织变革或创建新的商业模式的过程
Vial,2019	数字化转型是指通过信息、计算、沟通和连接技术触发企业重大变革的过程
肖静华,2020	数字化转型是指企业通过新一代数字技术对业务进行升级,使得数字技术与实体经济深度融合,从而提升企业生产效率的过程
曾德麟,蔡家玮,欧阳桃花,2021	数字化转型是以数字化技术、数字化产品和数字化平台的基础设施为支撑起点,进而引发个人、组织、产业等多个层面变革的过程
康瑾,陈凯华,2021	企业的数字化转型是企业数据资源不断整合应用的过程,如何加工利用数据、释放数据是企业数字化转型的关键

从表2-5可知,数字技术是企业实现数字化转型的关键要素,业务革新、组织变革、生产效率提升、商业模式创新是企业实现数字化转型的重要手段。

基于此,本书借鉴王永贵和汪淋淋(2021)的研究认为:企业数字化转型是指企业通过使用新的数字技术来改进企业的核心业务,增强顾客体验,简化运营流程或创建新的商业模式的变革过程。数字化转型可以帮助企业利用先进的数字技术将某个生产经营环节乃至整个业务流程连接起来,形成有价值的数据资产,通过智能计算、反馈和管理这些数据信息,最终赋能到企业商业价值创造的过程中。

(二)企业数字化转型对市场营销实践的挑战

在数字营销的"道"方面,数字化转型对企业传统的战略思维提出了挑战。例如,波特的竞争理论是否仍然适用?或何时不再适用?数字化转型意味着企业的"战场"(即市场)发生了变化,竞争对手可能变成了跨界的竞争对手,新晋者对行业的颠覆正变得越来越常见。再如,随着企业数字化程度的加深,资源在线上线下的流动性不断加强,如何攫取数据和流量等新的资源以维系乃至提升竞争力,也成为企业数字化转型的巨大挑战。毋庸置疑,在"道"方面,企业仍然需要明晰创造、锁定和传递的顾客价值以及获得市场竞争地位等一系列战略目标,但目标的构成及其实现方式则有了更加丰富的内涵并充满了变数。

在数字营销的"术"方面,虽然企业能够尝试转变传统的市场营销思维和手段,但践行市场营销活动的数字化却并非一蹴而就。如今,在数字化转型过程中,企业既可以运营企业IP、经营社交媒体,也可以通过短视频、电商+直播等途径与消费者密切互动。同时,作为企业数字化转型的重要组成部分,如何实现客户管理的数字化、渠道管理的数字化、服务管理的数字化,以及开展有效的短视频营销、电商直播营销等,都是企业必须面对的严峻挑战。而且,诸如此类的数字技术及其应用的不断更迭,为企业如何甄选和应用适合自身发展需要的数字化技术带来了选择困境。此外,如何利用数据技术提升顾客体验、如何提高营销决策效率和缩短市场营销流程,如何更有效地满足消费者日益个性化的、即时的、复杂多变的需求,也是企业数字营销所面临的重要挑战。

(三)数字技术变革企业生产方式

1. 打造柔性工厂

伴随着数字化的推进,企业可以利用数字技术获取消费者信息,打造按需生产、产品定制的柔性工厂。一方面,企业可以依托数字技术获取大量消费者的信息,精准估计消费者需求,进而按需生产,提供差异化或者定制产品,满足消费者的差异化需求。与依靠流水线生产只提供标准产品不同,企业完成数字化后可以既提供标准产品又提供定制产品。企业的定制产品更匹配消费者需求,企业可以对定制产品设定较高价格,以获得更高利润。另一方面,借助数字技术,企业可以低成本地与消费者互动,鼓励消费者向企业表达自身的个性化需求,据此为消费者定制个性化产品。数字化助力用户深度参与企业生产过程,在保留原有客户群体的基础上,争取到更多的小众客户群体,拓宽了市场,提高了销售收入。

数字技术的发展可以有效整合需求端信息,有效调度生产线中的各个环节,提高供应链的反应能力,打造柔性生产线。要从"刚性生产"向"柔性生产"转变,企业才可以进行小规模、多样化产品生产,提高生产适应外部环境变化的能力,增强企业竞争力。

2. 实现绿色生产

数字技术可以帮助企业降低生产成本,促进企业提质、增效、降耗、绿色生产。数字技术方便企业快捷、准确地获取信息,降低协调成本和内部管理成本,提高组织运行效率,其结果是使得生产要素的交易方式更加灵活,买卖双方的沟通更加便捷,相关信息更加透明,进而催生出了高效的灵活用工模式和融资方式。

互联网零工经济推动传统的劳务派遣和外包向众包、兼职等经济合作方式变革,企业可以按需招聘、降低用工成本、提高用工灵活度;供应链金融可以更有效地满足企业融资需求,降低资本成本。不仅如此,数字化中蕴含的信息技术进步可以提高企业的生产要素利用率和能源使用率。信息的精确获取方便企业对能源投入进行精细化管理,对生产中的每个环节进行精确把控和实时监管,有效降低能源使用中的资源浪费。数字技术的使用还可以帮助企业优化生产结构和生产模式,降低能源消耗。

（四）数字技术便捷企业营销活动

1. 全渠道销售模式

借助数字技术，企业可以线上线下融合销售，形成全渠道销售模式，丰富便民惠民商业生态，促进数字经济与实体经济的深度融合。全渠道销售有利于消费者更加灵活地获取产品信息和选择购买渠道，提升了企业竞争力。对某些产品信息如衣服质地、材料等，需要通过触摸、观察才能获得精确信息，消费者可以先去线下实体店感知产品是否符合自身需求，再决定线下购买还是线上下单。对某些产品如电子类产品，网上可以提供更加翔实的信息，消费者可以先在网上搜索相关信息，下单时选择到店自提、同城配送或者快递到家。同时，企业可以在线上线下不同渠道布局不同商品和服务，也可以对线上线下产品进行差别定价。全渠道销售可以丰富企业的经营策略和定价策略，提高企业收益。

不仅如此，全渠道销售有利于拓宽商圈，既可以保留原有实体商圈的客户，还可以获得线上虚拟商圈的新客户。同时，利用网络或 App 购物的消费者可以不受时间和空间的限制，做到 24 小时购物和移动购物，激发更多购物热情，提高企业销售收入。

2. 精准营销

企业可以入驻平台，融入数字化生态，进行精准营销，实现供需对接。与平台深度链接可以让企业获得消费者海量交易数据，进而可对消费者的历史消费记录、个人收入、个性喜好、教育背景、职业类型等方面进行大数据分析，了解消费者的消费习惯和消费方式，绘制360°客户画像，精准地预测和评估消费者的消费潜力和购物倾向，以便企业进行精准营销，提高企业利润。企业可以与平台合作，让平台作为信息中介向搜索相关产品的消费者推荐自己的产品，这有利于提高供需匹配效率。

值得注意的是，虽然在平台推荐产品的过程中会出现有偏推荐和推荐次序的问题，但是研究证实，只要受优待的企业与消费者利益一致，消费者和企业都会从中获益；处于平台推荐首位的企业为了留住首次拜访其页面的客户，会倾向于给客户提供更好的产品服务和更低的价格。销售平台提供的产品售前售后服务，可以帮助企业提高销售业绩。知名销售平台可以利用自身流量为企业产品争取更多关注，也可以依托数字技术向消费者展示更多更精确的产品信息，实现人流、物流、信息流和现金流的汇集。另外，销售平台可以成为企业和消费者的沟通桥梁，解决客户纷争，也可以为客户提供更加便捷的退换货服务。

（五）数字技术提升企业创新效率

1. 精准式创新

企业利用数字技术获取大量消费者信息，进而提高消费者偏好与产品功能之间的契合度，实现精准式创新。随着收入的提高，消费者需求更加多样化和个性化，同时市场供给日益丰富，企业之间的竞争越发激烈。不断推出符合消费者需求的新产品，是企业成功和高质量发展的关键。传统研发活动主要依靠组织经验和人员经验，很难真正了解潜在消费者的真实偏好。

在数字经济时代，数字技术大大降低了企业收集和处理消费者信息的成本，帮助企业获取消费者大量信息。企业还可以使用数字技术追踪消费者在网上购物的点击、浏览、购买、留言等行为,获得消费者购买的数据轨迹。通过分析消费者大量数据和信息,企业可以更准确地估计消费者的真实偏好、预测消费者行为,在产品研发上能更精确地定位用户群体,更好地满足不同群体的需求,从而提高研发精度。大数据向企业传递消费者的真实偏好,实现了更好的供需匹配,有效连接了消费者和企业,推动了企业从传统研发到数据驱动研发的转型,提高了研发创新绩效。

2.“迭代式”创新

数字技术降低了创新的试错成本,企业可以快速低成本地将新产品投入市场,进行“迭代式”创新。数字技术提高了企业生产和销售效率,企业可以快速生产、快速销售,及时获取大量消费者反馈等信息。数字技术加快了企业的生产和销售节奏,缩短了企业和消费者之间的距离,促进了双方之间的信息流通。数字化的企业可以快速推出满足消费者基本需求但还不足够完善的新产品,迅速抢占市场,并根据消费者的及时反馈,进行快速迭代,不断更新完善产品,最终在激烈的市场竞争中获取竞争优势。

可见,数字技术降低了新产品在市场上的试验成本,企业可以采用“迭代式”创新策略。另外,平台使市场供需双方直接对接,减少了中间环节,企业在平台上线产品后能够及时、直接地获取用户反馈。数字平台进一步降低了企业创新成本,企业可以小步试错、快速迭代,从而抢占市场。

3. 开放式创新

企业通过数字技术,调动多方资源共同研发,进行开放式创新。数字技术大大降低了信息传输与存储的成本,让沟通与交流变得更为便利,多方主体更容易互联互动,整体环境变得更为开放,组织间的边界变得模糊。借助数字技术,企业在研发过程中不断打破原有组织边界,通过与客户、供应商、竞争者、虚拟社区等多方主体进行双向的实时互动,广泛地利用外部环境中的信息与数据,持续获取各种创新信息和知识,进行开放式创新。

众包平台和开放式社区等创新平台的出现,帮助企业从更为广阔的外部环境中汲取资源,进一步提升开放式创新价值。企业通过数字技术构建了创新生态系统,通过开放式资源整合,获取丰富的互补资源,最终实现价值共创。开放式创新的广度越广,企业获取外部知识的来源越多样;开放式创新的深度越深,企业对外部获取知识的依赖程度越强。企业在进行开放式创新时机遇与挑战并存,开放式创新有利于企业广泛利用外部知识资源,不过还需要注意避免创新想法和知识外泄的风险。

二、数字技术赋能消费者

数字技术赋能消费者是指消费者借助自身掌握的或企业提供的数字技术工具,主动参与企业的经营活动,表达自身需求并充分发挥消费者作为设计者、参与者、监督者的权利,与企业共同创造价值,并主要表现为消费者对数字化生活方式的适应。在数字化时代,数字技术赋能消费者,使消费者的价值主张、获取信息的方式以及购买行为模式都发生了变化。

（一）消费者的价值主张发生变化

消费者开始购买那些能够给自己带来个性化生活、实现心理自主的服务，也开始购买能够创造自己、了解自己、成为自己的商品。过去消费者购买产品，仅仅是因为产品具有满足消费者某种需求的功能，现在的消费者认为所购买产品的功能仅是最基本属性，更多的是选择这个产品带来的情感和精神方面的享受，以及在购买这个产品的过程中所获得的某种服务。

随着数字化时代的来临，对产品、服务的相关信息，用户获取的渠道不断增加，这就为其创造了比较、评估、选择的空间。只有产品在诸多方面消除了其质疑，消费者才会进行购买，若是存在疑问，其往往会要求更加周到的服务以保证自己的权益。

（二）消费者获取信息的方式发生变化

原来的消费者得到的信息，大多通过企业的单向广告宣传获得，以介绍产品的品质和功能为主。互联网与移动应用改变了人们的生活、工作、娱乐、学习的方式，特别是多屏时代的到来，使接触时间成为最大的变化。现在的消费者除了企业的宣传，更多是通过分享到朋友圈里面的其他人对某个产品功能的评价来了解产品信息。

互联网颠覆了传统信息传播机制。互联网时代，信息传播的主导权不再由大众媒体和传统权威机构掌控，而是转向了消费者。消费者不再完全被动地接收信息，而是主动检索和搜集信息，从而拥有更多话语权。

信息传播主导权让渡给消费者，这是商业社会的巨大变革。商业社会的运作很大程度上取决于信息传播。消费者是否购买某件商品，取决于消费者是否获知这一产品，是否认同和信任这一产品。从消费者获知信息到信任产品的每一个环节都是信息传播的结果。当信息传播的主导权和话语权从传统权威让渡给消费者后，许多传统法则和品牌思维都将被颠覆。

（三）消费者购买行为的模式发生变化

传统的购买模式是 AIDMA（attention 引起注意、interest 引起兴趣、desire 唤起欲望、memory 留下记忆、action 购买行动），企业主通过电视、广播、报纸、杂志来宣传其产品，通过反复不断地播放广告，引起消费者的注意，进而激发其兴趣和购买欲望，让消费者记住产品，产生购买行为。在卖方主导的时代，信息严重不对称，广告商利用强大的媒体力量广泛散布产品信息，消费者缺乏方便快捷的反馈渠道，只能被动地接受。互联网使消费者的购买模式发生了很大的变化（图 2-2），主要模式有以下两种：

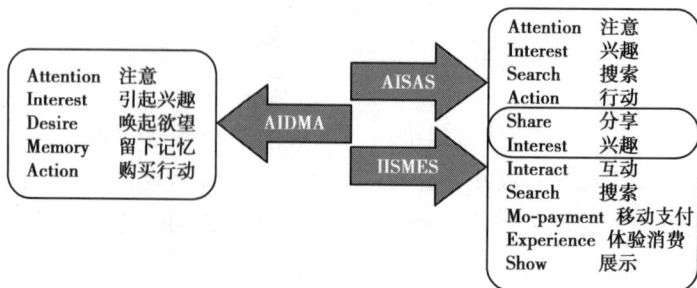

图 2-2　消费者行为转变：从 AIDMA 到 AISAS 和 ISMES

1. 传统互联网时期购买行为模式

当互联网作为一种全新的媒体到来时,电视、广播、报纸、杂志被冠上"传统"媒体的标签。交互式的新媒体正在改变消费者的行为习惯,一种全新的消费者行为模式——AISAS（attention 引起注意、interest 引起兴趣、search 进行搜索、action 购买行动、share 分享）应运而生。AISAS 模式一般用于消费者行为分析,强调各个环节的切入,紧扣用户体验。相对传统的 AIDMA 模式,AISAS 加入了互联网的典型特点——search（搜索）和 share（分享）,消费者不再被动接受产品信息,而是去主动搜寻。此外,随着社区、论坛、BBS、QQ、微博、SNS 等社交媒体的出现,消费者不只是信息的接受者,还可以作为信息发布者,将购物经历与体验发布到网上与其他消费者进行交流,为其他消费者的购买决策提供参考。从 AIDMA 到AISAS,人们可以明显地感受到消费模式受到市场变化的影响,从曾经被动地接受信息转变为现在积极主动地搜寻和反馈信息。

2. 移动媒体时期购买行为模式

随着通信技术的发展,智能终端的出现使 PC 桌面上的应用基本上都移植到了手机上,移动互联网开始全面介入人们的生活,虚拟和现实、线上和线下之间的界限变得不再明显,人们的生活方式发生了巨大的变化。移动互联网时代的消费者会根据自己的兴趣（interest）关注品牌的官方账号,并与之进行互动（interact）,通过智能手机的定位功能搜索（search）附近产品的信息,进行移动支付（mo-payment）,再到实体店体验消费（experience）,最后在社交媒体上展示（show）自己的消费体验,简称 ISMES。

①兴趣与互动:移动互联网时代,消费者不再是被广告首先吸引注意力,而是会根据自己的兴趣去主动使用媒体,构建属于自己的个性化的信息平台。随着移动社交媒体的出现,各大企业纷纷推出微信公众号、官方微博等,消费者会主动关注自己感兴趣的企业账号并与之互动。

②搜索:移动互联网环境下的搜索主要是指基于位置的搜索（location based services,LBS）。智能移动终端具有可定位的特性,一些企业相继开发出关于 LBS 的应用 App,如美团、高德地图等,消费者可以根据需求搜索附近的各类消费信息服务,通过移动支付完成交易,最后凭借消费序列号或手机二维码去实体店进行消费体验。

③移动支付:移动支付是指交易双方为了某种货物或者服务,以移动终端设备为载体,通过移动通信网络实现的商业交易。移动智能终端可以是手机、平板电脑等。随着移动互联网的发展、移动支付技术的不断完善,消费者在进行消费时不必再使用现金或刷银行卡,只需扫描商家二维码支付就能完成交易。

④体验消费:移动互联网时代的体验具有两层含义:一层是指线上支付、线下体验,即选择线上支付并通过重新定义消费序列号在线下体验和消费;另一层是线下体验、线上支付,即消费者在实体店中挑选自己感兴趣的东西,打开相关软件,通过扫描、语音等方式了解该产品在各大网站上的价格,如果发现在网上商城购买更具优势,便可以立即在手机上下单购买。

⑤展示:社交媒体的兴起及移动智能终端的便捷性使消费者乐于展示、分享自己的体验,这种展示往往比商家的直接宣传更具说服力,更会引起其他消费者的兴趣,成为新消费的源头。

📖【本章小结】

本章从宏观、中观、微观 3 个层次详细阐述了数字营销环境给数字营销带来的挑战和机遇。

第一节在宏观环境方面，数字经济已经成为经济增长的新引擎，数字技术的快速发展和商业应用是数字经济的重要驱动力量，而数字经济支持政策则保障了数字经济的健康有序发展。

第二节在中观环境方面，数字平台市场是数字营销重点关注的中观环境，数字营销的有效开展离不开数字平台市场，而解决数字平台治理中的垄断和消费者权益保护问题，则事关数字营销实践是否具备了良好的市场环境。

第三节在微观环境方面，数字技术赋能是数字营销的重要微观环境，把握数字技术对企业的赋能和对消费者的赋能，可以帮助企业有效地把握微观环境，从而制订和实施符合时代发展的、符合有责任意识的、符合可持续发展目标的数字营销策略。

📖【复习思考题】

1. 请结合生活中的例子，谈谈数字技术在市场营销领域的应用。
2. 请结合具体事例谈谈数字化时代的消费者有哪些新的变化？
3. 数字技术赋能给企业带来了哪些挑战和机遇？

📖【案例分析】

数字化赋能：小米之家的营销神话

小米科技有限责任公司成立于 2010 年 4 月，是中国首家以手机、智能硬件和物联网平台为核心业务的互联网企业。在小米成立之后，仅用了 7 年时间，其年收入就突破了千亿元人民币，是继苹果、三星、华为之后，第四家能够自主研发手机芯片的科技公司。小米不仅自己发展迅速，还建成了连接超过 2.35 亿台智能设备的全球最大的消费类物联网平台。2017 年，小米开启了新零售转型之路，开始布局线下零售，小米之家因此诞生。通过数字化赋能，小米之家实现了对人、货、场的重新定义，打造了数字化时代的营销神话。

1. 数字化赋能"人"

"人"在这里主要是指消费者。在数字化时代，消费者的行为大多可以实现数字化。消费者产生的数据为企业的产品设计、生产、销售和服务提供了信息和决策支撑，帮助小米之家更好地预测消费者的偏好趋势及其个性化需求，从而为企业的营销战略决策提供重要支持。小米之家基于地理围栏等数字技术，使消费者从进入小米之家门店的辐射范围开始，就与小米之家产生了连接。同时，通过以往 POS 交易记录将消费者与小米 MIUI 的数据进行关联，以便实现小米智能产品生态圈中相关设备的关联，从而刻画出一部分用户画像。基于用户画像，市场营销人员可以更加准确地了解消费者的偏好，从而向消费者推出定向或个性化的市场营销内容。

2. 数字化赋能"货"

"货"在这里主要是指产品。在货物数字化的环境下,小米之家通过大数据等数字技术选择产品,实现了智能互联和产品的个性化定制。同时,个性化定制还有效降低了企业的库存风险。随着店内数字化技术设备(如面部识别系统、展示区停留时长记录等)的安装与启用,小米之家可以通过分析消费者行为数据,来实现更加智能化的产品展示与销售。小米之家还利用前期互联网营销所积累的用户数据,初步筛选出陈列店铺的各种畅销品。从消费者进店挑选展品开始,小米之家就可以根据消费者数据化模糊画像选择本店展示和销售的产品,并将陈列位置和宣传方式与相关数据进行匹配协调,以实现精准"选品"。通过数字化赋能,小米之家可以利用数字技术拿到产品的体验数据,如根据消费者在店内的停留区域,分析客户进店的意图及其产品购买意向,并根据消费者在产品前的体验时长,分析消费者对产品的购买意愿和相应的成交概率等。基于此,小米之家通过人与货的数据匹配,对企业的销售数据、库存数据进行联动分析,进而识别出产品存在的问题,并及时进行产品改进和价格调整。

3. 数字化赋能"场"

"场"在这里主要是指门店。门店的数字化不再强调线上线下固定的零售场所,而是一种泛零售的情境。小米之家关注消费者触达场景的多元化,用数据赋能,打通信息流、资金流和物流,使高效性与体验性相结合、便捷性和安全性相结合、跨度性和即得性相结合,提升购买场景的效率。实际上,小米之家不仅具有传统线下店铺零售的职能,而且还具备体验和引流的职能,致力于为数字化时代的消费者提供沉浸式的消费体验。

此外,小米之家通过大数据、人工智能等数字技术对门店运营全流程进行数字化追踪,借助移动的数字化商业智能系统和基于小米云平台的大数据分析,进行更加全面的实时分析,以便帮助店长或区域经理实时关注门店的运营情况。数字化智能商业系统可以清晰地显示店铺的销售情况、客户转化率、连带率(店铺一天销售的总件数除以小票总单数)、客单价、客户的满意程度及其对员工的评价等。对这些信息的把握,往往能够有效地提高店面的运营效率和安全系数。

(资料来源:王永贵,焦冠哲,张欢,等.为发烧而生,小米的数字化转型之战,中国管理案例共享中心案例库,2020.)

问题:结合案例试分析,小米之家是如何立足于数字营销环境进行数字化赋能和打造营销神话的?

第三章

数字营销的消费者分析

📖【导入案例】

交易型关键词透视用户搜索意图的奥秘

一家艺术和印刷品网站投入数百万美元，为与艺术相关的搜索关键词获取付费搜索展示位置。营销经理知道，"莫奈"是流量最大的搜索关键词之一，但近来在雅虎搜索中"莫奈"的搜索次数急剧下降，发生了什么呢？

对雅虎搜索中"莫奈"的搜索结果进行分析，发现在自然搜索结果中新增了一个网站，包含莫奈所有的历史信息。显然，许多搜索用户在查找莫奈的相关信息时进入了这个新网站，而不是艺术和印刷品网站。

为解决这一问题，营销经理在网站中添加了许多莫奈的历史资料，很快便发现莫奈页面在雅虎搜索自然搜索结果中排在非常靠前的位置。不出所料，他发现新的莫奈页面在自然搜索结果中的流量有了明显的增加，令人不解的是付费搜索点击——点击次数不增反降。更糟糕的是，添加了付费搜索和自然搜索的推荐之后，尽管总体流量翻了一番，但购买莫奈印刷品的人并没有增加，这是为什么呢？

营销经理决定进行一个试验。他在新的莫奈页面中增加了一个调查问卷，并向任何愿意提供其访问此网站意图的用户赠送一幅画。在参与调查的人当中，95%的人指出自己是学生，只是想查找莫奈的生平及其作品的信息，这些信息型搜索用户并没有购买莫奈绘画作品的意愿。

了解这一信息之后，营销经理放弃了信息型关键词（"莫奈"）付费展示的购买，转而购买特定交易型关键词的付费位置（莫奈绘画作品的名称，如"睡莲"）。这一策略不仅招引了未使用"莫奈"作为搜索关键词的用户，还吸引了那些具有购买意愿的用户，增加流量的同时提高了销售额。

付出总有回报，认真研究搜索用户的意图，便可以吸引更多的访客来访问网站。避开错误的流量与获得正确的流量同样重要，艺术和印刷品网站使用按点击付费，艺术系学生点击一次付费展示页面，网站就需要支付一定的费用，这完全是浪费资金。通过分析真正的购买者所使用的关键词，艺术和印刷品网站在减少艺术生访问的同时，吸引了更多的艺术品购买者，从而提高了销售额，也节约了付费展示的费用。

（资料来源：彭英.数字营销[M].北京：清华大学出版社，2023.）

思考:结合案例阐述数字化时代消费者分析的重要意义。

引言

随着经济迅速发展,商品市场竞争越发激烈,一定程度上导致了产品同质化,而企业要想在市场中站稳脚跟,就必须推陈出新,扩大品牌的差异。社会发展的日新月异使得消费群体更加细分化、多元化,个性化的消费需求成为人们心理、精神层面创新追求的体现。

第一节　数字化时代的消费者

一、数字技术对消费者角色及其行为的影响

在科技赋能和消费升级驱动下,依托互联网、云计算、人工智能等新技术的深化应用,我国的数字经济蓬勃发展。与传统消费者角色及其行为相比,数字消费者角色及其行为有以下几个方面的显著不同。

(一)消费环境

首先,从空间环境来看,传统消费者所处的消费环境是物理空间,是线下进行的、面对面的交易,而数字消费者的消费环境是网络虚拟空间、线上进行的,借助接入互联网的终端而实现消费活动,如智能手机、计算机等智能终端。其次,就信息环境而言,传统消费者获得商品信息相对被动,获取商品或服务信息的手段单一,可选择范围窄,售后服务体验有限;而数字化消费者具有信息丰富、获取信息的渠道多样化、商品或服务可选择范围广、售后服务体验极大地满足消费者心理需求等特点。

(二)广告载体及其效应

沿街商铺的传统消费者广告载体是最早的宣传和销售方式,后来出现了海报、报纸、杂志等纸质广告媒体,以及广播、扬声器、电子广告牌、电视等电子媒体。这种信息传递方式,没有区分人群,所有受众均获得相同内容的推广。其结果是效率低、转化路径长,产生了相当大的流失率。

数字消费者除了借助传统的媒体广告(如报纸、杂志、电视等),还针对互联网产品内的广告位、网站上的广告位、App 的开机页、文章底部的宣传位等以及新媒体平台进行广告宣传。采用数字化技术,基于云平台、大数据、机器学习等技术,进行个性化的内容精准推送,将不同的产品或服务信息推送到有不同需求的消费者人群,最终,达到"千人千面"的高效率。数字消费转换路径很短,当广告被触及时,用户只需点击一下即可进入产品页面进行购买。

(三)决策模式

市场营销一直在寻找那些消费者愿意接受品牌影响的接触点。在传统消费者行为研究中,人们通过"漏斗"的比喻来理解消费触点——消费者开始时心中有许多潜在的品牌,然后被各种营销手段推动在漏斗中有条不紊地前进,逐步减少潜在品牌的数量,直到他们最后选择购买一个品牌。而对于数字消费者而言,产品选择和数字渠道的爆炸式增长,营销漏斗的概念已经不能捕捉到所有的触点以及关键的购买因素。Edelman 等人的研究表明,数字时代的消费者决策进程不再是逐步地缩小品牌选择范围,数字化决策进程是环状循环往复的,数字消费者即双环型消费者,其决策模型由"购买环(purchase loop)"和"品牌忠诚环(loyalty loop)"两个小环内切组成,包括考虑(consider)、评估(evaluate)、购买(buy)、体验(experience)、互粉(advocate)和互信(bond)6 个关键阶段。消费者可能完全跳过考虑和评估两个阶段,进入互粉和互信的循环。消费者的购买行为是非理性的,用户在各种媒体平台上的信息很容易被消费者检索到,影响消费者的购买决策。另外,在互联网时代,数字社区的意见领袖因其社会知名度而受到网民的关注和追捧,他们对商品消费和购物体验的个人观点会对普通数字消费者产生影响。

(四)购买行为

传统消费者购买行为产生的时间历程相对较短,受影响的范围相对较小。在消费行为学的分析中,消费者受两类情况影响较多:其一,从众效应,这点与口碑密切相关;其二,推断线索,就是消费者通过某种事物判断产品或服务品质的依据,如产品包装、服务产品的消费环境等,推断线索不受口碑影响。传统消费者的口碑传播,往往依赖的是口口相传的方式,传播范围十分有限。而数字消费者购买行为产生影响的时间跨度相对很长,并且具有广泛的影响。在数字消费者购买行为发生之后,消费记录可以在线保存很长时间,还可以由商家进行评估、打印和响应。这些购买和评价信息,对后来有潜在需求的用户理解商家的产品或服务将产生长期的影响和借鉴作用。

二、数字化时代的消费者特征

数字化时代所催生的新兴数字技术,使消费者的生活方式与消费方式发生了重大变化,这使消费者的行为逐渐派生出一些新的特征,具体体现如下:

(一)数字化多元消费

在数字经济时代,消费者的消费行为更加多元化和数字化。他们通过数字交易平台进行网购、外卖、旅行预订、在线教育、在线医疗等各种消费活动,使得消费渠道和消费品种更加丰富多样。

(二)需求流动无规则化

消费者的需求是不断变化的,受时间、场景、空间等多种因素影响。同时,消费者对品牌的认知也是不断变化的,他们随时随地接受品牌或产品信息,并根据自己的需求和喜好作出选择。

(三)注重个性化和定制化

数字化时代的消费者更加注重个性化和定制化的产品和服务。他们希望产品能够满足自己的独特需求,同时希望能够参与产品的设计和制造过程。

(四)强调便捷性和效率性

数字化时代的消费者更加注重消费过程的便捷性和效率性。他们希望能够在最短的时间内完成消费活动,同时希望能够享受到更加高效和优质的服务。

(五)深受社交媒体影响

社交媒体在消费者的购买决策中扮演着重要角色,朋友、家人和网络意见领袖的推荐或评价可能会对消费者的选择产生重大影响。

(六)重视消费体验和口碑评价

数字化时代的消费者更加注重消费体验和口碑评价。他们会在消费前查看其他消费者的评价和反馈,以便作出更加明智的消费决策。同时,他们会分享自己的消费体验和评价,影响其他消费者的购买决策。

第二节 消费者心理洞察

近年来,以大数据、云计算和人工智能为代表的新技术革命对经济发展、社会生活和人类交往产生了前所未有的影响,多个领域的传统运行逻辑几乎一夜之间被打破甚至被颠覆,这种趋势同样波及营销行业。无论是线上还是线下,无论是实体产品还是虚拟产品,消费者的购买行为会受其心理的支配。影响消费者购买行为的心理因素包括动机、感觉和知觉、学习、信念和态度等心理过程。

一、动机

心理学理论认为,人的行为是由动机支配的,而动机由需要引起,购买行为也不例外。需要是人感到缺少些什么从而想获得它们的状态,一种尚未满足的需要会产生内心的紧张或不适,当它达到迫切的程度,便成为一种驱使人行动的强烈内在刺激,称为驱策力。这种驱策力被引向一种可以减弱或消除它的刺激物(如某种商品)时,便成为一种动机。动机是一种推动人们为达到特定目的而采取行动的迫切需要,是行为的直接原因。在一定时期,人们有许多需要,只有其中一些比较迫切的需要才能发展成为动机。同样,人们的动机中,往往只有那些最强烈的"优势动机"才能导致行为。需要是个体缺乏某种东西时产生的一种主观状态,是客观需要的反映。

需要作为客观的反映并不是一个消极的、被动的过程,而是在人与客观环境相互作用的过程中,在积极的活动中产生的。美国心理学家马斯洛在1943年提出了需要层次理论,把人类多种多样的需要归纳为五大类,并按照它们产生的先后次序分为五个等级:①生理需要;②安全需要;③爱与归属的需要;④尊重的需要;⑤自我实现的需要。需要层次理论可以帮助营销者了解各种产品和服务怎样才能适合潜在消费者的生活水平、目标和计划。

二、感觉与知觉

消费者有了购买动机后就要采取行动,至于采取哪些行动,则受认识过程的影响。消费者的认识过程是对商品等刺激物和店容、店貌等情境的反应过程,由感性认识和理性认识两个阶段组成。感觉和知觉属于感性认识,是指消费者的感官直接接触刺激物和情境所获得的直观形象的反映,这种认识由感觉开始。刺激物或情境的信息,如某种商品的形状、大小、颜色、声响、气味等,刺激了人的视、听、触、嗅、味等感官,使消费者感觉到它的个别特性。随着感觉的深入,各种感觉到的信息在大脑中被联系起来进行初步的分析综合,使人形成对刺激物或情境的整体反应,就是知觉。

由于每个人都以各自的方式注意、整理、解释感觉到的信息,因此不同消费者对同种刺激物或情境的知觉可能是不同的,这就体现了知觉的三个特性:注意的选择性、理解的选择性和记忆的选择性。

感觉和知觉的过程告诉营销者们,必须精心设计促销活动,才能突破人们知觉选择性的壁垒。

三、学习

人类的有些行为是与生俱来的,但大多数行为是从后天经验中得来的,这种通过实践,由经验而引起行为变化的过程就是学习。

学习过程是驱策力、刺激物、提示物、反应和强化诸因素相互影响、相互作用的过程。假设某消费者具有提高游泳技术水平的驱策力,当这种驱策力被引向一种可以减弱它的刺激物如泳衣时,就成为一种动机。在这种动机的支配下,他将作出购买泳衣的反应。但是,他何时、何地和怎样作出反应,常常取决于周围的一些较小的或较次要的刺激,即提示物。为了扩大对某种商品的需求,可以反复提供诱发购买该商品的提示物,尽量使消费者购买后感到满意从而强化积极的反应。

四、态度与信念

消费者在购买和使用商品的过程中形成了信念和态度,这些信念和态度又反过来影响消费者的购买行为。

信念是人们对某种事物所持的看法。经营者应关心消费者对其商品的信念,因为信念会形成对产品和品牌形象的认识,会影响消费者的购买选择。如果因误解而影响了购买,经营者应开展宣传活动,设法纠正消费者的信念。

态度是人们在长期的学习和社会交往过程中形成的观念,是人们长期保持的关于某种事物或观念的是非观、好恶观。消费者一旦形成对某种产品或品牌的态度,以后就倾向于根据态度作出重复的购买决策,不愿费心去比较、分析、判断。态度往往很难改变。人们对某种商品的肯定态度可以使它长期畅销,而否定态度则可以使它一蹶不振。一般情况下,经营者应使产品迎合人们已经形成的态度,而不是设法改变这种态度,因为改变产品设计和推销方法要比改变消费者的态度容易得多。

第三节　数字营销中的用户画像

一、个人用户画像

(一)什么是个人用户画像

用户画像,即用户信息标签化,通过收集用户的社会属性、消费习惯、偏好特征等各个维度的数据,进而对用户或者产品特征属性进行刻画,并对这些特征进行分析、统计,挖掘潜在价值信息,从而抽象出用户的信息全貌。用户画像是企业定向广告投放与个性化推荐的前置条件,为数据驱动运营奠定了基础。

消费者留在网络和各类服务器上的行为数据和数据库里的大量数据被分析和挖掘,最终被贴上一系列"标签",而"标签"是能表示用户某一维度特征的标志,主要用于企业业务的运营和数据分析。大数据时代,每个消费者的网络消费行为都会被记录下来,并汇聚形成了一个全过程价值链的用户数据。通过整合这些数据,就可以精确描绘用户的全方位特征,也就是精确的用户画像。

用户画像需要的海量数据分为静态信息数据和动态信息数据两大类。静态信息数据是指用户固有的特征信息,主要包括人口属性、商业属性等信息。其中,人口属性主要指用户的年龄、性别、教育程度、婚姻情况、生育情况、工作所在的行业和职业等;商业属性主要指消费等级、消费周期等。动态信息数据是指用户不断变化的行为数据,这类数据往往是用户在数字渠道留下的行为数据。对于商家来说,一方面要关注用户行为类型,如浏览、点赞、评论、回复、社交互动、购买决策等;另一方面要关注用户行为的变化,如消费者购买选择了哪个购物平台,购买决策具体发生在哪个网页等。

用户画像如果要做到全面、全息,就离不开大数据技术的支撑。用户画像是对现实世界中用户特征抽象的数学模型,强调用户画像是对现实世界的描述,数学建模是使用海量、多维度的数据进行用户画像的抽取。用户画像是描述用户特征的数据,是符合特定业务需求的对用户特征属性的形式化描述,用户画像源于现实,又高于现实。同时,用户画像是通过数据挖掘、分析用户信息而得到的,它源于数据,又高于数据。

(二)用户画像的构建

用户画像的构建包括四个步骤:明确目标、采集和分析用户信息、建立画像模型和系统可视化。

1.明确目标

在建立用户画像前,首先要明确用户画像服务于企业的对象,根据业务方需求、未来产品建设目标和用户画像,分析预期效果。一般而言,用户画像的服务对象包括运营人员和数据分析人员。不同业务方对用户画像的需求有不同的侧重点,就运营人员来说,他们需要分析用户的特征、定位用户行为偏好,做商品或内容的个性化推荐以提高点击转化率,画像的侧重点落在用户个人行为偏好。就数据分析人员来说,他们需要分析用户行为特征,做好用户的流失预警工作,还可根据用户的消费偏好作出更有针对性的精准营销。此外,不同类型的企业和行业提取的数据信息也不同,对特定的网站或 App,有特殊关注的用户维度,需要把这些维度做得更加细化,从而给用户提供更精准的个性化服务。总而言之,应根据企业目标设定不同,把用户画像所选择的特征维度进行相应匹配。

2.采集和分析用户信息

数据采集构建用户画像是为了还原用户本身的特征,数据来源于所有用户相关的数据。数据的获取方式有很多种,数据挖掘是一种最为常见,较为精准的方式。

人们在实践中发现,不同的事物、不同的用户或同一用户,在不同时间对相同的事物,可能有着不同的兴趣。短期兴趣和长期兴趣是构建核心兴趣标签的基础,对互联网广告、个性化推荐、精准营销、预测用户行为具有重要意义。

此外,用户行为挖掘具有多样性和复杂性。不同企业对用户画像有着不同的理解和需求,根据行业和产品的不同,所关注的特征也有不同,主要体现在基本特征、社会特征、偏好特征、行为特征等方面。除了上述的用户属性,一个完整的用户画像通常还包含用户行为数据,通过用户行为分析挖掘,可以识别用户偏好,推荐用户感兴趣的商品信息,制订运营策略、提升用户转化率及留存率、降低流失率。根据不同的应用场景,用户行为有所不同,如在电商应用场景中,用户对商品选购的行为有点击、购买、加购、收藏等,可以通过 4W+H 进行描述表示:Who(谁)、When(什么时候)、Where(在哪里)、What(做了什么),How(交互)。在此过程中,涉及了动态、感知、认知、行为及环境等因素的相互作用,如 AISAS 模型,分析用户对哪些产品、类目感兴趣,用户购买行为特点等。在社交网络应用场景中,用户与用户之间的行为有点赞、回复、提及、评论、喜欢、关注、转发等多种形式,其中转发是社交网络中信息传播和扩散的一种重要方式,转发与用户话题兴趣、消息内容、消息发布时间等因素有着密切的联系,转发的主要意图包括娱乐大众、同意某人的观点、构建朋友关系等。社交用户行为挖掘的基本过程,包含数据提取、清洗整理、建立模型、行为预测等。

如果数据有限,则需要用定性与定量的方法相互结合补充。一般而言,定量分析的成本较高、相对更加准确,而定性研究则相对节省成本。定性方法如小组座谈会、深度访谈、日志法等,主要是通过开放性的问题了解用户真实的心理需求,具象用户特征。实证研究的方法是一种常见的定量研究方法,是通过测量项构成的问卷调研的方式进行,关键在于后期定量数据的建模与分析,目的是通过封闭性问题的回答,对定性假设进行验证,同时获取市场的用户分布规律。

用户特征挖掘是完成用户画像的基础环节,从预处理后的数据中采用不同维度,挖掘用户属性,在此基础上设计基础标签、计算标签权重并建立画像模型。

3. 建立画像模型

(1) 标签体系

标签是一种用来描述业务实体特征的数据形式。通过标签对业务实体进行刻画,从多角度反映业务实体的特征。以用户实体为例,相关的数据包括用户基本属性、网站访问、购买行为、LBS 数据、设备数据、分享和评论数据等。其中,用户基本属性、购买行为等属于结构化数据,网站访问、评论数据则是半结构化数据,这些数据分布在许多不同的表格或文件中,存放在数据仓库、大数据平台等分析型系统中。使用这些数据的过程是比较复杂的,主要通过分析和挖掘,需要较高的技术门槛。当把数据应用到实际业务场景时,需要在应用系统中使用数据。然而,与分析型系统不同的是,应用系统更强调系统运行效率、系统的稳定性、用户配置的简易程度等因素。不能把分析型系统中的大规模结构复杂的数据直接搬到应用系统,而是需要采用更简单的数据结构,标签就是其中一种。为了更好地刻画用户特征属性,通常人们使用标签的集合来表示用户画像,也就是建立用户画像的标签体系,如图 3-1 所示。

用户画像的标签可以分为三种类型:一是统计类标签,它是最为基础也最为常见的标签类型,主要通过对用户基础信息与行为日志聚合统计而来。一般指的是用户的基础属性,包括用户基本的资料(性别、年龄、住址等)、用户情况(学历、婚姻状况、兴趣爱好、自定义关键词等)和用户的可直接统计的行为(近七日活跃时长、活跃天数、活跃次数等)。该类标签构成了用户画像的基础。二是规则类标签,它基于用户行为及确定的规则生成。在实际开发画像的过程中,由于运营人员对业务更为熟悉,而数据人员对数据的结构、分布、特征更为熟悉,因此,规则类标签的规则由运营人员和数据人员协商确定。三是机器学习挖掘类标签,它通过机器学习挖掘产生,用于对用户的某些属性或某些行为进行预测判断。例如,根据用户的行为习惯判断该用户是男性还是女性,根据用户的消费习惯判断其对某商品的偏好程度。该类标签需要通过算法挖掘才能产生。

一个目标客户的画像,其标签类型是动态扩展的。标签体系没有统一的模板。一般与自身的业务特征有很大的关联,横向来看是产品内数据和产品外数据,纵向来看是线上数据和线下数据。通常,统计类标签所代表的人口基础属性特征是不可或缺的,而机器学习挖掘类标签多用于预测场景,如判断用户性别、用户购买商品偏好、用户流失意向等,其开发周期相对较长,开发成本较高。

用户标签体系分为以下几个层级:

①原始输入层。原始输入层指的是用户的历史数据信息,如会员信息、消费行为信息、网站行为信息等。经过数据的清洗,达到用户标签体系的事实层。

搭建私域标签体系的原因
- 私域运营逐渐成为企业标配和刚需
- 建立用户标签是用户分层中最重要的工作，便于找出"重点"客户、发挥最大价值

用户标签生成体系
- 数据采集—标签处理—标签管理画像

标签的五大维度
- ①渠道来源
- ②用户等级
  - 作用
    - 判断用户是否需要优待的依据
    - 企业能针对不同等级的用户提供有针对性的服务和权益
    - 差别化优待让高级用户更有尊贵感和身份优越感
    - 给其他用户造成动力，鼓励通过更多、更持久的消费拥有更多的用户特权
  - RFM模型
    - Rencency（最近一次消费）、Frequency（消费频率）、Monetary（消费金额）将三个维度进行组合来对用户进行等级划分
- ③人口属性　地域、籍贯、年龄、身高、体重、婚姻状况、职业、生日、家庭情况等
- ④消费信息
  - 购买产品时间、名称
  - 消费金额　消费频率　消费偏好
- ⑤私域活动情况
  - 进入私域时间　个人号朋友圈互动
  - 社群发言活跃度　文章内容浏览情况

标签信息的应用与获取
- 应用场景
  - ①精准推送
  - ②用户特征洞察
    - 辅助业务人员快速获得用户的信息认知
    - 发现显著特征
    - 获得业务灵感
  - ③增强数据分析
    - 可以了解用户的渠道信息
    - 可以作为细分维度支持多视角的数据展示
  - ④数据产品应用——基于用户标签
- 应用工具
  - 机器　购买第三方用户标签管理系统、微伴助手、企业微云等
  - 人工　运营或私人给用户手动打标

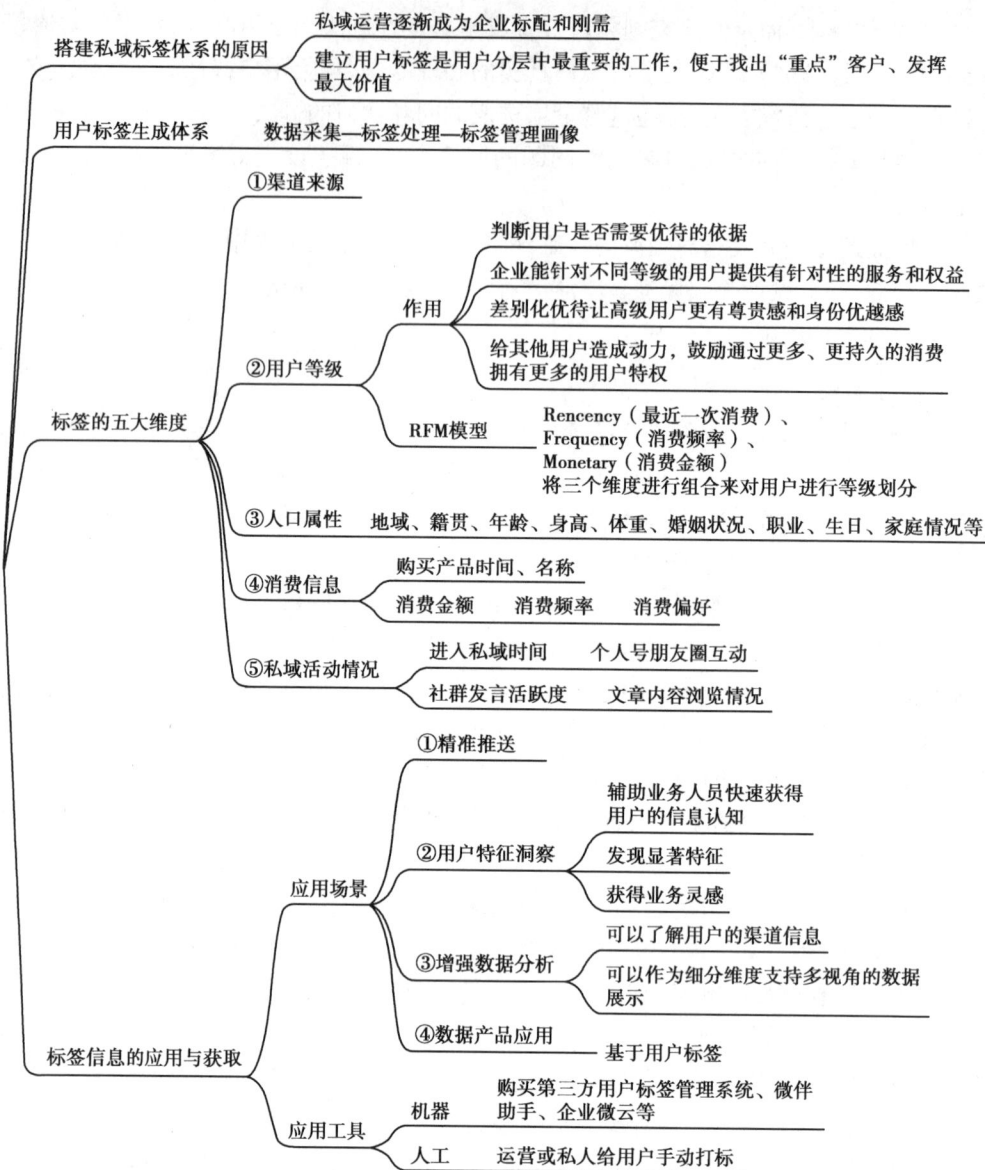

图 3-1　用户画像标签体系

②事实层。事实层指的是用户信息的准确描述层。其最重要的特点是，信息可以从用户身上得到确定与肯定的验证，如用户的人口属性、会员信息购买品类、浏览次数等。

③模型预测层。模型预测层指的是通过统计建模，采用数据挖掘、机器学习算法，对事实层的数据进行分析利用，从而得到描述用户更为深刻的信息。例如，通过建模分析，可以对用户的性别偏好进行预测，从而对没有收集到性别数据的新用户进行预测；还可以通过建模与数据挖掘，使用聚类、关联模型来发现目标客户群的聚集特征。

④营销模型预测层。营销模型预测层指的是利用模型预测层的结果，对不同用户群体、有相同需求的用户通过打上标签建立营销模型，从而分析用户价值和用户的活跃度、忠诚度、影响力等可以用来进行营销管理的数据。

⑤业务层。业务层指的是数据展现层，是业务逻辑的直接展现，如某个用户表现出属于

高消费人群、旅游族等。

（2）标签计算

用户画像的建立就是通过算法模型进行标签计算来定义消费者分类特征，一个事件模型通常包括时间、地点、人物三个要素。每一次用户行为本质上是一次随机事件，可以详细描述为什么用户、在什么时间、什么地点、做了什么。①人物：关键在于对用户进行标识，其目的是区分用户、单点定位。②时间：包括两个重要信息，时间戳和时间长度。时间戳，为了标志用户行为的时间点；时间长度，为了标志用户在某一页面的停留时间。③地点：用户接触点，每个用户接触点包含了两层信息，即网址和内容。网址：每一个链接（页面/屏幕），即定位了一个互联网页面地址，或者某个产品的特定页面。内容：每个网址（页面/屏幕）中的内容。可以是单品的相关信息：类别、品牌、描述、属性、网站信息等，如红酒、长城、干红等。对每个互联网接触点，网址决定了权重，内容决定了标签。④行为类型：如浏览、添加购物车、搜索、评论、购买、点赞、收藏等。综上所述，用户画像的数据模型，可以概括为用户标志+时间+行为类型+接触点（网址+内容），某用户会因在什么时间、地点、做了什么事而被打上标签。用户标签的权重可能随时间的增加而衰减，定义时间为衰减因子，行为类型、网址决定了权重，内容决定了标签，进一步转换为公式：标签权重＝衰减因子×行为权重×网址权重。

（3）标签验证

建立画像模型之后需要进行标签验证。第一，画像模型设计必须与最初的目标设定相符，要适应特定的场景和行业。第二，用户画像的粒度要适中，就如市场细分一样，不是分得越细越好。模型设计的标签过多，覆盖的人群反而越少、表征能力越弱，不利于进行消费者洞察。第三，要明确消费者的特征维度会随着时间和场景的变化而变化，是一个动态的信息数据，需要企业不断地更新该项工作，及时调整策略。

4. 系统可视化

通过可视化，可以更加清晰直观地展示用户画像的分析结果，不同标签的数据对比和趋势变化等，都需要通过可视化的方式来监控查看。用户画像的最终结果是为产品运营提供更好的决策依据，需要利用数据可视化工具，将群体或个人用户的画像模型用清晰易懂的可视化方式呈现。例如，使用各类图表来展现，常用来表示类属的有饼图、堆叠横条图、矩形树图、马赛克图、旭日图、瀑布图等；时序数据可视化的条形图、折线图、散点图、点线图和径向分布图、日历等；空间数据可视化的位置图、统计图表、箱线图和子弹图等。除了一些具体的图表外，还可以将数据更加形象化表示，如淘宝发布的消费者年度淘宝账单等。

二、企业用户画像

（一）什么是企业用户画像

企业用户画像与个人用户画像有很大区别。个人用户画像是根据用户社会属性、生活习惯和消费行为等主要信息数据而抽象出的一个标签化的用户模型，而企业没有这些特征，企业用户画像描述的是企业基本情况、经营情况、消费决策和对产品的诉求等多维度的企业商业信息数据，以帮助人们全面了解企业状况，为之后的合作找到切入点。

企业用户画像，一般是指通过对企业经营情况、企业风险以及企业新闻舆情等多维度企业商业信息数据成像要素抽象出标签化的企业模型，最后用图表的方式全方位展现企业状况。企业用户画像属性通常分为两类：企业自身属性和依赖于客户关系的画像。企业用户画像作为面向智慧城市、金融监管、企业研报、企业评估等场景的企业大数据综合服务平台，可构建亿级企业知识图谱，深度挖掘企业、高管、法人、产品、产业链间的复杂网络关系，为政府提供城市产业分析、区域宏观经济分析、招商引资推荐等服务，引导地方产业发展；为金融或监管机构监控目标企业发展态势，第一时间预警风险；为企业提供企业舆情、精准营销等多项综合服务。

在用户画像的引导下，可以进行双向画像，企业可以给用户画像，用户基于企业的数据也可以给企业进行画像。对于企业用户画像来说，就是把企业信息标签化，在一系列真实数据的基础上为企业建立标签模型体系，将企业的具体行为属性进行归类，最终形成一个多元化的企业标签对象。

(二)企业用户画像的构建

企业用户画像的构建过程可大致分为以下四个阶段：

1. 明确企业用户画像的目标

企业用户画像是在真实数据的基础上，对企业数据进行分类整理，帮助企业自身、政府、银行、券商、会计师、律师、投资方等用户获取企业全方位的信息，包括发现和挖掘企业之间的关联关系，找寻未知关系以促进企业合作；在企业征信中对其规模、信誉、风险能力进行评估，识别企业资本行为，构造企业风险评估模型等；在企业品牌构建、传播以及营销时提供重要的数据支持；企业用户画像也给消费者提供了有用的数据参考。

2. 企业大数据采集

鉴于企业用户画像构建所需大数据信息与开展服务所需的行业信息资源存在一定的交叉重合，可以一体化进行行业信息资源与企业大数据的采集。资源采集过程中，需要在主题上全面涵盖行业技术信息、市场信息、产品信息、政策信息、监管信息，以及企业基本信息、知识产权信息、业务相关数据、客户评论信息、近期动态等；在资源类型上，需要全面覆盖学术论文、标准、专利、报告、专著、报纸、网络信息资源等；在资源形态上，需要全面覆盖视频、音频、图像、文本及数据等。同时，受行业信息资源分散分布的影响，需要从多个信息源进行所需信息的采集，这些信息源包括行业网站、学术数据库、政府网站、企业网站、行业组织、图情机构、行业大数据企业等。显然，通过多个渠道获取的行业信息资源和企业大数据信息可能存在交叉重复、数据异构现象。在完成数据采集后，需要对其进行规范化处理与整合，提高资源的可用性。值得注意的是，行业大数据企业已经通过多种渠道积累了海量企业数据和行业信息，并做了基本的预处理，通过该渠道常常可以获得其他渠道难以获取的规范化信息，既有助于提高资源采集的覆盖率，也有助于降低数据预处理难度，在实践中需要予以特别重视。

3. 基于多源数据的企业用户画像

具体来说，企业用户画像的实现过程就是按照画像要素体系框架的指引，综合采用多种技术手段从所采集的基础数据中提取企业特征的过程。由于企业用户画像要素体系框架的多维性,画像所需的基础数据形态十分复杂,包括企业基本信息、企业产品/服务信息、企业知识产权信息、历史信息、企业框架分析、运营现状、运营风险、人力结构分析、关键原材料/零部件信息、企业业务数据及相关预测信息、消费者信息、客户评论信息,以及行业内其他企业的基本信息、产品/服务信息、销售信息等。每一类信息只与企业用户画像中的某一个或几个要素有关联关系,需要厘清基础大数据与企业用户画像要素间的映射关系,如企业成立资本、注册地、办公地、股东情况、企业规模、企业性质、所属行业等信息可以通过企业基本信息来获取;知识产权内容主要包括企业经营中的专利建设情况、作者著作权、网站经营信息、商标信息等;历史信息体现为企业经营中的历史经营数据等;企业框架体现为企业发展中的各类信息集合、员工及其职位信息、股权情况、企业架构情况等;运营现状是企业发展中的核心信息,包括企业的融资情况、产品开发情况、市场运营情况、产品市场反馈情况以及用户关系管理等;运营风险指的是企业经营活动进行过程中可能面临的市场经营风险,较为常见的表现有行政处罚、税收违法、欠税公告、市场风险、同行风险等;通过对客户评论信息的分析,有助于确定企业的主要竞争对手与产品等。在此基础上,还需要选择合适的技术手段进行处理,从中提取出所需的企业特征,并进行标签赋予。可能采用的技术方法主要包括信息抽取技术、统计分析技术、基于规则的提取技术、主题提取技术、相似度计算技术、机器学习技术、评论挖掘技术等。

4.画像模型的可视化

借助大数据可视化技术,数字大屏、大数据商业智能、可视化分析工具等,通过大屏实现视觉效果,呈现企业用户画像。

基于数据采集、特征提取、信息关联、机器学习和深度学习算法模型、自然语言处理文本分析等技术,通过企业竞争力评价模型、企业异动预警模型等模型体系和基于企业基本能力、创新能力、成长能力等大数据风控体系,清晰构建企业全维度动态画像。通过知识图谱,结合机器学习的模式,以其灵活的扩展性以及网状关系穿透检索的能力,从数据中发现、识别和推断企业信息间的复杂关系。通过产业链知识图谱、事理图谱、企业关系图谱三谱融合技术,进行推理、挖掘、发现和关联,从显性关系中获取更多的隐性数据关联,完善企业用户画像,实现对企业的全流程态势感知、重点监控、异动提醒和风险预警。

与传统的静态可视化分析工具相比,当前正在兴起的动态数据可视化技术,其最大优点是可以实现大数据量的动态展示,尤其是在时间维度、多品类维度下,动态可视化的优势尽显。为了满足大屏等场景下的动画及自动播放效果,动态可视化分析技术开发了扩展图表插件。这些插件包含一些展示动态效果的新图表类型,此类插件将持续更新,确保扩展图表内容的丰富性,拓展图表在大屏场景下的应用范围。通过组件加载动效,每个组件模块都舞动起来,整个大屏界面化静为动,更为重要的是,组件加载动效与监控刷新功能相结合。为了实现同一页面在线切换展示不同图表,使用轮播功能来切换查看不同的图表。图表监控刷新功能可实时监测后台数据变化,动态刷新图表数据。

全维度立体的精准企业用户画像呈现,可以帮助厘清企业轮廓和整体发展脉络,描述企业间的各种关系,在企业评估、产业分析、园区管理、智慧城市等不同应用场景中发挥重要作用。

第四节 数字营销中的消费者行为

一、数字消费者行为特征

(一)什么是数字消费者行为

消费者行为,是指为索取、使用、处置消费物品所采取的各种行动以及先于且决定这些行动的决策过程,甚至是包括消费收入的取得等一系列复杂的过程。在现实的消费生活中,消费者行为可以看成是由消费者的购买决策过程和消费者的行动两个部分组成的,这两个部分相互渗透、相互影响,共同构成了消费者行为的完整过程。消费者行为是动态的,涉及感知、认知、行为以及环境因素的互动作用,也涉及交易的过程。消费者行为研究就是要研究不同消费者的各种消费心理和消费行为,以及分析影响消费心理和消费行为的各种因素,揭示消费行为的变化规律。

数字时代来临,数字消费属于数字经济形态下的新兴的消费方式。数字消费者,又称为数字化消费者,是指在网络环境下为了生活消费需要购买、使用商品或者接受服务的单位或个人。数字消费者行为是指消费者为获取、使用、处置消费物品或服务在网络上采取的各种行动,包括先于且决定这些行动的决策过程。数字消费者区别于传统的消费者,有其独特的特点和未来发展趋势。

(二)数字消费者行为特征

数字经济时代,不同消费者的消费需求和消费偏好可以通过大数据图谱进行刻画和分析,精准地研判出不同场景、不同收入、不同年龄、不同地域等不同客户群体的消费特征与消费习惯。数字产品和数字服务的创新与应用,不仅改变了传统生产服务模式下的消费环境与消费方式,而且有效地激发了消费者数字化多元需求与消费,引发了消费者行为的新变化、新特征。数字消费者行为特征表现在以下几个方面:

1. 消费者偏好更加个性化和多元化

相较于传统消费者而言,数字化时代中的消费者深刻地受到互联网等数字技术的影响,变得更趋自由化和个性化。具体来说,消费者不再满足于传统经济中千篇一律的标准化产品和服务,而是会通过各种渠道寻求更具特色的个性化定制产品和服务。除了想要获得符合自身偏好的消费体验,消费者更加希望所购买的产品和服务能够满足其个性化的需求与期望,即设计和消费定制化乃至个性化的产品和服务。

2. 消费者行为不确定性升级

相较于传统消费者而言,数字化时代的消费者在产品和服务方面具有更加广阔的选择范围,消费者行为的不确定性也相应地有所增加。数字技术的发展催生了大量不同类型的数字平台,这类新兴的信息传播媒介逐渐替代了传统媒介,使信息传播的架构演变成巨大的互联网络。消费者信息获取和传播的效率和范围都得到了提升,同时消费者接收到冗杂信息的可能性逐渐增加。越来越冗杂的产品信息、越来越丰富的产品种类,很容易使对产品信息敏感的消费者面临选择困境,结果导致消费者的行为变得更趋于非理性化,最终产生难以预测的冲动型市场行为。此外,诸如小红书、淘宝、天猫、京东等数字平台的市场营销手段越来越丰富,直播带货、大数据用户画像、重定向广告、个性化推荐等借助数字技术和算法的新型营销方式,导致消费者的冲动市场行为越来越多。

3. 消费者更加注重多渠道的体验式消费

相较于传统消费者而言,数字化时代的消费者逐渐倾向于进行多渠道消费,并十分注重消费活动的综合体验。目前,淘宝、天猫、京东、拼多多等电商平台的不断发展,为消费者提供了更加便捷的购物方式。同时,消费者仍然对线下购物存在着大量需求,不少实体商店逐渐升级,并努力为消费者提供更好的综合购物体验,力图提供线上购物所无法提供的场景体验。现实中,线上购物和线下购物总是相互促进、相辅相成的,线上线下相融合的多渠道购物正逐渐成为主流的消费方式。数字化时代中的消费者越来越从产品消费者逐渐转变为体验消费者。消费者不仅追求高品质的产品和服务,而且需要在购买商品时收获愉快的购物体验,甚至有些消费者更加重视购物过程中所带来的整体愉悦感,而非产品的价格。

4. 消费者行为的交互性增强

相较于传统消费者,数字化时代的消费行为受社交网络的影响更大,甚至部分消费行为直接是社交活动的"副产品",社交媒体营销迅速兴起。基于社交媒体而产生的消费,是消费者在社交生态中衍生出来的一种新的消费模式,消费者在社交媒体上与商家进行互动,或通过关键意见领袖和在线社区的方式与商家进行互动,消费者行为与社交生态是紧密相连的。例如,社区团购就是基于社区的社交网络建立起来的新型消费模式,消费者的消费行为与社交网络紧密相连。社交媒体在市场营销中的应用,在社交媒体上的各类消费者评价中占用了消费者10%的额外购物时间。微信、微博、抖音等社交媒体工具的不断迭代,允许消费者进行丰富的社交活动,同时推出了以小程序为代表的众多功能来帮助消费者在社交平台上实现商品的购买和消费。在社交网络中,社交媒体的功能不只是聊天、游戏和浏览新闻等,而是成为消费者进行产品和服务购买与消费的重要渠道。

5. 消费者行为共享化明显

相较于传统消费者而言,数字化时代的消费者开始接受共享化的消费方式。数字经济的繁荣催生了共享经济的发展,从共享自行车或电动车,到共享服装、箱包,再到共享充电宝、共享雨伞等,年轻消费者更加热衷于产品和服务的共享。于2012年成立并正式上线的共享出租平台——小猪民宿,致力于向寻求特色房屋租赁服务的消费者提供闲置房屋资源。这种共享经济模式在很大程度上催生了新的社交模式和服务模式,消费者不仅能够通过共享的方式最大化自身资源的利用效率,还能够通过这种方式收获新的社交体验和服务体验。

6. 消费者行为健康化提升

一直以来,世界各地的消费者都十分重视自身的健康。消费者对运动消费的投入逐年增加,运动消费正成为消费者行为的一个新特征。随着移动应用的发展和数字技术的升级,消费者可以通过各种各样的运动软件进行健身活动。例如,消费者通过使用 Keep 应用程序,利用地理位置定位技术记录运动轨迹,利用虚拟现实、增强现实和直播等新技术来获取专业的指导等。

7.消费者行为追求效率化和灵活性

相较于传统消费者而言,数字化时代的消费者更倾向于提高消费的效率。有研究显示,大多数的消费者对排队购买的等待上限是半小时,一旦超出这一时间上限,很多消费者就会产生反感。随着消费者开始变得缺乏耐心,其更加倾向于自身个性化需求能够及时得到满足,越来越看重产品和服务配送的时间和速度,即便需要为此支付一定的费用,"闪送"业务正是基于这样的背景而成长起来的。

综上所述,数字时代的消费者不仅拥有了新的角色,而且呈现出了一系列新的消费特征。在数字化时代,为了满足消费者的需求和提供更加优质的产品和服务,理解和把握这些数字化消费者的偏好及其行为变化变得十分迫切。换句话说,对于企业而言,如何利用现代数字技术前瞻性地获取有关"数字化消费者"的知识及其行为模式,已成为企业构建先发优势、明确数字营销方向、最大化利用市场营销资源的关键所在。

二、影响数字消费者行为的因素

(一)年龄及生命周期阶段

人们在一生的不同年龄阶段会不断地改变其所购买的产品和服务。不同年龄消费者的欲望、兴趣和爱好不同,他们购买或消费商品的种类和式样也有区别,不同年龄消费者的购买方式各有特点。

所谓生命周期,是指消费者从年轻时离开父母独立生活,到年老后并入子女家庭或独居直至死亡的家庭生活全过程。根据消费者的年龄、婚姻和子女等状况,可以把生命周期分为以下几个阶段:①独立生活的单身青年,穿戴比较时髦,会参加许多体育和娱乐活动;②没有孩子的年轻夫妇,需要购买家具、电器等耐用消费品,时常支出一定的旅游费用;③有 6 岁以下幼儿的年轻夫妇,需要购买洗衣机、婴儿食品、玩具等;④子女大于 6 岁的中年夫妇,需购买大量食品、清洁用品、文教用品;⑤子女已长大但尚未独立的中年夫妇,经济状况尚好,不易受广告影响,在孩子衣、食、教育及体育运动等方面花费更多;⑥与孩子分居的年纪较大的夫妇,会购买较多的非生活必需品、礼品和保健用品,支出一定的旅游费用;⑦单身老人,多数已退休,收入下降,会购买特殊食品和保健用品。消费者在生命周期不同阶段的欲望和购买行为有一定的差别,企业可以制订专门的市场营销计划来满足处于某一或某些阶段的消费者的需要。

(二)性别

不同性别的消费者的生理和心理存在一定的差异,其消费欲望、消费构成和购买习惯也有不同。多数男性顾客购买商品比较果断和迅速,而女性顾客则要仔细挑选。不同性别的消费者订阅的杂志和观看的电视节目也有不同,如足球、拳击等体育节目常吸引大量男性观众,连续剧则会吸引较多的女性观众。

(三)职业

个人的消费行为受其职业的影响。营销者们力图找出对其产品和服务最感兴趣的职业群体,某些公司甚至会专门生产某一职业群体所需要的产品,如软件公司为企业管理者、工程师、律师、医生等设计不同的计算机软件。

(四)受教育程度

受教育程度较高的消费者对书籍、报刊等文化用品的需求量较大,购买商品的理性程度较高,审美能力较强,购买决策过程较全面,更善于利用非商业性来源的信息。不同职业的消费者生活、工作条件不同,消费构成和购买习惯也有区别。

(五)经济状况

人们的经济状况包括其可支配的收入(收入水平、稳定性)、储蓄与资产(包括流动资产的百分比)、借债能力和对花钱与储蓄的态度。经济状况决定个人的购买能力,在很大程度上制约着个人的购买行为。消费者一般都在可支配收入的范围内考虑以最合理的方式安排支出,以便更有效地满足自己的需要。经营那些对收入反应敏感的产品的企业,应该经常关注消费者个人收入、储蓄及存款利率的变化趋势。如果有迹象显示经济衰退即将来临,营销者可对其产品采取重新设计、重新定位和重新定价的措施,使它们仍然能够吸引目标顾客。

(六)生活方式

生产方式是人们根据自己的价值观念等安排生活的模式,并通过自己的活动、兴趣和意见表现出来。有些人可能来自相同的亚文化群体、相同的社会阶层甚至从事同一职业,但生活方式可能大不相同。生活方式是影响个人行为的心理、社会、文化、经济等各种因素的综合反映,生活方式往往比社会阶层、文化、个性等更完整、更深邃地反映人的特性。

市场营销向消费者提供实现各种生活方式的手段,同时,营销人员有必要运用价值观分类法或活动、兴趣、意见分类法,对人们的生活方式进行分类,如把大量时间和精力投入工作与学习的进取型生活方式,重视家庭生活、依惯例行事的归属型生活方式等。生活方式不同的消费者对一些商品或品牌有各自的偏好,营销者须尽力了解产品与消费者群体的生活方式的关系,从而加强产品对消费者生活方式的影响。

(七)性格和自我观念

性格是一个人比较固定的特性,如自信或自卑、冒险或谨慎、倔强或顺从、独立或依赖等。性格使人对环境作出比较一致和持续的反应,每个人都有影响其购买行为的性格。直接与消费者个性相关的6种购买类型包括几乎不变换产品的种类和品牌的习惯型;经冷静、慎重思考后购买的理智型;特别重视价格的经济型;易受外来刺激而购买的冲动型;感情和联想丰富的想象型;缺乏主见或没有固定偏好的不定型。某些性格类型与产品和品牌之间具有强烈的相互关系,性格可以作为分析消费者行为的有用变量。

许多市场营销者还运用另一个与性格相关的因素——自我形象（或称自我观念），即人们怎样看待自己，来进行广告宣传。自我形象是一个十分复杂的图像，包括实际的自我形象；理想的自我形象，即希望怎样看待自己；社会自我形象，即希望别人如何看待自己。一般认为，人们总希望保持或增强自我形象，并把购买行为作为表现自我形象的重要方式。

（八）技术因素

科技的发展是推动数字消费者行为变化的关键因素。例如，新的网络技术、移动设备和应用程序等都会影响消费者的购物方式、信息获取和娱乐选择。

三、数字消费者购买决策过程

消费者购买决策是指消费者为了满足某种需求，在一定的购买动机的支配下，在可供选择的两个或者两个以上的购买方案中，经过分析、评价、选择并且实施最佳的购买方案，以及购后评价的活动过程。它是一个系统的决策活动过程，包括需求的确定、购买动机的形成、购买方案的抉择和实施、购后评价等环节。

与其他决策相比，消费者购买决策具有以下特点：

①独立性。消费者进行购买决策就是要完成一个或若干个消费目标的实现，其中有些购买决策通常是消费者自己单独作出的，并且随着消费者支付水平的提高，购买行为中独立决策的特点日趋明显。

②复杂性。尽管消费者购买决策通常是消费者个人经常性和简单性的活动，但影响这一决策过程的因素较为复杂，既包括消费者个人的性格、偏好、习惯、经济水平等主观因素，也包括消费者所处的空间环境、社会文化环境、经济环境等客观因素。这些因素相互作用，共同影响着消费者的决策内容、方式及结果。

③情境性。影响消费者购买决策的因素并非一成不变，而是随着时间、地点、环境等的变化而不断发生变化，使得消费者的购买决策具有情境性。换言之，时间、地点、环境等因素不同，不同消费者对同一种商品的购买决策存在差异，同一消费者对同一种商品的购买决策也是不同的。

传统消费者的购买决策过程由需求确认、信息搜集、方案评估、购买决策和购后行为等若干阶段构成。在数字时代，消费者的购买决策行为受到各种数字媒体和渠道的影响，数字购买决策的内涵也因购买模式的不同而有所差异。一般来说，数字消费者的购买决策过程包括需求唤醒、信息搜索、比较评估、确认订单、授权支付、收取商品、分享评价七个阶段。

1. 需求唤醒

消费者购买过程始于某一个问题或某种需要，它可能由内部刺激引起。当一个人的正常生理需要强烈到某种程度时，就变成了一种驱动力。需要也可能由外部刺激引起。

（1）数字媒体激发

各种数字媒体与网络广告可以利用其对消费者感官、情感的强大吸引力、感染力，唤醒消费者的需求。数字多媒体技术产生图文融合、音画同步、3D动画、实时录像、声情并茂的广告，以及关于产品的文字表述、视频说明、声音配置的导购信息都成为诱发消费者购买的动因。例如,淘宝"每日首发"、大众点评"吃喝玩乐免费试"、拼多多"限时秒杀"等都是利用数字消费者的碎片化时间来唤醒其购物需求。

（2）智能推荐

商家可以根据消费者此前的信息浏览、交易及爱好、所处地区等情况,基于大数据进行购物的智能推荐,实现千人千面的产品展示。不同需求与不同画像的消费者,推荐页面会有所不同。智能推荐唤醒需求的常用方式有背景筛选和事件触发。

背景筛选是借助大数据技术,筛选、分析、发现目标客户,实现精准营销。根据营销策划者给出的条件,对数据库中已有的消费者进行筛选。例如,由微软和唯品会合作建立的智能化云平台会根据产品选择、仓库划分、预调配形成精准的用户推荐,利用大数据构建用户画像,进行精准营销。唯品会后台利用用户浏览网页的时间长度、浏览深度、访问次数等信息,对用户行为进行数据分析;通过收集用户的收藏内容和浏览的商品类别数据,总结用户的个人喜好;通过分析用户下单后所购买商品的交易方式、交易金额、交易频次等交易数据,评估用户的消费能力。在数据平台的管理下,综合分析后可得到每个用户的用户标签,然后将用户标签分为基本标签、消费标签、行为标签和客户标签。最后,根据大数据分析出的虚拟标签形象,向用户定向精准推送其可能感兴趣的产品,从而实现精准营销。

事件触发是指当数字消费者的生活状况发生变化,或其消费行为发生转变时,数据分析系统会立刻针对这些改变采取相应的策略。商家根据消费者的爱好、需求、兴趣、个性、知识等组合单元,打造出更加精准、智能、个性化的信息平台,就像一个便携式的"小秘书",从而提供个性化的一站式服务。基于用户偏好提供个性化聚合服务,用户根据自己的喜好和使用习惯聚合网络信息,信息的获取变得比以往更加便捷而精确。例如,淘宝、京东等网购平台的情景智能模式可以通过信息,从购物、喜好、关注等方面获取用户的动态,然后根据时间、地点、位置、环境等一系列维度构建智能显示提醒方式,从而为用户提供个性化的信息服务。

（3）场景激发

数字消费行为的场景激发多与移动购物相关。数字消费者的潜在需求会在特定场景下被激发。

短视频直播的迅猛发展使得边看边买成为场景激发的主要形式。但是,场景激发的必要条件是场景中的人物与内容具有感染力与吸引力,数字消费者需求的激发要在合适的场景与时间下进行。例如,在美食分享直播中,通过专业的探店达人来激发消费者对该店铺的兴趣。

（4）社交激发

数字消费者需求的产生可能源于在线评论、数字社群成员的意见或朋友的及时推荐,它来自数字网络社交因素的影响力。社交电商已成为一个重要的发展趋势,并衍生出多种形式,如微信朋友圈推送的售房广告、抖音网红主播的直播带货、社群团购、小红书内容营销、拼多多病毒传播式营销等。数字媒体社交激发的出现使得消费者的购买决策路径发生变化,呈现冲动式消费心理。与传统路径相比,社交激发的数字消费者购买过程具有决策时间短、发现式购买、需求非计划性等特点。

2. 信息搜索

当消费者对某种产品感兴趣时,可能会搜寻更多的信息。如果消费者的需要强烈或满意的产品恰巧在手边,他很可能购买;反之,消费者会暂时将这个需要记在心里,然后进行与之有关的信息检索。数字消费者网络信息搜寻行为是指数字消费者为完成某一购买需求所进行的网络信息检索、浏览和选择的行为。网络信息搜寻行为已成为消费者信息获取的主要行为方式。

在传统的市场环境中,高搜索成本往往限制了消费者的搜索行为,但随着数字媒体发展,网络所能提供的信息量越来越大,可以为每个消费者提供标准化的信息。互联网和移动终端为消费者获取或搜索相关信息提供了新的平台和工具。网络信息已成为最方便、最快捷、最有效、成本最低的信息源。一旦消费者意识到他们有某种消费需求,他们会立即上网查看是否有合适的产品和商品信息。与传统购物方式相比,数字消费者的信息搜索行为对其消费决策的影响更大。网络上提供了各种信息,大大提高了信息获取的普遍性、可信度、信息获取速度和效率,从根本上解决了传统交易过程中买卖双方的信息不对称问题,从而使消费者能够在及时和充分地访问商品信息的基础上作出正确的购物决定。网上商店的信用评级和消费者的网上评价会鼓励商家建立良好的信用机制,从而形成注重诚信的商业环境。

厂商的门户网站信息、网络商店信息、网络广告信息、网络上其他消费者对产品的描述或评价信息、网络上其他消费者的评级信息、消费者通过网络与其他消费者讨论而获取的信息、来自综合或专业网站上的相关产品新闻报道以及行业调查报告信息等,都可以成为消费者关于商品或服务的信息来源。面对海量数据,消费者可通过网页、软件、图片、论坛、新闻等多种类别的搜索引擎进行信息搜寻。

📖【知识链接】

几类常用的搜索工具

1. 网页搜索

网页搜索是目前最常用的一种搜索工具,具有信息抓取迅速、深入开展信息挖掘、检索内容多样化和广泛性等主要特点。整个过程包括3个方面:一是网页蜘蛛在互联网上爬行和抓取网页信息,并存入原始网页数据库;二是对原始网页数据库中的信息进行提取和组织,并建立索引库;三是根据用户输入的关键词,快速找到相关文档,对找到的结果进行排序,并将查询结果返回给用户。

搜索方式是网页搜索的一个关键环节,大致可分为4种,即全文搜索引擎、元搜索引擎、垂直搜索引擎和目录搜索引擎,它们各有特点并适用于不同的搜索环境。灵活选用搜索方式是提高搜索性能的重要途径。全文搜索引擎是利用爬虫程序抓取互联网上所有相关文章予以索引的搜索方式;元搜索引擎是基于多个搜索引擎结果并对之整合处理的二次搜索方式;垂直搜索引擎是对某一特定行业内数据进行快速检索的一种专业搜索方式;目录搜索引擎是依赖人工收集处理数据并置于分类目录链接下的搜索方式。

2. 图像搜索

在人工智能技术方面,图像视觉应该是被应用最广泛的技术之一,从最早的安防监控,到后面落地最多的人脸识别,都是图像技术的应用。图像检索技术在实际应用中包括了检索+识别(相似度度量)两个部分,目前重点应用于泛搜索引擎中,百度搜索、谷歌搜索、淘宝的"手淘拍立淘"等都可以支持通过图片检索实现信息查找。相对于文字搜索而言,图像检索更直观,更易操作,尤其是对陌生信息的检索,可以直接通过拍照实现信息的检索。

图像检索包括基于文本的图像检索和基于内容的图像检索。基于文本的图像检索主要通过对图像进行文本描述,提炼关键词等标签信息,后续在进行检索时,可以通过检索关键词的方式查找对应的图片。基于内容的图像检索是通过提取图像的纹理、颜色、梯度或者其他高层语义特征等作为图像特征来计算图像间的相似度,实现图像检索。虽然搜索精度可能低于文本搜索,并且容易受到图像质量(光照、遮挡、背景复杂度等)的影响,但是对于用户而言,搜索难度降低,可以实现所见即所得,只要拍照行为发出就可以搜索。

3. 语音搜索

语音搜索指的是允许消费者通过对着手机或计算机说话进行搜索,即通过设备上传语音信息,经过服务器进行识别,然后根据识别的结果搜索信息。过去的语音识别技术多用于自动识别孤立的字词,如在专用的听写和电话应用方面,而对连续的语音识别则较困难,错误较多。目前,人工智能技术在自然语言处理方面的进展,克服了这类困难,为音频信息的检索提供了很大帮助。

通过语音搜索,用户可以使用语音说出搜索的意图,如"今天天气如何""宫保鸡丁的做法"等,就能立刻得到想要的结果。语音搜索让用户免去打字的烦琐,使搜索的整个过程更流畅、更便捷。这一新模式发展迅速,深受欢迎。

以百度语音搜索为例,它不仅是语音识别和搜索的简单相加,而是语音技术、自然语言处理、智能搜索3个方面的融合。以更自然的交互方式、对用户所说内容更准确地识别、对用户需求更精准地理解,进而为用户提供更满意的结果。目前,通过人工智能做到了"听"和"说",还尝试完成人类复杂的行为——沟通。集语音识别、语义理解、深度问答、知识推理、多轮对话、智能摘要、情感分析、语言生成、语音合成等能力于一体,百度语音搜索已经能够满足用户的多种复杂需求。

4. 搜索广告

搜索广告是依托于搜索引擎发展起来的,它区别于其他数字营销手段,只有在用户主动搜索相关内容时,广告才有可能出现在用户搜索结果页面的某个位置。搜索广告成本低、见效快,是很多品牌进行网络营销的基本方式。搜索引擎广告,是一种通过提前设定关键词,在用户搜索相关信息时将品牌商的广告显示在用户搜索结果页面特定位置的一种付费广告形式,绝大多数的搜索广告包括标题、文本、网址等要素,也有一部分搜索广告含有图片等其他附加信息。随着信息技术的进步,网上信息搜索变得越来越智能化,除了网络广告、搜索引擎和门户网站,还可以通过视频、3D动画、AR、VR、即时通信或SNS社群、网上虚拟展厅等一系列措施,帮助消费者了解产品信息,促进购买行为的产生。

(资料来源:彭英.数字营销[M].北京:清华大学出版社,2023.)

3. 比较评估

为了使消费需求与自己的购买动机、购买能力、兴趣相匹配,比较评估是购买过程中必不可少的环节。市场营销需要了解评估备选方案,即消费者如何处理信息并选择品牌的过程。

购买方案的评估根据消费者个人和特定购买情形而定。一般来说,消费者的比较评估过程主要考虑产品的价格、可靠性、功能、样式、性能和售后服务等,大多数消费者会综合考虑几种因素,而且各种因素的权重不同。

数字消费者对各种渠道汇集而来的商品资料进行分析比较与研究评估后,从中选择最为满意的一种。数字消费行为不直接接触实物,数字消费者对网上商品的比较,更依赖于厂商对商品的描述,包括文字的描述和图片的描述。企业对自己的产品描述不充分,就不能吸引众多的数字消费者。而如果对产品的描述过分夸张,甚至带有虚假的成分,则可能永久地失去数字消费者。企业需要掌握产品信息描述的"度",而消费者则需要判断这种信息的真实性和可靠性。

在网络环境下,数字消费者可以借助来自其他消费者的评价信息,而不必依赖营销人员传递的信息。同时,网络空间具有独特的信息评价和比较优势,它拓展了评价和比较对象的范围。大数据技术可以保存消费者的排列和筛选评价标准,并自动更新比较评估的结果,广告主可以根据上述评价标准向消费者推荐商品。

针对此阶段,商家多利用数字营销手段协助消费者作出购买决策。网站最强大的一个功能是以相对较低的成本提供大量内容。在消费者寻找最佳产品的过程中,这可以转化为优势。商家可以利用自己的网站,提供易于查找和理解的相关信息,从而说服消费者购买。数字渠道使此阶段能够与前期阶段尽可能重叠,使提供决策比较的商品信息环节前移。品牌的作用在这一阶段很重要,因为新的购买者倾向于从一个熟悉的且声誉良好的卖家那里购买。

4. 确认订单

在评估选择阶段,消费者对品牌进行排序,并形成购买意图。一般来说,消费者的购买决策将是购买他们最喜爱的品牌,但有两个因素会影响他们的购买意图和最终的购买决策:第一个因素是其他人的态度;第二个因素是意想不到的环境因素。消费者可能将购买意图建立在预期收入、预计价格和期望产品利益等因素之上。然而,突发情况可能会改变消费者的购买意图。偏好和购买意图并不总是会导致实际的购买行动。

数字消费者在完成了对商品的比较评估之后,进入确认订单阶段,该阶段是作出购买决定的阶段。与传统购物模式相比,数字消费者相对理性:首先,数字消费者在互联网上寻找商品的过程本身就是一个思考过程,有充足的时间和极大的便利来分析商品的价格、质量、外观和性能,然后冷静地作出自己的选择;其次,数字消费者使用数字化设备浏览商品信息,不会受到实物及其他消费者购买行为的影响,冲动性购买行为较少;最后,网上购物的决策行为较之传统的购买决策要快得多。

为了克服数字化购买行为中无法触及实体的缺点,同时获得"省钱"的好处,一些数字消费者往往采取"线下体验+线上购物"的购买方式,尤其是对服装鞋帽这样的体验商品。为此,一些商家设立了专门的体验店,用于实现线上购物和线下体验的无缝融合。

一旦消费者决定购买,商家肯定不希望错失良机。商家的网站应建立标准的信用卡支付机制,并提供通过电话或电子邮件下单的选择。在线零售商非常重视能够促使顾客在购物车中添加产品后提交订单的措施。例如,提供安全保障、多种送货选择、免运费、七天无理由退换货等服务,有助于提高转化率。

5. 授权支付

数字购买行为的另一个便利特征是,它改变了传统的面对面、以现金支付的购买交易模式,可以采用多种在线结算方式。现在大多采用更为安全的第三方电子支付,如支付宝、微信支付、财付通、网上银行、手机二维码支付,以及数字人民币支付等。

6. 收取商品

与传统购物不同,数字化购物一般不支持消费者在付款后立即获得产品,需要一段时间的物流或邮寄时间,才能将产品送达买方。数字消费者可以通过网络对商品的物流状况进行跟踪查询,网上卖家应该尽量缩短这个时间,确保产品完好无损,消除消费者的不安全感。此外,对生鲜冷链物流的商品,要做到保证产品质量,杜绝运输存储过程中可能的损伤,利用RFID 等技术跟踪物流信息,监控产品的质保期,保证产品的质量。

7. 分享评价

（1）购后评价

数字消费者试用和体验网购产品后,会根据自己的感受进行评价。网站、服务（包括售前、售中与售后）、物流和商品的体验都是影响数字消费者购物整体满意度的重要因素。在传统市场中,由于缺乏传播媒介,消费者口碑宣传往往是被动的,传播范围相当有限。而互联网提高了信息传播的速度和广度,数字消费者有无限的机会分享自己的想法、观点、经历和照片,这不仅方便了数字消费者在购买后谈论自己的感受,还极大地扩大了口碑影响力。不仅影响亲朋好友,数字消费者还可以通过商品评价区、社区论坛、虚拟社群、通信软件、个人博客等多种渠道发表评论并对素不相识的其他消费者产生影响,从而对商家产生强大的舆论监督,并成为其他数字消费者购买决策的主要参考依据。

（2）购后分享

数字消费者可能积极地与他人分享购物经验,消费信息共享是网络时代消费行为的一个重要特征。随着短视频应用程序的异军突起,短视频以及视频博客成为数字消费者进行购后感受分享的重要方式。

随着网络技术的发展和移动互联网用户的普及,越来越多的数字消费者愿意在点评类网站对产品和服务进行评价,以表达自己的感受和体验。商家可以利用 Python 等爬虫技术,获取店铺所有产品的月度截面数据,采用回归方法从产品销量的维度分析数字消费者在线评论对产品销量的影响,探究评论区域中获取的评价数量、评价长度、差评数量和可视化评论对产品销量的直接作用及交互效应。

购买之后,消费者对所选品牌的优点感到满意,并庆幸避免了未购买品牌的缺点。然而,所有购买行为都涉及权衡利弊。消费者会为所选品牌的缺点而担心,也会为没有得到未购品牌的好处而感到不安。消费者每次购买后,或多或少都会存在心理不平衡感。为增加客户的黏度,商家可以在网站上提供增值服务,如免费的顾客支持,从而鼓励消费者再次访问;为顾客提供产品反馈,提供这类信息可以向顾客表明商家正在努力提高自己的服务质量;通过电子邮件定期发送新产品和促销信息,鼓励顾客再次访问商家的网站;基于顾客以往的购买行为进行个性化促销,促使其重复访问网站,从而提供交叉销售和重复销售的机会。

四、数字消费者网络信息行为

随着互联网和电子商务的发展,人们的数字消费行为在日常消费中的比重日益增加。其中,既有对物质产品的消费,也有满足精神需求的信息资源获取,其消费对象包括数据流、多媒体信息、网购、社交媒体等,统称"数字消费"。消费者信息行为是指消费者为满足自身的信息需求而表现出来的需求表达、信息获取、信息分享、信息利用等行为。

(一)消费者信息搜索行为

20世纪末以来,全球迅速普及的互联网从根本上改变了人类的信息环境,上网或在线开始成为消费者新的日常关键词。上网搜索各种需要的或感兴趣的信息,成为人们基本的生活方式和主要的生活内容。信息搜索由此成为数字消费者基本的信息行为,对消费者认知、品牌选择、购买决策等都产生重要的影响。

用户的搜索行为,一般是在求解问题的过程中,对特定信息产生需求从而形成关键词,并将关键词通过搜索引擎进行搜索,然后对搜索结果进行浏览。如果搜索结果不能满足其信息需求,用户就会改写查询的关键词,以便更准确地描述自己的信息需求。随后,用户将新的关键词提交给搜索引擎,用户和搜索引擎如此交互,形成了一个闭合回路,直到用户的信息需求得到满足或者被放弃。从用户产生信息需求到查询的过程有很大的不确定性,用户一开始可能找不到合适的查询词,或者查询词难以完全描述用户的信息需求,用户在查询过程中存在信息丢失的风险,查询改写是用户逐渐厘清搜索需求的一个过程。

哪些因素会影响消费者信息搜索行为呢?

从理性的角度来看,影响消费者信息搜索行为的主要因素有消费者特征、产品或品牌熟悉程度、市场特征与情境。这些因素会因购买决策阶段、产品属性和消费者带入体验程度的不同而有所区别。此外,消费者对信息的搜索行为与其对品牌(产品)的熟悉度有关,消费者对品牌(产品)不熟悉时会搜索信息,具备一定认知后则会减少对信息的搜索。

互联网为消费者获取或搜索有关信息提供了全新的平台和工具,并成为方便、快捷、有效、低成本的信息源。大多数消费者都会利用网络搜索获取信息,一旦有了购买的需求或者在网上购物时,就会使用网购平台和品牌官方网站等。搜索引擎的优化十分重要,购物网站的用户界面和搜索性能对吸引消费者至关重要。同时,从传播技术的角度来看,消费者的网络搜索痕迹给搜索引擎提供了最真实的消费者行为数据,使其能够更好地匹配消费者的需求。搜索引擎可以对用户行为进行准确分析,当用户有某种需求并搜索一个关键词时,企业通过揣摩用户需要,将相关产品或品牌信息展示给用户,以此方式来吸引潜在消费者。搜索引擎在这个过程中起到了桥梁作用,把消费者需求和企业的营销目标进行了有效的匹配,使用户的浏览转化为点击,继而转化为交易。

(二)消费者信息浏览行为

数字消费者信息浏览行为,是指为满足已知或未知的信息需求,按照超链接在不同节点间自由游移的目标导向或非目标导向的网上信息查询行为,包括点击相关超链接、网页浏览、阅读及与此相关的保存、收藏、复制等行为,还有对导航技巧、历史记录等功能的使用等。

在数字消费者的众多信息行为中,浏览商品信息是其中的一个重要步骤。消费者信息浏览是购买过程的起点,是产生商品购买需求的前提条件。通过对消费者信息浏览行为进行研究,可以直接了解消费者进行网络购物时浏览商品信息的一些特征和习惯,从而根据这些特征和习惯对电商平台的系统界面和操作流程等进行改进,还可以根据消费者浏览商品信息的特征预测消费者的购买意向,有助于电商平台有针对性地提供服务或推荐商品,以提升数字消费者购物的满意度和平台的转化率。

信息需求通常是不明确的,加上网络信息的海量性、无序性和复杂性等因素的影响,消费者不一定能够利用检索行为来从海量信息中准确查询到所需信息,他们常常需要通过浏览方式来满足其并不明确的信息需求。另外,浏览作为与检索互异互补的信息查询行为,能帮助消费者在浏览过程中发现新的兴趣点,从而加深对欲知事物的了解。

数字消费者信息浏览行为不一定具有明确的信息需求目标,但都有一定的浏览目的。由此可知,消费者信息浏览行为的目的呈多样化发展趋势的同时,仍以查询信息为主。值得注意的是,"满足好奇"和"仅为消遣"占了一定的比例,这也许是因为网络是个无所不包的知识与信息库,人们在查找所需信息的同时,会根据网络中的内容、提示和自己的兴趣,不断地深入查寻,获得一种探索的心理满足感。

根据现有研究,一般情况下可以将消费者在浏览时产生的下列动作视为对网页有兴趣:消费者在网页上停留的时间、访问该网页的频率、保存、收藏、超链接的点击行为等。由此,可以将消费者对网页产生兴趣时的行为分为三个维度:时间维度(阅读时间、鼠标拖动时间等)、频次维度(访问次数、鼠标点击次数)和行为维度。行为维度可划分为收藏行为维度(保存、收藏、打印、复制等)、浏览行为维度(点击相关超链接、阅读)和检索行为维度(在浏览过程中同时利用搜索引擎等进行检索的行为)。

与数字消费者信息检索行为相比,信息浏览的目标性与规则性或许相对较弱,但是,作为消费者查询信息的重要方式之一,数字消费者信息浏览行为的作用不容忽视。例如,企业可以根据消费者的浏览习惯占据最有利的网页广告位置,商家可以根据消费者的浏览习惯设计出更加符合消费者需求的信息技术产品等。没有对数字消费者信息浏览行为的充分研究,就难以真正把握数字消费者的信息行为特征,也就无法为消费者提供针对性的产品与服务。

(三)消费者信息交互行为

数字消费者信息交互行为,是指消费者之间以网络作为交流平台,以数字内容为对象,相互在网络空间交流信息的行为。信息交互行为是网络信息行为中极为普遍的行为,消费者可以在网络这一虚拟空间上互动。通过文字、音频、视频等方式,相互实时或异时地传递信息。

如今,网络共享信息的功能已经得到极大的拓展。在触及全球的公众互联网上,用户与用户之间不仅能够进行科学信息的交流,通过聊天、电子邮件、论坛、博客、播客、威客、搜索引擎、网络游戏、协作学习、问题咨询平台等网络媒体工具建立起"虚拟学院",了解学术发展动态、表达学术思想、启发学术灵感、传播科学信息,而且人们借助网络构建了人际信息沟通与交流的巨大空间。网络社会的形成依赖于用户间的信息交互,这种交互方式的主要推动力是计算机网络技术的迅猛发展。

(四)消费者信息选择行为

所谓选择,就是主体为了追求和实现某种价值的有目的性的行为,又是主体在多种可能性中间能动地对某种可能索求、对众多可能舍弃的行为过程。简言之,可以将选择概括为从特定的集合中挑选出符合某个标准的若干因素,从而构成新集合的行为过程。

信息选择,源于主体的目的性,任何信息选择都是为了实现某个信息主体的特定目的。也就是说,任何信息主体要达到自己的目的,都需要选择相应的信息来调节自己的行为。消费者信息选择行为,是指消费者对各类信息及经过加工的信息材料进行筛查、判断,选择出自己所需内容,并作用于决策、生活、人际交往等方面,是消费者整个信息行为过程中实现信息价值,影响消费决策的关键步骤。

在这个过程中,信息的利用效果会受到消费者自身的经验、知识水平、习惯偏好以及对信息的理解和判断等因素的影响。此外,数字消费者信息选择行为的动力还来自主体的生理和心理需要、情感意志和价值取向。可以说,数字消费者信息选择行为,是判断、评价与决策的综合过程,它包含着感知、注意、记忆、思维和情感等复杂的心理过程和心理特征。

数字消费者通常倾向于接受和认同与自己以往经验相符的信息,而下意识地对与自己固有认知不符的信息进行抵制,一般包括吸收被同化的新信息、打破原有信息结构、形成新的知识结构、影响自己的生活行为等过程。在数字营销环境下,消费者信息选择行为具体表现为消费者看到有价值的信息,会收藏信息或者下载信息;也有的消费者会参与营销活动,转化为实际的购买行动等。

📖【本章小结】

本章是有关数字营销中的消费者分析,主要包括以下几个方面的内容:

第一节介绍了数字化时代的消费者现状。数字技术对消费者角色及其行为的影响包括消费环境、广告载体及其效应、决策模式、购买行为等。数字化时代的消费者特征体现为数字化多元消费、需求流动无规则化、注重个性化和定制化、强调便捷性和效率性、深受社交媒体影响、重视消费体验和口碑评价。

第二节对影响消费者购买行为的心理因素进行剖析,主要包括动机、感觉和知觉、学习、信念和态度等心理过程。

第三节介绍了数字营销中用户画像的概念及其构建过程。用户画像,即用户信息标签化,通过收集用户的社会属性、消费习惯、偏好特征等各个维度的数据,进而对用户或者产品特征属性进行刻画,并对这些特征进行分析、统计,挖掘潜在价值信息,从而汇总出用户的信息全貌。用户画像的构建包括四个步骤:明确目标、采集和分析用户信息、建立画像模型、系统可视化。企业用户画像,一般是指通过对企业状况、经营情况、企业风险以及企业新闻舆情等多维度企业商业信息数据成像要素抽象出标签化的企业模型,最后用图表的方式全方位展现企业状况。企业用户画像的构建过程大致分为四个阶段:明确企业用户画像的目标、企业大数据采集、基于多源数据的企业用户画像、画像模型的可视化。

第四节介绍了数字营销中的消费者行为。数字消费者行为是指消费者为获取、使用、处置消费物品或服务在网络上采取的各种行动。数字消费者行为特征表现：消费者偏好更加个性化和多元化、消费者行为不确定性升级、消费者更加注重多渠道的体验式消费、消费者行为的交互性增强、消费者行为共享化明显、消费者行为健康化提升、消费者行为追求效率化和灵活性。影响数字消费者行为的因素包括年龄及生命周期阶段、性别、职业、受教育程度、经济状况、生活方式、性格和自我观念、技术因素。数字消费者购买决策过程包括需求唤醒、信息搜索、比较评估、确认订单、授权支付、收取商品、评价分享 7 个阶段。

📖【复习思考题】

1. 数字消费者形成的背景是什么？
2. 如何理解数字消费者？数字消费者与传统消费者的区别是什么？
3. 联系实际思考心理因素是如何影响消费者购买行为的？
4. 用户画像、企业画像的构建过程包括哪些？
5. 数字消费者行为特征与传统消费者行为特征有哪些区别？
6. 举例描述数字消费者的购买决策过程。

📖【案例分析】

阿里云企业图谱全息画像

从帮助企业上云到为企业提供一站式的大数据解决方案，阿里云致力于打造公共、开放的云计算服务平台。企业图谱是阿里云官方推出的首个为企业提供一站式的企业数据服务的产品。通过整合企业及企业关联信息，挖掘互联网海量非结构化数据，结合多维交叉分析及智能算法，为企业提供客户画像及关联分析问题的能力；通过分析和挖掘客户在互联网上的信息，实时掌握客户动态并准确预测客户行为，为企业提供智能应用（潜客挖掘、成长指数）和解决方案（风险洞察、市场监测、品牌监测）等服务。

一键获取企业全面信息，掌握企业详细的关系图谱。企业图谱提供的全息画像和关系网络为企业提供全方位的相关信息和全面的企业关系图谱。通过企业全息画像，可以轻松了解有关企业相关信息，以便第一时间掌握相关企业的真实资料，建立企业间更好的合作关系。通过企业关系网络，可以快速了解企业详细的关系图谱，以便清晰地知道集团公司的相关脉络，帮助企业搭建更完善的企业管理和企业经营模式。

两大智能应用助力，大数据赋能企业发展。企业图谱基于企业全息画像及关系网络，为企业提供智能化的应用：成长指数提供上市企业及创业企业两个不同模型，为评估不同阶段企业发展状况及发展潜力提供参考，针对上市公司主要是企业当前经营状况和未来发展潜力作出评估，创业公司需要对企业成长情况做出评估；潜客挖掘基于企业客户画像特征及企业需求，为企业推荐潜在客户并提供大数据拉客支撑。

三大定制化解决方案为企业拓展市场提供大数据支撑。企业数据服务基于企业全息画像、关系网络、成长指数及潜客挖掘，为企业提供三大定制化的解决方案：风险洞察帮助企业快速发现及应对危机；市场监测帮助企业掌握行业、竞争对手动态，为企业商业决策提供市场依据;品牌监测帮助企业塑造和保护企业品牌形象。企业图谱的定制化解决方案是以 API 方式提供服务,可集成到客户的业务系统(即自定义系统),同时可灵活搭配数家平台产品使用。

以金融服务业的风控场景为例,从事银行业、保险业、信托业、证券业和租赁业的企业对所合作的企业客户的风险把控要求往往是最严格的。企业需要及时了解企业客户的最新经营状况,有效降低风险。然而,部分企业借款人在循环额度有效期内玩"金蝉脱壳",将企业股权全部转让,不再担任企业法人代表和股东,但仍以原企业的资料进行提款。更有甚者,有人在额度获批 20 天就转出企业股权。审批贷款后,习惯性地认为经营信息不常变更,同时传统方式下查询工商登记信息耗时耗力,导致无法及时关注到企业经营信息变化,形成了风险。通过企业图谱风险洞察服务,可以快速获取借款人企业的经营信息,有效避免借款风险。可以对额度项下提款和授信业务设置系统批量监控,及时把握企业经营信息的变化,适时调整授信方案。

在招商引资场景中,企业图谱为政府或企业孵化器提供区域的企业行业分布占比,投、融资情况,企业发展潜力,企业风险分布图等,以帮助政府引导产业发展,通过企业孵化器引进优质企业。

问题:

1. 结合案例分析阿里云如何更好地利用大数据帮助企业实现自我价值?

2. 结合当前经济社会发展趋势,阿里云企业图谱全息画像给其他行业带来哪些启示?

第四章

数字营销组合策略

📖【导入案例】

王者荣耀在数字时代的市场营销组合策略

随着移动互联网的普及和深入，手机游戏已经渗透到人们的日常生活中。其中，"王者荣耀"作为腾讯游戏天美工作室群推出的一款国产手游，自公测以来就受到了广大玩家的热烈欢迎，用户数量持续飙升，迅速成为了手游市场的佼佼者。

在市场营销领域，市场营销组合策略是一种常用的手段，而在数字化时代，传统的4Ps组合策略得到了全面的升级和拓展，衍生出了新的营销组合"4Is"。以"王者荣耀"为例，其市场营销的成功与数字营销组合策略的运用密不可分。

从"王者荣耀"的营销组合策略来看，首先是产品方面的互动。该游戏注重产品的社交属性和玩家参与感，通过QQ和微信登录，玩家可以随时随地与好友组队开战。游戏内还设置了多种好友关系，如"情侣""闺蜜"等，进一步强化了游戏的社交属性。这种深度融入社交价值的产品理念，正是数字时代营销组合中互动要素的体现。

其次是价格方面的趣味。"王者荣耀"采用了部分免费的价格策略，玩家可以免费下载游戏并体验部分角色。然而，想要提升游戏乐趣，则需要购买额外的角色、皮肤和特效等。此外，一些设计精美、独特的典藏版皮肤还需要通过游戏商城的抽奖活动获得。这种通过免费体验激发消费者兴趣，进而推出升级产品和交叉销售的做法，凸显了数字时代营销组合中的兴趣要素。消费者愿意为自己喜爱的角色购买皮肤，从而"为爱发电"。

再次是渠道方面的交互界面。"王者荣耀"主要通过线上渠道进行品牌推广，包括微信公众号、视频号、官方微博以及各类赛事等。为了吸引更多消费者参与品牌活动，游戏在交互界面设计中设置了多种"红点"提醒信号，引导消费者点击观看、分享和参与。例如，通过引导消费者观看电子竞技赛事来增强品牌认同感和归属感。这种渠道的引流做法凸显了交互界面设计的重要性，即通过精心设计的交互界面来吸引消费者关注并引导其行为。

最后是促销方面的个性化。"王者荣耀"根据不同类型的消费者制订个性化的促销计划。例如，针对新玩家推出首次充值优惠活动，针对"氪金"玩家则提供丰富的战令系统、VIP系统以及星元皮肤计划等促销方案供其选择。这种做法体现了数字时代消费者促销方案的个性化趋势，旨在满足不同类型玩家的需求和偏好。

综上所述，在数字时代背景下，经典的4Ps营销组合仍然具有有效的分析价值。然而，随着时代的发展和市场环境的变化,4Ps框架需要与时俱进地增加新的元素和内涵。换言之,数字时代的特征为4Ps营销组合框架注入了新的生命力和活力。

（资料来源:姚丹,刘师言.我国网络游戏营销策略分析:以《王者荣耀》为例[J].经贸实践,2018(6):201,203.）

思考:"王者荣耀"的营销组合策略的变化是如何抓住数字化时代机遇的?

引言

数字技术深刻地影响着企业的经营活动,企业传统的市场营销组合策略(4Ps)的内容、工具乃至思维都发生了全面的变革。

在数字营销中,产品策略主要关注如何通过数字渠道展示产品的独特卖点和价值。企业可以利用各种数字工具,如社交媒体、官方网站、电子邮件等,来展示产品的功能、优势和用户体验。此外,通过收集和分析用户反馈和数据,企业可以不断优化产品以满足市场需求。

在数字营销中,价格策略更加注重灵活性和透明度。企业可以利用数据分析工具来监测市场价格变化、竞争对手的定价策略以及消费者的购买行为,从而制定更加精准和动态的价格策略。同时,通过数字渠道,企业可以更加容易地展示价格信息和促销活动,提高消费者的购买意愿。

数字营销为企业提供了更加多样化和高效的渠道选择。除了传统的线下渠道,企业还可以利用官方网站、社交媒体、电商平台等数字渠道来销售产品。这些数字渠道不仅可以扩大企业的市场覆盖范围,还可以提高销售效率和用户满意度。同时,通过数字渠道收集的用户数据可以为企业制订更加精准的营销策略提供支持。

在数字营销中,推广策略主要关注如何通过各种数字渠道吸引目标受众并提高品牌知名度。企业可以利用搜索引擎优化(SEO)、社交媒体营销、内容营销、电子邮件营销等手段来推广产品。这些推广方式不仅可以帮助企业吸引更多的潜在客户,还可以提高品牌曝光度和用户忠诚度。

综上所述,4P营销组合策略在数字营销中的应用主要体现在如何利用数字工具和渠道来优化产品展示、制订灵活透明的价格策略、选择高效多样的销售渠道以及制订精准有吸引力的推广策略。通过有效地运用这些策略,企业可以在数字市场中获得更大的竞争优势。

本章在介绍数字经济时代产品、价格、渠道和促销策略的数字化发展现状和趋势的基础上,结合企业的数字营销实践案例重点阐述数字营销组合策略及其优缺点,并介绍数字时代下营销组合策略的演变,以帮助营销管理人员在制订数字营销组合决策方面提供借鉴。

第一节　数字营销中的产品策略

企业市场营销中,产品策略是至关重要的一环。产品策略的成功与否直接影响着企业是否能有效实施市场营销组合策略。随着数字经济的快速发展,数字化产品的兴起推动着传统产品向数字化转型。企业开始积极采用数字化管理和开发策略,努力将产品策略数字化和智能化。在这个数字化背景下,产品策略面临着一系列重要问题,需要企业认真思考和应对。

一、数字产品及其属性

(一)数字产品的定义

数字产品(Digital Products),又称为数字化产品,通常指的是那些可以在线上购买和即刻消费,并且使用时不用担心其退化或丢失的产品。它们可以通过数字媒介进行分享和传播,并且可复制的成本和门槛都很低。例如,在线音乐和移动 App 都是最常见的数字产品。

(二)数字产品的属性

数字产品种类繁多,涵盖了娱乐型产品如虚拟游戏和社交 App,以及功能型产品如浏览器、学习型 App 和电子书等。然而,与实物产品不同,数字产品具有独特的属性,可以从非物质性、即时性、迭代性、易传播性和可保存性这 5 个维度来理解其特点。这些属性共同构成了数字产品的特殊性,影响其在市场和用户中的表现和价值。

1.非物质性

非物质性是数字产品的一个显著特征,它指的是数字产品不依赖于特定的物理空间而存在。与传统实物产品不同,数字产品的存在并不需要实际的物理空间支撑。举例来说,传统产品如洗衣机、汽车等会占据实际的物理空间,而数字产品如在线音乐等除了存储设备外,通常不需要真实物理空间。消费者无法通过触摸或嗅觉来感知数字产品,但可以通过技术设备如计算机、手机、平板电脑来体验数字产品,通过视频应用程序播放视频内容。这种非物质性特征使数字产品在传播和使用上具有独特之处。

2.即时性

即时性是数字产品的一个重要特征,指的是消费者可以在不受特定时间和空间限制的情况下使用和消费这些产品。举例来说,实物产品如洗衣机需要特定的场景和设施才能使用,而购买实物产品(如矿泉水),通常需要通过线下渠道交付后才能消费。相比之下,数字产品如移动 App 或电子书在网络覆盖良好的地区,消费者可以随时随地购买和使用,不受时间和空间的限制。这种即时性极大地提升了消费者的购物和使用体验,为他们带来了更大的便利性和灵活性。

3.迭代性

迭代性是数字产品的一个显著特征,它指的是企业可以根据消费者需求不断优化和升级数字产品,改进和完善其功能和设计。相比传统实物产品的更新换代,数字产品的迭代过程更为灵活和快速。实物产品的改进往往需要调整定位、生产和销售等工作,而数字产品的迭代则可以通过简单地下载最新版本来快速获取更新后的产品。在数字化时代,消费者可以通过多种渠道表达对产品的需求和反馈,企业可以根据这些信息进行迭代和优化,降低市场风险并提高新产品被接受的可能性。举例来说,微信不断迭代其产品,如在不同版本中增加新功能、优化界面设计等,提升了用户体验,增强了用户对产品的黏性。

4. 易传播性

易传播性是数字产品的一个重要特征,它指的是这些产品可以以较低的成本快速复制、存储和传播。相比之下,实物产品的传播通常需要依赖企业或消费者口碑,并通过购买行为促进其他消费者的购买。数字产品可以以较低的成本快速复制、存储和传播,而且不会导致产品本身的损耗。例如,视频和音频内容可以方便地在使用过程中进行转发和分享。这种易传播性提高了数字产品传播效率,有时甚至可以同时促进产品的消费和口碑传播。例如,在抖音等平台上推广的数字产品 App,通过分享链接可以快速地在社交媒体上传播,其他用户在观看视频的同时可以直接下载相关的数字产品,从而加速产品的传播和推广。

5. 可保存性

可保存性是指产品能够以一定形式长期存在。实物产品通常会受到磨损和使用寿命的限制,如家用电冰箱、洗衣机、干衣机等的安全使用年限一般为 8~10 年。随着使用频率增加,这些产品的寿命会相应减少。然而,数字产品与实物产品不同,一旦生产出来,在不损坏存储设备的情况下,可以长期甚至永久地保留其存在形式,而且无论使用频率如何,其质量不会下降。例如,购物 App 无论我们每天打开多少次、使用多长时间,都不会影响其质量和可用性。这种特性使得数字产品具有更长久的存在性,为用户提供持久的服务和体验。

总的来说,在数字化时代,数字产品呈现出许多新特性。然而,这并不意味着传统产品就会一成不变。随着数字技术的普及,除了新兴的数字产品形式,传统产品也在进行数字化升级,即产品数字化的过程。

二、产品的数字化及其主要特征

产品的数字化(Product Digitalization)是指传统产品利用数字技术,实现向数字化与智能化的转变,如智能家居实现了消费者和产品之间的虚拟化互动。

传统实物产品通常包含 5 个核心层次,即核心产品、形式产品、期望产品、附加产品和潜在产品。核心产品是消费者购买产品时追求的基本利益,是产品整体概念中最基本的部分;形式产品是满足消费者核心利益的产品外在表现形式,如包装和呈现形式;期望产品包括符合消费者喜好的部分,如价格、便利性以及对产品功能和设计的期望;附加产品是指购买产品时额外获得的信息和利益,如送货和维修服务;潜在产品则是指当前产品在包括所有附加产品在内的潜在发展状态,展示了产品可能的演变趋势和前景。举例来说,彩色电视机可能演变为放映机、计算机终端等,而电影院则可以扩展到影迷见面会和电影文化交流会等活动,从而拓展业务范围。传统产品的数字化是数字经济发展的必然产物。一般而言,产品的数字化也主要体现在核心产品、形式产品、期望产品、附加产品和潜在产品这 5 个层次的数字化升级上。

(一)核心产品的数字化升级:产品功能的智能化

核心产品是产品提供给消费者的基本功能,是消费者在购买产品时真正渴望获得的基础效益。举例来说,对于洗衣机来说,传统的核心产品功能就是洗净衣物;对于灯具来说,传统的核心产品功能就是提供照明。

在数字化时代,消费者的偏好和需求不断演变,他们对网络的使用和移动设备的依赖显著改变了生活和工作方式。这意味着在新的数字经济时代,人们对美好生活的渴望变得更加迫切,与数字技术带来的福祉密切相关。消费者对注重产品核心功能的数字化元素的需求日益增长,其中智能家居是最典型的代表之一。数据显示,从 2016 到 2020 年,我国智能家居市场规模从 2 608.5 亿元增至 5 144.7 亿元。实际上,产品核心功能的智能化表现在洗衣机不仅能够洗净衣物,还可以通过手机、平板电脑等移动设备进行远程控制,根据衣物材质选择合适的水温等;而对于灯具来说,核心功能已经从简单的照明扩展到可以根据时间设定或周围光照自动调节灯光亮度和色温等方面。

(二)形式产品的数字化升级:产品互动的虚拟化

在传统的情况下,形式产品的关注点主要在于如何利用外观设计和包装等方式传达有关产品功能和设计的信息。在传统的营销方法中,对形式产品的价值评估通常需要通过消费者与产品之间的实际互动(如触摸)来展现。举例来说,对于项链、鞋子、口红等产品而言,只有在真正使用或试穿试用后才能评价产品效果。此外,消费者能从产品包装中获取的信息内容通常受限于包装上所展示的有限信息。

随着增强现实(AR)技术的发展,消费者与产品的互动方式发生了改变,打破了传统的物理互动限制,实现了虚拟互动。举例来说,通过在线选购帽子时提供的 AR 试戴功能,消费者只需将头部置于移动设备屏幕中央,便可以实时看到自己戴上帽子的效果。同样地,手表的 AR 试戴也实现了类似的体验,消费者只需将手机摄像头对准手腕,即可看到自己戴上手表的效果。

近年来,QR 技术或二维码技术在产品包装领域的应用实现了对传统产品信息展示方式的革新。通过简单地扫描产品包装上的二维码,消费者能够轻松获取到更为详尽的产品信息,这包括了产品的生产流程、运输环节,以及生产厂商的相关背景等。以果蔬包装为例,消费者只需扫描包装上的二维码,便能了解到产品的原料来源、生产过程中的质量控制措施,以及出厂前的检验报告等重要信息。同样地,当消费者扫描冰箱上的二维码时,他们可以获取到冰箱的能效等级、生产厂家信息、生产日期,甚至还可以了解到品牌背后的故事和理念等丰富的内容。这种技术的应用,不仅提升了产品信息的透明度,也增强了消费者与产品之间的互动体验。

(三)期望产品的数字化升级:社交价值的实现

传统的期望产品,即消费者在购买商品时,基于个人的历史购买经验或一般常识所形成的一套预期的基本特性或标准。以购买空调为例,消费者通常会期望空调的质量达到一定的标准,并且在购买过程中能够获得商家及时且有效的解答和帮助。这些期望已经成为消费者在购买空调时的基本要求和预期。

随着社交媒体平台的兴起,消费者对产品的考量除了功能属性,越来越看重其社交属性。以衣服为例,许多品牌成功构建了自己的品牌社群,在这个社群中,消费者因共享相似的审美和偏好而聚集。社群内,成员们热衷于分享购买体验、交流心得,并在新品发布前热议预期表现。这种品牌社群所具备的天然社交性,使其成为企业塑造品牌形象、增强品牌影响力及提升品牌忠诚度的关键营销手段。

(四)附加产品的数字化升级:个性化便捷服务的实现

过去,附加产品的要求主要集中在售后服务方面。以家电产品为例,如电视、计算机和洗衣机等,除了产品本身,还送货上门、详细的使用说明以及专业的安装服务等都被视为附加产品的重要组成部分。

数字技术的进步为附加产品带来了更为个性化的特质。在消费者决定购买后,支付和配送这两个产品交付的重要环节如今均支持线上线下的多元选择。消费者能按需挑选支付和配送方式,如选择送货到家还是店内自行提取,同时能灵活指定交付时间。以购买冰箱为例,消费者可能首先在社交媒体平台(如小红书)上浏览冰箱的产品评价,接着到实体店进行实物体验,最终在品牌官方网站上完成购买,并精确要求配送时间。此外,在数字化时代,以往基于文字的安装说明或上门安装服务已不再是唯一选择。消费者现在可以通过扫描二维码或关注企业公众号来观看详细的安装和使用视频教程。同时,智能客服等便捷的沟通工具让消费者能够更轻松地通过填写表单(如提供地理位置信息)来请求额外的附加服务。

(五)潜在产品的数字化升级:破除产品与服务的边界

潜在产品揭示了产品未来可能的演变方向和发展趋势,而数字化技术的广泛应用则进一步强化了这一特征。消费者通过技术手段实现的目的日益多样化,产品使用的方式已不再受具体产品的空间、时间和用途限制。以家电为例,传统家电的使用主要依赖于物理交互,且多局限于家庭环境中。随着智能家居的兴起,消费者现在可以通过移动设备来操控多个家电设备。这种转变不仅将原先对单一家电的物理交互提升为对整个家居环境的远程管理,还扩展到了安全防护领域,如智能猫眼能够识别并提醒用户有陌生人在家门口出现。设想一下,在酷热的夏季,你可以通过远程控制,在下班前便启动家中的灯、空调或加湿器等设备,这极大地优化了用户的产品体验。这便是潜在产品在数字化技术赋能下的生动体现。

另外,数字化打破了传统产品所有权的界限。以往,购买并拥有产品往往是消费的中心目标。然而,在数字化时代,共享产品的出现让所有权不再是必要前提。例如,共享单车和共享充电宝,消费者无须为了拥有它们而购买,而是可以根据使用需求进行消费。这种共享产品的数字化模式让产品和服务之间的界限变得模糊,实现了两者的无缝融合。

三、产品的数字化生命周期管理

站在制造商的视角,产品生命周期(PLC)涵盖了一个产品从初步构思、设计,到原材料采购、生产制造、物流配送、市场销售、消费者使用,再到售后服务、产品回收与最终处置的完整循环过程。通过精心管理这一生命周期,企业不仅能加速新产品的研发进程,还能有效地降低生产成本,从而在激烈的市场竞争中占据优势。具体而言,产品生命周期的管理可以细分为 3 个主要阶段:首先是产品设计阶段,着重于产品的构思与规划;其次是产品交付阶段,确保产品的顺利生产与送达;最后是产品服务阶段,关注产品的售后支持与客户满意度。

数字经济对产品生命周期管理带来了全新的挑战与要求:其一,在产品设计环节,企业需要加快产品的迭代更新速度。随着环境和技术的不断演进,通过灵活调整产品策略,企业可以有效地缩短产品的生命周期。其二,在产品交付环节,构建一个可持续的产品生态系统变得尤为关键。在数据共享日益普遍的互联网时代,企业应积极运用互联网技术,与利益相关者乃至竞争对手展开合作,共同打造一个资源共享、可持续发展的生态系统。其三,在产品服务环节,提升服务的响应速度和质量成为重中之重。鉴于消费者对消费体验的日益重视,企业必须完善信息监控、追踪和管理体系,致力于打造响应更迅速、服务更到位的在线平台,以提供远程的产品维修、保养和升级服务。为应对这些新挑战,企业在产品生命周期的各个阶段都加大了数字化工具的应用力度。

(一)AR 技术和数据分析工具在产品设计阶段的应用

在产品设计阶段,企业需要完成一系列核心任务。首先是明确产品概念,这包括深入分析市场需求,以及确定基本的产品解决方案架构;其次是产品设计环节,重点在于确立产品的整体设计方案,确保其与市场需求和解决方案架构相契合;再次是进入细节设计阶段,企业需要具体确定产品的形状、材料、尺寸以及加工方法等要素,以确保产品的实际可行性和生产效率;最后是试生产阶段,通过样品生产和小批量生产来检验产品是否符合预期的功能要求和质量标准,从而为大规模生产奠定坚实基础。

例如,在明确产品概念的阶段,借助 AR 技术,消费者能够积极地参与产品设计,实现"消费者-企业"之间产品设计信息的双向流通。这意味着企业可以向消费者传达其产品设计理念和构思,而消费者也能及时向企业提供对新产品的反馈和评价。在进行产品设计评估时,数据分析工具的运用显著提高了评估工作的效率。评估的主要目的是通过对比产品需求和设计方案发现两者之间的差距,并以此为基础优化产品的细节设计。传统的评估方法通常依赖专家的经验来设定评估标准,并按照既定的规则进行。然而,相比之下,数据分析工具则能综合考虑产品的多个维度(如性能、成本、质量以及与消费者需求的契合度等),从而实现评估过程的动态性和评估结果的客观性。

(二)人机协同制造和自动配送服务在产品交付阶段的应用

产品交付阶段的核心任务涵盖了采购与供应、产品生产以及仓储管理等环节。在采购和供应方面,企业需要根据物料清单进行采购,并确保生产所需的所有资源得到及时准备。接下来是产品生产环节,企业需结合生产任务与现有资源情况,精心制订生产计划,并按计划顺利推进产品的制造过程。此外,仓储管理是这一阶段不可忽视的部分,企业需对与制造相关的仓储和运输活动进行整合与优化,以确保产品的顺畅流转与高效交付。

在产品生产环节,通过引入人机协同制造技术,企业能够实现生产过程的高度自动化,这不仅提高了生产的灵活性和安全性,还能够实时地监控产品的生产状态,并反馈生产过程中的关键信息。这些数据为企业进一步优化生产流程提供了有力的支持。而在产品运输环节,自动化配送技术的广泛应用显著提高了运输效率。企业通过引进自动化配送系统,并运用先进的路径规划算法,能够更有效地应对复杂路况,从而简化运输流程、降低货物损失、削减运输成本,并最终提高物流服务的质量。

(三)智能客服系统在产品服务阶段的应用

产品服务阶段涵盖了多个核心任务,包括销售、使用支持、售后服务、产品回收与处置,以及产品的持续优化与迭代。以产品使用阶段为例,人机交互技术如无线传感、计算机视觉及语音识别等的融入,使得产品应用场景更加贴合人性化需求。这一转变实现了消费者与产品间信息传递的双向性,极大地提高了产品使用的安全性、便捷性及易用性。而在售后服务环节,智能客服系统的广泛应用显著增强了消费者的服务体验。该系统通过品牌官网、移动应用等多种渠道,提供全天候的在线咨询服务,有效提了服务响应速度与处理效率。当产品达到使用寿命或无法满足用户需求时,企业需负责产品的回收与处置工作,通过回收分解有价值的模块,实现资源的最大化再利用。同时,产品的持续优化与迭代也是服务阶段的重要任务,通过不断的功能优化与升级,企业能够在更高层次上满足用户的多样化需求。

四、新产品的数字化开发策略

尽管新产品开发是企业创新活动的重要组成部分,但其失败的风险相当高。过去,企业为了获取消费者对新产品创意的喜好信息,通常需要将已成型的产品投放到市场中,再根据消费者的评价和反馈进行调整。在产品设计环节,企业主要依赖专业产品设计师的知识以及高层管理者对市场的敏锐洞察力。

然而,在数字营销迅猛发展和产品生命周期日益缩短的今天,企业必须加快完善新产品开发策略的步伐。例如,采用最小化可行产品策略能够帮助企业更高效地获取消费者对新产品创意的偏好。同时,数字孪生技术可以模拟新产品的使用和运行情况,进而在新产品问世前就对其功能和性能进行优化,这不仅大幅缩短了产品开发周期,还降低了开发成本。此外,企业可以利用在线创新社区来收集消费者对新产品的期望和建议。这些策略都为企业在新产品开发过程中提供了有力的支持。

(一)最小化可行产品策略

最小化可行产品(Minimum Viable Product,MVP)是指只包含能够满足消费者基本需求的产品,可以为产品未来的发展奠定基础。

在产品开发的过程中,如果仅仅关注"最小化",可能会导致产品无法充分满足消费者的期望。然而,当企业将"可行性"与"最小化"相结合时,便可以设计出既能满足消费者核心需求,又不过度复杂的产品。当然,企业的终极目标是最大化产品的可用性,使其达到最理想的状态。

通过采用最小化可行产品策略,企业可以有效地检验新产品在市场上的需求程度、解决消费者问题的能力以及潜在的商业价值。这一策略的核心在于两个概念:快速试错和持续迭代。快速试错意味着企业会用最小的产品单元来测试市场反应,根据测试结果来决定是否继续推进。若测试效果良好,企业会继续优化产品;若不佳,则会调整方向或及时止损。而持续迭代则强调,即使初步测试成功,产品仍然需要不断地根据消费者反馈进行改进。迭代的频率可以非常灵活,甚至可以达到每周多次或每天一次。但高频迭代要求每次更新的功能都要简捷且有效,这对企业的技术能力是一个不小的挑战。

在数字化时代背景下,消费者的选择更加多元,对产品和品牌的忠诚度逐渐降低。企业必须深入了解特定场景下消费者的痛点和需求,以满足他们更高层次的需求。在执行最小化可行产品策略之前,企业需要明确目标用户群体、预期市场规模、市场定位以及竞争优势等关键问题。只有在这些问题得到明确回答后,企业才能充分利用这一策略,实现最大的效益。

数字技术为企业提供了强大的数据分析工具,帮助企业更精准地洞察消费者需求,并以此为基础制订产品决策。企业必须以消费者为中心,紧密围绕他们的需求进行科学验证和试错。只有这样,企业才能迅速迭代出真正符合市场需求的产品。数字技术不仅提高了企业实施最小化可行产品策略的效率和效果,也显著提高了产品开发的成功率。

(二)数字孪生技术赋能产品开发策略

数字孪生技术,简称 DT,是一种先进的产品模拟技术。它能够将实际产品的多维度数据特性精准地映射到虚拟环境中,从而允许在虚拟层面对产品的新功能进行测试。这一过程为提高新产品的质量和性能提供了坚实的基础。数字孪生技术的显著特点包括实时响应、强大的交互性以及自我优化迭代的能力。其中,实时响应确保了虚拟环境中的产品行为能够真实反映物理世界中的实际情况。交互性则体现在系统能够高效地结合历史数据与实时数据,为决策提供全面视角。而自我迭代功能则使得数字孪生技术能够持续更新与产品相关的各类数据,并在虚拟与现实两个层面实现不断的优化和模型改良。总结来说,采用数字孪生技术进行新产品开发的流程,是一个融合了精准映射、实时测试与持续优化升级的综合性过程。

1. 概念设计

在新产品开发的流程中,产品概念设计不仅是起点,更是决定产品未来走向的关键环节。产品经理肩负重任,必须综合考虑用户对现有产品的反馈、市场动态、竞品状况以及投资规划等诸多要素,来勾勒出新产品的轮廓,包括其核心理念、外观设计以及核心功能。

而数字孪生技术的崛起,为产品经理提供了强大的信息整合与分析工具。通过这一技术,产品经理能够迅速洞察前代产品的改进空间,以及敏锐捕捉消费者的新兴需求。此外,数字孪生技术凭借其实时数据传输能力,极大地促进了消费者与产品经理之间的沟通交流,使得信息的传递更为透明和高效。

以汽车设计为例,数字孪生技术在产品概念设计阶段发挥着不可替代的作用。仿真平台能够运行虚拟的试验场、车辆传感器模型和多样化的测试场景,如模拟十字路口的通行情境。这样一来,汽车的各种物理特性数据能够被精确地映射到特定的虚拟环境中,为后续的设计和开发提供坚实的数据基础。

2. 详细设计

在产品概念设计阶段,产品经理借助数字孪生技术的强大能力,全面负责产品的设计和构建工作。这涵盖了产品的各项功能、外观设计、关键设计参数以及测试数据的确定。为确保产品未来能够达到预定的性能标准,产品经理还需要利用数字孪生技术对产品进行多次模拟测试。值得一提的是,数字孪生技术还能够提供以往技术所无法捕获的实时数据和环境影响数据,从而帮助优化模拟试验的效果,使产品设计更加完善。

以汽车开发为例,在这一阶段,汽车设计师会紧密结合消费者的反馈、实际的测试数据以及上一代汽车在使用过程中暴露出的各种问题,对设计方案进行细致的调整。他们可能会针对不同的驾驶习惯、车身材料和制动性能等进行改进,确保最终的设计方案不仅符合消费者的期望,也能够在实际使用中表现出色。

3. 虚拟验证

在传统的产品开发流程里,企业往往需要等到产品真正进入市场后,才能获知消费者对新产品的接受程度,进而判断设计方案的有效性和可行性。这种做法不仅会延长产品的上市时间,还会让企业在产品开发的每个环节都投入巨大的时间和资金成本。

然而,数字孪生技术的出现,为这一过程带来了革命性的变化。利用这种技术,企业可以在实际生产之前,通过构建虚拟模型来模拟产品的各种性能和表现。这样,任何配件的质量问题以及相关的数据都可以在虚拟环境中得到预先的分析和调试。这种方式极大地减少了后期烦琐的市场验证和实地测试工作。

以虚拟汽车试验场为例,自动驾驶汽车能够依靠自身的算法对十字路口的各种信息进行解读,并根据这些信息自主地作出如减速、缓行等驾驶决策。这些决策在执行过程中产生的所有数据,都可以通过车载的动态测量设备实时捕获,并迅速上传至仿真平台进行分析。通过对这些数据的深入挖掘,企业能够提出更为精准、有效的汽车行驶优化方案。

(三)利用在线创新社区实现新产品开发

企业在新产品开发过程中,不仅可以依靠自身的资源,还能积极引入外部力量,尤其是消费者的参与,来共同推动产品的设计与改进。消费者的角色在产品开发中至关重要,他们的需求和反馈往往能直接反映市场的脉动。在线创新社区作为一种数字营销工具,为消费者和企业搭建了一个互动的平台,有效降低了新产品的市场风险和开发成本。

互联网的普及和深入发展,极大地缩短了人与人之间的距离,无论是消费者之间,还是消费者与企业之间。这种变化为在线创新社区的兴起创造了有利条件。在线创新社区成为企业在产品研发初期,用以征集消费者意见和建议的重要渠道。消费者可以在这些社区内围绕产品开发的各个方面展开热烈的讨论,提出自己的见解,从而生成宝贵的信息资源。这一过程不仅加深了消费者对产品的认知,也增强了他们对社区和品牌的归属感和忠诚度。

对于企业来说,在线创新社区不仅是一个信息收集站,更是一个与消费者实时互动、共同协作的平台。企业可以根据社区中汇集的消费者反馈,有针对性地调整产品开发策略。此外,社区内的投票和评价功能发挥着不可或缺的作用。它们不仅有助于提高创意的质量,还能帮助企业更准确地判断哪些创意更受目标市场的欢迎。

戴尔公司的头脑风暴项目就是一个成功的案例,它展示了如何利用在线创新社区有效推动新产品开发。公司高层非常重视消费者的声音,建立了专门的社交媒体聆听管理中心,负责监测和引导与戴尔品牌相关的社交媒体话题。除了作为倾听的窗口,社交媒体也成为戴尔与消费者紧密互动的重要桥梁。在头脑风暴项目中,产品经理直接与消费者对话,共同探讨和分享产品创意,并就这些创意的可行性进行深入交流。

📖【知识链接】

Nike 的数字化转型与产品策略创新

随着数字技术的不断发展,传统企业纷纷开始数字化转型。Nike 作为全球知名的体育用品品牌,通过实施有效的数字营销策略,成功地将产品策略与数字化相结合,实现了业务的持续增长。

1. Nike 的产品策略创新

①个性化定制产品:Nike 推出了 Nike By You 服务,允许消费者在线定制个性化的运动鞋和服装。消费者可以选择喜欢的颜色、款式、材料等,打造出独一无二的专属产品。这种个性化定制策略不仅满足了消费者的个性化需求,还增强了消费者与品牌之间的情感联系。

②智能穿戴产品:Nike 将数字技术与传统运动产品相结合,推出了多款智能穿戴设备,如 Nike+ FuelBand、Nike+ Running 等。这些设备可以记录用户的运动数据,提供个性化的运动建议,帮助用户更好地管理自己的健康。通过智能穿戴产品,Nike 成功地将产品策略从单一的体育用品扩展到更广泛的健康科技领域。

③限量版与联名款产品:为了提升产品的稀缺性和独特性,Nike 经常与知名设计师、艺术家或其他品牌合作推出限量版或联名款产品。这些产品往往具有较高的收藏价值和市场溢价,能够吸引更多追求时尚和独特的消费者。

2. Nike 的数字营销实施

①社交媒体营销:Nike 在各大社交媒体平台上积极推广其产品和服务。通过发布新品信息、邀请意见领袖评测、举办线上活动等方式,吸引潜在消费者的关注。同时,Nike 还鼓励用户在社交媒体上分享自己的购物体验和使用心得,形成口碑传播。

②数据驱动的营销策略:Nike 运用大数据技术分析消费者的购买行为、偏好和反馈意见等信息。根据这些数据,Nike 可以调整产品设计和营销策略,以满足市场的变化需求。例如,Nike 可以根据消费者的反馈意见改进产品设计,提高产品的舒适度和功能性;Nike 还可以根据消费者的购买行为制订个性化的促销策略,提高销售转化率。

③跨渠道整合营销:Nike 将线上和线下渠道紧密结合在一起进行跨渠道整合营销。消费者可以在 Nike 的官方网站或实体店了解产品信息并进行购买;Nike 还提供线上预约试穿、线下提货等服务,为消费者提供更加便捷和个性化的购物体验。这种跨渠道整合营销策略不仅提高了消费者的满意度和忠诚度,还促进了 Nike 业务的持续增长。

通过实施有效的数字营销策略和创新的产品策略,Nike 成功地将传统体育用品业务与数字化相结合,实现了业务的持续增长。未来随着数字技术的不断发展和消费者需求的不断变化,Nike 需要继续深化数字化转型和创新产品策略以满足市场的变化需求并保持领先地位。

(资料来源:林禹晨,罗竞杰,顾鸣.基于数据驱动的数字化时尚新零售模式:以 Nike 公司为例[J].纺织导报,2023(1):84-86,88-89.)

第二节 数字营销中的定价策略

研究显示,当企业提高价格1%而销售量保持不变时,其利润平均可以增长8.7%。然而,这种1%的价格上浮可能会导致企业的好评率下滑3%～5%。这一现象清晰地揭示了定价策略在多方面且复杂地影响着企业的经营绩效。正因如此,定价策略在企业市场营销的组合决策中占有举足轻重的地位。过去,营销人员主要依靠诸如成本加成定价、撇脂定价和心理定价等传统策略,本节着重探讨数字化时代背景下涌现的新型定价策略。

在数字化时代,大数据、人工智能等尖端数字技术的迅猛发展,为市场营销人员提供了更为丰富多样的定价策略选择。举例来说,机器学习技术的应用能够大幅提高企业定价调整的自动化水平,而数据分析技术则可以显著提高个性化定价的精准度和效率。展望未来,随着数字技术的不断进步,企业有望在定价决策上实现突破,既能够最大化盈利,又能够有效提高消费者的忠诚度和满意度。

一、数字产品定价策略

如前文所描述,数字产品拥有独特的非物质性、即时传递、易于扩散、持续迭代以及长期保存等特点,这些特点使得数字产品在定价策略上与传统产品存在显著差异。实际上,众多企业都充分利用了数字产品边际成本几乎为零的优势,通过采用免费定价策略来吸引消费者。这种策略的核心思路在于,企业首先向消费者免费提供基础的产品或服务,随后通过升级销售或交叉销售等方式获取收益。一般而言,免费定价策略主要包括部分免费和限时免费两种形式。

(一)部分免费策略

部分免费策略意味着消费者可以无偿下载并体验产品的部分功能,而想要解锁产品的完整功能则需要额外付费。这一策略与传统的升级销售策略有着异曲同工之妙。以滴答清单 App 为例,用户可以免费下载并享受其中的打卡、专注以及提醒等基础功能,但如果想要使用更为高级的"日历视图功能",则需要支付额外费用进行购买。

(二)限时免费策略

限时免费策略允许消费者在一定条件下免费下载和使用产品,但这些条件通常会在使用一段时间后被触发,导致使用受限。这些限制主要可以分为次数限制和期限限制两类。具体来说,次数限制就是消费者可以免费使用一次或数次,但当使用次数超出这个限制时,就需要支付额外费用才能继续使用。而期限限制则是在一定的时间段内提供免费使用,一旦超出这个时间段,消费者就需要付费才能继续享受服务。这种策略的目的通常是通过让消费者先试用产品,体验其优势,从而获得他们的认可和使用意愿,之后再正式收取费用。

以王者荣耀为例,他们推出的新款英雄皮肤训练营计划,就是一种典型的限时免费策略,让玩家在预先体验新款皮肤的同时,激发他们的购买意愿。此外,部分免费策略和限时免费策略并不是互斥的,有些企业会巧妙地将这两种策略结合起来,同时应用于同一个产品的不同功能上。

二、数字技术定价策略

随着数字技术在市场营销中的广泛应用,一些先进技术也开始渗透到定价实践中。例如,利用数字技术分析市场供需关系,以确定最佳的定价水平,并根据市场变化实时进行价格调整。从根本上讲,数字营销中的定价实践仍然旨在最大化企业的定价效率和效益。

(一)智能动态定价策略

1.智能动态定价策略的概念

智能动态定价策略是一种基于机器学习和人工智能技术的先进定价方法。它综合考虑市场中的供需关系、季节变化等多种因素,通过复杂的算法模型来确定最终的产品价格。企业可以将预期的利润目标、季节性因素、具体日期、消费者反馈、搜索率等关键指标输入定价模型中,利用先进的机器学习或人工智能算法来计算出最优的产品或服务价格。

峰值定价是智能动态定价策略的一个具体应用实例。以优步为例,该公司采用的峰值定价策略就是基于大规模实时数据的建模和优化。优步将时间、地点、用车的紧急程度等相关数据纳入其算法模型中,通过精细化的计算来确定最终的用车费用。当市场需求激增时,优步会通过提高价格来调节市场供需平衡。用户在打车界面上会看到提价提示,并有权选择是否接受这一价格调整。在这种情况下,急需用车的用户往往愿意支付更高的费用,而需求不那么迫切的用户则可能会选择其他出行方式。

2.智能动态定价策略的应用

为了使房东的收益达到最大化,爱彼迎公司(Airbnb)采用了智能动态定价的方法。公司推出了两款定价工具——"Price Tips"和"Smart Pricing"。当房东使用"Price Tips"时,系统会根据当前的房间定价,展示每天房间被成功预订的可能性,并提供相应的建议价格。而在使用"Smart Pricing"工具时,房东只需设定一个价格的范围(最低值和最高值),之后系统便会为不同的日期自动生成推荐价格。

在实际的定价流程中,首先会利用先进的预测算法模型来预估特定日期下某房间的预订概率。这些预测的概率数据随后会被导入定价模型中,经过智能分析后生成推荐价格。当然,房东有权在定价模型中考虑其他因素(如期望的利润、特殊节假日、天气状况等),以最终确定房间的价格。在当前的数字经济背景下,这种智能定价策略逐渐被其他服务行业所采纳,如零售和航空等。

3.智能动态定价策略的优缺点分析

智能动态定价策略的优点主要体现在3个方面:首先,它实现了定价的自动化,不仅提高了定价的效率,还增强了其灵活性;其次,该策略通过智能算法,综合考虑了多种影响价格的因素,并从全局视角优化了最终价格,从而帮助企业作出最佳的价格决策;最后,智能动态定价策略能够基于产品或服务的历史和当前数据,预测市场趋势,提前调整价格,进而增强企业对市场的敏锐洞察力。

然而,智能动态定价策略存在一定的局限性,尤其是它忽视了消费者的心理感受。同时,算法主要关注实时的供需变化和效率,可能导致产品价格频繁变动,这在一定程度上可能会影响消费者对企业的评价,甚至可能引发企业利润与声誉之间的冲突。为了解决这个问题,企业在引入智能定价算法的初期,可以考虑结合人工干预和优化算法。也就是说,企业不应该完全依赖智能算法来作出定价决策,而应该结合市场营销人员的专业知识和经验,来确定价格调整的频率和幅度,从而实现算法技术与人工智能的有机结合。

(二)算法驱动的个性化定价策略

1.算法驱动的个性化定价策略的概念

基于数据收集与数据分析工具的运用,算法驱动的个性化定价策略能够针对消费者的个体差异(如他们的支付意愿)来确定产品的最终售价。随着信息技术的不断进步,联邦贸易委员会(Federal Trade Commission,FTC)发现,高达99%的在线企业都有能力获取用户在其网站上的行为数据。这些数据包括但不限于用户的位置信息、浏览记录、购买历史、收藏内容、对特定产品的关注时长以及支付方式等。

企业可以利用诸如"Cookies"等数据收集工具来追踪消费者的这些行为数据,进而通过深入分析这些数据来揭示消费者的个人特质和偏好,从而预测他们的支付意愿等关键信息。此外,企业还可以根据消费者在线行为的这些数据建立起长期的数据追踪库,为未来的定价和市场策略提供有力的数据支持。

2.算法驱动的个性化定价策略的应用

Root Insurance 公司,一家始创于 2015 年的保险科技企业,目前服务于美国 30 个州的广大驾驶员,提供定制化的汽车保险服务。Root 的独特之处在于其在保险定价策略上的革新。与业内其他公司依赖人口统计数据(如年龄、性别等)来制订保费不同,Root 选择了一种更为个性化和精确的方法。它利用先进的算法模型,对投保人的日常驾驶行为数据、信用评分以及保险欺诈率等多维度信息进行深度分析,从而计算出每位驾驶者的个人驾驶安全系数。这个系数不仅被用来确定投保人的资格,更是 Root 为每位客户量身定制保费的关键依据。

3.算法驱动的个性化定价策略的优缺点分析

算法驱动的个性化定价策略通常具备两大优势:首先,它协助企业通过价格洞察消费者的偏好,使定价更为合理;其次,它有助于挖掘潜在消费者,进而拓展市场份额。企业可以运用这种策略,为新用户提供特别优惠,以增强其忠诚度。例如,饿了么平台为新注册用户赠送无门槛外卖红包,便是此类策略的应用。

然而,这种定价策略存在一个显著缺陷,即所谓的"大数据杀熟"。这指的是在购买同一商品或服务时,老顾客看到的价格往往高于新顾客。这种现象可能是由算法的无意识行为或企业的故意操作造成的。但无论其起因如何,长期来看,大数据杀熟都可能对消费者的购物体验产生不良影响。价格的频繁波动可能导致消费者对产品及企业产生负面看法。为应对这一问题,国家规定必须保护消费者的算法知情权和选择权,同时禁止企业利用算法进行不正当竞争。企业在运用算法技术时必须谨慎,应结合服务策略与定价策略,以优化整体定价方案。

以京东公司为例,它成功地将算法驱动的个性化定价策略与保价服务策略相结合。这一做法不仅确保了企业的盈利能力,还显著提升了消费者的购物体验。京东的价格保护政策规定,如果购买的商品价格下降(不包括因支付方式产生的优惠),在规定的价保范围内,消费者将获得差额部分的等值补偿或"京豆"。具体来说,家用电器商品在签收前或签收后的 30 d 内,生鲜商品在签收前或签收后的 48 h 内,均可申请价格保护。这一策略的实施,既体现了京东对消费者权益的关注,也展示了其算法定价策略的灵活性和人性化考量。

三、消费者参与定价策略

在企业设定产品价格的过程中,有一种策略是邀请消费者参与其中,这就是消费者参与定价策略。按需付费(Pay What You Want, PWYW)定价策略和选择价格(Pick Your Price, PYP)定价策略,就是两种最典型的让消费者能够参与价格设定中的策略。这种定价方式赋予消费者更多的选择权和决策权,使他们在购买过程中能更直接地表达自己的需求和价值判断。

(一)按需付费定价策略

在参与式定价的框架下,按需付费定价策略赋予了消费者决定产品或服务价格的权利。企业在此过程中,主要负责提供所需的产品或服务,而将价格的最终确定权交由市场中的消费者来行使。

尽管这种定价方式要求消费者在价格设定上投入更多的思考与决策努力,这可能会在一定程度上影响他们的购买意愿。然而,对于那些对产品或服务有深入了解和高度认知需求的消费者来说,他们往往更倾向于在定价过程中感受到自己的参与体验和影响力。按需付费定价策略恰好迎合了这部分消费者的心理需求,不仅提升了他们的购买欲望,还优化了他们的整体购物体验。

(二)选择价格定价策略

选择价格定价策略是一种由企业为消费者提供多样价格选择的策略,它允许消费者根据自身的需求和预算,在既定的价格范围内自由选择他们愿意支付的价格。在这种策略下,尽管价格的最终决定权仍然掌握在消费者手中,但他们无须自行创造或提出价格选项,因为企业为他们提供了一套多样化的选择。以旅行平台 Priceline 为例,该平台就曾成功运用此类定价策略。通过参与选择价格的过程,消费者能够增强对价格的控制感,同时,由于企业预先设定的价格选项简化了消费者的决策过程,因此降低了他们在定价过程中所需付出的心智努力,从而提升了整体的定价体验。

📖【知识链接】

亚马逊的动态定价策略

亚马逊作为全球最大的电子商务平台之一,在数字营销领域具有举足轻重的地位。其成功的背后,除了强大的物流体系、丰富的商品种类和良好的客户服务,其独特的定价策略起到了关键作用。亚马逊采用的动态定价策略就是一个典型的数字营销定价策略。

1.动态定价策略概述

动态定价策略,又称实时定价策略,是指企业根据市场需求、竞争对手价格、库存状况等多种因素,实时调整商品价格以达到最大化利润的一种定价方法。亚马逊利用先进的大数据分析和算法技术,实现了对商品价格的实时监控和调整。

2.亚马逊动态定价策略的实施

①市场需求与竞争对手分析。亚马逊通过收集和分析大量用户购物行为数据,了解市场需求的变化趋势。同时,它还密切关注竞争对手的价格变动,以便及时调整自己的价格策略。

②库存状况与供应链管理。亚马逊会根据库存状况和供应链成本,实时调整商品价格。例如,当库存积压较多时,亚马逊可能会降低价格以刺激销售;而当库存紧张时,则可能提高价格以保证利润。

③个性化定价。亚马逊利用用户画像和推荐算法,为不同用户群体提供个性化的定价策略。例如,对经常购买某一类商品的忠实用户,亚马逊可能会以更低的价格或优惠券,以增加他们的购买黏性。

3.亚马逊动态定价策略的优势

①提高市场竞争力。通过实时调整价格,亚马逊能够迅速应对市场变化和竞争对手的挑战,保持领先的市场地位。

②增加销售额和利润。动态定价策略有助于亚马逊在合适的时间以合适的价格销售商品,从而提高销售额和利润水平。

③提升客户满意度。个性化的定价策略让顾客感受到亚马逊的关怀和尊重,有助于提高客户满意度和忠诚度。

4.挑战与风险

然而,动态定价策略面临一些挑战和风险。首先,过度依赖算法可能导致价格调整过于频繁或不合理,影响顾客购物体验;其次,个性化定价可能引发公平性问题,如不同用户看到的价格不同,可能引发争议;最后,竞争对手的价格战可能导致利润空间受到挤压。

总的来说,亚马逊的动态定价策略在数字营销中取得了显著成效。未来,亚马逊可以考虑引入更多的人工智能和机器学习技术,以提高定价决策的准确性和效率,并持续优化其定价策略,以应对潜在的挑战和风险。同时,应关注公平性问题和消费者权益保护,以维护良好的品牌形象和市场口碑。

(资料来源:顾明毅,张艺琳.七成电商三成广告,亚马逊加快铺设全渠道全链路零售营销[J].国际品牌观察,2023(10):72-80.)

第三节　数字营销中的渠道策略

营销渠道是市场买卖双方沟通交流的桥梁,对市场运作起着至关重要的作用。企业需要经过一系列烦琐的决策过程来管理渠道合作伙伴、评估和选择渠道组合,这些决策对市场营销目标的实现至关重要。而消费者则通过营销渠道获得购买产品的便利。在数字化时代,渠道策略更是需要特别关注,本节将深入探讨与此相关的一系列核心议题。通过了解数字化背景下的渠道策略,企业将能够更好地满足消费者需求,提升市场竞争力。

一、营销渠道的数字化

营销渠道根据职能可划分为分销、交易和沟通 3 种。分销渠道关注产品如何从企业传递至消费者;交易渠道是买卖双方完成交易的场所与手段;而沟通渠道则侧重于企业和消费者在购物全程中的互动交流,涉及产品价格、品质及额外服务等议题。

过去,建立传统营销渠道通常需要较高的投入,并深度依赖线下已有的资源和优势。然而,这些渠道在技术应用上的不足,限制了其满足现代消费者便捷和个性化需求的能力。例如,产品的交付时间常受物流体系限制,消费者难以得知产品的具体位置和预计送达时间。

幸运的是,数字技术的不断进步为这些问题提供了解决方案,推动了营销渠道的数字化转型。具体来说,电子商务平台重塑了分销渠道的面貌,移动支付为交易渠道注入了新的活力,而人工智能客服则极大地拓展了沟通渠道的范畴。这些变化共同催生了全渠道营销模式的出现。

通过这种数字化和全渠道的营销方式,企业和消费者之间的交易不再受时间和地点的束缚。消费者的个性化需求得到了更好的满足,同时,企业的市场营销活动变得更加高效且有力。

(一)数字化分销渠道策略

1.电商平台分销渠道

随着网络科技的飞速发展,众多企业纷纷选择在第三方在线平台市场,如亚马逊、淘宝、天猫等电商平台上展示和销售他们的产品或服务。这些电商平台,基于先进的互联网技术,为买家和卖家提供了一个便捷、高效的交易场所。根据交易主体的不同,电商平台可大致分为 B2B、B2C、C2C 和 O2O 四种类型。在 B2B 模式下,企业之间通过网络平台完成产品的交换与流通,阿里巴巴便是这一领域的佼佼者;B2C 则侧重于企业与消费者之间的交易,如亚马逊、天猫等大型电商平台便是此模式的典型代表;C2C 则让个体工商户能够通过网络平台向其他消费者销售产品,淘宝上的个人店铺便是这一模式的生动体现;而 O2O 则将线上购物与线下体验完美结合,如外卖服务和打车应用等。

电商平台不仅极大地丰富了消费者的购物选择,还通过直播等创新形式为商家带来了全新的销售机遇。电商直播作为近年来兴起的一股新势力,正以其独特的互动性、社交性和娱乐性吸引着越来越多的消费者。在淘宝、抖音、拼多多等平台上,商家通过直播展示产品、宣传品牌,与消费者实时互动,有效地提高了销售转化率。

电商平台的另一大优势在于其打破了传统购物的时间和空间限制。消费者只需通过移动设备,便可随时随地浏览和购买所需商品,从图书、家具到电影、音乐,应有尽有。简单几步操作,商品便能送到家门口,消费者还可以根据自己的需求选择自提或指定送货时间和地址。而先进的物流跟踪技术更让消费者能够实时掌握商品的配送状态,享受更加安心、便捷的购物体验。

然而,电商平台的蓬勃发展也带来了一些问题。部分不良商家利用网络的匿名性进行虚假宣传或售卖劣质产品,损害了消费者权益。针对这一问题,国家出台了一系列政策措施,加强对电商平台的监管和对商家资质的审核。对于商家而言,诚信经营、保证产品质量和提供优质的售后服务是实现可持续发展的关键。只有这样,才能在激烈的市场竞争中脱颖而出,赢得消费者的信任和支持。

2. 社区团购

社区团购,这种以真实居民社区为基础的互联网购物模式,已经逐渐成为本地化、区域化网络购物的新趋势。它以生鲜水果和日常必需品为主打,借助微信小程序、微信群等社交媒体平台的力量,迅速集结消费者的购买需求。自2018年起,社区团购在中国市场经历了爆炸式的增长,市场规模持续扩大。据统计,2021年中国社区团购市场的总交易额达到惊人的1 205.1亿元,同比增长率高达60.4%。

在众多社区团购平台中,美团优选凭借其独特的"预购+自提"模式脱颖而出。该平台提供了丰富多样的食品和生活用品选择,从酒水乳饮、休闲零食到时令水果、粮油调味等一应俱全。团长通过微信群、微信小程序等渠道向社区居民推广团购活动,居民则在线完成购买。团长随后汇总订单并传递给商家,商家根据订单进行配送。通常情况下,消费者在次日即可收到通知并前往自提点取货。这种"T+1"的配送方式为消费者提供了极大的便利性和灵活性。

社区团购模式在降低企业成本方面表现出了显著的优势。企业能够根据消费者的实际需求进行精准备货,有效地减轻了库存压力并降低了资金风险。这些节省下来的成本最终可以转化为对消费者的实惠,使得消费者能够享受到高性价比的产品和服务。同时,社区团购通过熟人间的口碑传播增强了消费者黏性和裂变速度,进一步提升了消费者的购物体验。然而,该模式面临着一些挑战,如售后处理系统的不完善等。在当前模式下,消费者无法直接对订单进行评价或处理退货等问题,需要通过团长与商家沟通解决,这在一定程度上影响了售后服务的效率和质量。建立健全售后处理与评价系统对社区团购模式的未来发展至关重要。

(二)移动支付交易渠道策略

移动支付,主要依赖移动终端设备,已经成为现代生活中不可或缺的一部分,它允许人们通过手机等便携设备对购买的商品和服务进行支付。手机支付作为移动支付的一种主流形式,已经深入人们的日常生活中。

移动支付的种类繁多,各具特色,旨在满足用户在不同场景下的支付需求。目前,主要的支付方式包括密码支付、指纹支付、刷脸支付以及近场通信支付。密码支付要求用户在支付时输入正确的预设密码;指纹支付则利用用户的指纹信息进行身份验证并完成支付;刷脸支付则运用先进的人工智能和机器视觉技术,通过扫描用户的面部特征来实现支付;而近场通信支付则是一种通过手持设备与收款设备之间的感应交互来完成支付的方式。

以星巴克为例,这家全球知名的咖啡连锁品牌于2016年针对中国会员推出了一项创新的移动支付服务。星巴克会员只需在其官方App中绑定星礼卡,即可享受便捷的移动支付体验。通过扫描电子星礼卡的二维码,会员可以在中国大陆的任意一家星巴克门店完成支付。此外,星巴克还提供了"余额保护申请"功能以增强账户安全性,并允许会员在线查询余额,实时掌握消费情况。

移动支付不仅丰富了交易渠道,简化了交易过程,还大大加快了交易速度。它缩短了消费者从选择商品到作出购买决定的时间,提升了购买转化率。然而,尽管移动支付的便捷性受到了广泛欢迎,但许多消费者仍对其安全性表示担忧。为了提升用户留存率和增强用户黏性,移动支付平台需要持续创新技术,确保交易环境的安全性。

(三)数字化沟通渠道策略

随着人工智能技术的持续进步和客服行业的不断革新,智能客服系统正迅速崭露头角并实现了迅猛的发展。为了更高效地解决消费者在购物过程中遇到的问题,众多企业纷纷采纳了"机器人客服"这一创新解决方案。此外,部分企业还利用社交媒体平台与消费者建立起了更为紧密和便捷的沟通桥梁,进一步增强了消费者的互动体验。

智能客服相较于传统的在线客服展现出了独特的优势。首先,它具备智能问答的能力,能够预测和判断消费者可能提出的问题,并通过引导消费者进行简单选择,以极为便捷的方式直接解答疑惑,从而简化了服务流程;其次,智能客服实现了即时响应,消费者在发送问题后能立即获得回复,不需等待,真正做到了零延迟;最后,通过关键词的模糊匹配技术,智能客服能够分析处理消费者的问题,并推荐相关联的问题供消费者选择和查询,从而更加高效地找到解决方案。

此外,越来越多的企业开始在微信、微博等社交媒体平台上开设官方账号,并指派专职员工进行运营,以便实时掌握消费者对产品的评价和反馈。这种通过社交媒体与消费者建立沟通的方式,不仅有助于企业与消费者之间情感的快速升温,还为企业在长期维护消费者关系中带来更高的盈利潜力。同时,社交媒体平台的蓬勃发展促进了消费者之间的交流与互动。例如,在品牌的官方微博下方,消费者可以就产品的使用效果和体验进行深入的讨论和分享,实时交流购物心得,无论是愉悦还是不悦的经历都能得到分享和回应。

二、全渠道营销模式

20年前,消费者的外套购买选择相对单一,通常只能局限于附近的实体服装店。然而现今,当想要添置一件外套时,消费者可以便捷地通过淘宝平台搜索当前流行的款式和色彩,或者访问心仪品牌的官方网站探索最新发布的外套产品。此外,他们还可以参考小红书上时尚博主的推荐和搭配建议。简而言之,现今的消费者享受着日益多样化的购物渠道,而企业同样能够利用这些不断扩展的渠道,将产品精准地呈现给目标消费群体。这一切都得益于互联网技术的飞速发展,使得全渠道营销策略在市场上日益盛行。

(一)全渠道营销的概念

全渠道营销是一种企业策略,融合了多种营销渠道,确保消费者在任何触点都能获得统一的产品信息。过去,企业常常采用单一的营销渠道,如实体店销售。但随着市场环境的演变,企业逐渐意识到多渠道策略的必要性,并最终发展为全渠道营销。这不只是多渠道策略的简单升级,两者在多个核心方面存在显著差异。

首先,从渠道重点来看,多渠道策略主要聚焦于增加与消费者的交互渠道数量。而全渠道策略则更进一步,它融合了交互渠道和传统单向传播渠道(如广告),使得企业与消费者的接触点更加广泛,信息沟通更加一致。这种交互可以是单向或双向的,层次可以从浅到深。

其次,在渠道范围上,多渠道策略主要关注线下店面、线上网站等直接销售渠道。而全渠道策略则扩展到了移动设备和社交媒体等更多元化的渠道,并强调这些渠道之间的协同作用。

再次,从渠道间的关系来看,多渠道策略下的各个渠道往往是相互独立、互不干扰的。但在全渠道策略下,企业追求的是各渠道间的整合管理,以确保为消费者提供统一、连贯的购物体验。

然后,在品牌、渠道和消费者的关系上,多渠道策略主要关注消费者与渠道之间的互动。而全渠道策略则将品牌纳入考虑范围,强调品牌、消费者和渠道三者之间的紧密联系。

最后,在评估渠道管理的指标时,多渠道策略通常关注各渠道自身的表现。而全渠道策略则更加注重整个渠道网络的整体表现,包括消费者在整个购物过程中的体验和全渠道的整体绩效等。

(二)全渠道营销策略的应用

长期以来,京东超市将提供多样化的产品与服务,并保证产品与服务的品质为其使命。现如今,高达90%的核心品牌选择京东超市作为他们新品的发布平台,这无疑证明了京东超市在行业中的领导地位,以及它在消费者心中作为购买日常生活用品首选的不可替代性。

京东超市采取的全方位、多渠道的营销策略覆盖了线上、线下以及创新性的各种渠道。在线下,除了京东自己的实体店如京东母婴生活馆,还与沃尔玛、永辉超市等合作伙伴联手。在线上,除了京东的主平台,还通过七鲜 App 以及微信、抖音等外部平台广泛触达消费者。此外,京东超市还勇于尝试创新渠道,如京东餐饮、集采商品中心和物竞天择项目等,这些都极大地丰富了其营销手段和消费者触点。

这种全渠道的营销方式为京东超市旗下品牌开拓了更广阔的市场,整合了分散在各处的营销资源,更重要的是,它使得京东超市能够更精准地触达目标消费者群体。随着京东超市在全渠道营销上的不断深化和完善,它将带动更多商家的业务增长,同时为消费者带来更为优质、便捷的购物体验。

(三)全渠道营销的优缺点分析

1. 全渠道营销的优点

（1）覆盖范围更广

全渠道营销的核心在于对各类营销渠道的全面整合，实现以消费者需求为出发点的营销策略。企业利用电商平台、线下推广、社交媒体等多种方式共同发力，打造出一个统一、协调的营销体系。如果企业只依赖单一的营销渠道，那么所能触及的消费者数量将会极大地受到限制。而全渠道营销则能够将触角延伸至所有潜在的消费群体中，极大地提高产品的知名度和市场覆盖率。对于消费者而言，全渠道营销带来的好处是显而易见的：他们可以从多个渠道获取一致、准确的产品信息，这无疑大大提高了购物的便捷性和效率。

（2）营销效果更强

企业可以通过多渠道搜集消费者的行为数据，借助数据分析工具来深入洞察消费者的需求和偏好，进而构建出更为精细化的消费者画像。这样一来，企业在与消费者沟通时就能更加精准地把握其需求和痛点，从而提升互动的有效性和转化率。同时，全渠道营销赋予了企业实现个性化服务的能力。比如，企业可以根据不同渠道上消费者的年龄层次、购买习惯等特征，为他们量身打造符合其需求的服务内容和体验。此外，通过全渠道营销的一致性和协同性，企业能够有效地增强品牌的辨识度和记忆度，为品牌形象的塑造和传播提供有力的支持。

2. 全渠道营销的缺点

（1）可能会引起消费者对数据隐私的担忧

采用全渠道营销策略的企业，通常需要收集并分析消费者的基础信息（如姓名、年龄）以及购物行为数据（如购买频率、购物时间偏好）等，以确保市场营销信息能更准确地触达目标受众。然而，在互联网日益普及的今天，数据安全和隐私保护问题愈发凸显，成为消费者和企业共同关注的焦点。当面临实名认证、财务信息填写或地理位置共享等场景时，许多消费者会表现出犹豫和担忧。一旦消费者对企业在数据安全管理方面的能力提出质疑，这种不信任将对企业的品牌形象造成不利影响。

（2）可能会给消费者带来不好的购物体验

在全渠道营销模式下，消费者享有在不同渠道间自由选择的权利。这就要求企业必须确保在各渠道发布的信息保持高度一致。信息的不一致会导致消费者在切换渠道时感到迷茫，甚至可能因此转向竞争对手。更重要的是，信息的不一致还可能损害消费者对企业的信任，进而对其产品和服务的品质提出质疑。

提升渠道整合的质量成为企业为消费者提供无缝跨渠道购物体验的关键。换句话说，高质量的渠道整合是构建和维护企业与顾客关系的基石，也是全渠道营销策略的核心所在。具体而言，企业可以从渠道服务的质量和信息的一致性两个方面入手，根据产品的不同特点进行有针对性的改进。

对高卷入度的产品（如汽车），确保各渠道间信息的一致性往往比提升服务质量更能提高消费者的购买满意度。企业需要确保产品信息和营销信息在所有渠道中保持一致，并培训员工遵循统一、标准的业务流程和规范，以便对消费者的咨询作出一致且专业的回应。而对低卷入度的产品(如牙刷),提升渠道服务质量则通常更能提高消费者的满意度。此外,企业还应为消费者提供灵活的渠道选择,让他们能够通过自己偏好的渠道轻松购买产品。

📖【知识链接】

小米的全渠道营销策略

小米作为全球知名的科技品牌,在数字营销领域展现了卓越的策略布局和执行能力。其全渠道营销策略就是一个典型的例子,通过线上线下的无缝对接,为消费者提供全方位的购物体验和服务。

1. 小米的全渠道布局

①官方网站与小米商城 App:小米通过其官方网站和小米商城 App 提供全线产品的销售,包括手机、智能家居、配件等。消费者可以在线浏览最新产品、参与促销活动,并享受官方提供的售后服务。

②社交媒体平台:小米在各大社交媒体平台上积极运营,发布产品信息、用户评测、技术动态等内容,与粉丝保持紧密互动,增强品牌忠诚度。

③电商平台合作:小米与天猫、京东、苏宁易购等电商平台合作,开设官方旗舰店,借助电商平台的用户基础和流量优势,扩大销售渠道。

④线下门店布局:小米重视线下市场,通过开设小米之家、专卖店等实体店铺,为消费者提供亲身体验产品的机会,并与线上渠道形成互补。

2. 小米在海外市场拓展上采取的措施

在海外市场拓展方面,小米采取了一系列有效的措施,以适应不同市场的需求和挑战。这些措施共同推动了小米在海外市场的快速发展和壮大。

①精准定位与品牌建设:小米针对不同海外市场进行精准定位,了解当地消费者的需求和偏好,并据此调整产品设计和营销策略。同时,小米注重品牌建设,通过与当地知名品牌或人物合作,提升品牌知名度和美誉度。

②线上线下渠道整合:小米在海外市场采用了全渠道营销策略,通过官方网站、电商平台及实体店铺等多种渠道进行销售。线上渠道便于消费者随时随地购买产品,而线下店铺则提供亲身体验产品的机会,两者相辅相成,共同推动销售增长。

③合作伙伴关系建立:小米积极与当地电信运营商、渠道商等建立合作关系,共同推广小米产品。通过与当地合作伙伴的紧密合作,小米能够更好地融入当地市场,提高产品销量和市场占有率。

④本地化运营与服务:小米注重海外市场的本地化运营和服务,包括产品本地化、营销本地化以及客服本地化等。这使得小米的产品和服务更贴近当地消费者的需求,提高了消费者的满意度和忠诚度。

⑤技术创新与研发投入:小米一直致力于技术创新和研发投入,不断推出具有竞争力的新产品。在海外市场,小米积极展示其技术实力和创新成果,吸引更多消费者的关注和认可。

⑥社交媒体营销:小米在海外市场充分利用社交媒体平台进行营销和推广。通过发布有趣、有吸引力的内容,与粉丝互动,提高品牌曝光度和影响力。

3. 小米全渠道营销策略的优势

①覆盖广泛的受众群体：通过多渠道布局，小米能够覆盖不同年龄、地域和消费习惯的受众群体，提高品牌的市场渗透率。

②提升用户体验和满意度：小米通过线上线下的无缝对接，为消费者提供便捷的购物体验和优质的售后服务，提升用户满意度和忠诚度。

③数据驱动的精准营销：小米利用大数据分析技术，深入挖掘消费者需求和行为习惯，为产品研发、营销策略和个性化服务提供数据支持。

小米的全渠道营销策略在提升品牌知名度、扩大销售渠道和提高用户满意度等方面取得了显著成果。未来，小米可以进一步整合线上线下资源，提升消费者购物体验的连贯性和个性化；加强与国际市场的合作，拓展海外市场份额。

（资料来源：杨萌杰. 智慧营销背景下小米生态链产品"走出去"的实现路径探究[J]. 商展经济，2023（18）：107-110.）

第四节　数字营销中的促销策略

在促销活动中，存在着众多的不确定性因素，如目标受众的覆盖范围有限、人力资源的大量消耗以及产品销售量不尽如人意等，这些都可能对促销效果产生不利影响，使得促销活动的成功变得颇具挑战。促销策略主要分为两大类：非人员促销和人员促销。前者主要依赖各类传播媒介来实现信息的有效传递，而后者则更多地依赖营销和销售人员的主动性与积极性。随着数字化时代的来临，这两种促销形式都得到了新的发展和深化，为数字营销中的促销活动提供了更为丰富多样的选择。本节将重点探讨在数字化背景下，促销策略所需关注的一系列核心问题。

一、数字营销中的非人员促销策略

数字技术为非人员促销领域带来了革命性的变革，不仅为消费者提供了更广泛的传播媒介平台，还使得企业能够根据消费者的地理位置、购物偏好等个性化信息，精准地推送广告和发放优惠券。这种精准营销的方式在数字技术的助力下愈发成熟。例如，数字技术的日新月异推动了广告形式的翻新与升级，个性化广告和移动广告如雨后春笋般崭露头角，成为营销领域的新宠。

（一）个性化广告

个性化广告是一种根据消费者的在线行为定制的广告形式，通过针对不同特征的消费者展示不同的广告信息和形式来实现。如今，除了依据消费者的实际数据，个性化广告还依赖于对消费者数据发展模式的分析或衍生数据的使用。企业利用这些数据进行推断，预测消费者可能的消费行为。

在线行为广告是个性化广告的一种重要表现形式，它通过追踪和分析消费者的在线购物行为，利用收集到的信息来展示与消费者兴趣相匹配的广告。这种广告形式具有两个显著特点：一是对消费者在线行为的持续监控和追踪；二是基于数据分析结果来精准投放广告。通过这种方式，企业能够更深入地了解消费者的潜在兴趣，并传递更符合其偏好的个性化广告。

相较于传统广告，在线行为广告为企业和消费者带来了诸多新优势。企业方面，通过向潜在消费者传递高度个性化的信息，能够显著提高消费者的购买意愿、参与度、忠诚度以及对广告信息的响应度，从而有效地提升企业与消费者之间的沟通效率。对于消费者而言，他们能够更轻松地获取自己真正感兴趣的产品信息，这极大地提高了他们的消费效率和购物体验。

然而，需要指出的是，在线行为广告的实施基础几乎完全依赖于对消费者在线行为数据的收集和应用。这一过程不可避免地会涉及消费者数据隐私问题。例如，存在未经消费者同意就获取其数据的风险，以及在未告知消费者的情况下追踪其上网行为，这些都可能构成对消费者隐私的侵犯。此外，消费者画像的创建过程中也存在类似问题，因为画像的精准度越高，暴露消费者真实身份、行为习惯乃至心理偏好的可能性就越大，进而增加了个人信息泄露的风险。随着消费者信息被大规模搜集并存储在企业数据库中，这种泄露的风险和潜在破坏性也随之增大。

（二）移动广告

移动广告是一种以智能移动设备为媒介的广告形式，通过多样化的方式将广告信息传递给目标消费者。随着移动设备技术的不断进步和全球普及率的提升，越来越多的企业开始将移动设备视为重要的广告渠道。

在社交媒体日益盛行的背景下，微信、微博等社交平台也逐渐成为企业投放移动广告的首选之地。在移动互联网时代，通过主动创造富有情境的内容，企业能够赢得消费者的好感和口碑，这已成为当前广告营销的主流趋势。以微信朋友圈广告为例，它巧妙地融入用户的好友动态信息流中，呈现出极高的创意性，包括静态的图文、动态的视频、出框式广告以及互动式剧情广告等多种形式。同时，借助微信的社交功能，微信朋友圈广告还开放了评论功能，让消费者能够浏览其他朋友的评论，并与品牌进行互动交流。此外，移动广告通常附带购买链接，为消费者提供了一键购买的便捷体验。

与传统广告相比，移动广告具备三大优势：其一，移动广告的界面更加清晰，内容更加生动，能够充分利用图片、文字和视频等多媒体元素来凸显广告的核心信息，帮助消费者更直观地了解产品；其二，移动广告具有高度的分享性，消费者可以通过分享链接或转发的方式轻松地将广告内容分享给其他人；其三，移动广告支持个性化投放，能够根据消费者的地理位置、时间等因素来精准地调整广告内容和投放时机，从而显著提高广告的投放效果和效率。

然而，移动广告也面临着一些挑战。如果投放不当，可能会引发消费者对数据隐私的担忧和反感情绪。同时，随着移动广告形式和内容的不断丰富和多样化，企业要制作出能够吸引消费者注意力的广告变得越来越具有挑战性。

二、数字营销中的人员促销策略

除了常见的非人员推销方式外,人员促销策略涵盖了在市场营销活动中精心挑选品牌代言人、意见领袖等关键角色,以达成促销目标。在这一领域,新兴的虚拟代言人正不断进入市场,为企业带来新的促销选择。

(一)虚拟代言人策略

广告在挖掘产品卖点的同时,还需为产品塑造人性化的形象,这使得选择合适的产品代言人成为市场营销取得成功的关键环节之一。

众多企业倾向于选择明星作为代言人,借助其自带的流量效应来最大限度地吸引目标消费者的目光,进而提升产品的曝光度和知名度。此外,明星代言能有效地利用粉丝经济促进销售转化。然而,一些经验丰富的企业往往将明星合作视为高风险的营销行为,因为品牌形象与明星形象可能存在难以契合的问题,且明星行为失当的风险始终存在。即使在精心挑选明星代言人之前进行了充分的调研,品牌方有时仍难以确保所选明星与品牌形象和理念的深度契合。在实际操作中,可能出现一位明星同时代言多个品牌,甚至这些品牌之间存在相互"冲突"的情况。由于消费者往往将明星的声誉与品牌形象紧密相连,因此明星的任何负面事件都可能直接影响消费者对其代言产品的态度。

为了解决明星代言所带来的种种问题,越来越多的企业开始尝试使用虚拟代言人。虚拟代言人是具有拟人外观但非真实存在的数字虚拟人,由品牌商根据市场目标设计而成,用于向消费者传达品牌信息。数据显示,预计到 2025 年,中国虚拟人带动的市场规模和核心市场规模将分别达到惊人的 6 402.7 亿元和 480.6 亿元。目前,虚拟代言人在食品餐饮、企业服务、快消品以及文娱产品等多个领域得到了广泛应用。

从实践来看,虚拟代言人主要可以分为两类:一类是由品牌方自主打造的虚拟人形象,旨在通过其社交性和娱乐性拉近与消费者的距离,从而有效地传递品牌理念。例如,雀巢咖啡的代言人 Zoe 就是一个利用数字技术自创的虚拟偶像。另一类则是品牌与外部团队合作打造的虚拟人形象,进行商业合作。在全球社交网络上,已经有多家团队开发并运营着各种不同的虚拟人。例如,安慕希与燃麦科技公司的合作产物 AYAYI,就成功担任了安慕希酸奶的数字潮流艺术推荐官。

随着数字技术的不断发展,虚拟代言人的功能日益完善,使其在品牌讲解、产品应用情境展示等方面表现出色。同时,虚拟代言人在与消费者的交互能力和沟通流畅性方面的强大表现,为消费者带来了全新的互动体验。通过高频的交流与互动,虚拟代言人不仅强化了与消费者的情感连接,还提供了多种娱乐性的互动方式,为品牌吸引了大量流量,为品牌宣传注入了活力,并帮助消费者更好地了解企业品牌。

然而,在选择虚拟代言人时,企业需要考虑多个因素。首先,产品和代言形象的匹配度至关重要。无论是虚拟代言人还是明星代言人,都需要确保产品属性与代言人形象的高度契合。与明星代言人相比,虚拟代言人具有更大的灵活性,可以根据产品属性打造或寻找完全匹配的虚拟形象。其次,企业的知名度是一个重要考量因素。目前,虚拟代言人的应用仍处于探索阶段,且投资成本较高。对于知名度不高的企业而言,选择当红明星代言可能会更快速地带来营销效益。最后,目标人群是决定因素之一。当产品面向年龄较大的目标群体时,他们对明星代言的感知更强,选择明星代言人更为合适;而当产品面向年龄较小的目标群体时,他们更倾向于寻求新鲜感和刺激感,此时选择虚拟代言人可能更加合适。

不过,虚拟代言人并非没有挑战。一些消费者可能认为虚拟代言人缺乏真实感情,难以产生情感共鸣。他们认为虚拟代言人只是信息技术的产物,背后是冷漠的算法和机械的操作。此外,相关技术应用的投入成本高昂,且技术尚未完全成熟,可能存在不可控的风险。企业在选择使用虚拟代言人时需要谨慎考虑这些因素。

(二)关键意见领袖促销策略

关键意见领袖,也称为 KOL,是指那些掌握着更丰富、更精准产品信息的人,他们被相关群体所认可或信赖,并对该群体的购买决策产生显著影响。在数字营销领域中,关键意见领袖的展现方式正在经历不断的演变和创新。例如,通过直播形式展示产品的关键意见领袖,以及在 B 站(哔哩哔哩—弹幕番剧直播高清视频)等视频平台上活跃的 UP 主(视频博主)们,都是新兴 KOL 营销模式的典型代表。

1. 关键意见领袖直播

直播的广泛应用,使得关键意见领袖能够通过实时互动的形式与消费者进行沟通交流。这种来自第三方的直播方式,不仅有效地帮助企业解决了消费者信任的问题,而且直播间所展示的内容更加真实、讲解更为到位,常常能够向消费者传递出最真实的产品性价比信息。这种认知在传统的销售渠道中往往需要较长时间才能建立,但在直播中却能够迅速形成。实际上,消费者对关键意见领袖的信任会转化为对产品的信任,这与品牌的口碑效应有着相似的作用。基于对关键意见领袖的信任,直播营销活动能够实现良好的转化效果。

同时,关键意见领袖直播兼具线上零售和内容电商的双重优势。主播的直播间被视为一个新的巨大流量池,其最重要的功能就是吸引流量。在这个流量池中,主播的粉丝效应能够发挥更大的作用,不仅能够带动销量提升,还能为企业带来额外的品牌曝光和知名度提升。此外,关键意见领袖直播还能够为消费者创造场景化的购物体验。直播形式使得产品讲解与展示能够同屏进行,消费者在观看直播的过程中就可以直接进行购买,实现了真正的边看边买的购物体验。

2. UP 主"恰饭"

在互联网语境中,"恰饭"一词常被用来描述 UP 主在原创内容中嵌入广告的行为。在 B 站这样的平台上,许多 UP 主选择通过广告推广来实现盈利,即将产品广告巧妙地融入他们的原创作品中。

根据展现方式的不同,B 站 UP 主的广告合作可以分为两大类:植入类广告和定制类广告。植入类广告通常是在视频的某个段落中,用一到两分钟的时间来介绍产品,植入方式灵活多样,包括台词植入、场景植入、剧情植入、道具植入等,常见的形式有 UP 主的开箱视频、爱用物分享等。而定制类广告则是围绕要推广的产品专门制作一期视频,这是 B 站目前非常受欢迎的一种推广方式。

同时,根据表达方式的不同,这些广告又可以分为软广和硬广两种类型。软广力求让观众在不知不觉中接受广告信息,而硬广则直接明了地告诉观众这是一则广告。

然而,"恰饭"对于 UP 主来说是一个需要谨慎处理的问题。首先,如果处理不当,它可能会损害粉丝对 UP 主的信任。例如,如果 UP 主以推荐爱用物的名义实则植入广告,长此以往可能会导致粉丝对 UP 主的好感下降。其次,广告转化可能成为一个难题。尤其对软广视频,一些观众可能会觉得这并不是 UP 主的真实分享,不愿意成为消费者。这种情况反而会损害品牌形象和 UP 主的信誉,进而影响品牌的广告投放效果。

对于品牌商而言,在与 B 站 UP 主合作时,有几点需要注意。首先,要充分利用 B 站提供的各种市场营销工具,如节日营销计划和特色推广计划等;其次,在与 UP 主共创内容时,应尊重 UP 主的风格和视频定位,以确保广告内容与 UP 主原有内容相协调,不影响粉丝的观看体验;最后,品牌商应重视对 B 站特色数据的分析,如"一键三连"等互动数据,以便更准确地评估广告效果并作出相应调整。

📖【知识链接】

星巴克的"星享俱乐部"与个性化促销策略

星巴克作为全球知名的咖啡连锁品牌,一直以其优质的产品和服务吸引着众多消费者。为了进一步增强与消费者的互动,提高品牌忠诚度,星巴克推出了"星享俱乐部"并结合数字营销中的个性化促销策略。

1. 促销策略

①会员积分体系:当顾客通过星巴克的 App 或线下门店注册成为"星享俱乐部"会员后,他们每次在星巴克消费时都可以获得星星积分。星巴克会设定不同的积分档次,例如,每消费一定金额,顾客就可以获得一颗星星。当星星累积到一定数量时,会员可以兑换各种奖励,如免费饮品、升杯、食品折扣等。为了鼓励更多消费,星巴克还会设定一些额外的积分活动,如购买特定产品或在特定时间段内消费可以获得额外星星。

②个性化推荐:星巴克会收集并分析会员的消费数据,包括购买频率、口味偏好、购买时间等。基于这些数据,星巴克的营销团队会创建个性化的营销活动和优惠,并通过 App 推送给相应的会员。例如,如果一位会员经常购买拿铁咖啡,星巴克可能会推送拿铁的相关优惠或新品尝试邀请。这种个性化推荐不仅限于饮品,还包括食品、周边商品等。

③生日优惠:星巴克会在会员注册时收集他们的生日信息。在会员生日当天,星巴克会通过 App 发送生日祝福,并提供一项特别优惠,通常是免费饮品或额外的积分奖励。这种个性化关怀让会员感到被重视,增加了他们与品牌的情感连接。

④限时活动与挑战:星巴克定期在 App 上推出各种限时活动,如"买一赠一""满额减免"等,以刺激消费者的购买欲望。此外,星巴克还会设计一些有趣的挑战活动,如"连续一周每天购买一杯咖啡"的挑战,完成挑战的会员可以获得额外的积分或优惠奖励。这些活动不仅增加了会员的参与度和互动性,还通过社交分享等方式扩大了品牌的传播范围。

以上各种促销活动星巴克都会持续跟踪和分析其效果,包括参与人数、销售额提升、会员活跃度等指标。根据数据分析结果,星巴克会调整和优化未来的促销策略,以确保活动更加精准和有效。这种数据驱动的决策过程有助于星巴克更好地理解消费者需求和市场趋势,从而制订更加成功的营销策略。

2.效果评价

通过"星享俱乐部"与个性化促销策略的结合,星巴克成功地提高了会员的参与度和购买频次。会员感到星巴克真正关心他们的需求和喜好,从而更愿意在该品牌消费。此外,这种策略帮助星巴克收集了大量有关消费者行为的数据,为未来的产品开发和市场策略提供了有力支持。

星巴克通过数字营销中的个性化促销策略,成功地将传统的会员计划与现代的消费者需求相结合,实现了品牌与消费者的双赢。这种策略不仅提高了销售额,还增强了品牌的忠诚度和市场影响力。

(资料来源:黎竹,刘旺.咖啡赛道"热辣滚烫""向下"探索路漫漫[N].中国经营报,2024-03-04(C05).)

第五节 数字营销组合策略的演变

市场营销组合策略作为市场营销领域的基石,旨在解析企业在多个营销层面上的决策过程,包括产品选择、价格定位、渠道策略以及促销活动的规划。一个高效且协调的市场营销组合往往是企业取得市场优势、实现竞争优势的关键所在。通过精心策划和执行这一组合策略,企业能够更好地满足客户需求,从而在激烈的市场竞争中脱颖而出。

传统的市场营销组合策略,通常被概括为4Ps,即产品策略、价格策略、渠道策略和促销策略。然而,随着数字技术的不断发展和深入应用,市场、企业以及消费者的行为模式都经历了显著的变化。这些变化要求企业在市场营销策略上进行持续的创新和调整。一些业内的营销专家提出了新的市场营销组合策略,使得传统的4Ps策略逐渐演变为更为先进的4Is和4Es策略,以适应数字时代市场营销的新需求。

一、4Ps、4Is和4Es市场营销组合策略的内涵

(一)4Ps营销组合策略的内涵

4Ps是市场营销策略的核心,包括产品策略(Product)、价格策略(Price)、渠道策略(Place)和促销策略(Promotion)。

产品策略是企业在满足消费者需求的基础上,向目标市场推出产品以实现其营销目标的关键环节。在这一过程中,企业尤其注重产品的开发与创新,将产品的功能性视为首要考虑因素。

价格策略则是企业根据一定的标准来设定和调整产品价格,以达成其营销目标的重要手段。产品价格并非固定不变,而是受多种因素如产品特性、市场需求、供应状况以及时间等的影响而波动。在制订价格时,企业通常会考虑生产成本,并根据不同市场的特点采取相应的定价策略。

渠道策略关乎企业如何通过合理选择营销渠道来达成营销目标。在这一过程中,企业并不直接与消费者接触,而是更加注重建立高效的销售网络和分销渠道。

促销策略则是企业利用多种信息传播手段来激发消费者购买欲望,进而实现营销目标的有效方式。通过品牌宣传、公关活动、促销活动等一系列推广举措,企业能够增加与消费者的互动沟通,提升产品在目标受众中的知名度和曝光率。

(二)4Is市场营销组合策略的内涵

4Is是当代市场营销中的新概念,它包括互动(Interaction)、兴趣(Interest)、交互界面(Interface)和个性化(Individualization)4个要素。

在互动方面,现代消费者不再是被动的接受者,而是可以积极参与产品设计和制造过程的重要合作伙伴。数字化工具为消费者提供了与企业共创价值的机会,如乐高用户可以通过DIY产品来展现自己的创意。同时,消费者之间的互动变得更加频繁和紧密,产品所承载的价值远超出其基本功能,更多地融入了社交元素。

兴趣则是激发消费者潜在需求的关键因素。当企业提供的产品与消费者的兴趣点高度契合时,就能有效地激发他们的购买欲望,进而提升支付意愿,为企业带来更大的利润空间。各种网络社群的兴起,如饭圈、粉圈等,正是基于共同兴趣爱好的消费群体聚集的结果。

在数字时代,交互界面成为企业与消费者之间新的沟通桥梁。企业可以通过自建平台或利用第三方平台(如微信小程序)与消费者进行实时互动。这种交互方式不仅提高了沟通效率,还为企业开展创新营销活动提供了更多可能性。

个性化则体现在企业对消费者独特需求的精准响应上。借助大数据等先进技术,企业能够深入了解消费者的个性化需求,并通过产品迭代和创新来满足这些需求。这种以消费者为中心的市场策略,有助于企业在激烈的市场竞争中脱颖而出。

(三)4Es市场营销组合策略的内涵

4Es是当代营销领域的新组合,包括体验(Experience)、花费(Expense)、电铺(E-shop)和展示(Exhibition),它们共同构成了数字化时代营销的新范式。

在体验方面,随着数字技术的不断进步和产品生产效率的持续提升,消费者如今置身于琳琅满目的产品和服务之中。企业能否成功触动消费者的感官,将重点从单纯的产品功效转向提供卓越的消费者体验,已成为决定产品成败的关键因素。例如,感官营销的崛起就紧密关联对消费者多维度体验的深刻洞察和精心策划。

关于花费,消费者支付的成本和企业盈利模式的转变是显而易见的。传统营销中常见的低价和打折策略正逐渐被免费定价策略所取代。虽然这种策略可能不会立即为企业带来利润,但它却能够吸引大量流量,包括点击人数和用户停留时间等关键指标。对于消费者而言,这既是对时间的投入,也是对注意力资源的分配。现代消费者的支出已经演变为价格与时间的综合考量,而企业的收入也相应地从单一的销售额扩展到包括客流额在内的更广泛范畴。

电铺作为数字时代产品销售的新兴渠道,是物流与电子商务的完美结合。通过利用电子技术将商品信息展示在网络平台上进行销售,或在实体店铺中融入电子信息以优化购物体验,电铺正重塑着零售业的格局。例如,实体店借助社交媒体和在线评价平台实现线上线下融合已成为行业标配,有效地提升了销售额和顾客满意度。

展示在数字化营销中扮演着至关重要的角色。企业需要巧妙地整合网络、媒体、终端和户外资源来制订高效的促销策略。重点是将产品的独特卖点以吸引人的方式呈现在消费者面前,从而抓住他们的注意力并提高互动率。在网络展示方面,品牌官网、社交媒体和第三方平台等都是不可忽视的关键阵地。在视觉设计上,精美且富有创意的图文和视频内容是吸引消费者眼球并提升品牌形象的重要手段。

二、市场营销组合策略的演变过程

随着数字技术的不断进步,企业与消费者之间的互动关系正经历着深刻的变革,市场营销工具也在持续演进和更新。在这一背景下,传统的 4Ps 市场营销组合策略在不断适应新的市场环境和发展需求。

4Ps 策略是以产品为中心构建的,它关注的核心问题是在正确的时间、正确的地点,以合理的价格将适合的产品通过有效的渠道推销给目标消费者。该策略致力于优化产品组合、推动产品创新、灵活调整价格策略、提高渠道管理效率以及确定高效的促销手段,从而提升企业的盈利水平。

4Is 市场营销组合策略则更注重互动逻辑,它的出发点是深入理解和满足消费者的兴趣和需求。通过运用先进的数字化交互技术,如移动应用程序等,企业与消费者之间实现了更紧密、更个性化的互动和沟通。在这一策略中,互动成为实现营销目标的核心手段,而激发消费者兴趣则是互动的关键所在。交互界面作为企业与消费者互动的桥梁,发挥着至关重要的作用。最终目标是满足消费者日益增长的个性化需求。

4Es 市场营销组合策略以数字化逻辑为基础进行构建。它致力于提升消费者的数字化体验,通过实现数字化支付、线上线下店铺的无缝对接以及产品多渠道展示等手段来达到这一目标。在这一策略中,消费者的数字化体验被置于核心地位,而消费者的支出不仅包括货币形式,还涉及时间、注意力等非货币形式。店铺线上线下的融合已成为数字化时代营销渠道的常态,为企业提供了更广阔的市场空间和更多的增长机会。

三、市场营销组合策略演变对数字营销策略的启示

在数字化时代的演进中,市场营销组合策略的创新发展为企业管理层提供了关于营销策划方案的清晰蓝图,这对企业有效执行市场营销活动起到了关键的引导作用。尽管如此,传统的 4Ps 框架并未因此而被完全淘汰。事实上,新兴的 4Is 和 4Es 理念都是基于并扩展了 4Ps 的核心理念。从市场营销的核心——价值创造的角度来看,数字化时代的企业仍然依赖于产品来创造价值,通过定价来捕获价值,借助促销来传播价值,并通过渠道来传递价值。不同之处在于,数字技术为企业提供了新的工具和手段,并对市场营销的路径和实施细节进行了优化与调整。

📖【知识链接】

可口可乐的数字营销

可口可乐,作为全球最大的饮料公司之一,面临着市场竞争、消费者口味变化和数字化转型的多重挑战。为了维持其市场地位并吸引新一代消费者,可口可乐积极调整其营销策略,成功地将4P营销组合策略应用于其数字营销中。

1. 产品(Product)

①创新展示:可口可乐不仅在其官方网站上展示经典的可乐产品,还通过AR技术、3D展示等方式,让消费者在线上就能体验到产品的独特魅力。

②数据驱动的产品开发:通过收集和分析消费者在数字平台上的互动和反馈,可口可乐不断调整产品配方、推出新口味,以满足市场的多样化需求。

③个性化包装:为了吸引年轻消费者,可口可乐推出了个性化标签瓶,消费者可以在线定制自己的专属可乐瓶。

2. 价格(Price)

①动态定价:根据市场需求、竞争对手的定价以及节假日等因素,可口可乐在数字平台上灵活调整产品价格。

②会员优惠:通过推出会员制度,为消费者提供积分累积、会员专享折扣等优惠,增加消费者的黏性。

3. 渠道(Place)

①全渠道销售:可口可乐不仅在传统的实体店销售,还在官方网站、电商平台、社交媒体小店等数字渠道上销售产品,为消费者提供多种购买选择。

②线上线下融合:通过智能自动贩卖机、线上预订线下取货等方式,将线上流量引导到线下,实现线上线下融合销售。

4. 推广(Promotion)

①社交媒体营销:可口可乐在各大社交媒体平台上积极发布内容,与消费者互动,提高品牌曝光度。同时,与网红、明星合作,通过他们的影响力推广产品。

②内容营销:通过制作有趣、有感染力的广告、短视频等内容,吸引消费者的注意力,提高品牌的认知度和好感度。

③数字广告投放:利用大数据和算法技术,精准地将广告投放给目标受众,提高广告的转化率和效果。

通过数字营销的组合策略,可口可乐不仅提高了品牌的曝光度和认知度,还成功吸引了新一代消费者的关注。同时,通过数据分析和优化,可口可乐不断调整其营销策略,实现了更精准的市场定位和更有效的营销推广。

(资料来源:胡晓宇.可口可乐中国公司营销策略与销售的关系[J].老字号品牌营销,2024(7):16-18.)

📖【本章小结】

随着数字技术的迅猛发展和广泛应用,企业的市场营销活动正经历着前所未有的深刻变革。传统的市场营销组合策略在内容、工具和形式上均迎来了新的转变。本章以经典的4Ps市场营销组合策略为基石,深入探讨了数字时代营销组合策略的创新内容、新型工具及变革形式。

第一节介绍了数字经济时代产品形态与内涵的演变,包括新兴数字产品的涌现以及传统产品的数字化升级。企业正通过实施产品数字化管理策略和数字化开发策略,推动产品策略的数字化和智能化发展,以响应市场的需求变化。

第二节介绍了数字时代下的新型定价策略,包括数字产品定价策略、数字技术定价策略以及消费者参与定价策略。

第三节介绍了数字营销中的渠道策略。全渠道营销模式的概念、实际应用及其优劣势分析成为了关注的重点。

第四节介绍了数字时代中促销活动的变革,无论是人员促销还是非人员促销,都在数字化浪潮中经历了重大的创新和调整。

第五节介绍了市场营销组合策略在数字经济时代的发展轨迹,深入剖析了4Ps、4Is和4Es市场营销组合策略的内涵,并探讨了这些演变对数字营销实践的深远启示。通过这些分析,企业可以更好地把握数字时代的市场脉搏,优化营销策略,提升市场竞争力。

📖【复习思考题】

1. 结合具体的例子,谈谈你对"产品数字化"的理解。

2. 数字化的定价策略有哪些? 优点和缺点分别是什么?

3. 数字化营销渠道有哪些? 谈谈营销渠道数字化及其对消费者所产生的影响。

4. 促销策略的数字化体现在哪些方面? 对企业的数字营销实践有怎样的启示?

📖【案例分析】

微信读书 App 的数字营销组合策略

微信读书是由阅文集团与腾讯联合推出的移动阅读类 App,其主打的特色是社交阅读,并且内容更加精品化。有数据显示,微信读书在 2020 年 1 月至 2020 年 6 月的活跃用户数在1 601 万以上。

在产品策略方面,微信读书 App 以"让阅读不再孤单"为口号,突出产品的社交属性。首先,用户通过微信登录后,可以查看微信朋友的阅读书架、阅读市场和阅读想法,增加好友间的联系与话题。另外,利用书评功能,用户可以找到与自己有着类似阅读偏好的书友,并与好友组成读书小队。读书小队就是一个以用户兴趣为出发点的、具有类似兴趣爱好的用户群体。微信读书给用户提供了一个以读书为中心的互动平台,在满足阅读需求的同时,也满足了分享心理和社交需求,进一步增加了用户黏性。

在价格策略方面,微信读书 App 主要采用部分免费定价策略。用户可以在手机应用商店中免费下载微信读书 App,并且其中部分书籍是全部免费,另一类是部分免费。对部分免费的书籍,在规定页数内的阅读是免费的,超出规定页数的内容需要开通"阅读无限卡"才能继续阅读。另外还有些书籍只有使用"书币"购买之后才能阅读。用户可以通过累计阅读时长或者邀请好友组队来获得无限阅读卡。阅读时长越长或者邀请好友越多,用户获得的奖励就会越大,同时,企业也会获得更多的流量。

在渠道策略方面,微信读书 App 渠道营销主要通过线上渠道来触达用户。通过手机应用商店,还有如手机浏览器等第三方应用市场来实现与用户的接触。另外,通过微信的朋友圈、微博等社交平台的分享,包括用户书评的分享,书单的分享等,都间接提高了 App 在市场中的曝光率。微信读书用户的交互界面设置清晰明了,主要包括"阅读""书架""发现"和"我"4 个模块。通过拓宽渠道和优化与用户的交互界面,微信读书不断优化用户阅读体验。

在促销策略方面,微信读书 App 主要通过社交媒体进行相互分享。用户通过"想法"功能,将优秀的书籍"安利"给微信的其他朋友。同样,其他用户可以对好友的读书笔记进行评论点赞。这种双向互动会在潜移默化中造就一个有影响力的人,可以称为"读者领袖"。更多的读者会更倾向于阅读他所推荐的书籍和他的书评,成为一个有黏度的社交化阅读群体。另外,微信读书会根据用户的阅读风格和历史阅读记录在首页进行书籍推荐,在一定程度上满足了用户的个性化读书需求。

(资料来源:闫青. 微信读书 App 的 4p 营销策略研究[J]. 广西质量监督导报,2019(7):125.)

问题:

1. 结合案例,谈谈数字营销时代中 4Ps 组合策略的变化有哪些?

2. 结合市场营销组合策略的演变过程,谈谈"微信读书 App"的市场营销组合策略未来可以作哪些改进或优化?

第二篇

数字营销模式

第五章

数字媒体营销

📖【导入案例】

一顿烧烤带火一座城

2023年3月初，一则"大学生组团到淄博吃烧烤"的话题登上抖音同城榜热搜第一，搜索量高达525.3万，话题共2.1亿次播放量。从该轮次的短视频热度看，大多点击量在一万上下，因此迅速在短视频博主之间传播开来，淄博烧烤高性价比、服务热情的口碑逐渐流传出来。一位短视频博主描述："这是我第一次在一座城市的高铁站见到这么多大学生，他们只为了一件事而来……"在大学生的带动下，自媒体、美食博主前去打卡，淄博烧烤在当地人的圈子里得到小范围传播。

2023年3月13日，曾多次前往淄博打卡烧烤的抖音美食网红乌啦啦，发了一则测评淄博小烧烤的短视频，截至发稿，该短视频点赞量50.5万，评论量4.9万。评论区所附价格表显示：猪肉30元20串，精肉20元20串，带皮五花肉32元20串。网友在评论区戏称："听说你（乌啦啦）走了6家烧烤店最后才吃上的。"

而第二波高潮发生在4月8日，抖音粉丝1795.8万的"打假"美食分量博主B太，带着电子秤摸底测评淄博10家烧烤摊位，发现没有一家店铺缺斤少两，被当面测秤的老板非但不生气，还送给他一盒特色酱；卖炒饼的大哥提出可以把秘方白送给他；有的店铺甚至还"多送"了一些。

真诚的待客之道和质朴的烟火气成了淄博短期内再次火出圈的密码。B太的视频引发大量关注，收获了超35万条评论，人们纷纷夸赞淄博当地人的实在、好客，再次把淄博烧烤推上高热度。他夸赞道："我觉得来这边消费就是很安逸，没什么心理压力。"

淄博烧烤的传播度迅速扩大，离不开官方的助推，用网友的话说，"从政府到市民没有一个掉链子"。

淄博烧烤火了，当地一系列配套措施接踵而至。例如，加开24列从济南至淄博的周末往返"烧烤专列"，乘客们不仅收到了淄博产的苹果，还有当地各种文旅产品作为伴手礼；结合全市烧烤门店分布，及时调整增加公交线路和车次，新增21条定制烧烤公交专线；在火车站安排志愿者，为往返旅客提供交通、住宿、烧烤、旅游线路咨询推介等服务；制订烧烤美食地图，为消费者提供烧烤指南，网友把这称作一键到位的"保姆式导航"。

近期，淄博市政府宣布，今年五一期间，清华和北大的在校学生到淄博游玩，景区和指定酒店住宿可以全程免费,这随即又引发一波网络关注。随后淄博相关负责人回应表示,不只是清北,欢迎所有大学生都来淄博旅游。

而互联网多个平台上的数据印证了淄博的火爆。

截至 4 月 19 日,抖音平台"淄博烧烤"话题共获得 38.2 亿次播放量。快手平台上,"淄博烧烤"一词在清明节后一周的搜索量相较前一周增长了 98 倍。大众点评数据,3 月以来,淄博当地"烧烤"关键词搜索量同比去年增长超 370%;"淄博烧烤"关键词全平台搜索量则同比增长超 770%

小红书数据显示,平台上"淄博烧烤"的搜索指数在 2 月中旬开始出现明显上涨,清明之后更是大幅上涨,一周内上涨 4.8 倍,是上月同期的 7.6 倍。平台上"淄博"的搜索热度同样陡增,最近一周其搜索指数上涨 5.84 倍,达到上月同期的 13.38 倍。

淄博烧烤火了,不仅是火爆的短视频引流到线下文旅消费,同样也反哺到线上。淘宝数据显示,近两周,淘宝上淄博烧烤"灵魂伴侣"卷饼、蘸料等搜索量相比 1 个月前暴涨 3 000%,冲上淘宝热搜。

(资料来源:第一财经,2023-04-16.)

思考:请分析淄博烧烤的成功之处? 你是如何理解数字媒体营销的?

引言

数字媒体营销在过去几年中迅速崛起,成为企业推广产品和建立品牌的主要手段。随着技术的不断进步、社交媒体的兴起以及人们对数字信息的日益依赖,数字媒体营销已经成为企业营销战略中不可或缺的一部分。数字媒体营销的发展可以追溯到互联网的普及,但真正的爆发是在社交媒体的兴起和移动技术的发展中。20 世纪 90 年代末和 21 世纪初,企业开始意识到通过在线渠道进行推广和互动是一种新的机会。随着社交媒体平台如 Facebook 和 Twitter 的崛起,数字媒体营销进入了一个全新的阶段。移动设备的普及使得用户能够随时随地获取信息,这为数字媒体营销提供了更广泛的渠道。

在当今数字化时代,随着技术的迅猛发展和互联网的普及,数字媒体营销已经成为企业实现品牌宣传、产品推广和客户互动的关键策略。数字媒体营销不仅改变了企业与受众群体之间的互动方式,也为市场营销带来了全新的可能性和挑战。在这个信息爆炸、数字化普及的时代,数字媒体营销正日益成为企业成功的关键驱动力。随着互联网和技术的不断发展,消费者的行为和期望不断演变,对于企业而言,借助数字媒体的力量与消费者建立深层次的连接已经变得至关重要。

数字媒体营销不仅是传统广告的数字化延伸,更是一种创新性、交互性和个性化的营销策略。通过社交媒体、搜索引擎、内容创意和数据分析等工具,数字媒体营销为企业提供了独特的机会,能够在全球范围内建立品牌认知、推动销售增长,并与目标受众建立有意义的关系。在这个快速变革的数字环境中,了解如何合理运用社交媒体的力量、优化搜索引擎可见性、打造引人入胜的内容,将对企业的竞争优势产生深远影响。同时,我们也将关注数字媒体营销对社会、文化和消费者行为的塑造影响,探讨在数字化时代如何平衡商业目标与社会责任。

第一节　数字媒体的传播

数字媒体的发展不再是互联网和IT行业的事情，而将成为全产业未来发展的驱动力和不可或缺的能量。数字媒体的发展通过影响消费者行为深刻地影响着各个领域的发展，消费业、制造业等都受到来自数字媒体的强烈冲击。各种数字媒体形态正在迅速发展，同时各自面对种种发展瓶颈，中国这个拥有最大的互联网用户群体的市场成为国际数字媒体巨头的必争之地。中国社交网站（SNS）用户已经超过1.5亿，约1/3的网民都在使用SNS；各大主流互联网媒体纷纷向社交化转型，众多SNS新平台和产品竞相登场。视频网站和社交媒体成为数字媒体发展的新方向。将数字媒体的产品服务和创新技术融入品牌的市场推广体系，最大化数字媒体的营销效果；现有广告主、代理商、媒体主以及其他各方角色如何在新媒体市场中迅速找准定位，利用现有业务的优势拓展新市场，成为当前数字媒体行业持续发展亟须回答的问题。

一、数字媒体的概念

数字媒体，又称新媒体，1967年由P.高戈尔德马克首次提出。随后美国传播政策总统特别委员会主席E.罗斯托（E.Rostow）在向当时的美国总统尼克松提交的报告书中多次提到"New Media"这一概念。近年来，随着数字技术及因特网的高速发展，形形色色的新媒体已经成为当今世界重要的信息枢纽，在构建和谐社会中发挥着越来越重要的作用。在豪厄尔斯看来，至少有这样3个原因：第一，这是一个极具变化的领域，即使是最时兴的研究，到它成熟时就可能过时了；第二，这是一个全新的领域，已经树立起来的重要文本和经典文本还很少；第三，"新媒体"的定义还有待解决。

国内外关于数字媒体的定义有很多，如美国新媒体艺术家列夫·曼诺维奇认为数字媒体不过是一组数字信息，与传统媒体形式没有相关性，也不具备特殊的意义，但是这组数字信息可以依据需要以相应的媒体形式展示出来。美国数字媒体研究专家凡·克劳思贝认为，数字媒体就是能为大众提供个性化内容的媒体，实现传播者和接受者对等交流、无数的交流者之间可以同时进行个性化交流的媒体。清华大学熊澄宇教授认为，所谓数字媒体，是以互联网和计算机信息处理技术为基础，具备传播功能的媒介的总和，除了具备电视、报纸、电台等的功能，还具有交互、即时、延展和融合的新特征。上海大学张文俊教授认为，所谓数字媒体是指在各类人工信息系统中其工作信号以数字（或代码）形式编码的各类表述媒体、表现媒体、存储媒体和传播媒体等。《2005中国数字媒体技术发展白皮书》将数字媒体定义为：数字化的内容以互联网为传播载体，通过健全的服务体系分发到终端和用户，从而进行消费的全部过程。由此可知，数字媒体的主要载体是网络，主要侧重传播的技术层面。1998年5月，联合国新闻委员会召开年会首次提出，互联网成为继报刊、广播、电视三大传统媒体之后的第四种大众媒体。

沃纳·赛佛林在《传播理论：起源、方法与应用》中提到，在数字媒体环境中，"先前像印刷和广播那样截然不同的技术正在渐渐消失；我们正在从媒介缺乏的状况转为媒介过剩的状况；我们正在从传播内容灌输给大众的泛播转变为针对群体或个体需求设计传播内容的窄播；我们正在从单向的传播媒介转变为互动的传播媒介"。从信息传播的角度，数字媒体的特征主要体现在超媒体性、交互性、超时空性、个性化信息服务、虚拟多样性5个方面。

（一）超媒体性

美国学者尼葛洛庞帝在其《数字化生存》中指出，超媒体是超文本的延伸，即按照信息之间的关系进行非线性的存储、管理和浏览的技术。信息文本中含有其他文本的链接，读者可以不需要依照顺序自主进行阅读。超文本是在早期网络只能传输文本信息的条件下提出的概念，现在依靠数字技术对多媒介信息进行整合，数字媒体可以为信息使用者提供文本、图片、声音、影像等多媒体信息，这些多媒体信息同样按照超文本的方式组织。

（二）交互性

交互性是数字媒体最突出的特点，数字媒体的交互性一方面是指信息的传播是双向的；另一方面是指信息交流过程中的各个主体都有对信息的控制权。电话或面对面的信息交流有较强的交互性，但是报刊、电视、广播等传统媒体的交互性却比较差。数字媒体可以借助短信、电子邮件、论坛、个人博客、微博等搭建一个双向交流的平台。

（三）超时空性

数字媒体可以极大地减慢信息传播的速度，实现即时交流和传播。传统媒体属于单向的交流模式，受众只能利用书信、电话等方式进行间接反馈。数字媒体的诸多功能，如在线评论等，可以大大缩短信息反馈的时间，即时通信完全消除了信息传播在地域和时间上的限制。

（四）个性化信息服务

数字媒体可以根据不同的受众提供个性化的服务，数字媒体下信息终端均有一个地址，如IP、电子邮箱、QQ号码等，传播者可以根据这个固定的地址向一个或多个地址传播信息。此外，数字媒体下，受众对信息有着平等的控制权，可以根据数字媒体检索信息、定制信息、选择信息。在这种情况下，每一个数字媒体的用户都可以收发个性化的信息，大众传播转变为"小众传播"。

（五）虚拟多样性

数字媒体集文字、动画、图像、声音为一体，一条信息可以是文本的形式，也可以是声音、图像或者动画，根据不同受众的需求提供不同的服务形式。数字媒体下信息传播的虚拟性不仅指的是信息本身的虚拟性，还包括信息传播关系的虚拟性，在此基础之上的人际关系也有很大的虚拟性。

二、数字媒体的分类

数字媒体可以按照不同的标准进行分类。

①按时间属性分,数字媒体可分为静止媒体(Stillmedia)和连续媒体(Continuesmedia)。静止媒体是指内容不会随着时间而变化的数字媒体,如文本和图片;而连续媒体是指内容随着时间而变化的数字媒体,如音频、视频、虚拟图像等。

②按来源属性分,数字媒体可分为自然媒体(Naturalmedia)和合成媒体(Syntheticmedia)。其中,自然媒体是指客观世界存在的景物、声音等,经过专门的设备进行数字化和编码处理之后得到的数字媒体,如数码相机拍的照片、数字摄像机拍的影像、MP3 数字音乐、数字电影电视等;合成媒体是指以计算机为工具,采用特定符号、语言或算法表示的,由计算机生成(合成)的文本、音乐、语音、图像和动画等,如用 3D 制作软件制作出来的动画角色。

③按组成元素分,数字媒体可分为单一媒体(Singlemedia)和多媒体(Multimedia)。顾名思义,单一媒体就是指由单一信息载体组成的载体;而多媒体(Multimedia)则是指多种信息载体的表现形式和传递方式。简单来讲,"数字媒体"一般就是指"多媒体",是由数字技术支持的信息传输载体,其表现形式更复杂,更具视觉冲击力,更具有互动特性。

三、数字媒体的传播特征

(一)使人类进入新对话时代

Web2.0 技术条件下信息交互方式改变了信息的传播规律,信息在传播过程中的双向性、互动性,以及跨地域、超时空的无限可能性,导致人类社会"新对话"时代的来临。

位于世界各地的社会个体借助 Web2.0 信息技术平台,可以和地球上任何地方的社会个体实现对话。而这种"对话"是即时的、双向的、互动的交互式对话,可以在同一时间和 N 个不同地点的社会个体同时对话,形成了一对多、多对多、辐射型的对话场景;N 个这样的对话场景,又组成了纵横交错、纷繁复杂的人际对话网络。这是人类社会的信息传播前所未有的独特景观,这种对话"拉近"了人与人之间的距离,"消除"了时间的间隔,它是跨地域、跨时空的信息瞬间传播。加拿大传播学家麦克卢汉于 1967 年在《理解媒介:人的延伸》中首次提出了"地球村"的概念,在 Web2.0 时代得到了新的阐释:计算机信息网络构建了"网络地球村",信息传递的速度越来越快,信息传递者可以"面对面"地通过各类信息传播终端进行即时的"交互对话",为"地球村"注入了新的含义。

新对话时代的一个重要标志是社会个体身份特征的淡化。Web1.0 时代互联网信息传播中传者与受众定位清晰,信息的提供者与信息的接受者界限明确。在 Web2.0 时代,每一个网络接触者都可以通过鼠标点击浏览网站提供的信息,每一台计算机的键盘都成为互联网信息的出生地。互联网抹平了现实中的社会个体的身份、地位,在亿万台屏幕的背后,网络连接的是无数平等的信息内容的生产者。用户在接收信息的同时,通过评论、分享等网络"按钮"产生新的信息及促进信息的传播。在 Web2.0 时代,每个人都是信息的生产者,传授方的界限逐渐模糊。

尤其是步入智能手机时代,移动网络几乎无处不在,信息的传播不受时间和地域的限制,社会个体在移动中完成。社会信息可以以最快的速度通过智能手机到达移动互联网,即便相隔千里,信息也可以瞬时完成在网络上的生成和传播。Web2.0技术在移动网络和智能手机的支持下,进一步加速了社会个体与全球任意个体的信息交互,实现信息的同步传播,信息传播的强度和广度都得到最大程度的增强。

(二)用户生成内容(UGC)成为可能

用户生成内容(UGC)是Web2.0技术赋予人类实现了人人都可能成为信息生产者、传播者的独特历史阶段,这是人类信息传播史上的重大突破。

信息生产者的任意性、信息内容的多样性和及时性,是这个时代的显著特征。在Web1.0时代,网站的运营者和编辑决定内容的生成。而在Web2.0时代,每一个互联网的用户都是内容的生产者,人人是记者、人人是编辑。Wiki百科是用户生成内容的突出表现,在亿万条信息产生的背后是亿万次的普通用户内容的生成。而当社交媒体大行其道之时,互联网平台满足了每一社会个体定制个人网页、生成个性化内容、自己成为把关人的需求。

目前,互联网信息呈现了跨平台融合的特征,信息的相互连接和交汇,跨平台的融合缩小了不同平台之间信息的差异。社会信息资源空前丰富,社交网站、视频网站、微博等平台的内容兼容性、内容定制性,促使用户生成内容的多样性。而信息生产者可以随意"转发""分享"各类信息,信息传播机制的简便易行再次加速了信息的及时、快速扩散,使信息在网络平台的传播出现病毒性传播的新趋势。信息、技术和人一旦实现了有机结合、相互联系、相互作用,就共同构建了人类社会全新的信息系统。

(三)信息传播呈现去中心化趋势

"去中心化"趋势表现为两个方面:首先是受众(媒介使用者)在媒体上的游移及不确定性。与传统媒体环境中相比,目前的受众所接触的数字媒体平台的多样性决定着受众人群的游移,导致目标人群相对的不确定性。其次,依据受众在数字媒体平台上的行为,导致平台的信息传播日益呈现多中心、多元性;中心弱化、中心快速转移。

Web1.0时代的信息传播特点是中心突显,其散图景呈蒲公英式,即一个或少数中心向外单向扩散。而Web2.0时代每个人都可能成为一个信息中心,每个信息生产者都有表达和传播信息的可能。在自由、开放的内容生成机制之下,无数个单一声音、单一信息构成了信息传播的多元性。用户在自由选择、主动定制信息、分享、评论信息的过程中,完成了自然的聚集,从而导致中心弱化。网络的聚集以兴趣或意见的一致性为基础,跨越了时间和空间的限制,单纯从用户自身需求出发。用户的自然聚集形成不同的自然用户群落,这些自由的用户生成信息机制最终打破了蒲公英式传播图景,进而趋向多中心、多元性。此外,用户在不同网络群体间的身份转换带来了信息传播的快速移动,同时实时的信息传播现状使信息传播具有瞬时变化的能量,Web2.0时代以用户为中心的主动选择和互动机制,带来传播规律的去中心化趋势。

（四）信息定制化与精准传播

互联网的双向传播、节点间的病毒式传播，使得网络人群的快速聚集成为可能。除事件引发瞬间的受众的即时聚集之外，网络社交媒体平台上多具有天然的相对稳定的聚合标签，如以身份聚合的"校友圈子"，以共同兴趣爱好聚合的百度贴吧、豆瓣小组，以话题聚合的BBS论坛、"微群"。明确的聚合标签使得所聚合的人群具有爱好或倾向上较高的一致性，能够进入聚合群的信息特征明确，符合群特征的信息能够在群体中获得更强的认可，由此带来较好的传播效果。传播模式下的大众传播，受众面广，在信息生产中对受众的考量，集中于受众中的主要倾向，忽略了亚文化群体、非主流群体的需求。而互联网平台使得每一个细微的文化或爱好或特征的人群不受地理的限制而聚合。当一定范围内各个地区的特定话题、爱好、特征的人聚合在一起，则在互联网空间可形成相对较大的规模。当形成一定的受众规模，就孕育了精准信息投放的可能，以及人群的准确聚合使得匹配信息的传播效果最大化。

人类的信息传播再次进入了一个新的历史时期。受众对覆盖全人类交互的公共信息平台的可选择、可发布信息的权利，在理论上可以达到极值。数字技术构成了虚拟社会信息传播的独特规律，从而导致虚拟社会和现实社会的信息交互和舆论的形成和爆发，由此带来了信息传播研究及管理的一系列崭新课题。

📖【知识链接】

数字媒体技术在现代广告设计与营销中的应用

在媒体经济时代，人们的宣传意识提高，广告设计和营销变成人类社会中的新兴职业，通过艺术形式向人们传递商品和服务信息，可以帮助企业树立良好的品牌和企业形象。但是，伴随融媒体时代的出现，新媒体和网络技术等数字媒体技术获得迅速发展，手机媒体和微信等信息平台变成了人们获得信息的主要渠道，在新时代发展下，广告设计和营销受影响较大，需要主动运用和推广数字媒体技术，让现代广告设计与营销和数字媒体技术相结合，优化现代信息行业发展内容和形式，充分满足人们逐渐提高的信息需要。

1. 数字媒体技术为广告设计与营销带来的变化

（1）改变了人类对广告的需求

人类始终在追求一种新鲜感，并非限制在图画和文字中，大多体现在一种冲击感比较强烈的画面里，信息技术发展改变了对现代广告的需求，对个性化和互动性较强的广告设计更易于被人们接受。这就需要在广告制作中充分发挥数字媒体技术的优势，对平面建模和视频编辑等后期处理健全广告设计形式，形成浓郁的文化气氛，吸引消费者的眼球。相同的画面，可以带来不同的新鲜感，数字媒体技术通过合理运用数字化图像、声音、其他信息载体，制作成视觉传达图形和影像，同时借助数字通信技术传播信息，数字媒体技术改善了传统广告设计技术。

（2）新的视觉语言展现魅力

数字媒体技术运用于广告设计中，其特殊性已经发展成新的视觉语言并逐渐展现出来。首先，表现形式多元化，视觉冲击力较强。数字媒体技术表现形式并非单一，视频和图像等均是重要的表现形式。同时，表现手法也是多样化的，时空交错、特殊场景表达等，可以创造出一定的艺术情境,增加影视广告艺术魅力,让广告信息可以更加清晰地传递给人们,提升视觉传达效果。其次,制作效率高,可以提高广告制作效率。过去广告制作时间长,必须要剪辑师重复观看,选择出衔接合理的一部分加以编辑。最后,无界化传播特征,受众能展开交流与互动。过去的广告传播,受众仅是被动接收的一方,单方面抒发情感。但是,数字媒体技术能够促使受众和创作人员彼此互动沟通,实现人机交互。

(3)数字媒体技术可丰富广告设计形式

数字媒体技术在广告设计中的优势体现在这些方面:首先,数字媒体选取设计素材更精准。现代广告信息不断涌现出来,各种广告信息花样百出,导致人们出现了审美疲劳,甚而对广告宣传产生了疲倦和厌烦之感。为了有效地增加关注度,在广告设计选材上必须利用各种数字软件建立模型。其次,在现代广告设计过程中图形与表格可以使用数字媒体技术丰富产品内涵,避免修正和增加费用。最后,数字媒体技术的诞生与应用能够给现代广告设计带来趣味性,使广告设计更加新颖,吸引人们的视线。

2. 现代广告设计是应用数字媒体技术的载体

(1)户外广告设计

在现代广告设计中,户外广告设计是广告设计行业中的一种广告形态,但与其他广告形态比较发展较慢。伴随时代发展与科技进步,数字媒体技术和广告设计行业相结合,促进了户外广告设计的发展,使其步入了迅速发展的时代。比如,在数字化发展时代,LED屏幕、移动数字电视等新视频载体的诞生,给户外广告发展带来了良好的机遇。同时,在现代广告设计过程中,户外广告设计人员在运用数字媒体技术提高户外广告设计效果时,可以实现该广告形式传播,宣传优势得到加强。

(2)静态平面数字广告

第一,数字媒体技术运用于广告设计定位。在进行静态平面数字广告设计过程中,设计师需要主动运用数字媒体技术,在彰显技术优势时调查研究有关市场,借此进行品牌、市场、消费者、商品定位,充分发挥广告创意效益。第二,数字媒体技术运用于设计语言开拓。在静态平面广告设计过程中,创意尤为关键,数字媒体技术是先进科技和艺术形式相融合的产物,有着过去设计工具和语言不可比拟的优势,设计师运用数字媒体技术可以产生更好的设计思路和设计手法。

(3)影视广告设计

第一,运用数字媒体技术提高影视广告设计的经济价值。经过广告宣传,深挖商品价值,是开展广告设计的主要目标。影视资源在受众人群之间有一定的流传度,广告设计师需要运用数字媒体技术结合商品和影视资料,借此激发受众的购买欲望,增加商品的购买次数,提高影视广告设计的经济价值。第二,运用数字媒体技术可以增强影视广告设计的人文价值。广告设计师设计影视广告,需要关注其文化内涵与文化意识相融,运用数字媒体技术为增加设计创意和提高人文价值提供技术和展示方式支持,通过先进技术可以传承和发扬广告作品文化。

(资料来源:张庆昌.浅谈数字媒体技术在现代广告设计与营销中的应用[J].营销界,2023(5):41-43.)

第二节　数字媒体营销的内涵

一、数字媒体营销的概念

数字媒体营销是一种利用数字技术和互联网平台来传播品牌信息、吸引目标客户、促进交易和增强忠诚度的营销方式。它涉及多种媒体渠道,如网站、社交媒体、电子邮件、移动应用、搜索引擎、视频、音频等,能够实现多样化的、个性化的、互动化的营销效果,并且这些效果的实现是可以量化的,以便数据分析和效果追踪。数字媒体营销,作为当今数字化时代的营销手段之一,旨在通过多种数字媒体平台和工具,实现品牌推广、产品销售和与目标受众建立深层次互动。数字媒体营销的内涵涉及多个方面,包括渠道选择、策略制订、内容创意、数据分析等诸多要素。

二、数字媒体营销的类型

数字媒体营销平台种类繁多,涵盖了各种在线渠道和工具,以满足不同企业的需求。以下是一些常见的数字媒体营销平台类型。

(一)社交媒体平台

①Facebook:提供广告投放、品牌页面和社交互动等功能。
②Instagram:以视觉内容为主,适合品牌形象展示和产品推广。
③Twitter:用于实时信息传播和品牌互动。
④Linked In:专注于职业人脉和B2B市场,适合专业服务和招聘。

(二)搜索引擎平台

①Google Ads:通过搜索引擎广告和显示广告,提高品牌在线可见性。
②Bing Ads:微软旗下搜索引擎的广告平台,覆盖不同用户群。

(三)内容分享平台

①You Tube:以视频内容为主,适合视频广告和品牌宣传。
②Tik Tok:短视频平台,特别受年轻用户欢迎,适合创意和轻松的广告形式。

(四)电子邮件营销平台

①Mailchimp:提供电子邮件广告、邮件营销和自动化服务。
②Constant Contact:专注于小型企业,提供邮件和社交媒体整合服务。

（五）电商平台

①淘宝、天猫：阿里巴巴旗下的电商平台，提供品牌推广和直播带货服务。
②京东：以电商为主，同时提供广告投放服务。

（六）应用程序广告平台

①Google Ad Mob：专注于移动应用的广告平台，适合在应用中展示广告。
②Facebook Audience Network：在第三方应用中显示 Facebook 广告，扩大品牌曝光度。

（七）直播平台

①斗鱼、虎牙：专注于游戏直播，逐渐扩展到其他领域。
②腾讯直播：提供各类内容的直播服务，适合品牌活动和产品发布。

（八）数据分析平台

①Google Analytics：用于分析网站和广告数据，提供关键的用户行为指标。
②Adobe Analytics：提供综合的数字分析服务，用于跟踪和优化数字媒体活动。

这些平台各自具有独特的优势和适用场景，企业可以根据目标受众、产品性质和营销目标选择合适的数字媒体营销平台或多个平台组合使用，以实现更有效的市场推广。

三、数字媒体营销与传统营销的差异

数字媒体营销与传统营销方式相比，呈现出许多显著的不同之处，这些差异主要体现在以下几个方面。

（一）互动性与实时性

数字媒体营销具有高度的互动性。通过社交媒体、评论、分享和投票等功能，企业可以与用户实时互动，获得即时反馈。实时性的特点使得品牌能够更加灵活地应对市场变化和用户需求。传统营销通常是一种单向的传播方式，企业通过广告、宣传册等渠道向受众传递信息，反馈和互动较为有限。

（二）个性化定制和精准定位

数字媒体营销强调个性化。通过数据分析，企业可以了解用户的兴趣、行为和偏好，从而定制个性化的广告和内容。广告投放可以更精准地定位到特定的受众群体。传统营销往往采用较为广泛的受众覆盖方式，难以实现如数字媒体那样的个性化传播。

（三）测量和分析

数字媒体营销提供丰富的数据分析工具。企业可以追踪广告效果、用户行为、点击率等关键指标，从而进行更精准的数据分析和决策优化。传统营销往往难以精确地衡量广告效果,统计和分析相对较为有限,缺乏数字媒体营销的数据丰富性。

(四)成本效益

数字媒体营销通常具有更高的成本效益。相对于传统媒体广告,数字媒体营销的成本相对较低,而且可以更灵活地控制预算。付费模式的广告投放更容易实现按效果付费。传统营销如电视广告、报纸广告等费用较高,且难以实现实时调整和精准的目标定位,成本效益相对较低。

(五)全球化和本地化

数字媒体营销具有更强的全球化和本地化能力。企业可以通过数字平台在全球范围内进行推广,同时根据不同地域和文化差异进行本地化定制。传统媒体营销往往受到地域和语言的限制,难以实现如数字媒体营销的全球化传播。

(六)实验和调整的便利性

数字媒体营销具有更大的实验空间。企业可以通过 A/B 测试、实时数据监测等手段,快速实施和调整营销策略,更灵活地适应市场需求。传统营销制作周期较长,调整策略的周期相对较长,实验和调整的难度较大。

(七)用户参与和品牌忠诚度

数字媒体营销更容易实现用户参与和建立品牌忠诚度。通过社交媒体上的实时互动、用户生成的内容等,企业能够更直接地与用户建立深层次的连接。传统营销传统媒体难以实现与用户的即时互动,用户的参与度和品牌忠诚度相对较低。

📖【知识链接】

在数字媒体中构建 5W 电商直播传播优势模式

从大众传媒迁移到数字新媒体,挖掘数字媒体时代中的拉斯韦尔 5W 传播模式的新内涵与新优势。突出数字媒介技术与智能算法传播赋能趋势,从营销传播角度切入数字媒体,进而构建 5W 电商直播传播优势模式。

1. 传播主体:直播平台三重传播把关

直播平台是为电商主播与消费者受众提供电子商务交流的虚拟网络技术空间,其中包括两个主要传播关系:电商平台与平台用户;主播网络与圈层粉丝。从整体上看,电商直播传播主体是由电商平台及其主播共同构成,主播与平台是双向选择的商业合作而生成传播主体。主播网红效应属性与电商平台品牌效应共同决定主体的基础直播传播力。具体来说,在直播传播开始前,平台与主播双方就商品类型、开播次数与时间等事宜商定,即合作伙伴与具体产品把关。在直播传播开始后,一方面,电商平台对其商品信息内容的客观性与真实性把关,为其用户提供有信誉保障的传播内容;另一方面,主播除了鉴别商品信息,还对使用体验、价格优惠、购买建议等信息内容把关,为受众带来质量较高的消费体验。

2. 传播内容:特色产品营销信息传播

电商直播传播内容与其销售产品的信息内容密切相关。这是由电商直播传播以吸引消费者群体的组织传播目标所决定。电商直播传播受众具有一定的产品关注兴趣与潜在产品需求,突出强调产品的功能与价值,优惠与承诺则使其产品营销传播内容更具传播力。主播通常以直播形式进行特色产品营销信息传播,并以产品适合消费者群体的特征意见传播来更好地锚定潜在消费者群体。其主要传播内容包括3个方面的内容:首先,突出商品使用价值和需求满足程度,即强调商品价值以引导消费者购买欲望。一方面,突出产品自身的质量与功能卖点;另一方面,注重产品附加值作用与相应使用情境描述。其次,抓住消费者价格承受心理,通过反复强调商品优惠,进一步激发消费者的消费意愿。最后,主播在汇总传播受众消费疑虑后,作出合适的产品消费承诺传递,以进一步增加消费者对传播信息权威性与可信性的认可,促进购买消费行为。

3. 传播媒介:算法推荐产品传播流量

电商直播传播以直播IP吸引与存留大量传播流量,然而,其背后看不见的算法推荐产品所汇聚的传播流量更加持久、更加巨量、更加重要,而且"直播IP+算法推荐"是主播与产品联合汇聚巨大传播流量的核心传播结构。电商直播传播受众流量的形成有两种方式:一方面,主播的网红IP吸引效应决定了部分受众主动追逐跟随热点直播IP;另一方面,更大规模的受众则受电商平台算法推送影响其接收内容。同时,传播内容的推送算法与受众个体已有的消费记录、购物车清单、点击浏览习惯等关联度较高。此外,借助不同应用的数据痕迹进行商品关联,如浏览器、社交媒体或其他应用的与产品有关的搜索记录、语音信息、聊天痕迹等商品名称关联推送。电商平台智能商品推送是一种以关联算法为主体的传播内容推送应用,以求最大限度地引流消费者注意力到电商直播平台,并促进形成算法推荐产品传播流量优势。

4. 传播受众:消费群体购买意愿转化

一般而言,消费者群体作为电商直播传播的主要受众群体,其购买行为的促成需要两个条件:消费欲望与购买理由。消费需求引发消费欲望,消费需求可以通过营销广告被凭空创造,但是消费欲望则必须进一步引导才能被激发出来。消费者群体购买意愿转化为消费行为,除了需要激发消费欲望,还需要有说服消费者进行购买行为的可信任理由,为此,促成消费者购买行为的根本原因在于电商直播传播的说服性传播。所谓说服性传播,是指传播者有意图地扩大某种传递意见内容与说服对象所持初始态度之间的差距,并以此差距引起说服对象心理补偿需要,从而开展引导与改变说服对象态度的行为过程。从直播实践来看,电商网红因其具备高超的说服性技巧而提升直播传播内容说服性特质。在产品质量有保障的前提下,直播传播说服性意见传递的核心是"引导术语"、商品功能特征、产品消费性价比3个方面所形成的说服传播闭环。

5. 传播效果:爆款品牌掀起粉丝经济热潮

电商直播传播常常引流爆款产品,并建立以电商直播品牌为IP的圈层化粉丝经济。电商直播传播的火爆流量是其传播效果的直观体现。传播效果优势的形成,主要是传播影响累积与传播流量叠加。在传播影响方面,电商直播传播具有网红品牌与电商平台品牌的双重传播影响。一方面,网红产生的粉丝经济是电商直播传播粉丝圈层形成和维持的重要原因,知名网红开播是引发电商直播传播热潮的直接原因;另一方面,电商平台品牌因素决定了商品优惠吸引力度从而为直播传播提供引流聚流传播力,这为一般网红 IP 开播创造火爆传播效果提供极高实现的可能性,也奠定了电商平台品牌强大的传播力。总而言之,电商直播传播效果由热门网红主播、热销类型商品、热度电商平台 3 个重要传播影响因素耦合获得极度火爆的消费直播传播,从而形成爆款品牌粉丝经济热潮优势。

（资料来源:黎志勇,杨玉娟.数字媒体时代电商 5W 直播传播模式研究[J].北方传媒研究,2023(5):5-8,14.）

第三节　数字媒体营销的方法

随着互联网的发展和智能手机的普及,数字媒体营销已成为企业推广品牌和产品的重要手段。数字媒体营销是指通过数字化的媒体平台和技术手段,利用互联网和移动互联网的特点,以数字化形式传播信息,达到营销目的的一种方式。常用的数字媒体营销方法有以下几种:

一、搜索引擎优化（SEO）

搜索引擎优化是指通过优化网站结构和内容,提高网站在搜索引擎中的排名,从而增加网站的曝光度和流量。通过对网站进行关键词研究和优化、优化网站内部链接、提高网站的加载速度等手段,可以提高网站在搜索引擎中的排名,使用户更容易找到并访问网站。

二、内容营销

内容营销是指通过生产和分享有价值的内容来吸引目标用户,并最终实现销售目标。通过撰写优质的博客文章、制作吸引人的视频、发布有趣的社交媒体内容等,可以吸引用户的关注,并建立起良好的品牌形象和用户群体。在内容营销中,关键是要了解目标用户的需求和兴趣,提供他们感兴趣的内容,从而获得用户的信任和支持。

三、社交媒体营销

社交媒体营销是指通过在社交平台上发布有趣的内容,与用户进行互动,达到营销目的的一种方式。通过在社交媒体上建立品牌形象、与用户进行交流、推广产品等,可以有效地吸引用户的关注和参与,提高品牌知名度和用户参与度。在社交媒体营销中,关键是要选择适合目标用户群体的社交媒体平台,并制订合理的推广策略。

四、移动应用营销

随着智能手机的普及,移动应用营销越来越受到企业的重视。通过开发和推广手机应用程序,可以将品牌和产品直接展示给用户,并与用户进行互动和交流。在移动应用营销中,关键是要设计一个易于使用和有趣的应用程序,并通过应用内广告、推送通知等手段吸引用户的参与和使用。

五、影响者营销

影响者营销是指通过合作与社交媒体上拥有大量粉丝和影响力的人物,利用其影响力推广品牌和产品。与影响者合作,可以借助其粉丝和影响力,将品牌和产品推荐给更多的用户,提高品牌知名度和销售量。在选择合作的影响者时,关键是要考查其粉丝的质量和与目标用户的匹配程度。

六、数据分析与优化

数字媒体营销的关键在于数据的分析与优化。通过对用户行为和反馈数据的分析,可以了解用户的需求和兴趣,优化营销策略,提高营销效果。在数据分析和优化中,关键是要选择合适的数据分析工具,合理设置数据指标,并及时调整优化营销策略。

总之,数字媒体营销是企业推广品牌和产品的重要手段。通过搜索引擎优化、内容营销、社交媒体营销、移动应用营销、影响者营销和数据分析与优化等方法,可以有效地吸引用户的关注和参与,提高品牌知名度和销售量。在数字媒体营销中,关键是要了解目标用户的需求和兴趣,选择合适的营销方法,并不断优化和调整营销策略,以提高营销效果。

📖【知识链接】

数字媒体艺术在太平鸟视觉营销中的应用

太平鸟的年轻化视觉营销策略在市场中取得了显著的效果,但随着 Z 世代消费势力的崛起,越来越多的品牌开始将营销目标向年轻群体迁移,在这过程中不免出现同质化和内容质量良莠不齐的问题。太平鸟的数字化转型让其在激烈的品牌竞争中脱颖而出,将数字媒体艺术与品牌视觉营销相结合,继续巩固时尚龙头地位。

1. 数字化赋能商品开发

太平鸟的数字化转型首先体现在将全渠道数据赋能于商品开发,直击消费者痛点,配合品牌视觉营销持续打造爆品。太平鸟公司自 2017 年以来与阿里携手打造"品牌数据银行",将所有与品牌相关的数据,包括门店销售数据、线上支付数据、消费者偏好等纳入数据库,依托这些大数据与人工智能技术建立消费者洞察驾驶舱,及时捕捉时尚需求,并服务于商品开发设计环节。真正做到以消费者需求为核心,以消费趋势、销售数据、市场动态等为参考,精准预测流行趋势和市场需求,提高商品设计开发的事前准确度,进一步配合相应的视觉营销与展示策略,真正做到在商品开发设计环节就直击消费者痛点。

2021 年,太平鸟通过大数据洞察了解,IP 联名已成为目标消费群体 Z 世代中 TGI 最高的因子,太平鸟开始"设计+联名"的战略转型。2021 年 6 月,太平鸟与独立设计师品牌 SHUSHU/TONG 进行设计联名,推出合作胶囊系列小黑裙,将 SHUSHU/TONG 乖张俏皮、浪漫梦幻的视觉风格体现得淋漓尽致。通过与年轻潮流群体中大热的 IP 联名合作,太平鸟该款服装月销量达 3 000 件以上,成为当月淘宝女装销量榜单第三名,不仅获得了良好的销售数据,更进一步强化了品牌与消费者的黏性。

2. 数字化打造沉浸体验

随着多种数字化多媒体技术的发展,现在的企业与品牌在视觉陈列与营销中已经不满足于传统的展牌、货架、文字这些传统的陈列方式,而是寻求"数字科技"与"视觉陈列"的结合,为消费者打造沉浸式的体验效果,进而打造极致的购物体验,更好地拉近与目标消费者的距离。

2020 年,太平鸟时尚中心落成,太平鸟开启了"时尚科技"数字化时代。在其多个门店的陈列设计中都加入了智能货架与智能陈列技术,通过 LED 大屏打造互动墙面,通过捕捉消费者的触摸、拖动等行为,实现不同款式服装的高效智能换装,为消费者带来有针对性的个性体验,让观众在数字化互动体验中感受时尚的乐趣。

除此之外,2021 年 3 月,太平鸟男装携手《瑞克和莫蒂》,联合当红视觉艺术家 JoshuaVides 在上海网红街区愚园路 FiuGallery 开启异次元"怪诞实验室"展览。该展览将互动屏幕、全息成像等多种数字化技术与 JoshuaVides 标志性的简约黑白线条相结合,把"化学实验室"的现实概念从三维立体的形态转变为二次元平面的风格,使展览空间更具艺术风格,给消费者带来了前所未有的沉浸式互动体验。

3. 数字化优化视觉展示

对于品牌来说,传统的视觉展示方式大多集中于门店陈列、静态海报等,但随着数字化技术的崛起,品牌的视觉展示迎来了新的变革与创意。尤其在服装行业,电商的格局转变为各大品牌提供了机遇与方向,在线上线下融合的消费新模式、新业态的快速发展下,品牌视觉展示的交互性、平台性、优质性逐渐凸显。

太平鸟公司逐渐将线上销售渠道向抖音、小红书、微信小程序等社交媒体进行拓展,不再局限于传统的电商平台,而是充分考虑不同社交媒体平台的生态属性,进行相应视觉展示素材的优化。比如,在抖音平台,太平鸟选择了用户更容易接受的视频、直播方式进行产品展示,而在小红书和微信,则采用更适合用户阅读习惯的图文形式。除此之外,太平鸟在优化其视觉展示效果的同时,致力于运用数字化技术,实现线上与线下的联动,进一步加强消费者体验。

最突出的就是太平鸟在 2022 年 7 月发布的 XR 沉浸式时尚秀,运用 XR 技术将时尚走秀与电商直播融合。通过计算机的数字化技术,将真实的模特走秀与虚拟的秀场背景相结合,以"云走秀"的方式将品牌的秀场搬入消费者触手可及的手机屏幕中,为消费者呈现一场天马行空的视觉盛宴,而这样全新的视觉展示方式,为品牌与消费者的沟通提供了新的可能。

（资料来源:顾晨娴.数字媒体语境下的太平鸟品牌视觉营销分析[J].丝网印刷,2023 (18):75-77.）

第四节 数字媒体营销策划

一、数字媒体营销策划流程

数字媒体营销策划是一个系统性的过程,需要经过多个阶段以确保有效的执行和实施。以下是一个典型的数字媒体营销策划流程。

(一)市场调研和目标设定

①目标受众:确定主要的目标受众,了解他们的需求、偏好和行为。

②竞争分析:分析行业内竞争对手的数字营销策略,找出竞争优势和机会。

③目标设定:设定清晰、具体、可衡量、可达成的数字营销目标,如提高品牌知名度、增加销售、提高网站流量等。

(二)制订数字媒体战略

①选择平台:根据目标受众和业务类型,选择适合的数字媒体平台,如社交媒体、搜索引擎、电子邮件等。

②内容战略:制订内容发布计划,确定发布的内容类型、频率、形式,并确保与目标受众相关。

③广告策略:制订广告策略,包括付费广告、影响者合作等,确保广告与整体数字媒体战略一致。

④互动计划:确定与受众的互动计划,包括回应评论、参与社交活动等。

(三)内容创意和制作

①设计视觉内容:制作有吸引力的图像、视频和图形设计,以提高内容的可视性。

②制作多样化内容:创造各种类型的内容,包括文章、视频、图集、互动内容等,以满足不同受众的需求。

(四)执行数字广告和推广

①付费广告:设定广告预算,创建和投放广告,使用广告平台提供的定位选项将广告展示给目标受众。

②社交媒体推广:利用社交媒体平台的推广功能,提高品牌曝光度,吸引更多关注者。

③搜索引擎广告:利用搜索引擎广告,提高网站在搜索结果中的可见性,增加网站流量。

(五)社交媒体互动和管理

①社交媒体互动:与受众互动,回应评论、分享用户生成的内容,建立积极的社交媒

社区。

②社交媒体管理:确保社交媒体账户定期更新,发布内容按计划执行,同时进行监控和危机管理。

(六)数据分析和优化

①使用分析工具:利用社交媒体平台提供的分析工具和 Google Analytics 等工具,监测关键指标,了解用户行为和互动。

②数据分析:对数据进行深入分析,识别成功的策略和不足之处,为优化提供依据。

③优化策略:根据数据分析的结果,调整数字媒体战略,改进广告和内容,提高整体效果。

(七)报告和评估

①定期报告:定期生成数字媒体营销报告,总结关键指标和战略效果,向相关方进行汇报。

②评估结果:对整个数字媒体营销策划流程进行评估,总结经验教训,为下一阶段的策划提供指导。

(八)调整和持续改进

①根据反馈调整:根据受众反馈、竞争对手动态和市场趋势,灵活调整数字媒体战略。

②持续改进:将持续改进作为一个循环,不断学习和适应,以确保数字媒体营销策划的长期成功。

通过执行以上流程,企业能够建立一个有针对性的数字媒体营销策略,更好地与目标受众互动,提高品牌知名度,实现销售和业务增长的目标。

二、数字媒体营销策划技巧

数字媒体营销策划是一个综合性过程,需要考虑多个方面来确保成功。以下是一些数字媒体营销策划的关键技巧。

(一)深入了解目标受众

将目标受众划分为不同的细分市场,了解他们的兴趣、需求和行为,以更有针对性地制订策略;了解购买决策过程中的关键人物,以确定如何最好地满足他们的需求。

(二)明确营销目标

确定清晰、具体、可衡量和可实现的数字营销目标,如提高网站流量、提高社交媒体关注者数等;制订既包括短期成果也包括长期战略目标的全面计划。

(三)选择适合的数字媒体平台

选择目标受众常用的数字媒体平台,确保品牌消息能够在最相关的平台上被看到;综合使用不同平台,构建统一的品牌形象,确保覆盖更广泛的受众。

(四)精心制订内容战略

制订多样化的内容战略,包括文章、图像、视频、互动内容等,以吸引不同类型的受众;确保内容提供有价值的信息,解决目标受众的问题,并与他们建立有意义的连接。

(五)建立品牌一致性

在所有数字媒体渠道上保持一致的品牌形象,包括标志、色彩、语调等,以增强品牌认知度;无论在哪个平台,都确保传递的信息是一致的,避免混淆受众。

(六)注重互动和参与

通过回应评论、分享用户生成的内容,积极参与社交媒体,建立与受众的互动;利用问答和调查等互动方式,激发受众参与,增加品牌与用户之间的互动。

(七)数据驱动决策

利用分析工具监测和分析关键指标,了解用户行为,以指导决策;根据数据的反馈,实时调整数字媒体策略,以最大程度地提高效果。

(八)创新和时尚

保持对数字媒体和行业的变化趋势的敏感,随时更新策略以保持竞争力;尝试并整合新兴的数字技术和工具,以提高创新性和时尚感。

(九)整合数字广告和有机推广

综合使用付费广告和有机推广策略,确保数字广告与有机推广策略相辅相成,实现更广泛的曝光和影响力。

(十)危机管理和预案

建立危机管理预案,制订数字媒体危机管理预案,以应对可能出现的负面事件或舆情。

(十一)团队协作

有效沟通和团队协作,确保数字媒体营销团队内部协作良好,保持有效沟通,以实现战略目标。

(十二)持续学习和改进

不断学习行业最佳实践,根据经验和数据不断改进数字媒体策略,以确保持续成功。

通过运用这些技巧,企业可以更好地规划、执行和优化其数字媒体营销策略,提高品牌的数字可见性和影响力。

📖【知识链接】

新媒体传播助力哈尔滨网红旅游城市形象建构

1. 成立城市形象提升小组,构建"多声部"传播主体

（1）集中部署,统一行动

政府是城市形象的主导者,要充分发挥政府统筹协调作用,联合政务全媒体平台、中央省市重点新闻网站、优质自媒体成立城市形象提升小组。统筹各级各相关部门和单位协力协作,对城市形象进行主题制订和策划,由政府、企业、行业协会、社会大众组成"多声部"传播主体,建立项目式合作机制:重点围绕"七大都市"、城市文旅形象等开展"网红哈尔滨"主题宣传活动;加强组织策划,举办国际冰雪体育赛事,开展城市节庆活动,为城市原创视频提供内容素材;利用全市各类文化载体,将品牌信息融入城市社交活动,集中力量积累城市品牌影响力。

（2）强化财政资金引导带动作用

加大公共财政投入力度,建立完善专项资金,切实保证政务平台在运营管理及开展活动中的所需资金到位;吸纳专业人才对官方平台进行运营管理,将新媒体信息发布与传播服务项目纳入相关部门政府购买服务指导性目录,对文旅海外平台Facebook、Twitter、YouTube、Instagram的日常运维和平台营销以招标的形式购买优质文化企业的服务;发挥各类文化引导基金、专项资金的作用,支持新媒体城市形象宣传重点项目建设和运营。

（3）契合数字媒体社会发展趋势,加速布局数字技术覆盖文旅产业传播

随着数字技术向旅游领域的持续渗透,要加大旅游大数据建设、旅游重大决策数据分析体系建设,由政府牵头组建文旅数据资源整合使用协调机构,加强旅游领域公共性数字平台建设,为旅游管理部门的政策制订和决策优化提供科技支撑;加快先进数字技术在旅游传播及相关领域的综合应用,推广大数据、人工智能等在文旅领域场景和文旅传播中的运用,为"线上打卡+线下体验"打下坚实基础,促进沉浸式、体验型文化旅游消费。

2. 官方平台深耕特色文化内容,丰富传播元素

（1）以特色文化为核心,筑牢网红内容生产根基

多个新媒体平台相关统计数据显示,基于城市文化特质的新媒体传播更受人们青睐;在大众喜欢的城市特质中,文化魅力排在第一位。新媒体平台传播要聚焦本土具有吸引力与竞争力的特色文化,挖掘具有亲和力、感染力的故事,善用网言网语讲述有趣、有料的城市多元化文化故事,推出一批传播面广、阅读量高、能直击消费者内心的高质量新媒体作品,通过城市故事与经历引发网友共鸣,激发对城市的向往。

（2）拓宽视角,不断发掘隐藏热点

随着旅游消费诉求的个性化、多样化、高端化的发展,现代社会消费主力已经转变成"90后"和"00后",在文旅新媒体宣传内容中不但要体现传统城市景观,还要把握受众和时代需求,寻找契合年轻受众兴趣的吸引点,增加城市生活方式的展示,以生活化的镜头语言介绍哈尔滨网红美食、网红民宿、网红书店、网红夜市、网红街区、网红咖啡馆、网红菜场等新兴旅游打卡点位,通过社群传播,利用年轻消费者社交喜好引燃网络爆点。

（3）强化视觉效果，加大高质量短视频体量

我国现有互联网用户超 10 亿人，网络短视频用户规模超 9 亿人，短视频逐渐成为旅游业营销的一大法宝，大多数"网红城市"是通过制作精良的短视频而走红的。《短视频、直播助力新型县域经济发展研究报告》指出，2020 年，抖音上的文旅视频全年总量逾 8.8 亿，比 2019 年增长 60%。全年文旅视频播放量逾 9 260 亿次，比 2019 年增长约 50%。《短视频与城市形象研究白皮书》给出一套城市形象视频拍摄的方法论——BEST 法则，即 BGM（城市音乐）、Eating（本地饮食）、Scenery（景观景色）、Technology（科技感）。要借助数字技术、网络技术等高科技成果，在视频处理、音频处理、图片处理、动画制作等方面精耕细作，增加无人机多角度航拍、720 云 VR 全景展示、别出心裁的剪辑和酷炫的配乐，营造年轻族群喜欢的视觉效果，加强城市形象视觉印象。

（4）加大官方平台直播频次，全平台多形式推广文旅品牌

对于城市品牌形象打造而言，直播已经成为城市品牌与用户对话的有效手段。2017 年起，西班牙国家旅游局在中国开通官网。疫情后，西班牙国家旅游局一直在中国进行线上旅游品牌营销，其每周一次的西班牙全境旅游直播在中国社交平台走红。有数据显示，在其微博平台，每场直播观看人数都在 3 万左右，成功助推西班牙旅游在华获得广泛关注。此外，泰国国家旅游局、德国国家旅游局、新西兰旅游局都在中国社交平台开展"云旅游"，为重新迎接中国游客做足准备。《抖音直播 2021 年度生态报告》显示，2021 年，抖音旅行类直播观看人次同比增长 245%。哈尔滨文旅官方平台要积极联合本地金牌导游、优质户外主播组建直播推广团队，多角度全方位展示哈尔滨旅游城市形象，让网民随时体验哈尔滨城市生活，为旅游业复苏积攒潜在客群；邀请艺人明星、家乡运动员直播带货，面向全国宣传哈尔滨品牌，全面推介特色农产品、文创产品、工业产品，增加品牌关注度和提升品牌效应；策划文旅惠民直播特卖活动，联合旅游景区、博物馆、精品酒店等文旅单位，官方全平台线上直播特卖活动，促进旅游消费。

（资料来源：张珺.借力新媒体传播打造哈尔滨网红旅游城市的对策研究[J].学理论，2022（11）:64-67.）

📖【本章小结】

本章是有关数字媒体营销的概述，主要包括以下几个方面的内容：

第一节介绍了数字媒体的概念、数字媒体的分类以及数字媒体的传播特征。数字媒体是数字化的内容以互联网为传播载体，通过健全的服务体系分发到终端和用户，从而进行消费的全部过程。数字媒体的特征主要体现在超媒体性、交互性、超时空、个性化信息服务、虚拟多样性 5 个方面。数字媒体按时间属性分，可分成静止媒体和连续媒体；按来源属性分，可分成自然媒体和合成媒体；按组成元素分，可分成单一媒体和多媒体。数字媒体的传播特征包括使人类进入新对话时代、用户生成内容（UGC）成为可能、信息传播呈现去中心化趋势、信息定制化与精准传播。

第二节介绍了数字媒体营销的内涵。数字媒体营销是一种利用数字技术和互联网平台来传播品牌信息，吸引目标客户、促进交易和增强客户忠诚度的营销方式。它涉及多种媒体渠道，如网站、社交媒体、电子邮件、移动应用、搜索引擎、视频、音频等，能够实现多样化的、

个性化的、互动化的营销效果,并且这些效果的实现是可以量化的,以便数据分析和效果追踪。数字媒体营销与传统营销方式相比,主要体现在互动性与实时性、个性化定制和精准定位、测量和分析、成本效益、全球化和本地化、实验和调整的便利性、用户参与和品牌忠诚度等方面的差异。

第三节介绍了数字媒体营销的方法。常用的数字媒体营销方法包括搜索引擎优化(SEO)、内容营销、社交媒体营销、移动应用营销、影响者营销、数据分析与优化。

第四节介绍了数字媒体营销策划流程。数字媒体营销策划流程主要有市场调研和目标设定、制订数字媒体战略、内容创意和制作、执行数字广告和推广、社交媒体互动和管理、数据分析和优化、报告和评估,以及调整和持续改进等方面。数字媒体营销策划技巧有深入了解目标受众、明确营销目标、选择适合的数字媒体平台、精心制订内容战略、建立品牌一致性、注重互动和参与、数据驱动决策、创新和时尚、整合数字广告和有机推广、危机管理和预案、团队协作,以及持续学习和改进等方面。

📖【复习思考题】

1. 什么是数字媒体?数字媒体是如何进行分类的?

2. 数字媒体的传播有哪些特征?

3. 什么是数字媒体营销?常见的数字媒体营销平台类型有哪些?数字媒体营销与传统营销有什么区别?

4. 常用的数字媒体营销方法有哪些?

5. 数字媒体营销策划流程是什么?

6. 数字媒体营销策划的关键技巧有哪些?

📖【案例分析】

东方甄选山西行

一场文化直播盛宴,让山西成为爆火的"网红大省"。

2023年5月20日,农产品直播电商平台"东方甄选"在太原古县城举办山西专场,成为全网关注的现象级事件。

数据显示,5月20日,"东方甄选山西行""山西好物"直播专场,短视频相关播放量突破3亿次,超2 400万人次通过直播间观看。100多种山西特产几乎售罄,全场销售额突破7 500万元,订单数超过130万单。

1. 刷新国人认知:"山西话题"火出圈

近几日,无论何时点击当日抖音热搜排行榜单:"东方甄选山西行""山西会是下一个淄博吗""东方甄选能否带得动山西""董宇辉学习山西刀削面"等多个话题热度依旧霸榜。

5月22日,继"东方甄选看世界"平台直播大同云冈石窟和悬空寺后,"俞敏洪董宇辉化身金牌导游"登上抖音热榜第4名。在同城榜单中,"中国面食还得看山西""董宇辉学习山西刀削面""我为山西美食作宣传""山西醋到底有多酸"等话题的热度居高不下。

从上周开始,"东方甄选"山西专场直播,不仅在山西人的朋友圈里刷屏,还成为各个平台网友关注的热搜话题。展现山西之美的宣传大片、董宇辉推荐山西的4篇小作文、形式多样的山西非遗、主播激情讲解千年山西历史……这些文字、视频,让全国网友发现,原来山西不只有煤和醋,更有数不尽的文化底蕴。

在直播中,主播将山西数千年的深厚底蕴与左权小花戏、太原莲花落、晋南威风锣鼓、山西面食等非遗相结合,让全国网友沉浸式体验了来自三晋大地传统文化的魅力。

2. 三大"山西好物":老陈醋、汾酒、平遥牛肉销量最高

5月23日,有网友表示,从直播间下单的大同牧同牛奶、奇强酵素洗洁精、怀仁金沙滩酱羊肉、黄花饼和恒山三色糙米5件山西好物已经陆续到货。

在"东方甄选山西行""山西好物"直播专场当日,购物车里的百余件"山西好物",不仅受到山西人的热捧,很多南方网友也纷纷刷屏"买买买"。天南海北的网友们亲如一家人,在直播间里交流"山西醋究竟买几度合适?""有朝一日,去平遥古城吃平遥牛肉是多么有仪式感的一件事!"

山西老陈醋成为当天最畅销的山西特产,1天销售量超10万桶。黄盖汾酒当天销售也异常火爆,当地网友纷纷刷屏:价格非常实惠,快抢一单,囤起来!平遥牛肉当天热卖5万单。

据悉,太谷饼、莜面鱼鱼、闻喜煮饼、紫晶枣、石头饼、黄小米、青塘村粽子、刀削面等36款山西特产的成交订单数均破1万单。其中,有12款山西特产的销售额均突破100万元。

临县的青塘村粽子,原本是山西人熟悉的"地方好物"。在登上"东方甄选"直播间后,这款粽子被全国消费者抢购。商家拍摄的视频介绍,该款粽子1天就成交了2万多单,打印订单的打印机都快冒烟了!

3. 深度"游历"大同、忻州、朔州:为山西文旅融合发展助力

5月22日、23日,"东方甄选看世界"山西文旅专场还在继续!新东方创始人俞敏洪与"东方甄选"主播们深度"游历"大同、朔州,在云冈石窟、北岳恒山、悬空寺、浑源古城、应县木塔等景点,赏风景名胜、品文化韵味、尝特色美食。

"东方甄选"主播们一边推荐山西文旅产品、农产品和特色好物,一边带领网民深度"游山西"……"山西"话题又一次成为热搜的霸榜。他们走进浑源州署、圆觉寺、永安寺、文庙等景点,介绍精美砖雕和古老壁画,在与表演团队的沉浸式互动中感受浑源的历史文化底蕴。在直播带货环节,浑源凉粉"上车"秒没,三色糙米、玉米糁、苦荞茶、牧同牛奶等大同产品,通过俞敏洪与主播们的精彩讲解热销爆单。

俞敏洪在直播间感慨:"读万卷书,行万里路!读书是思想的行走,行走是思想的升华;读一点历史走一些路,看一些高山临一些大川,让生命变得更加的壮阔!"

据了解,5月24日、25日,"东方甄选看世界"将继续对忻州五台山、太原晋祠进行专场直播,持续助力山西文旅"出圈"。

(资料来源:上游新闻,2023-05-24.)

问题:

1. 案例中的文化直播盛宴让山西成为火爆的"网红大省",活动给了我们哪些启示?

2. 根据所学的数字媒体营销理论,试分析"东方甄选山西行"成功的原因是什么?

第六章

数字场景营销

📖【导入案例】

车来了App：独特的交通场景营销

随着绿色出行理念的普及，作为城市重要出行方式的公交方兴未艾，等公交成了大家都经历的场景。公交站台上只有相关的车辆站点信息，没有实时的车辆位置信息，这就导致人们经常会错过适时的公交车，影响出行。精准定位公交车信息、合理安排出行就是一个非常现实的场景需求。针对这种场景打造的车来了App应运而生，其营销十分精准。

车来了App的CEO宋晓天曾表示："我们的产品核心其实是解决一个场景。"对出行这个场景，查询车辆信息只是最开始的一个入口，客户会在后续过程中产生一系列需求，如到站提醒、目的地附近信息搜寻、利用碎片化时间读新闻、听歌等，这些都可以成为连接其他运营商的特定场景。车来了App专注做技术，并获得政府的支持，在实时公交这个细分场景渐渐掌握了主动权，客户数量显著上升。当客户数量达到相当规模后，车来了App开始了商业化的步伐，并在第一年就做到了3 000多万注册客户。

为什么车来了App的营销成绩会如此出色呢？这与车来了App的精准场景营销有着密切的关系，具体包含两个方面的原因：

(1) 流量集中且优质

车来了App的客户集中在公交站点，且出行路线固定，身边经过的店铺信息十分固定。在合适的时间推送合适的信息，流量变现的效果就会十分显著。

宋晓天说："我们的客户位置非常集中，与地图等软件上的位置相对分散不同。我们这个流量对线下连锁商业是'所见即所得'的优质流量。同时，量变才能达到质变，才能真正助力线下'新零售'等业务，推动位置广告业务的健康发展。"

(2) 客户使用频率高

客户一旦尝试过车来了App，便会直观地体验到它的便捷性和实用性。车来了App的客户黏性十分强。客户每天都会按照同样的路线出行，每天都会使用车来了App。这样高的客户使用频次，自然带来了良好的营销效果。根据统计，车来了App已为京东、苏宁、唯品会、屈臣氏等众多线上线下商家实施了广告投放，取得了良好的推广效果。

车来了App凭借等公交这个具体的交通场景，纵向挖掘客户需求，从而实现了精准的场景营销，不仅成功推广了自己，也将客户流量成功变现。

（资料来源：刘大勇.场景营销：打造爆款的新理论、新方法、新案例［M］.北京：人民邮电出版社，2019.）

思考：请分析车来了 App 的成功之处。你是如何理解数字场景营销的？

引言

在信息技术日新月异的推动下，我国互联网媒体的覆盖范围进一步扩大，信息获取和互动交流的效率不断提高，互联网媒体环境呈现出大众化、移动化、高速化、互动化等特点。同时，随着互联网使用人群的不断扩大，海量化和碎片化的信息遍布网络，信息细分化的精密程度不断提高，用户资源被不同的媒介所分散。同时，用户对移动设备的使用时间、频率进一步提升，对移动端的依赖性更强。而手机 App 种类的增长，覆盖了用户衣食住行用等多个场景。此时，流量已不再是用户最关注的问题，用户更看重的是基于碎片化场景体验的价值。彭兰教授在《场景：移动互联网时代媒体的新要素》中谈到，场景之争即是移动互联网的入口之争。

万物互联时代的到来，时间碎片化、传播去中心化、资讯获取社交化、用户消费多样化等使得场景营销从单线单程点对点营销变为多线全程精准营销。广告在用户需要它的时候"恰好"出现，是最理想的状态。Web 4.0 时代下，广告传播对信息储存的容量需求更大，用户与品牌的互动需求更强，用户对广告内容的质量要求更高。如何在广告传播过程中争取到更多的用户注意力资源成为新媒体广告领域亟待解决的关键问题。

1. 网络技术发展迅猛，网民数量增长迅速

中国互联网络信息中心（CNNIC）发布的第 52 次《中国互联网络发展状况统计报告》显示，截至 2023 年 6 月，我国网民规模达 10.7 亿人，互联网普及率达 76.4%，我国手机网民规模达 10.76 亿人，网民使用手机上网的比例达 99.8%。通过分析我国近年来网络购物用户的规模趋势变化可以发现，我国网络消费群体在不断壮大，线上消费模式受到广大网民用户的欢迎。

2. 大数据技术应用无所不在，线上场景营销便捷多元

随着互联网技术的发展和普及，线上网络购物消费模式应运而生，并逐渐受到网络用户的青睐，各品牌、企业为满足用户购物需求不断更新完善线上营销模式，实施多元化线上场景营销。比肩发展的数字场景营销模式不断渗透到用户的日常生活当中，为用户提供多元化的便捷服务，并逐步改变着用户的消费心理和消费行为。借助互联网信息技术构建一种适用范围更广、功能更全、更便捷有效的个性化营销体系。通过设计策划营销场景将消费用户与营销产品连接起来，使得"产品+场景"潜移默化地进入消费用户的认知当中，一旦消费用户进入固定场景中就会联想到"该产品"，从而促进消费用户将购买意愿转化为购买行为，实现最终的营销目的。利用大数据技术策划的各种产品服务独特的场景营销模式，不断拉近品牌与用户之间的距离，品牌和商品必须适应数字经济市场的发展要求，走入数字场景营销时代。

3. 用户的个性化需求凸显，数字营销模式日趋成熟

在当今移动互联网时代下，移动网络用户数量攀升，用户需求推陈出新，企业和商家们

的营销活动面临着新的挑战和机遇。为了满足用户在生活、工作、消费、娱乐等各方面的个性化和多元化需求,众多企业、商家都在努力创新产品服务的营销方式。从营销的长远目标和长期诉求来看,满足用户个性化需求,完善数字场景营销模式成为企业和商家们营销的重要目的。

第一节　数字场景营销的概念

数字技术的发展和移动互联网的普及,推动了信息资源的流动模式和活动场景的转换更新,加速了新闻媒体、消费客户、企业机构等社会行为的转变。数字场景时代的到来影响消费用户的生活方式和工作状态,同时促进了传统线下场景营销向线上场景营销的融合,利用互联网大数据技术充分发挥消费用户的数据潜能,重塑场景营销的媒介生态。

回忆一些令人印象深刻的产品,几乎都和某种具体场景联系在一起。例如,王老吉和吃火锅的场景、脉动和运动疲倦的场景、优乐美和冬天暖心暖胃的场景,等等。在营销中描绘一个清晰的场景,往往能抓住消费用户的痛点和痒点,增加产品和消费用户的关联度,这是场景营销愈发受到青睐的原因。场景营销描绘了一个与消费用户息息相关的消费场景,是一种以客户为中心的体验式营销,能够渐渐拉近品牌和消费用户的距离。

一、场景的含义

“场景”一词,最早起源于戏剧影视行业,是用来描述人物在时间、空间下发生的任务行动或人物关系构成的具体生活画面。所谓场景,简略来说就是人们日常生活的映像。随着互联网的普及和移动互联网络环境的不断完善,场景构建越来越依托互联网技术,人们的购物消费需求从追求传统的产品、服务转向了寻求场景式的体验。

例如:2023 年 3 月 1 日下午两点(时间),教师们在会议室(空间)参加教学研讨会(一定的任务行动或因人物关系所构成的具体生活画面),这就是一个典型的日常场景。其实每个人每天都穿梭在不同的场景之间,办公室场景、家庭场景、聚会场景、会议场景等,甚至可以说无处不在的场景把这个世界连为一体。

“场”就是时间和空间。客户可以在这个空间里停留和消费,如果一个人不能在某个空间里停留、消费,这个场就是不存在的或者是无效的。

“景”就是情景和互动。当消费用户停留在这个空间和时间时,需要有情景和互动来触动客户的情绪,并引导客户的意见。

二、数字场景营销的含义

数字场景营销是在移动互联环境下,基于消费用户所处的具体情境,以技术为导向,打通线上与线下的连接,为消费用户提供定制化与沉浸式体验的营销方式,是一种基于移动互联网技术的发展而出现的智能式营销方式,是企业围绕消费用户活动场景,帮助消费用户更好地完成其意愿活动,以取得营销成果的手段。

数字场景营销是一种在互联网技术的基础上,通过人们上网行为处在输入、搜索以及浏览场景中的一类来实现营销的新理念。企业围绕网民利用浏览器或搜索引擎所进行的资料搜集、信息获取、休闲娱乐以及网络购物等一系列活动场景,构建以"兴趣引导+海量曝光+入口营销"为线索的网络营销新模式,并充分尊重客户的网络体验。数字场景营销同时利用用户消费需求和企业的营销推广需求,将消费用户和企业更加紧密地联系起来。

场景营销的概念最早由国外学者 Kenny 和 Marshall(2000)提出,他们指出新技术的出现使企业随时随地都能接触客户,客户获取信息的途径将从个人计算机扩展到购物中心、零售店、机场、汽车站等。在移动场景下,企业可通过营销"移动终端"(如智能卡、电子钱包和条形码扫描器)来开拓大量接触客户的机会,并建议企业充分利用互联网的力量和影响力,向客户传递量身定制的信息。这是以客户为导向的营销策略。

三、场景化思维

如图 6-1 所示为传统营销方式。通过图中的指标将目标消费者进行细分,然后选择出目标消费人群,进而对其展开营销行为。

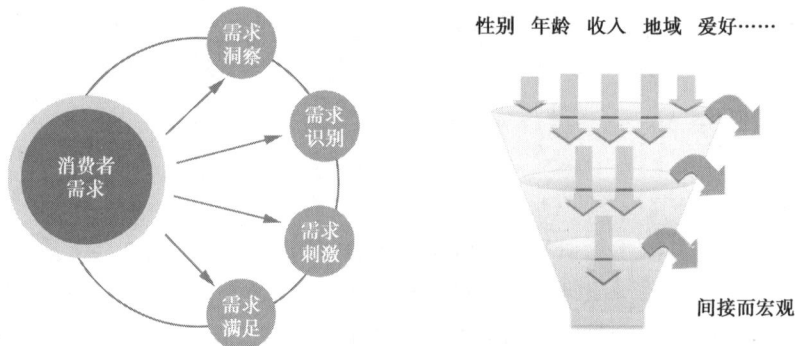

图 6-1　传统营销思维方式

而当今的营销方式可以如何呢? 大家可以回忆一下选择哪款音乐软件的动机,往往都是发生在一些偶然的场景下。比如,在刷短视频时听到一首歌或者背景音乐,很喜欢,于是去搜索,发现只有网易云音乐能听,就去下载了网易云音乐。用户选择你是因为他想听的歌能搜到,但要搜这首歌是在特定场景下产生的。与其花大量的钱买曲库以防用户流失,不如换思路,构建出更多能激发用户想用你产品的场景,用场景连接产品,用户自然会顺着场景的线索找到你。而创建的场景越多,用户用你产品的机会就越大,频率就越高,联系就会越来越紧密。

那什么是场景化思维呢? 简单来说就是升维思考,需要站在一个更高的立足点去思考客户产生需求的底层逻辑(图 6-2)。

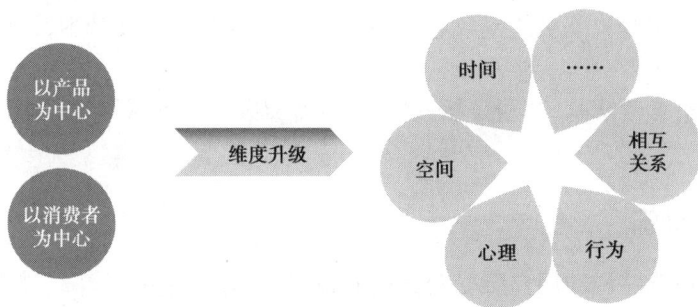

图6-2 数字场景营销思维方式

📖【知识链接】

场景营销的"五力模型"

罗伯特·斯考伯和谢尔·伊斯雷尔在所著的《即将到来的场景时代》一书中提到，大数据时代后，下一个趋势就是场景时代。他们指出场景时代的到来主要依托五大技术的支撑，即"场景五力"，分别是移动设备、大数据、社交媒体、传感器和定位系统。企业依据"场景五力"可以更精确地了解消费用户所处的具体情境，从而提供个性化服务解决消费用户痛点、痒点，营销将变得精准化。

"五力模型"为场景广告的发展提供了可靠的技术支持。

第一，基于可穿戴技术的移动设备(如谷歌眼镜、蓝牙耳机、运动手环等)被广泛运用，实现了人机信息的智能无缝对接，为场景的智能建构提供了基础设备。

第二，基于大数据技术，企业可以对消费用户的消费偏好进行集中整合，有效地构建清晰的消费习惯图谱，有助于更准确地预测目标消费者的需求，挖掘特定场景下目标消费者的消费习惯，直击目标消费者的偏好。

第三，社交媒体的普及，使得社交媒体的"关系图谱"实现圈层化的传播。社交媒体逐渐成为传播精准化、可靠化信息的必要途径。

第四，传感器是指能感受到被测量的信息，并能将感受到的信息按一定规律变换成为电信号或其他所需形式的信息输出的一种检测装置。随着传感器的普遍应用，消费者数据能够被实时捕捉、传递、存储，最后被集中处理。

第五，场景定位系统在场景设计以及线上、线下连接互动中起着至关重要的作用。基于场景定位，广告主可以准确定位消费用户所在的场景及相应场景下的消费需求，实现线上信息的准确推送和线下地点的及时互动，使广告主能够有针对性地投放场景广告。而场景定位精准度的提高以及室内"微定位"技术的不断发展和完善，将为场景广告的广泛应用提供更多可能性。

（资料来源：段雅楠.场景营销在新媒体广告中的应用模式及发展趋势探讨[J].新媒体研究，2020(6)：37-39.）

四、数字场景营销的特点

优秀的数字场景营销应该是基于客户所处的时间、空间、场景来打造客户体验的，其核心理念是以客户为中心。数字场景营销在当今移动互联网时代方兴未艾,同时具有和移动互联网相似的特点。

通过梳理分析参考文献、书籍等相关资料,对目前数字场景营销过程中的特点进行研究总结。

(一)互动社交性

数字场景营销能够调动用户感受及其内心情感,主要通过跨屏互动等活动使用户积极参与,打造社交场景,发掘用户最深层次的需求。比如,近几年春节期间支付宝推出的"AR扫'福'"活动,早期通过互助扫"福"加强了熟人之间的社交互动,后期采用AR技术,甚至可以通过"手势"扫得"福",这样用户的范围扩大了,即使陌生人也有可能参与到互动中,扩展社交效果。

互联网的快速发展给所有人都提供了成为传播者和发声者的条件,全体网民可共同参与和创造互联网的内容,这体现了互动社交性的"去中心化"。数字场景营销致力于生产好的传播内容,让消费用户自发地推广宣传。以支付宝为例,推广支付宝支付时运用扫码红包的手段。支付宝为客户提供生成专属红包的二维码,任何人扫描这个二维码都会给自己和二维码所有者带来一份红包,在进店消费时可以直接抵扣相应的金额。在这场营销传播的活动中,没有传统中心媒体的参与,就是一种"去中心化"的营销形式。"扫码领红包"的场景迅速固定在用户的头脑中,让用户每次使用手机支付时都会选择支付宝支付,从而达到"拉新""促活"的营销目的。

(二)精准高效性

在用户、内容、情境以及文化维度上具有精准高效性,帮助吸引消费用户。精准高效性虽然早期较难测量,但是随着技术的更新提升,在移动互联网时代,用户在移动终端产生大量的数据,为数字场景营销开展奠定了基础,实现了数字场景广告的精准投放。一方面通过线上智能设备、各类软件,以及使用行为等数据勾画出清晰的人群画像,通过对数据的筛选、清洗,细化丰富用户轮廓,如人口统计学特点和个性标签等;另一方面通过线下行为量化,使用户的行为轨迹得到完整的记录。目前的线下行为量化技术有LBS技术、Wi-Fi探针技术以及iBeacon技术。例如,当用户到达一个城市,手机内的App一般会通过GPS获取用户的位置信息,并为用户推荐与当地城市相关的导航、美食、住宿等信息。Wi-Fi探针是实现地理围栏技术的一种方式,通过Wi-Fi探针技术,无论用户的手机是否连接到Wi-Fi热点,均可获知用户经过该Wi-Fi热点的时间,并可获得用户的手机MAC地址,记录用户的线下行为轨迹。例如,用户进入星巴克店面,当用户打开手机Wi-Fi连接到星巴克店面的Wi-Fi热点,在Wi-Fi探针技术的作用下,用户会收到店面相应的促销信息推送。在数字场景营销中,依靠丰富而多维的数据,可以深刻洞察用户需求,同时随着定位技术日趋成熟,可以将营销信息精准推送给用户,有效地提升传播效果,降低广告成本,增加购买转化率。

(三)个性定制化

传统消费方式下,消费用户往往注重商品的"实用性",随着经济的发展,商品愈发丰富,人们生活水平逐渐提高,其消费行为发生了较大的转变,消费用户不再局限于商品的经济实用性,更加注重精神上的多元体验,更倾向于接受商品所赋予的社会标签、形象地位、风格爱好等个性化特征,消费需求变得更加多元化,其表现在追求感官上的享受、商品价值引起生活态度的共鸣、个人个性魅力得到展现等,定制化需求愈发凸显。数字场景营销为消费用户在消费过程中追求个性化体验带来了新的契机,在移动互联网时代,结合移动设备、大数据、传感器、社交媒体、定位系统等多种技术,让个性化传播成为可能,考虑个人的独特性,充分尊重每一个消费用户,满足不同层次消费用户的需求,制订个性化的传播策略,实现品牌营销内容与用户需求的最佳契合。

很多成功的数字场景营销案例中,产品都与"个性""定制"挂钩。例如,可口可乐,除了不断丰富产品种类,始终致力于为消费用户提供个性定制化产品。曾经一度风靡的"昵称瓶""歌词瓶",将姓名与音乐同饮品结合,"让可口可乐为你歌唱"。前期推出固定化的姓名、昵称,后期可以特殊定制,将可乐打造成个性化的产品,得到了消费用户的追捧。

第二节　数字场景营销的类型

当前对数字场景营销的类型并未有较为科学统一的标准,依据现有文献研究,可以根据场景营销的效果与呈现方式来进行区分。

一、原生现实场景营销

原生现实场景是基于真实界面形成的,构建在现实生活中的场景形态,它能为用户提供终端体验、基础服务、数据交互的社会或私人空间。主要发生在线下实际场景下的营销,如餐厅、购物中心、影院等,是基于消费用户所处的具体位置和时间,通过营造具体的场景与消费用户展开互动的营销推广活动,而这些场景营造与构建,都会与产品的特性、外观、作用等多种因素息息相关,将自己的产品放在一个大众生活的场景中进行营销,依托原生现实场景创造更大情感共鸣,更好地满足用户需求的营销活动。例如,宜家将实体店打造成多个相应的居家场景,如卧室、厨房、客厅等,消费用户在购买过程中切身感悟每个家居空间的场景,激发消费用户的欲望,并形成购买决策。现实场景中的原生场景营销通常与消费用户的真实生活契合,品牌利用营造仪式感的氛围,对商品的实物进行展示或者提供真实体验,满足大众内心特定的需求,从而增强对品牌形象的美好印象。

二、互联网虚拟场景营销

随着互联网时代的到来,传感技术、定位技术以及移动设备的蓬勃发展,营销环境发生了颠覆性改变。互联网虚拟场景营销发生在虚拟场景之下,而虚拟场景主要依托科技孵化出的媒介新技术,如移动设备、传感器、大数据、社交媒体、物联网、定位系统、人工智能等,将重塑整个人类生活方式和商业模式,催生出更多更复杂的互联网场景。传统的原生现实场景营销的定义已经无法概括互联网时代下的场景营销,营销场景从线下到线上,从 PC 端到移动端,场景营销发生着深刻的变革。互联网场景营销对用户数据进行挖掘、追踪和分析,在预测用户行为基础之上,构建场景活动,从而提供精准的营销服务。随着互联网的发展与移动端的普及,移动端逐渐成为用户数字生活的核心阵地,用户围绕移动终端产生诸多场景,而移动场景营销将越来越丰富,成为互联网场景营销的主要部分。

三、OMO 融合场景营销

一方面,互联网虚拟场景营销与原生现实场景营销相比,依靠大量消费用户数据,能够更加精准地预测用户行为,在一定程度上弱化了对原生现实场景的需求,但就互联网虚拟场景营销和原生现实场景两大场景而言,对用户都很重要,在未来的发展中互联网虚拟场景营销和原生现实场景将高度融合,带来体验更好的场景营销。

另一方面,在单一场景下进行营销活动所能辐射的圈层不足以承载品牌传播的需求。而在数字传播技术快速普及与应用的背景下,OMO 融合场景打破了以往原生现实与互联网虚拟场景间的壁垒,成为原生现实场景与互联网虚拟场景结合而来的产物。OMO 融合场景是依托于从硬件融合、系统融合、应用融合而逐渐演变而来的全新场景,在这种场景下的营销即为融合场景营销。品牌可借助终端,通过系统流程化的整合,对线上用户的数据挖掘和精准定位,为其推送适合的场景,增强线上线下场景的应用体验,激发交付与交互行为的发生。另外,AR、VR 等技术的出现,让营销活动有了全新方式。例如,通过"裸眼 3D"广告等创新融合场景营销,使得身处原生现实场景的用户可以体验虚拟场景,让人们深度沉浸在两者结合的融合场景之中。

第三节　数字场景营销的要素构成

数字场景营销可以看作"互联网+"在营销领域的集中体现。数字场景营销的构成要素包括数字场景打造、数字场景链接、多元大数据、互动社群、数字场景体验等。数字场景打造是基础,引导消费行为的产生;数字场景链接强调注重场景融合;多元大数据强调融合线上线下多重数据,描绘用户画像,并将具体的场景数据、用户数据等准确匹配;互动社群强调通过媒介依托优化数字场景运营;数字场景体验强调注重细节,提升用户体验感。

一、数字场景打造

衣食住行等生活场景是数字场景营销需要塑造的基础场景,除此之外,还需要打造特殊情感系统下的情境,主要通过时间、地点、行为等有针对性地进行投放宣传。

移动互联网的发展正在改变着用户的购物时间,用户的时间变得更加琐碎,而移动程序化场景营销更注重与用户的实时互动,想要打造符合用户习惯的生活场景,需要从多个场景了解用户的需求。时间上的准确判断和及时反馈就尤为重要,以便预测消费用户的下一步行动方向。当今消费用户所处的环境是不断变换的、移动式的,对于每一个特定的消费用户来说,一个移动场景是一个特定的环境,对于商家来说是一个"变量",难以把握。随着科技的飞速迭代,GPS、Wi-Fi 等定位技术不断发展,能够给移动场景提供准确的地理位置数据,为准确判断和识别消费用户所处空间环境提供支持。消费用户的行为场景是指个体当下的状态和动作,包括工作、就餐、居家、购物、旅行等,用户的行为场景包括线上场景和线下场景,线上场景数据可以通过移动互联网的使用轨迹数据、可穿戴设备的数据以及社交媒体的数据三个渠道获取,线下行为数据可以通过定位信息和消费数据得知。

数字场景营销的开展也是基于用户所处的不同场景,寻找用户的兴趣点并适时调整营销策略。可以说场景是一个载体,一个渠道,将用户与品牌主联系起来。

二、数字场景链接

随着互联网的发展,多场景融合成为一个必然趋势。在营销领域,设计出多元化的购物场景成为营销的重点。产品的场景营销越是具有多场景切换的特点,就越能深入用户生活,引导用户完成购买的过程就越自然顺畅。

来看一个麦当劳的案例——"充电饱套餐"。

1. 营销背景

麦当劳推出"充电饱"新品,加长汉堡蕴藏更多能量,为忙碌的人们"充电"。如何带动客户关于"没电"的共鸣,将新品迅速推向市场成为这次新品推广的突破点。

在这个忙碌的时代,"快"似乎已经被定义为所有事物发展的标准,对于麦当劳来说,到店率与停留时间成为品牌面临的挑战。

2. 营销目标

推广麦当劳"充电饱"新品,增加麦当劳消费用户的到店率与停留时间。

3. 策略与创意

当手机成为人们"延伸的器官"之后,电量成为网民的安全感来源,"没电恐惧症"作为用户普遍痛点,是各大品牌接近用户的难得机会;麦当劳"充电饱"与小米充电宝在名字上产生关联,在用途上有异曲同工之妙,品牌调性趋同是促成本次合作的契机。

麦当劳联合小米、一点资讯,打造"全民充电饱"活动:联动全国 742 家麦当劳门店,搭设小米充电宝专区,推出加长汉堡套餐"充电饱",推荐趣味资讯海报,为用户做到手机、身体、精神的三重"充电",展现了跨界联合营销的新模式。

在传播上,通过将店面、硬件、移动互联网三者有机结合,使推广、进店、体验、分享形成了新奇有趣的 O2O 整合营销。

4. 执行过程/媒体表现

第一步,电量+LBS 定位智能投放,多元创意+黄金资源全面触达。

创意执行:结合"充电"主题,制造多元创意形式,戳中用户身心俱疲的痛点,与麦当劳

"充电饱"巧妙且正面地结合在一起,在消费用户中引起很大的反响。

媒介表现:利用小米系统级 App 黄金资源,与户外、TVC 整合对活动进行曝光,并通过多种形式为活动预热。其中,小米作了一次前所未有的技术突破——结合 LBS 智能定位,聚焦麦当劳门店方圆 1 km 以内的米粉群体,在其小米手机电量低于 50% 的情况下,利用小米特有的系统级开屏广告、Push 消息推送及信息流广告资源,有针对性地推荐"麦当劳全民充电饱"活动,达到预热目的的同时,为到店引流发挥至关重要的作用。

值得一提的是,手机电量不足时,人们会习惯性地降低 App 的使用频率,以节省电量,通过单个 App 能触达到的目标用户量会大幅减少。小米系统级开屏广告,可覆盖小米旗下及其生态链企业中十几款 App,当客户启动其中任意一款 App 时,均可通过开屏广告触达。除了覆盖面广,系统级开屏广告还具备全局频次控制的能力,减少跨媒体的无效曝光,同时避免重复曝光对用户的打扰,最大限度地提升用户对"充电饱"活动的好感。

在线下,联动全国 742 家麦当劳门店,搭设小米充电宝专区,结合"充电饱"套餐、现场布置的趣味资讯海报,为用户做到手机、身体、精神的三重"充电"。

第二步,长尾内容产出缔造二次营销。

创意执行:以小米手机作为奖品,联合一点资讯举办"慢一点,养成健康饮食习惯"活动,吸引消费用户完成互动并进行分享。同时,通过病毒视频以 UGC 的形式进行传播,产出消费用户真正感兴趣的内容并在社交媒体中疯狂转发,制造热点事件。

5. 营销效果与市场反馈

麦当劳的销售增长率超过 15.7%,到店人数增长率超过 2.8%,远超品牌预期。

通过将店面、硬件、移动互联网三者有机结合,使推广、进店、体验、分享形成营销闭环,最大限度地让本次活动在更广的范围扩散并真正做到了实效营销。

三、多元大数据

随着互联网技术的升级和大数据技术的日渐成熟,数字场景营销中大数据技术的应用越来越繁复。通过融合线上线下的数据,大数据技术能够帮助企业描绘出用户画像,使数字场景营销更加精准。

用户在场景中的行为所形成的数据,是企业为用户"画像"并用来追踪目标消费用户的依据。尤其在移动互联时代,大数据可以被使用在各个地方,企业可以收集到消费用户的行为、爱好、生活特征、个人信息、个人状态、移动设备等多个方面的数据。通过对这些数据的记录、分析和挖掘,企业可以了解消费用户的属性特征,长期的观察则可以知晓消费用户的消费偏好和消费频率,精准地掌握消费用户的消费动态和消费心理,利用科学的算法,对用户线上+线下行为轨迹的记录和分析,可以了解用户的基本信息,对用户进行"画像",还可以挖掘用户的潜在需求,从而有针对性地对用户消费进行引导。通过数据的收集和整理分类,企业可以建立数据库,结合企业自身产品和服务的优势,深度洞察消费用户的需求,利用企业个性化、定制化以及差异化的服务来获得消费用户的垂青,从而最大限度地实现市场价值。

行为数据包含消费用户在移动设备上的浏览搜索记录、社交状况、购物历史、线下轨迹等;兴趣数据包含消费用户对品牌的爱好、消费偏好、娱乐兴趣点等;生活特征数据涵盖了消费用户的定位信息以及行动轨迹,利用场景数据可以不断地挖掘、分析、追踪消费用户的线下活动信息,使消费用户的线下轨迹和线上习惯相结合,以此建立对消费用户多方面的、立体的数据信息库,帮助企业预测消费用户的心理和行为;个人信息数据包括消费用户的个人基本信息,类似一份完整的个人履历;个人状态数据包括消费用户的婚恋情况、消费能力情况以及居住的地方等;移动设备的数据包括消费用户使用的移动设备的类型、型号以及操作系统。收集到这些数据就可以帮助企业在用户的碎片化时间里、在特定的时间和特定的地点创建符合消费用户当时消费需求的场景,也能精确预测到消费用户的未来行为和消费目标,使消费用户在特定的时空内完成交易。如今多元大数据已经应用到数字场景营销的各个环节,成为数字场景营销中至关重要的一个部分。

例如,2017 年 6—9 月,阿里妈妈携手日化行业的领先品牌——云南白药,开展了一系列以大数据为引擎,以阿里生态为舞台的营销行动,通过加热度、挖深度、拓广度三大模式,翻开了日化行业创新营销的新篇章。

6 月,云南白药牙膏官方旗舰店全新开业,开展了系列传播活动。经过深度挖掘品牌特色,"化明星粉丝为店铺粉丝"成为撬动此次新店开业的关键发力点,基于阿里大数据,通过对全淘用户搜索、浏览、购买、分享行为的深度挖掘,阿里妈妈为云南白药量身定制了"明星粉丝"人群包,在淘内为云南白药精心筛选了黄晓明、井柏然两位代言人的粉丝人群,同时,通过"帮爱豆上头条"的互动机制,激发"迷妹"们踊跃参与,在短短数天内,就为新店制造了过亿曝光,吸引了超过 75 万"迷妹"踊跃参与互动,为新店"借"来了超过 30 万粉丝,为新店的长期营销打下了良好基础;以明星带热度和黏度,阿里妈妈与云南白药一起探索并优化了"大数据+明星"赋能新店开业的全新营销形态,为行业树立了全新的标杆。

8 月,借《春风十里不如你》在优酷热播,云南白药与《春风十里不如你》作者冯唐合作,推出了春风十里旅行套装,以此为契机,云南白药和阿里妈妈开始了 IP 价值深度变现的探索之旅。

通过淘内数据与优酷数据深度打通,在优酷抓取了《春风十里不如你》的所有观影人群,并通过 ID 比对,对他们进行了淘内重触达,在大数据营销上迈出了关键一步。同时,通过对飞猪、优酷、捉猫猫等阿里系资源的深度整合,阿里妈妈为云南白药量身定制了 IP 媒体矩阵;对商旅人群、娱乐人群和行业人群进行了深度渗透。

以 IP 合作款产品为引爆点,通过大数据对品牌兴趣人群、牙膏类目兴趣人群、冯唐粉丝人群、《春风十里不如你》观影人群在淘内进行精准触达,品牌 8 月总销量同比去年增长超过 50% ,环比增长超过 25% 。

以多元大数据为引擎,云南白药把 IP 影响力变现挖掘到了全新的深度。

四、互动社群

"社群(community)"是在一定地理区域具有如规范、身份、价值观等相同点的人的复合体组成的社会团体,同时,表现了人的社会属性。传统行业中的"社群"具体表现为各种品牌专柜、商场超市的"会员"。当消费用户成为该品牌的会员后,后续消费时会得到比普通消费用户更大的优惠,从而将企业和用户的关系变得更加稳健。随着技术的发展,移动互联网改变了传统的营销渠道,企业开始转战各种社交平台、互动软件,构建互动社群的活动从线下发展到线上。品牌定位的垂直触达、宣传造势的准确迅捷,为企业招徕更加"气味相投"的消费用户,逐步造就完整的社群营销生态圈。当前社群营销如火如荼,微信、微博、抖音、小红书等新媒体平台成了营销人员的必投之地。新媒体平台低成本的投入便可打造一个消费倾向更为精准的社群圈子,企业只需通过引导意向、实现需求等营销技巧,便能在互动社群中游刃有余。

在进行数字场景营销时,场景的选择往往较难打造,而互动社群的建设可以提供一条捷径。如果构建了一个具体的互动社群,那么消费用户场景的选择就顺其自然地确定了。当下的分享经济时代,人们已习惯从分享中获利。一个好产品带有先天的社交属性,当消费用户产生了场景购买或者引起兴趣后,基于社交媒体技术的互动社群分享,常见的有通过社交平台发布即时状态或者生成链接广而告之,这些将促成产品服务进入二次场景营销闭环的入口,好友分享、"网红"传播都可以持续升温并扩大场景化效果。

例如,"喜马拉雅"App 中各大小主播建立的"圈子"。某主播,通过几年"说书式讲故事"的积累,形成了喜爱灵异怪谈、悬疑解谜的听友"圈子"。听友会分享自己了解甚至经历过的奇怪事件,主播会选取进行加工创作形成新的故事内容。同时,主播为自己的线下"小茶馆"和售卖商品打响名气,并逐渐与一些商家进行合作,为其推广宣传,如图 6-3 所示。

图 6-3 "喜马拉雅"某主播及其"圈子"

营销的目的是为产品找到目标用户,而互动社群连接的人具有明显的标签化特征,为营销目的的达成提供捷径。构建互动社群是优化数字场景运营的重要手段。如图 6-4 所示,很多品牌都已建立自己的社群圈。

社群分类	社群	所属品牌	社群定位	粉丝定位	线上活动	线下活动
新兴社群	霸蛮社	伏牛堂	青年社区，顺带卖米粉粉	在北京的湖南人（常德人）	全媒体（QQ、微信、微博）	兴趣小组（自行趋动）+店内活动
	小米社区	小米	小米产品社区（线上销售+用户服务）	米粉：手机发烧友；小米的粉丝；小米手机的深度用户	MIUI论坛；小米论坛；小米网	MIUI俱乐部；小米同城会；小米爆米花
	颠覆式创新研习社	上海知行明德投资管理顾问有限公司	针对颠覆式创新和互联网思维的学习组织	喜欢新鲜事物的人	线上培训课程—创新微课堂	培训课程
	mooc学院	果壳网	提供名校课程的学习社区	80万MOOC学习者	2 000+课程；10 000+点评；笔记	动漫手绘大赛；第一届花样笔记大赛
	罗友会	罗辑思维	自由人的自由联合	"爱读书的年轻人"（普通会员、铁杆会员）	全媒体（优酷视频、微信平台、罗友汇等）	罗友会（会员数：395万）

图 6-4 部分品牌社群

五、数字场景体验

移动互联时代,信息呈现碎片化趋势,企业营销需要将产品和服务利用碎片化的时间时时刻刻地展示在消费用户面前。场景在每个人生活中都稀松平常,无论是在商场购物,还是在餐厅就餐,抑或在站台等车,移动设备都会不断地给我们推送不同的场景,场景能够给消费用户带来良性的体验,就是因为它可以将数字化的虚拟生活与现实生活融合,体验在数字场景营销中有着举足轻重的作用。企业需要不断对营销内容、营销方式以及与消费用户的互动沟通进行改善创新,以使营销效果与用户体验融会贯通。消费用户在移动设备上输入要搜索的信息并进行浏览时,企业要开始关注消费用户的上网搜索记录与浏览记录,收集并挖掘消费用户的内在需求,从而依照信息打造恰当场景,规划新的营销路径。用户体验对产品和服务的宣传推广起着重要作用,是以在数字场景打造过程中,力求给予消费用户满足需求、远超预期的体验,如此将极大地提升用户的转换率,增强企业数字场景营销的效果。

在数字场景营销中,预期消费用户产生较好的体验,至关重要的一点在于企业对场景的细节重视。一般来说,设计场景的关键因素包括对象、动作、情境,换言之,一个优质的场景需要解答"什么人在什么条件下必须完成什么事情"的问题。场景细节越真实具体,消费用户的体验就会越积极。

譬如,很多景点都有自己的 App 导览讲解。故宫作为博物馆的翘楚,其 App 设计极为用心。除了具备为用户提供各场馆的开馆闭馆时间、景点交通路线和语音介绍等基本功能,还支持应用内直接拍照,不用退出再切换到照相机,并且可将游览照片直接分享到社交平台上。故宫 App 的地图界面还可以通过单手操作的方式放大或缩小,这是考虑游客在参观时手上有东西的场景,避免了双手使用的不便。

第四节 数字场景营销的运用维度

数字场景营销的运用主要有四大维度：场景维度、用户维度、行为维度、媒体和内容维度。其中，场景维度是数字场景营销的基石；用户维度能够帮助企业精准锁定消费用户；行为维度是利用数据分析消费用户行为；媒体和内容维度是借助新兴媒体宣传推广优质内容。这4个环节互相联系，构成数字场景营销的完美闭环。

一、场景维度

移动互联网将人们的时间分割成碎片，离散出碎片化的信息，于是数字场景营销发展为相机行事的营销手段。五花八门的营销场景唯有恰如其分地出现在消费用户周边和眼前，才能更好地引导用户采取消费行动。

例如，美团外卖 App 的商家推送就十分契合用户需求的不同场景。清晨，用户打开 App 首页会发现页面内容是快捷早餐；午间时分，页面内容就换成了能量补给的午餐；下午三四点钟，页面内容则变成甜点下午茶；傍晚夕落，页面内容展现丰盛的饭餐；夜班凌晨，加班党和熬夜党有夜宵享用，如图6-5所示。通过这些场景的吸引导航，用户很有可能根据推荐直接下单，并形成习惯在不同时刻打开 App 便捷地享用美食。

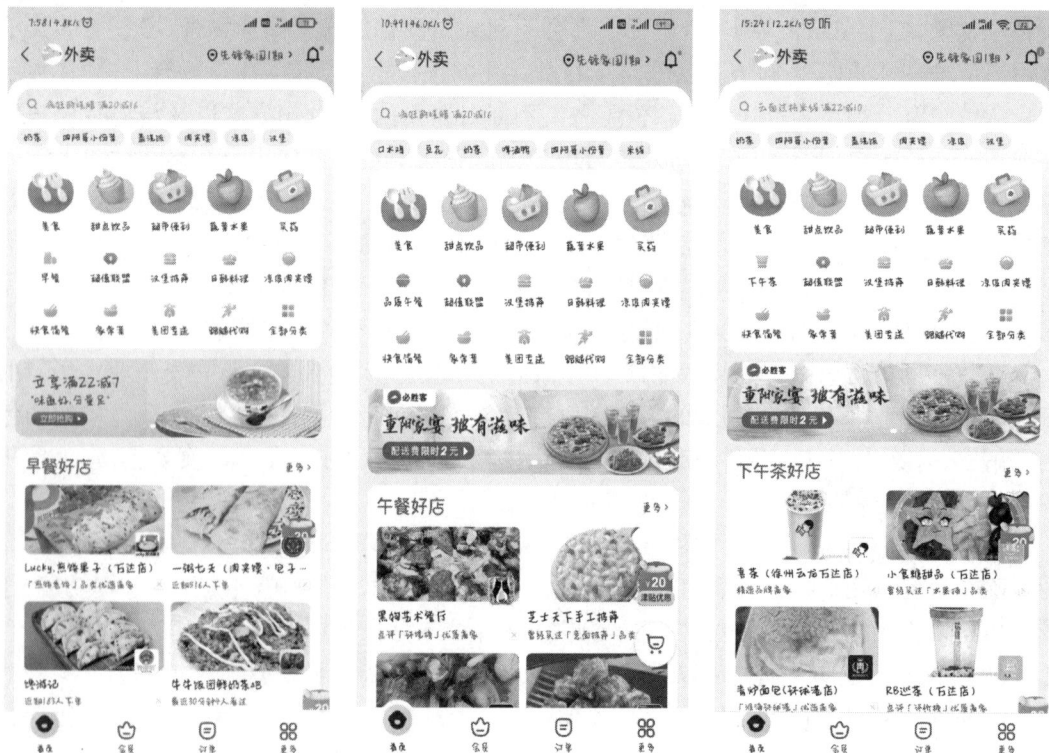

图 6-5　美团外卖 App

　　除了外卖 App 这种基于时间的场景定向手段,常见的场景维度还可以根据消费用户特征、日常情境、节日氛围等方式。譬如,农夫山泉利用消费用户日常情境的思路,成功进行了一次场景营销。借着共享经济的东风,农夫山泉联手支付宝和共享单车,一起开展了"共享天然,绿色出行"的主题活动,并推出多种场景下互动性十分强的场景海报,如图 6-6 所示。

　　这组海报展现了大众日常生活中的不同场景:户外骑行、健身房锻炼、手游娱乐、陪伴孩子玩耍。在这些场景中加入农夫山泉,让消费用户产生代入感,虽然场景在变,但产品的饮用依然方便,都可以直接单手"完爆"。直接将场景定向做到最细化并投放到相应的环境中去,自然能收获不同的消费群体。这些细微场景也许大多数人经历过,但小小的麻烦可能还不足以驱使人们去思考是否有更好的解决办法。但是农夫山泉思考并细化到不同的情境中,同时给出了解决方案,俘获了对应的消费群体。

　　农夫山泉时刻考虑用户需求并巧妙结合日常情境,精准投放挖掘消费群体,扩展出了更细分的消费市场。

　　此外,还有像"抗饿就吃士力架""经常用脑,六个核桃""送礼就送脑白金"等,这些引导消费用户特殊使用场景的广告语能够深刻烙印在用户的脑海中,使用户在经历类似场景的第一时间就会想到这个产品,并逐渐形成习惯性使用场景。

　　由此可知,通过场景设定潜移默化地影响用户的认知,从而有助于挖掘用户的潜在需求,并最终引发用户的猎奇心理和消费欲望,为后续数字场景营销活动奠定了基础,明确了路径,是整体活动的基石。

图 6-6　农夫山泉海报

二、用户维度

如今,很多社交软件逐渐开始渗透广告进行品牌营销,如微信朋友圈、微博(图 6-7),从开始漫无目的地投放展示,到有针对性的广告营销,就是做到了对产品客户的精准锁定,而这种精准的客户定向能够为场景营销带来最大的收益。

对于企业来说,通过用户渗透进行场景营销需要循序渐进。与传统的营销策划相似,企业首先需要对消费用户进行分析,划分出大致的类别,然后通过初步的创意广告投放后的数据追踪不断修正消费用户画像,完善消费用户特征解析,为进一步的广告设计添砖加瓦。企业在场景策划时需要考虑三个问题:用户(用户的类型有哪些,他们分别关注产品的哪些方面)、场景(各类用户在自己的活动场景有哪些行为表现)、需求(企业的产品能从哪些方面贴合用户的需求)。

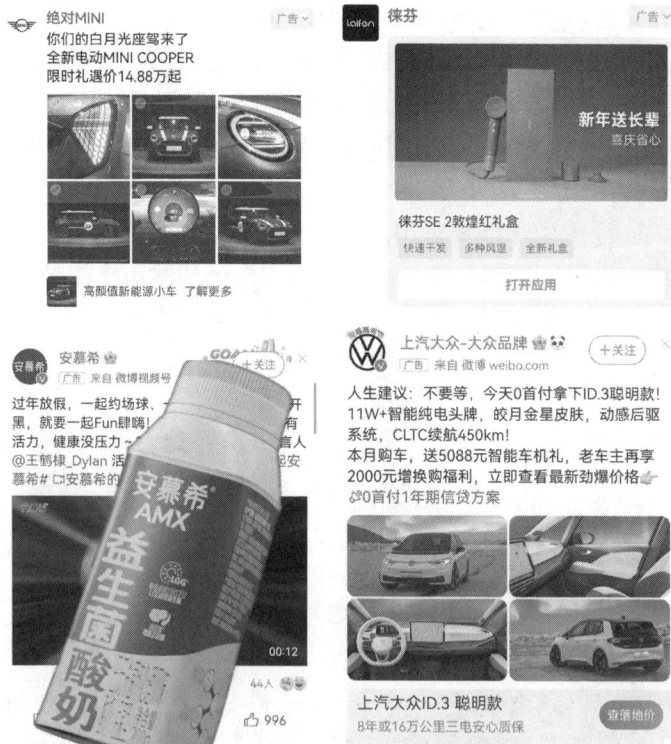

图 6-7　微信朋友圈广告 & 微博广告

例如,对于汽车企业来说,可以把用户群体分为三类:刚需型、品质型、个性型。刚性需求的用户对汽车的选择更加看重经济、实惠、性价比高、适合上班或全家出行。针对他们的广告就应以此作为卖点。品质型用户对生活质量有很高的要求,希望汽车的外观和内饰能够彰显品位,高端、大气、上档次。企业在设计宣传配图和用词时一定要紧靠这条主线。个性化用户更追求产品的独特性,如颜色的跳脱搭配、内饰的偏好等,以此彰显自身的与众不同。企业在宣传文案上一定要突出这几点。

用户维度的考量有利于企业在第一时间精准衔接潜在消费用户,节省宣传推广的资金。用户维度是营销策划的中心,也是定位场景的重要影响因素,在打造场景营销活动时具有十分重要的作用。

三、行为维度

行为维度是指通过追踪、分析互联网用户的网络浏览行为数据,以此得到个性化广告推送的数据支持的新型广告手段。为了进一步提高广告投放的回报率,仅仅停留在用户维度是不足的,还必须辅以行为维度的考量。

与传统的瞄准型广告相比,行为定向广告有两个重要特点:基于消费用户过去的行为和个性化定制。

(一)基于消费用户过去的行为

通过对网页搜索、浏览数据、消费行为数据、社交软件使用数据等的分析,企业能够更加精准地预测消费用户感兴趣的产品和服务,实现精准投放。

以手机淘宝为例。淘宝多次调整首页业务频道,最新一次调整从过去固定的"淘宝直播""淘宝好价""淘宝买菜"三大频道变更为两大频道,基于用户使用频次等维度推出"淘宝直播"等相应入口,且面积有所缩小。与此同时,淘宝扩大了商品双瀑布流推荐的面积占比,推出的商品多为用户曾经的搜索、收藏、加购历史。此次改版的动态调整是基于用户使用习惯和所在区域等因素,旨在提升首页对用户的匹配精准度,从而满足不同用户的个性化需求。因此,不同用户在使用手机淘宝 App 时将得到与自己搜索历史相关、更加个性化推荐的商品,如图6-8所示。

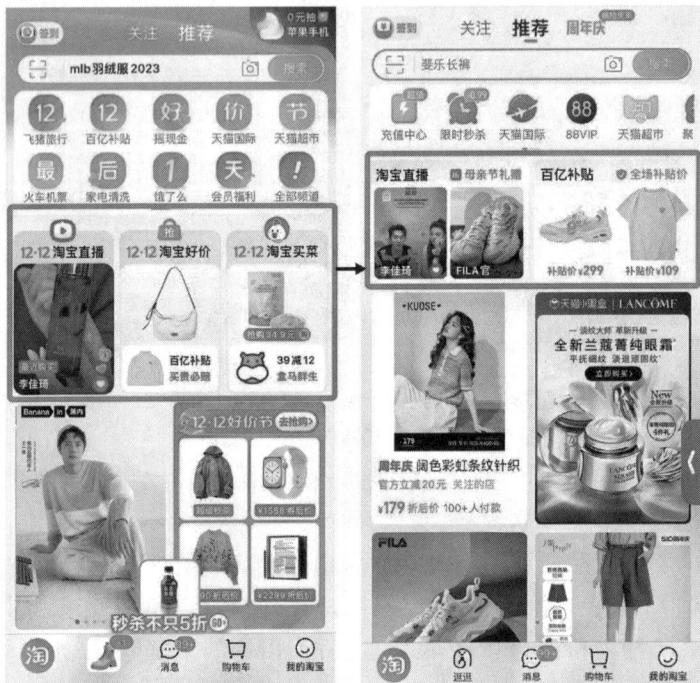

图6-8　手机淘宝首页升级前后

(二)个性化定制

从行为维度策划场景营销,使每个人在网站上看到的宣传推广都不同,这才真正实现了"千人千面",凸显了个性定制化的特点。

还以手机淘宝为例,通过对消费用户行为数据的挖掘,手机淘宝的"猜你喜欢"产品推荐更有针对性。这种个性定制化服务最终都会产生很好的效果,不仅增加了消费用户的购买欲望,还能在恰当的时机促使消费用户下单,同时提高消费用户对软件的忠诚度。

四、内容和媒体维度

实现了前三个维度后,数字场景营销还需要借助新媒体宣传优质内容,采取内容和媒体策略。新媒体时代,场景的灵活运用刚好能将创意和内容组合起来,向消费用户输出优质内容。下面列举几个案例进行分享。

（一）可口可乐巨型 3D 广告牌

2017 年 8 月 8 日，可口可乐在美国纽约时代广场打造了号称世界上第一个也是最大的 3D 机械广告牌。68 英尺（1 英尺＝30.48 cm）高、42 英尺宽的建筑外表面动态装置，共使用了 1 760 个运动的 LED 屏柱，每一块小屏幕都可以通过程序操控"动起来"，形成水波纹般的效果，足以吸引人们惊艳的目光。此外，该装置还会根据不同时间选择播出特定的内容。一经正式亮相，新广告牌便成为当天时代广场最大的亮点。这块 3D 广告牌，一方面可以让人们在拥挤而匆忙的时刻近距离、多感官地感受可口可乐的品牌魅力；另一方面使得时代广场更加具有潮流气息以及生命的活力。

可口可乐还特意搭建了一个互动体验区域，经过的路人可以进入展示区感受特色装置喷出的冰凉雾气。在倍感畅爽惬意的同时，现场还准备了各种不同口味的冰冻可口可乐供粉丝们畅饮。

（二）承德露露 3D 大片震撼亮相北京王府井

北京王府井的裸眼 3D 大屏成为了新的"网红打卡"地。承德露露在北京王府井投放的裸眼 3D 广告吸引了大量关注，展示了"露露杏仁露"的立体、生动形象。该广告在王府井步行街的懋隆裸眼 3D 大屏上播放，这个位置是北京核心的高端购物及休闲、旅游区域，人流量巨大。这一广告形式利用了裸眼 3D 技术独特的视觉效果和创新的展示方式，为观众带来了震撼的视觉体验，增强了产品的关注度和记忆度，提升了承德露露品牌的知名度和影响力，如图 6-9 所示。

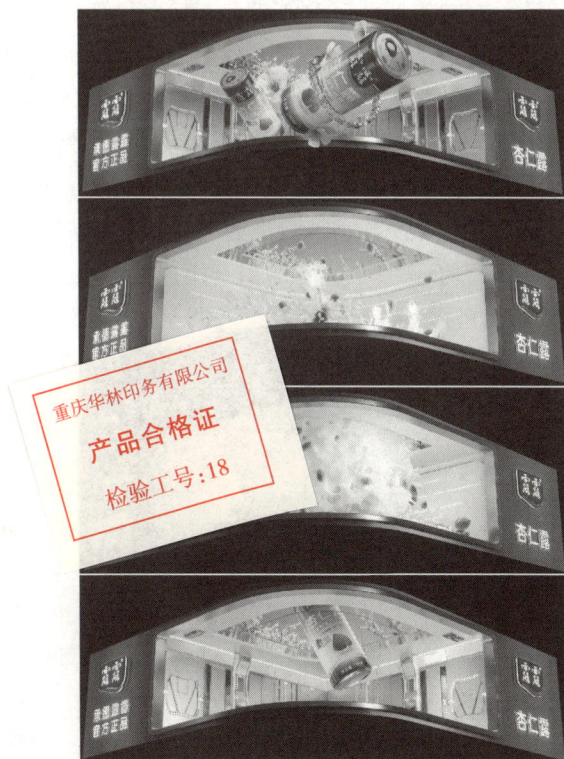

图 6-9　承德露露裸眼 3D 广告大片

(三)"答案茶"&"表白茶"

随着抖音等短视频软件的走红,各种短视频营销层出不穷。在众多不同风格的营销视频中,很多新兴奶茶品牌杀出重围迅速成为"网红"产品。相关负责人对此表示:"抖音只是一个展示的平台,蹿红的关键是数字场景营销。"打开抖音,搜索"答案茶""表白茶",就能找到与之相关的无数短视频。

"答案茶"的核心产品就是一杯可以"占卜"的奶茶,你在答案茶的腰封上写出心中的问题,并在心里默默念上 5 遍,当你解开茶盖时,上面就会神奇地浮现出问题的答案。有点类似《答案之书》那种似是而非的答案,答案奶茶的答案以大数据应用增加了答案的多样变化,妙趣横生。当下社会,人们内心充满好奇,往往想去一探究竟,而占卜本身即是对未来事物的预测,无疑指引人们去跟随、寻找真相。"答案茶"的大部分消费用户以年轻群体以及女孩、情侣占据多数。年轻人对新鲜事物接受度高,好奇心强,且欠缺自主判断力,更容易受到从众心理的驱使。这款奶茶本身具有社交属性,吃起来能拉丝的芝士、当季草莓,以高颜值来吸引消费,满足了当代人拍照发朋友圈的需求。其中的问题和答案都具有很强的场景性和话题性,这种自带分享属性和娱乐属性的产品最容易获得年轻人的青睐。

"表白茶"则选择了五大表白对象,即恋人、兄弟、闺蜜、爱豆和自我,并定制了相应的产品外包装,还在杯盖上写了极具感染力的话语,消费用户揭开杯盖上的封条就能看见。"表白茶"为大家提供了表白的新方法,结合宣传文案——"在每一个难以启齿的时刻,献给每一个不善表达的你",品牌将茶饮和情感表达这类特殊且重要的场景结合在一起,表现出了极强的社交属性,而这恰好满足了人们的情感表达需求。

其实无论什么产品和服务,营销活动取得成功的关键点仍旧在于对场景的塑造。尽管抖音软件本身的流量在"网红"奶茶品牌的营销中起到了重要作用,但真正让奶茶品牌取得成功的却是各式场景的打造。用户通过抖音视频了解到"只要你敢问,'答案茶'就都能给出答案,如同有占卜的神秘力量,让你喝进心里,按照答案指引的方向笃定前行";而"通过'表白茶'就可能表白成功"这样的信息,当他(她)遇到产生疑惑或需要表白的情景时,原先的信息就会提醒他(她)"买一杯",于是一个实际的消费用户就产生了。

"答案茶"和"表白茶"的成功为其他餐饮品牌提供了广阔的思路,想方设法将餐饮和社交场景结合。社交是人类的固有需求,如果能够将餐饮产品和某一社交活动结合起来,就能够让消费用户自动代入情景,潜移默化地接受产品的出现。

第五节 数字场景营销的环节步骤

数字场景营销在近些年的发展中,逐渐形成了自身规律与运用逻辑,承接前面的内容整合,具体环节步骤包括洞察用户需求、创建特定场景、建立互动机制、制订内容策略、选择媒体投放。每个环节之间有一定的时间顺序,洞察用户需求是场景营销活动的第一步,只有在理解用户需求的基础上开展的营销活动才有其意义,而媒体投放环节对于场景营销的发起者来说是最后一步,但对于用户来说,往往是第一步,用户在媒介上获取营销信息后,才有可能参与到营销场景中,数字场景营销的每一个步骤都环环相扣、相辅相成。

一、洞察用户需求

洞察用户需求包含两个方面:一是准确判断消费用户的需求、态度、情感,相较于传统的营销方式,数字场景营销不只是满足消费用户的需求,理解并透析消费用户的情感与态度也甚为重要。曾有调查表明,一个人每天接触的广告信息大约有 5 000 个,在大量的推广信息横亘于消费用户周边时,绝大部分信息会被用户选择忽略或者自动屏蔽。若要吸引消费用户的关注,就需研判出消费用户的所思所感,这些都建立在对用户的深刻洞察之上。二是精准锁定恰当的消费用户,相较于铺天盖地的广告推广,数字场景营销能准确地将恰当的信息推送给契合的消费用户。这两个方面的前提是企业对用户数据的挖掘、追踪和分析,随着生活场景的不断细化丰富,媒介技术的发展,无论是线上虚拟场景,还是线下现实场景,每个人每天都会产生大量的数据,这些数据在日积月累中愈发多元与丰富,在经过清洗、筛选、分类后具有较高的营销价值,形成的地理位置数据、用户画像、用户标签等成为研判用户行为、洞察用户需求的重要信息与依据。

二、创建特定场景

在深刻洞察用户需求的基础上,将场景作为品牌营销的切入点,打造与之相对应的营销场景,模拟消费用户的购买场景以及各种使用场景,通过这些特定的场景来定义产品的功能和服务,激发和迎合消费用户的心理需求,让用户的情感诉求得到释放。在创建场景过程中,无论是沉浸式的代入还是强烈的视觉冲击,都要以愉悦的体验为主导,让用户的情感情绪与场景充分联系起来。

三、建立互动机制

当消费用户进入相应的场景之后,营销活动才真正开启,此时与消费用户产生互动尤为重要,强烈代入感的互动策略能够有效地提升转化率,特别是激励式互动营销契合场景实时化、情感化、个性化的营造,新奇有趣的互动方式获得用户的主动传播,引爆社交网络。除了双向互动,要让消费用户在场景内有良好的体验,无论借助什么样的技术手段,愉悦沉浸式的用户体验可以拉近品牌与消费用户的距离,达到更佳的营销效果。常用的有通过构建不同场景,对应不同的互动游戏,吸引更多用户参与活动、转发推广、领取优惠券等;为了培养用户持续关注活动页面的习惯,还可以在活动页面推出签到活动,连续签到赢取奖品积分,以激励式的互动玩法获得用户流量,促进产品销售。

四、制订内容策略

内容是整个数字场景营销活动的核心,优质并富有创意的内容不仅能撩拨消费用户的情感,若能匹配适当的消费情境,还能引起消费用户的情感共鸣,提升品牌的好感度与忠诚度,优质新意的内容与恰如其分的内容策略相结合,有利于场景营销的高效塑造。消费用户对营销信息的理解和传播过程都可以看作对信息的解码和编码的过程,企业对营销信息的生产视为编码的过程,在信息生产过程中,要考虑消费用户的语言习惯、情感价值、文化背景,这样才会引发消费用户的关注与共鸣。

五、选择媒体投放

无论是线上场景营销还是线下场景营销,都需要利用媒介传播营销信息,这是用户获取营销信息的关键。媒体投放涉及广告预算,既要避免资源浪费,又要将恰当的内容精准推送到用户面前,根据品牌的特点与优势,选择与消费用户特征相符合的媒体投放,吸引用户关注,才能促进场景营销的高效达成。企业可以通过与平台合作,充分利用平台具备的媒体推广资源,如百度推广、朋友圈广告、微博广告、新闻 App 宣传点位、类别 KOL 宣传、平台首页聚焦广告位等,通过广告投放有针对性地推送给相应的用户。

一个完整的数字场景营销活动结束后,企业需要对活动效果进行评估,根据用户反馈进行经验总结,并有效地指导下一次营销活动。时刻关注用户的反馈意见,最大可能优化宣传效果,才能保证数字场景营销的有序开展。

📖【本章小结】

本章是有关数字场景营销的基本知识,主要包括以下几个方面的内容:

第一节介绍了数字场景营销的相关概念、特点等基础性内容。数字场景营销是在移动互联环境下,基于消费者所处的具体情境,以技术为导向,打通线上与线下的连接,为消费者提供定制化与沉浸式体验的营销方式,是一种基于移动互联网技术的发展而出现的智能式营销方式,是企业围绕消费者活动场景,帮助消费者更好地完成其意愿活动,以取得营销成果。数字场景营销的特点包括互动社交性、精准高效性、个性定制化等。

第二节介绍了数字场景营销的类型,当前对场景营销的类型并未有较为科学统一的标准,依据现有文献研究来看,可以根据场景营销的效果与呈现方式区分为 3 类:原生现实场景营销、互联网虚拟场景营销、OMO 融合场景营销。

第三节介绍了数字场景营销的构成要素,包括数字场景打造、数字场景链接、多元大数据、互动社群、数字场景体验等。数字场景打造是基础,引导消费行为的产生;数字场景链接强调注重场景融合;多元大数据强调融合线上线下多重数据,描绘客户画像,并将具体的场景数据、用户数据等准确匹配;互动社群强调通过媒介依托优化场景运营;数字场景体验强调注重细节,提升客户体验。

第四节介绍了数字场景营销的运用维度,包括场景维度、用户维度、行为维度、媒体和内容维度。其中,场景维度是场景营销的基石;用户维度能够帮助企业精准锁定用户;行为维度是利用数据分析用户行为;媒体和内容维度是借助新媒体宣传优质内容。这 4 个环节互相联系,构成数字场景营销的完美闭环。

第五节介绍了数字场景营销的环节步骤,具体包括洞察用户需求、创建特定场景、建立互动机制、制订内容策略、选择媒体投放。每个环节之间有一定的时间顺序,洞察用户需求是场景营销活动的第一步,只有在理解用户需求的基础上开展的营销活动才有其意义,而媒体投放环节对于场景营销的发起者来说是最后一步,但对于用户来说,往往是第一步,用户在媒介上获取营销信息后,才有可能参与到营销场景中,数字场景营销的每一个环节都环环相扣,相互联系。

📖【复习思考题】

1. 数字场景营销产生的基础是什么?
2. 如何理解数字场景营销的概念?数字场景营销与传统营销的区别是什么?
3. 请根据数字场景营销的特点分析数字场景营销的优势有哪些。
4. 实施数字场景营销需要哪些步骤?
5. 数字场景营销的发展对其他营销模式有什么启示?

📖【案例分析】

滴露智慧型口罩

1993 年滴露品牌走进中国市场,多年来,消费者对滴露品牌的形容词一般均为"消毒""除菌""健康"等,被人们所熟知的产品通常是滴露洗手液。此次"滴露抗雾霾口罩"营销活动主要目的是想提高滴露品牌知名度,以及提高在 2016 年 9 月滴露上市的"智慧型"口罩产品的曝光度。2016 年与 2017 年交替时空气中产生了严重的雾霾污染,滴露选择推出以防雾霾为卖点的智慧型口罩,此举意义非凡。

(1) 以消费者需求为中心

2016 年到 2017 年新旧交替中,中国正在经历范围最广、持续时间最长、强度最大的雾霾天气。空气污染影响范围多达 17 个省、自治区、直辖市,面积达 140 万 km^2 以上。互联网数据资讯中心的《等风来:2016 雾霾数据报告》中雾霾与疾病板块显示,肺炎、哮喘、肺癌、过敏性鼻炎、感冒、慢性咽炎、鼻窦炎等疾病,是在雾霾期间大家高度关注的话题。此次滴露抗雾霾营销活动将 AQI 空气质量指数(AQI≥200)达触发值作为广告开始投放的时间信号。

时间精准投放,互联网数据资讯中心发出的《等风来:2016 雾霾数据报告》显示,2016 年整年雾霾最严重月份为 12 月,一天内雾霾一般早晚两个时段密度最大。滴露抗雾霾口罩的投放时间在 2016 年 11 月 3 日—2017 年 1 月 1 日,选取优质流量时段"早上 7 点到深夜 12 点",主要投放时间集中在 9:30、11:30。另外,早、中、晚出行汽车尾气排放量大,空气中 PM2.5 数值会相应变高,也选择了对应的时间段进行投放。

锁定滴露核心用户群,将目标受众年龄确定在 25~49 岁,发现目标用户属于新中产阶级,他们是一群拥有固定收入,对健康、户外、旅游、养生运动感兴趣的人,喜欢高品质的生活用品。据百度天气发布的城市空气质量 AQI 数据进行城市的精准投放,选择雾霾波及严重省份的北方城市,滴露抗雾霾口罩营销活动中投放的目标城市为北京、石家庄、天津、济南、沈阳。无论是在工作区还是在商场,无论是在家里还是在外面,防雾霾是人们最关心的一个话题。其中,石家庄投放力度最大,曝光 35 天,曝光量高达 12 604 787 次;北京次之,曝光天数 22 天,曝光量为 8 818 207 次。

(2)相关信息引起情感共鸣

通过程序化技术可以准确地定位目标受众,在情感上与用户实现共鸣则是程序化场景营销的重点,在滴露的此次营销活动中广告创意来自用户日常的信息,收集与用户有关的信息作为核心素材,引发用户情感共鸣,并重视天气污染所带来的危害。此次滴露核心素材分别为"孩子版""厚德载物版""埋头苦干版""家乡共鸣版"等。

(3)与消费者共享健康理念

在雾霾天气,消费者最关心的就是健康问题,孩子的健康问题更是家长关注之重。在整个投放过程中,"孩子版"素材的选择深受受众好评。当时市面上很少有儿童型的防雾霾口罩,家长经常给孩子佩戴成人口罩,但缺点是并不贴合孩子的面部。滴露发现消费者这一需求后,设计出 3 个尺寸,分别为不同大小脸型设计。滴露为消费者提供的并不只是产品,更多的是品牌"关注家人健康"理念的共享,同时对消费者进行价值共享,让品牌与消费者建立更长久、稳定的关系。

(4)与消费者最接近的连接场景

用户可以通过4G 网络、商圈 Wi-Fi、地铁 Wi-Fi 等方式随时随地保持与互联网的连接,为移动广告的投放创造了有利的条件。在雾霾被大家高度关注的同时,人们会通过手机各类 App 随时随地了解雾霾程度,获取天气信息。而与雾霾相关的主题信息都会成为用户眼中的焦点。投放渠道为此次的重点,选择相关性大的出行类、旅游类、新闻类、天气类、健康类媒体作为投放的重点。

项目结果:总分共6 组素材分别在北京、济南、沈阳、石家庄、天津5 个重点投放的城市中进行长达 3 个多月的投放,覆盖 11 132 352 人,总曝光 28 417 148 次。精准地选择投放时间、受众、素材、城市、媒体等,实现了滴露品牌准确集中全面的曝光。其中"孩子版"围绕关爱孩子健康的话题展开讨论,抓住用户痛点,得到了大批用户关注。

(资料来源:高玉.移动程序化场景营销策略研究[D].杭州:浙江传媒学院,2019.)

问题:

1.结合案例从数字场景营销的角度分析此次营销成功的优势有哪些?

2.结合当前经济社会发展趋势,对案例中的企业产品你还能策划怎样的数字场景营销方案?

第七章

数字内容营销

📖【导入案例】

百草味数字内容营销案例

百草味是较新的食品制造企业,集合生产制造、加工和外销等于一体,囊括连锁门店、网络营销等销售模式。其产品主要包含坚果炒货、糕点饼干、蜜饯糖果、肉干肉脯、花茶5大系列300多个单品,本着"品质优先"的原则,以"做中国休闲零食第一品牌"为目标,先后成立了加盟连锁事业部、电子商务事业部、市场部、品牌形象部等,员工人数已达到2 000多名。与市面上老少皆宜的大众化零食产品包装不同,百草味将线上消费市场进一步细分,主攻30岁以下年轻群体,65%的销售额都来自这个群体。百草味作为拥有年轻基因的互联网零食品牌,把品牌放进影视载体,创造精良内容以打动人心,如抱抱果的定位与传统枣夹核桃相比,多了人格化共情能力与独特内容的孵化能力,以及社交的引爆能力,走出IP化爆款的路线,从此以互联网休闲零食大单品的身份开启高级品牌化时代。

1. 百草味营销思路

(1)主打产品具化品牌情感定位

百草味立足于品牌本身优良的品质和内涵理念,如打造爆款产品,进行线上线下全面包装营销,丰富产品情感内涵,增强情感互动。例如,为抱抱果设计萌系动物拥抱风格的品牌包装,加深消费者印象。

(2)目标用户明确,瞄准年轻人群关注内容

百草味始终聚焦于30岁以下年轻群体的目标消费者,并通过如电视剧广告植入等方式完成大批量精准广告的推送,如选择《三生三世十里桃花》《微微一笑很倾城》《W两个世界》等年轻群体关注量大、话题多的热门大IP电视剧进行广告投放。

(3)充分利用优质偶像代言人效应

百草味选择当红演员杨洋担任品牌代言人,深度挖掘明星影响力、粉丝效应,扩大品牌知名度,并围绕明星特点量身打造线下活动,最大范围发挥代言人效应,实现产品快速引流。

2. 百草味数字内容营销载体选择

百草味主要通过锁定30岁以下学生、初入职场的白领,精准定位时尚青春大剧,结合剧中场景及主要角色提示品牌内涵,实现精准化营销合作。也就是说,其选择电视剧情植入以及广告插播的视频载体进行数字内容营销。例如,在都市时尚爱情大剧《放弃我,抓紧我》

中,百草味作为唯一的坚果零食合作品牌,在剧中密集出现:时尚女魔头厉薇薇经历意外失忆后,变身鬼马少女,百草味零食成为她生活中不可缺少的一部分,无论在厉薇薇开心还是失意时,百草味都默默陪伴,实现了与剧情的无缝融入。

3. 营销手段

一是聊天聚会悠闲享受美味坚果,如在《微微一笑很倾城》中,厉薇薇与舍友聊天时桌上必备百草味坚果。二是试吃并选购场景使人身临其境,如在《三生三世十里桃花》中,阿离在百草味坚果铺前试吃并选购百草味坚果,让目标用户在觉得阿离可爱的同时,自己对百草味坚果也产生了浓厚兴趣。三是主题定制同款产品同步推广,如百草味与《放弃我,抓紧我》合作推出零食伴手礼——"初心礼盒",包装为厉薇薇和陈亦度两人共同设计的初心婚纱。

4. 营销效果

作为主打休闲食品品牌,百草味的产品定位于年轻群体,其内容植入结合此精准定位,通过内容整合营销、代言人营销打开知名度,从国产偶像剧到热播韩剧,再到古装仙侠,展开多元内容合作和内容深度融合,丰富品牌情感内涵,成功打造品牌 IP 形象,强化品牌黏性,大大提升了百草味的知名度。

(资料来源:上游新闻,2021-04-08)

思考:

1. 百草味通过什么方式展开数字内容营销的?效果如何?

2. 数字内容营销模式需要进行产品定位吗?为什么?

引言

随着移动互联网技术的快速发展和社交媒体的迅速崛起,消费者利用社交媒体接收和传播着大量信息,越来越多的企业察觉到了社交媒体巨大的商业价值,纷纷开展数字内容营销,期望实现品牌和消费者的连接。当前,短平快的手机阅读习惯深刻影响着内容生产,如何在"碎片化"时间中抢夺消费者注意力,成为数字内容营销避不开的话题。然而繁多的信息已经导致内容过剩进而产生"休克"现象,很多传播内容无法吸引消费者的注意力,企业信息传递的难度加大。消费者甚至会因为内容的繁多无趣对品牌产生厌烦等负面心理。基于此,怎样的内容能够在繁多的信息中脱颖而出?企业和品牌开展怎样的营销活动才能持续吸引消费者?这是现阶段企业开展数字内容营销时亟待解决的问题。在当今重视创新的时代,企业任何决策都必须有一定的新意,数据充斥着生活的方方面面,普通消费者每天要接受大量的信息和数据,企业如何利用这些海量的数据了解消费者、制订营销决策就显得尤为重要。信息大爆炸的时代,仅有好内容是不够的,好内容需要营销的"助攻",才能让优质内容突破圈层壁垒,被成功推送到更多消费者眼前。因此,做好数字内容营销,创新是关键,挖掘品牌资源与消费者生活场景的连接度、合理选择平台、提升消费者互动体验,成为数字内容营销的核心。

第一节　数字内容营销概述

移动互联网时代,营销环境改变且消费者离散化严重,如何获取精准流量、增加消费者忠诚度成为营销界关注的话题。在注意力稀缺的时代,营销需要以人为中心,以场景为切入点,以内容为纽带,以社交为驱动,灵活组合场景和内容这两个新营销中的"硬核",吸引并驱动流量,激发消费者情绪、情感和匹配心境的内容创意,以达成深度共鸣。基于消费者属性的人工智能分析,围绕"人机"智能结合、内容精准推荐、场景制作等方面,合力打造基于"消费者偏好+内容+场景"的精准营销,兼顾消费者体验与营销效果,开辟新的市场蓝海。

在社会不断进步和市场经济不断发展的状况下,各行各业所面临的竞争越来越大。为此,企业一直在寻求更加吸引人的营销方法,来促进企业产品的销售。数字内容营销是随着社会的进步和科技的发展而出现的一种新的企业品牌的营销方法,是希望通过向消费者传达品牌的价值、品牌的内容等来刺激消费者的参与和购买欲望。正是因为数字内容营销的这种优势,让越来越多的企业看到了数字内容营销的作用,并运用数字内容营销来推广和发展自己的品牌,尤其是在当前网络媒体发达的背景下,在很大程度上推动了数字内容营销方法的发展。

一、数字内容营销的概念

数字内容营销到目前为止,学术界还没有一个统一的概念。但可以肯定的是,数字内容营销是各种数字营销方式的一种,是以创造和传播有价值的、相关的、一致的数字内容来吸引和获得目标群体的一种营销技巧。数字内容营销涉及媒体内容创建和共享的所有的营销形式,最主要的目的就是挖掘更多潜在的客户,促进客户消费行为的产生。相较于传统内容营销,数字内容营销最大的变化在于传播媒介和环境的数字化。数字媒体尤其是社交媒体拓宽了内容可以依附的载体,推动内容形态丰富化和智能化,提升了内容营销的应用范围、营销价值和营销手段。但内容营销的本质并未发生变化,仍可以被理解为一种营销理念和策略,具备宏观的指导意义。简单来说,内容营销是一种品牌教育和品牌意识培养的过程,旨在通过多样化的外在形式和有价值的丰富内容来实现与消费者的连接与关系的建立。

在当前的互联网时代,数字内容营销变得越来越开放,越来越丰富,已经成为现代很多企业都在使用的一种产品或服务的数字营销手段。分众传媒时代,用户决策的五个阶段仍然存在,但是在其基础上产生了几点新变化:用户的决策可以在几个阶段中轻松跳跃,决策路径不再有间隔;移动互联网的出现打破了时间、地点的限制,使信息成为用户决策机制的枢纽;信息膨胀导致用户的决策工作量比从前更多,效率下降;分享形成信息的闭环,用户更愿意相信其他用户而不是广告主的描述,产品的口碑会影响用户的决策;便利的移动在线网络使用户可以随时获取信息、分享和决策。随着媒介传播方式和用户决策机制的变化,数字内容营销的内涵也在发生变化。

大众传媒时代,信息由专业的职业传播者通过各种途径进行传播,传播信息的媒介处于中心地位,内容信息的传播是单向的,受众只是信息的被动接受者。进入分众传媒时代,随着媒体的去中心化、信息过载以及受众自我赋权等趋势的发展,受众对品牌信息不再只是被动接受,而开始主动搜索获取,他们不再需要记忆复杂海量的信息,而只需知道如何找到信息。同时,消费者一改过去只依赖自己大脑中储存的有限的知识和印象作决策的习惯,开始有意识地利用互联网中无限的信息,与外界一起共同决策。传媒时代的用户决策机制是单向的五个阶段:兴趣—信息—决策—行动—分享,各阶段呈现的是递进关系。消费者基本以被动接受为主,依赖记忆,主要倾向于独立决策和行动,线上营销与线下营销角色明确。

数字内容营销是指将企业或产品的相关信息和内容,通过图片、文字、动画等介质传播出来,打断用户思考,以视觉、听觉向消费者传递信息,引起用户的注意,实现促进销售的一种营销方式。例如,服饰类电商网站创建"服饰搭配技巧",通过向消费者提供流行时尚的搭配信息来吸引消费者。数字内容营销主要通过社会化媒体、新闻稿、音频或播客、PodcastFeed、博客、文章/白皮书、音乐、动画、图片、信息图、在线研讨会、在线授课、幻灯片、视频、应用程序、交互游戏等载体在这些介质上运作,社会化媒体如公众号通过每天的更新和推送实现更快更简短的营销,以此引起用户的广泛关注。视频数字内容营销是经常使用的运作方式之一,在电视剧、电影中植入广告、播放广告等,这些无疑都大大提高了产品及公司的曝光度,使更多观众不需要花时间阅读便能直接看到产品。抛开内容形式和介质,数字内容营销的内容可以分为热点性内容、时效性内容、即时性内容、持续性内容、方案性内容、实战性内容、促销性内容七大类。其中,热点性内容指的是合理利用热门事件,使搜索量迅速提高,人气关注度迅猛提升,网站流量大大增加;时效性内容指的是特定的某段时间,营销者利用时效性创造有价值的内容,拥有一定的人气关注度,使其效益最大化;即时性内容指的是在最短时间内通过文字的方式对当下发生事件的重述,以此带来一定的关注量和流量价值;持续性内容指的是为了丰富网站内容而主打的不受时效性限制的内容创作,带来连续持久性的关注价值;方案性内容指的是综合考虑多方面因素进行市场调研和数据对比分析,严格制订方案,创作出含金量非常高的内容,使用户能够从中学习经验,充实自我;实战性内容指的是通过不断地对描述对象进行实践性证明而出现的内容,确保真实性,让读者从中获得有价值的信息;促销性内容指的是利用人们普遍贪便宜的心理,针对促销活动所创作的营销内容,充分体现优惠活动,做好促销活动。

二、数字内容营销的内涵

随着媒介传播方式和用户决策机制的变化,数字内容营销的内涵也在发生变化。现在的数字内容营销已经不同于传统意义的品牌 Logo、传播内容、线下活动等单一的传播方式,被时代赋予了新的内容。那么数媒时代的数字内容营销到底有什么不同呢? 20 世纪 90 年代以来,随着互联网的普及和渗透,以价值内容为基础,跨媒介、场景化、互动性营销手段的运用是数字内容营销有别于传统营销方式之处。

数字内容营销的内涵主要有以下几点:

①跨媒介平台营销,多媒体内容发布。利用微信、微博、博客、论坛等众多平台构建垂直

社群,发布新闻稿、视频、软文、案例分析、课题报告、电子书等有助于体现品牌信息的任何形式的作品内容。

②立足场景与沉浸感,优化客户体验。2012 年《褚橙进京》一文通过讲述老当益壮的褚时健经历磨难、东山再起的艰辛历程,提升了其所售橙子的故事性和场景感,带给用户沉浸体验,促进了品牌的营销推广。

③激发与客户的互动,触发用户自主扩散裂变。可口可乐在电子屏幕的广告上播放可乐瓶碰杯的欢庆画面,使用户在潜意识中将可口可乐打上"欢乐""庆祝"的标签,在消费过程中带给用户参与感和互动体验,有助于提升广告的传播效果。

三、数字内容营销的优势

数字内容营销在进行推广时,是围绕品牌进行创造的,它注重通过创新来提升自身品牌的影响力。数字内容营销虽然和广告植入有一些相同点,但数字内容营销在内容娱乐的基础上,会最大限度地体现出产品和品牌的价值,它是把产品内容直接投放到公众媒体平台或者是自己的自主平台,避免了一些广告带来的影响,可以让客户自己去发现、去搜索,以达到吸引客户的目的。同时,在新媒体时代,数字内容营销不只局限于社会的各种媒体平台,而是把社会媒体平台作为一个引导点,把客户的注意力从社会媒体平台引向企业的自主品牌平台或网站,更注重培养客户的长久购买力,并且具备与客户沟通的更多优势,用更有价值的品牌信息让客户自主地传播,把与客户的沟通互动作为一个重要的辅助手段,帮助企业在客户之间快速建立产品和品牌的认知度和忠诚度,以提高客户的参与度。总体来说,数字内容营销有利于实现品牌价值的提升。企业自身正在不断媒体化,通过数字内容分发平台的搭建和品牌优质内容库的创建来塑造品牌个性,进行品牌形象传播。同时,在数字内容营销过程中,品牌借助内容不断打造"行业内值得消费者信赖的专家"这一品牌认知,并将数字营销内容打造成为另一种可供消费的"内容消费品",以此增强品牌的市场竞争力。

第二节　数字内容营销的 5W 思维

数字内容营销是指通过微信、微博、论坛等不同的媒介平台,以最贴近消费者的形式、最好的创意,传递企业的品牌理念以及企业想要让目标消费者知道的信息,其突出价值在于提升企业的品牌资产并促进销售机会。数字内容的形式非常多元广泛,包括文本、图片、视频、线上研讨会、直播、短视频等各种能够传播品牌形象的内容。在我国目前的数字内容营销实践中,微信公众号、小红书等内容平台上的图文内容;微博等社交平台上的图片博客(Plog)、视频博客(Vlog);抖音、快手等平台上的直播和短视频;B 站、爱优腾上的中长视频都成了品牌内容营销的主要内容形式。数字内容营销是传递品牌理念的载体、连接企业与消费者之间的桥梁,是未来营销方式的主流。数字内容营销的 5W 新思维数字内容营销要想达到预期的营销效果,明确其内涵只是第一步。在数字媒体时代,数字内容营销的路径和思维悄然发生了变化。对于出版企业来说,根据新的时代特点及时转变传统思维,建立数字内容营销的新思维无疑十分重要。

一、Who 用户思维

一切以用户需求为中心,用户是起点。数字内容营销想要成功,首先要找到目标受众,在接触的过程中全面分析核心用户的特征和个性,深入挖掘目标受众的真正需求。找准定位,将对用户有价值的内容低成本地持续精准推送是数字内容营销的基础。这个过程说起来简单,但做起来并不容易。首先,要了解用户的喜好,确认哪些内容是可以被用户识别的,也就是用户需求的内容。其次,内容需要以用户愿意接受的方式呈现出来,只有制作精良、有感染力的内容才能打动用户,使其愿意分享,从而促成消费者的社会化传播。同时,企业需要运用大数据技术,对用户的内容取向进行分析,对不同产品的目标用户进行细分,从而实现差异化的、更精准有效的数字内容营销。最后,用户的反馈十分重要,企业需要定期对用户进行专门调研,这是数字内容营销项目后期进一步改进营销方式的重要环节。对于出版企业来说,做好数字内容营销同样需要找准目标用户的特征,思考用户渴望获得什么样的信息。在找到目标用户所需要的内容或方向之后,还需要做到差异化,拥有与其他平台相比更具特色、优势的内容,才能够持续吸引用户、粘住用户。

二、What 内容思维

创造有价值的内容。在互联网环境下,内容是知识和信息的集合,而有价值的内容已经不再指内容本身,更重要的是它是否为用户欣赏和喜欢,是否符合用户的期望。有价值的内容具有明确的目的性,是针对特定人群有用的信息,即针对目标用户的特定内容。企业需要考虑的是,什么样的内容可以被核心用户接受,就其具体类型来说,包括有组织的知识类信息,半参与式的互动有奖活动信息及有教育、帮助或激励作用的图文信息等。就其特征来说,能发挥作用、有聚焦能力、内容清晰、引人瞩目、高质量、有真情实感的内容就是有价值的内容。在信息技术和移动互联技术快速发展的今天,创新内容发布方式,利用多媒体、跨媒介思维将内容做深、做精、做得有意思,争取每一次营销内容能够圈住该领域的用户,这是新环境下数字内容营销最关键的突破口。目前较为流行的内容发布形式包括网络视频音频、网络直播、文字、图片等。前段时间红极一时的"友谊的小船说翻就翻"系列漫画,在微博上意外走红之后,短时间内与其相关的自媒体文章、表情包、手机背景、手机主题、微博会员背景等周边产品迅速产生、扩散,已然形成一种 IP 现象。

三、Why 价值思维

引导顾客需求。对接用户自身需求的精准营销可以在初期迅速打开市场,但一个企业真正成熟的标志是价值思维运用下品牌的成功塑造,进而引发口碑传播的裂变式扩张,最终形成用户对该企业产品或行为的自发性跟随与追逐。数字内容营销过程中,价值思维重点体现在用户价值与企业价值两个方面,要实现用户价值提升到企业价值的转变,并最终实现价值双赢,企业可以从两个方面发力:一是企业明确自身"终局性"战略目标,拒绝利润为唯一标准,从以"利润为中心"走向"以价值为中心",价值实现后利润即水到渠成,具体实施举措包括高质量内容的提供、一定时空范围内内容的专注化;二是善于利用通过用户思维和内容思维凝聚的社群力量,深化用户对企业产品或服务的高认同感和信任度,引导和帮助用户成长和提升,如利用更高级的内容优化能力提升用户体验,提高潜在用户的总体转化率。

四、Where（移动）平台思维

创新营销渠道。在当前激烈的市场竞争中,如果没有平台这个展示自我的媒介,企业若想脱颖而出,仅仅拥有卓越的产品、贴心的服务或者诱人的福利是远远不够的。数字内容营销中可供推广的内容与可供传播的平台两者缺一不可,企业必须积极树立平台思维,尤其是面向移动互联网时代的移动平台思维。对于企业而言,自身拥有平台是数字内容营销最行之有效的方式,即通过自身拥有具有磁力的平台来吸引用户频繁光顾,同时辅之以其他线上线下平台的传播内容,从而形成以数字内容营销平台为中心的辐射模式。另外,以微博、微信、知乎、论坛等为代表的新型社交媒体,因准入门槛低、搭建成本小、传播速度快、传播范围广、爆发力强等优势,吸引众多企业纷纷入驻,成为移动营销平台发展中的先锋军。

五、When 时效思维

紧抓速度效度。优秀的内容如何发挥最大价值与其发布策略密切相关,其中,时效思维(对时间的敏感程度)在一定程度上决定着内容最终所能发挥的效果。一方面,网络上信息爆炸式的传播有太多不可预见性,企业在数字内容营销时要抓住内容投放的速度效应,及时推出甚至创造热点话题;另一方面,全天候的内容轰炸会使用户产生疲惫、厌倦心理,发布近期热点话题的同时要注重提升用户自觉消化内容信息的有效性,常见举措包括在特殊含义的时间点推出特定意义内容;全面考察同类企业内容发布的时间及频率,把握内容推送关键节点;结合内容定位和用户习惯综合评定营销推广时间。企业在时效性的实现过程中,需要注意精准投放时大数据的运用,同时在实践中密切关注不同变量下用户的活跃程度,以总结完善为自身量身打造的数字内容营销全步骤。

第三节　数字内容营销中产品定位与数字内容

一、产品定位

产品定位指的是充分认识以及确定产品或企业突出的优点和独特的长处,进而使其鲜明的形象在顾客心中留下难以磨灭的印象,让消费者记住这个品牌的存在,并对企业及其产品和服务有特定认识。例如,阿里巴巴具有能够提供品类丰富的产品的特点;京东商城具有自营物流配送快的特征。产品定位必须要充分了解该产品的目标人群,满足其需求,并且综合考虑这些目标用户的消费需要,以及产品是否能够提供其所需的服务,还要处理好用户需要与产品提供的独特结合点问题,并解决好产品如何满足顾客各种各样的不同层次的需求。企业必须规划和定位好自己的产品,对客户进行研究和解读分析,为产品找准定位,确定目标群体,明确产品的各种功能能满足什么样需求的人群,并制订与之相适应的营销模式。具体来看,产品定位的主要步骤:一是准确定位产品的功能属性;二是精细定位产品的外观及包装;三是精准定位产品的卖点;四是详细定位产品的基本营销策略;五是精确定位产品的品牌属性。

二、数字内容营销的内容与产品定位融合

(一)明确产品定位

产品定位包含目标市场和用户、产品核心需求及功能、产品商业模式,只有做好定位,才能准确选择载体来运作数字内容营销。比如,要根据产品特征及其目标群体选择合适的数字内容营销方式,进一步确定传播内容,明确传播渠道,对产品进行传播推广,并促使产品的品牌营销和研发设计都围绕目标群体的购物习惯和偏好展开,塑造产品及企业品牌形象。比如,百草味确定了产品具化品牌情感定位,目标市场和用户是年轻化市场及年轻人,这个前提为百草味的营销作了铺垫,如《灰姑娘与四骑士》以玛丽苏剧情受到众多迷妹迷弟追捧,在这部剧中,杨洋代言百草味抱抱果的广告牌多次出现,百草味将目标客户群体瞄准目前使用网络最多的"90后"及"00后",以满足年轻消费群体的需求为目标。

(二)将产品定位与数字营销内容深度融合

将产品定位与数字营销内容深度融合,也就是说,有什么样的产品定位,就会选择什么样的数字营销内容来突出产品特色,使数字内容营销更加精准地传达出产品的鲜明特征,满足目标消费群体需求,达到精准营销和深入营销的目的。比如,百草味的目标市场和用户是年轻化市场及年轻人,其内容植入精准定位了时尚青春大剧,通过消费者的情感共鸣来实现品牌传播,扩大品牌影响力;三只松鼠定位的品牌形象是"萌",在进行数字内容营销时选择了"吃货"属性较强的角色,品牌形象辨识度高,实现了三只松鼠的萌式营销。

(三)采用多样化营销手段

数字内容营销的介质多达数十种,在当前互联网传播速度快、传播面积广的条件下,应该尽可能丰富营销手段,实现多样化营销,加快产品及企业品牌的建立,扩大品牌知名度和传播深度,获得更多消费者的喜爱,提高顾客忠诚度,以最小的成本真正实现产品营销效益最大化。比如,三只松鼠植入形式多样化,不仅有剧情植入、广告插播,还在社区论坛、公众号发表推送文章,讲述三只松鼠的创业历程,使消费者感受到三只松鼠对优质产品质量精益

求精、保证食品绿色安全的诚意,全面攻占目标消费群体的休闲生活场景,使三只松鼠知名度进一步提升。百草味除了影视植入之外,还邀请了《灰姑娘与四骑士》的主演"灰姑娘"朴素丹做客天猫直播送抱抱,给粉丝送来惊喜,并与代言人杨洋发起全民抱抱活动,整个活动曝光互动量达到 1.2 亿,话题引爆整个平台。

在互联网时代,品牌化运营是产品及企业发展的必经之路。对于品牌而言,在产品精准定位的基础上,借助选择合适的深度数字内容营销,不仅能与消费者群体市场需求高度吻合,大大提升品牌热度,有效促进品牌普及,拓展品牌用户群体,还可以通过情感渗透和社群联系,进一步提升产品品牌的用户黏度,帮助实现品牌推广传播。

三、数字内容营销的内容属性和类型

内容是数字内容营销最为关键的因素,也是数字内容营销价值承载的主体和动机实现的路径。好的内容是能够兼顾内容的价值性和品牌相关性的,内容过多承载产品或是品牌信息极易引起消费者的反感,从需求出发,以内容满足需求,将品牌或产品作为实现需求满足功能的一部分能更好地实现两者的结合。同时,内容和传播方式的匹配度至关重要,将信息与渠道调性和热点元素相结合,更能发挥其作用。渠道是数字内容的载体,发挥着连接内容和消费者的中介性作用,直接关系着内容的分发过程。在数字渠道中,内容的呈现方式和传播方式均呈现出全新的特点。数字渠道上的用户特点和平台特性会在很大程度上影响营销内容生产和内容营销的方法,有效的渠道匹配能够实现营销效率的提升。内容营销的传播机制并非是与数字营销中的种种传播方式所割裂的,而是尽可能最大化地结合数字传播理念、智能传播技术,利用场景化沉浸式传播、跨媒介多渠道传播、互动传播、口碑传播等多种传播形式来提升内容影响范围的广度和深度。

(一)内容属性

内容属性反映了内容创造模式中不同的创造主体,根据数字内容营销中不同的内容形式将内容分为用户原创数字内容和企业数字内容。从内容原创与否的角度作了进一步的分类,将互联网内容分成了具备专业性的优质原创内容、专业性较低但更为广泛的用户自创内容以及聚合性的非原创内容。事实上,伴随着内容在传播中的价值日益凸显以及媒介技术的不断发展,用户生产内容 UGC(User Generated Content)、专业人员生产内容 PGC(Professional Generated Content)、职业从业人员生产内容 OGC(Occupationally Generated Content),以及智能技术下的算法生成内容 AGC(Algorithm Generated Content)等多种模式分化与盛行,数字时代的广告已经不再是简单的信息生产,而是多种信息聚合在一起,进行与用户建立关系连接的信息再生产。本书从内容生产的流程视角出发,将内容营销中的内容划分为原创性内容和共创性内容两种不同的内容属性。

品牌的原创内容根据生产主体的不同,可以划分为两种类型:第一种是品牌原创内容生产,这是由品牌方主导的,结合了消费者的真实信息需求和品牌内容营销规划诉求的内容生产;第二种是用户原创内容,是由用户主导,品牌鼓励引导而产生的内容,也就是通常称为的UGC 内容。相较于共创性内容,品牌的原创内容呈现出创作难度高,投入时间、机会成本以及相关物质设备高,智力要求高的特点,自然在内容的丰富程度、内容细节的精细程度和内容表达的深度上会相对更好,这种高质量内容通常会被作为内容营销的引爆点。

共创性内容是由品牌和企业两者共同主导的,在原创内容基础上进行的再创作行为所产生的内容。在创作主体上,原创性内容和共创性内容没有明显的区分,可以归纳为以用户为单位的单独个体,以品牌主为代表的组织单位以及以社交媒体、门户网站等为代表的进行原创内容聚合的平台。共创性内容是在生产主体的生产和分享行为中产生的,是品牌获得媒体渠道中的主要内容。生产主体在信息、贡献、经济利益或者是社会性动机的驱使下,在原创内容的基础上进行内容的再创造。其生产难度低,投入小,整体的生产门槛低,更容易不断地形成裂变,催生新的营销价值。

(二)内容类型

内容营销的内容会包含品牌信息,它们或是具有价值的高质量信息,能够帮助用户开展决策行为;或是具备娱乐性的,能够让用户产生愉悦感和兴奋感的信息。也就是说,内容分为有价值的和娱乐性的两种类型,价值性体现对消费者有认知(教育意义)或是行为(购买)上的影响,而娱乐性则体现在内容能够引导消费者情绪,激发消费者共鸣。

结合数字内容类型的相关学术研究及在实践中的应用可知,伴随着消费者心理情感资源瓜分进入白热化状态,能引发情感共鸣的情感型内容在内容营销的实践中得到广泛应用。从内容营销的动机来看,品牌借助内容塑造专业形象,抢占用户注意力资源,实现心理情感高地的占领。在内容营销的实践中,可以将内容分为知识型的实用性内容、引发共鸣的情感性内容以及能够获得受众关注、具备病毒性传播效力的娱乐性内容。在内容营销中,内容是进行价值传递的关键链条之一,消费者在进行决策思考时,是根据需求满足和价值实现程度来决定的,只有当需求得以满足,价值能够实现,消费者才会产生购买行为。在内容营销中,内容承担了这种产品或服务与消费者价值传递的中间作用,具备影响力的优质内容甚至能够扩大价值或是创造价值。其关联逻辑在于内容本身所具备的物质属性能够为消费者带来相应的利益,从而满足其所追求的深层价值诉求。

不同类型内容的维度和落脚点均不尽相同,这决定了消费者直接接触的内容特性是具备差异性的,其所带来的利益价值和消费感受以及深层价值都会有所不同,可以从不同内容类型的属性—利益—价值链条来对不同内容类型的价值进行深度分析。

1. 知识型内容

知识型的内容能够提供给消费者有用的信息。这种实用性的内容便于让消费者快捷方便地找到需要的信息,从而不需要耗费过多的精力去进行决策。同时,这是对品牌和消费者天然信息不对称地位的一种弥合,能够降低消费者感知风险,增加感知公平,提升品牌信任。实用性的知识型内容能够为消费者带来超脱品牌之外的拓展知识,使内容消费品化。

2. 情感型内容

具备情感的亲切交流是对传统营销中说服型信息传达方式的一种弥补,能够体现人性化的关怀,传达对顾客的平等态度和尊重,增强消费者的信任和安全感,引发情感共鸣,让消费者在与内容的互动中得到满足感、愉悦感和幸福感。

3. 娱乐型内容

娱乐型内容最大的特点在于其吸睛性强,在注意力资源极度稀缺的当下,娱乐性的内容以其轻松娱乐的特性激发用户好奇心、丰富消费者生活,使消费者消磨时光,放松心情。

第四节 数字内容营销的实施过程

数字内容营销不仅应注重内容的原创性、新颖性和娱乐性,还应从营销定位、管理内容过程和营销效果评估 3 个方面着手,进行数字内容营销的实施。

一、明确数字内容营销定位

数字内容营销的成功实施,明确数字内容营销定位是关键。一个好的数字内容营销定位,明确的营销目标、清晰的受众定位和互动周期的策划都不可或缺。

(一)制订营销目标

目标的制订决定了一种产品(服务)营销的方向。只有确定数字内容营销的最终目的,才能进一步策划数字内容营销的策略与方案,不至于南辕北辙。制订产品(服务)的营销目标,即该种产品(服务)最终所应达到的营销效果,应与营销部门乃至整个公司的目标相一致。以某网站的数字内容营销为例,若营销部门的目标是庞大的客户量,则网站的营销目标应着眼于开发潜在客户,并将点击到达率和转化率作为具体测量指标;若营销部门致力于扩大销售量,则网站应以销售支持为营销目标,将销售转化率设为具体测量指标。根据公司及营销部门设定的发展目标,找到产品数字内容营销的关键目标,并进一步细化为相应的测量指标,为下一步营销打好基础。

(二)确定受众角色

作为产品(服务)的对话对象,其角色的清晰定位有助于细化营销目标,实现内容精准营销。依据不同的划分标准(性别、年龄、教育程度等),受众可以分为多种群体,营销者可将每一种群体概括为某种角色,进行与之适应的数字内容营销。例如,珠宝的数字内容营销,对不同性别群体,其采取的营销方式必定不同。女性偏于浪漫感性,一个美丽浪漫的故事可能会打动女顾客的心;而男性更偏理性,对珠宝的价值和实用性更加看重,两种受众群体的定位应各有侧重。为实施更加精准的角色定位,应该建立"信息回收站",尽可能多地接受来自受众的反馈信息,具体方式有一对一访谈、关键词检索、网络分析、聆听社交媒体、顾客调查等。

(三)把握互动周期

互动周期是产品(服务)内部销售流程与客户购买流程定义方式的结晶。互动周期有助于购买流程某些阶段推广引人瞩目的内容,进而促进潜在顾客采取购买行动或者帮助既有顾客传播产品(服务)的内容。互动周期是一个明确流程,首先是将受众角色映射至销售流程,依据产品(服务)了解程度、兴趣、决策习惯等对受众进行划分,然后确定相应的互动周期,如对产品(服务)不了解的用户相对于感兴趣的用户,其互动周期应该更长,由此而制订的互动方案不尽相同。其次是建立内容细分表,设立销售漏斗,引导消费者在销售流程内进行升迁,以最大程度地降低数字内容营销失败的可能性。再次是将受众角色嵌入购买周期,规划不同受众角色的购买流程。最后应创建客户/内容细分表,具体绘制各种受众角色的销售漏斗和购买流程。

二、管理数字内容过程

在明确数字内容营销定位的前提下,进入数字内容营销下一阶段——管理数字内容过程。

(一)整合多元化渠道

基于目标、定位、受众及拥有的资产等要素开辟多元化传播渠道,是数字内容营销实施的第一步。数字时代信息生产和传播方式发生深刻变革,随着用户逐步由线下向线上转移,网络平台的建设成为数字内容营销管理关注的重点。互联网渠道的价值重在连接和整合,相互之间的联系可通过一个中心辐射图集中体现,其中轮毂是中心,辐条是整合内容的关键点。在营销过程中,最终价值的实现与粉丝黏性的高低息息相关。结合中心辐射图,构建一个自身具有高度吸引力的内容。因此整合平台可从以下几个方面着手:一是建立网站、公众号等社交中心,用来增加社交量;二是在中心之外建立发布渠道和社区;三是创建、优化和推广中心外的优质内容,拓展辐条上的网络;四是确立编辑的可见性,为社区内容的二次出版创造条件;五是加入链接提升流量并增加内容的可访问性。

(二)挖掘内容类型

不同的内容类型在功能、格式和呈现方式上具有显著差异,根据营销目的选择匹配的内容形式,可以显著提升营销效率。传统的内容类型各有优势。社区博文提供了一个呈现网页刷新内容的简洁模块,有信息聚合和评论技术的支撑,可将复杂的"搜索引擎优化"策略(Search Engine Optimization,SEO)和社区构建活动相结合;白皮书包括会议论文、研究报告及技术简报等多种形式,能够完美展示公司的思想引领者地位,创造意向客户。同时,移动互联技术的革新使内容类型的创新应用成为可能。基于互联网组织的虚拟展会,能够跨越时空,有利于增进与现有客户及潜在客户的互动交流;由单一机构举办的路演一般在潜在客户高度集中的地区开展,借助明星效应和网络号召力,充分发挥其周期短、覆盖面广及针对性强的优势;"网红经济"越演越烈,网络直播如火如荼,其强调场景感和参与度的特点很好地弥补了传统文本传播的局限性,随着虚拟现实、增强现实等科技的进步,将会为行业带来颠覆性的变革。总体而言,深入挖掘不同内容形式背后的价值,找准目标定位,有的放矢,才能事半功倍。

(三)优化搜索引擎

数字内容营销不应止步于海量内容的创建,将产品(服务)推送至目标受众才是重中之重,优化搜索引擎就是一种有效手段。尽管优化搜索引擎的效果不如以往,但仍在数字内容营销中发挥了很大作用,通过优化搜索引擎,导入用户流量,进而转化为实际销售。将数字内容营销落实在搜索引擎优化的实际操作中,在进行推广的过程中应该有技巧、有侧重。在官方网站定位方面,应用1~2个关键词概括网站主题,让访客一目了然。在官网内容方面,百科类知识是搜索引擎的最爱,应在官网中多添加百科式内容,尽量多编辑与本行业领域相关的基础概念。在链接方面,应更加注重内部链接。内部链接可以厘清网站脉络,清晰便捷的网站脉络会带给用户良好的直观印象。友情链接不应再是简单的外链罗列,而应改为深度内容合作,如引用对方文章、制作专门内容推荐合作伙伴等。通过搜索引擎的优化,更多的潜在客户接触产品(服务)网络,从而对数字内容营销大有裨益。

三、数字内容营销的效果评估

数字内容营销是一项长期的活动,需要足够的时间产生影响,所产生的效应往往具有一定的滞后性。为避免盲目投入而最终导致资源浪费,阶段性地对数字内容营销效果进行指标测评同样重要。

(一)指标选取的标准

数字内容营销的指标选取有三个标准:一是找出能够反映数字内容营销目标实现路径的评估数据;二是所选取的操作化指标能够直接或间接地推测出参与程度和影响销售周期的长度;三是指标可量化并可以直观反映对下游收入的贡献。许多数字内容营销的新手总是过度专注页面浏览量、跟帖数等意义不大的指标,将评估设置在关键的系统上,如采购需求流量、流量转换等,才能充分发挥指标的效用。

(二)构建评估指标体系

根据指标层级与类型,结合目标群体的需求,数字内容营销的评估指标体系构建可包括三个独立的部分,从上往下,依次代表主要指标、辅助指标和用户指标。主要指标一般是企业高管感兴趣的关键绩效指标,包括销售、成本节约和客户保持等,最能直观反映营销效果;辅助指标大多是一些度量标准,包括质量提升、数量提升以及销售周期的缩减等指标类型,有利于营销队伍的建设,实现专业化流程运作;用户指标是内容“操盘手”需要检查和评估的基础指标,最直接的目的是优化流程,增强营销效果。在社交媒体多元化的今天,用户本身就是营销的关键节点,除消费指标、导引性销售指标和销售指标等传统关键指标外,还应关注反映用户活跃度的共享指标,利用数据抓取及数据挖掘工具测量如用户点赞、评论、分享、参与话题以及导入链接等指标,为进一步推广营销创造条件。数字内容营销评估的效果将集中反映在投资回报率上。将量化后的测评结果与数字内容营销实施步骤一一比对,逐步优化营销策略,最终实现价值最大化。

四、数字内容营销的策略

对于如今面对信息愈加睿智、谨慎、社交关系广泛的用户而言,以显而易见的方式向他们"硬塞"内容更易引起他们的反感,明智的做法是以用户喜欢的方式分享他们认为有关联性和价值的内容,即以"用户思维"指导营销。围绕"用户思维"开展数字内容营销主要有以下策略:

(一)促使"内容"与用户产生强关联

数字内容营销策略的第一个关键点就是要促使"内容"与用户产生强关联。营销界的一种说法是"和用户发生强关联的营销才称为营销"。在内容与用户关系的金字塔结构中,最基本的是内容为用户提供有价值的信息或服务,即有用或有价值;内容要为用户创造基于乐趣的并可与他人分享的体验,即有情、有趣;处于最高层次的则是内容能帮助用户更好地改变自己与这个世界,即内容要有感染力、号召力。让内容具有强大的感染力、号召力,进而促使"内容"与用户产生强关联,具体方法有:一是让品牌"人格化",赋予品牌一定的态度、观点、腔调、性格、气场,由此对目标受众形成一个特定的"圈子"。二是洞察社会情感,让用户"走心"。例如,新世相策划的《我买好了30张机票在机场等你:4个小时后逃离北上广》,牢牢把握了社会普遍关心的话题和人们孤独、渴望共鸣的心理,引爆人们内心冲突的小火苗,引发社会讨论的洪流。三是打造"内容性产品",形成自营销,即赋予目标用户一种身份标签,让用户的归属感和共鸣感早于产品购买阶段产生,强化产品与用户之间的故事。四是将用户之间的弱关系转化为现实生活中的强关系,提高品牌黏性。例如,逻辑思维以自媒体的观点吸引人群,再以社群定义产品,交互的链接使得逻辑思维更好地关注成员需求、优化体验,将成员在社群中支持的精神和价值观定义到更多、更新的产品中,发挥社群在新产品开发中的作用,强调社群成员参与度。当社群成员将这种基于虚拟网络的弱关系转化为现实生活中的强关系时,则社群凝聚力增强,成员社会资本增多,社群意识更强,对逻辑思维会更忠诚。传播的关系类型决定了营销的深度,强关系的营销活动通过对客户情感化的影响,提升用户体验度。只有利用强关系,用户在使用产品时,才会自然而然地进行传播。在营销过程中借助用户,将不同的用户价值进行传播,通过客户,让产品在网上留下用户痕迹和用户言论。

(二)基于人性选择合适的内容素材

基于人性选择内容的本质就是对消费者成长的内在需求的挖掘与引领。数字内容营销要深度挖掘目标市场单向销售策略,策划推出一系列创意活动,推动用户的参与度,增加用户黏度,实现以用户自身为节点的二次销售功能。例如,《微信力量》摇一摇众筹活动通过社交互动来完成图书销售,增加了营销的趣味性;"萌宝大赛"选秀活动深入当地用户生活,使皖新读书会公众号增加了大量的后台用户;"阅+"活动利用社群营销的方式,聚合用户关注度,培养忠实用户。创造用户参与的机会主要是通过创意活动来实现,尤其是紧紧抓住当下热点话题和用户需求,使营销活动"搭便车"成为"勾搭"受众关注的社会热点事件,如果再配合设计半个性化模板,邀请受众一起玩,就更易达到事半功倍的效果。例如,言又几书店在2016年5月20日结合娱乐圈新闻"霍建华表白林心如"事件发布了"你眼中最撩人的情话是_____?"一文,与用户互动,受到用户热烈响应。

（三）围绕目标形成新的内容创意机制

数字内容营销的过程包括媒介的选择、工具手段的选择等,若将传播期望达到的目标进行分类,则对应的是消费者的决策历程。数字内容营销要决定是服务用户还是娱乐用户,是教育用户还是说服用户。在不同的目标下,使用的创意机制不一样,明确数字内容营销的目标才能更好地利用机制来选择内容。形成新的内容创意机制,可以从以下几个角度出发:一是善用传统营销接触点,设计数字内容营销的新形式。例如,士力架以"包装"为出发点,在产品的包装上印着各种有关"饥饿"的形容词,同时线上在推特(Twitter)上发起"你饥饿的时候你是什么?"的小调查,线下成立临时"饥饿急救中心",与粉丝开展互动。二是善用其他已成熟的机制,进行数字内容营销的新尝试。例如,碧浪曾经利用电商中已经非常成熟的竞拍机制策划了一场营销活动,取得了良好的宣传效果。三是将电商平台的消费与口碑推广,转化为持续的数字内容营销。例如,大众点评网等基于用户分享、评价的网站吸引了越来越多的商家入驻,同时形成了源源不断的数字内容营销素材。四是寻找用户场景,结合场景转化数字内容营销。例如,武汉遭遇暴雨,城市积水严重,武汉的优步(Uber)推出"暴雨无情,优步有爱"的爱心司机送伞活动,结合场景开展营销。总之,当下的创意不再只是设计优美的文案或高质量的画面,而在于能否把企业和用户的沟通过程变成内容生产过程,并通过机制来保证运行。而数字内容营销的创意机制,是品牌之间竞争的重要因素,是企业能否持续与用户沟通、持续影响用户的保障。

第五节　数字内容营销的应用

一、内容视角下的三大应用模式

从内容视角进行划分,内容可以划分为对话、讲故事和顾客互动三种不同的形式,这些具体形式的运用都是内容营销策略的指导和具体的体现。其中,对话是开展双向交流与沟通的过程,其要求在吸引力构建的基础上形成深度连接。在这个过程中,企业生产分享有价值的、创新的信息,与具备忠诚度的用户建立一定的联系,通过定期回复、互动甚至是曝光自己的方式,来进行对话。讲故事是内容营销最主要的叙事方式之一,故事引人入胜的程度是决定能否留住顾客的关键,这是深层连接的构建和实现共情的有效方法。人对故事性内容具有天然的好奇心。企业要成为故事的讲述者,让观众,消费者以及潜在的客户以一种具有意义的形式参与到故事中,从而传递关于品牌的价值。顾客互动是产生连接,引发共情的重要路径。这种超越消费者购买的行为,通过激励影响品牌认知和评价并对其产生影响。

（一）对话:连接关系

构建"对话"是内容营销重要的内容应用形式之一。对话不是试图说服、同化对方,而是在平等的交流中通过对话共享彼此的态度和目的,达成相互理解,进而实现意义层面的共创与联合。更是以尊重个性和差异为前提,挖掘隐藏在表面信息交换之下的思想和情感层面的交流过程。微信的公众号、朋友圈信息流广告、H5 和小程序,微博的评论区、私信等,都充分发挥了品牌和消费者之间的对话可能性、价值性和意义性。引发对话的内容要具备阅读性、适用性和社交性。从消费者的视角出发,运用产品运营的思维去运营和生产内容,挖掘消费者的潜在需求和兴趣点,发掘品牌的自身吸引力。同时,要注意打造内容的社交基因,通过有用或有趣的内容让受众愿意主动分享,分享为内容引爆带来了可能性,打造口碑,形成蜂鸣效应。塑造内容的情感驱动力,创造消费者的情感体验。适应社交媒体传播节奏,利用社交媒体的传播优势,参与当下热点话题,借助新媒体节点的力量,实现内容的扩散和传播。

(二)故事叙事:打造吸引力

故事可以被视为一种参与世界的方式,故事天生具有吸引并抓住受众注意力的独特能力,故事化是一种极为有效的传递信息和沟通方式,说故事的目的在于与听者产生联系并形成结盟关系。在内容营销中利用故事叙事,将产品和品牌的信息塑造成故事。这种具备情感和细节的生动内容更容易引起消费者的两种关联行为:一是沉浸进入故事中进行共鸣加工,也就是说消费者会将自己代入故事主人公的角色中,直接进入故事内容中进行体验。同时,消费者会将这种沉浸故事中的假性体验与自身曾经的过往经历经验相结合,这个过程实际也是故事所传达的内容不断内化的过程,使消费者越发沉浸于故事并相信品牌。讲故事在内容营销中的价值可以被总结为五个方面:讲故事让品牌和内容变得更具备吸引力;帮助品牌将抽象的核心价值和理念变得具体而生动;使消费者产生自身角色的代入感,共情故事里的喜怒哀乐;帮助消费者形成更为深刻的品牌记忆同时能形成更深远更广泛的传播。

在数字内容营销中,讲好品牌故事实际上是将文学创作视角下的故事原型和广告叙事视角下的内容创意相结合的过程。简单来说,一个好的品牌故事要解决两个方面的问题:一是如何构思好的故事要素,创造一个本身就具备吸引力的故事原型;二是用何种语言、逻辑来进行故事讲述,在这个层面就要将故事传播的要素考虑进去。

1.创造有吸引力的故事原型

主题是故事的主宰。故事主题的确定要兼顾 3 个原则:首先是对品牌核心利益的反映;其次是与消费者价值观相契合,如 Nike 多个品牌故事中传达的"Just do it"主题,既是对品牌核心价值理念的反映,也很好地迎合了消费者坚持的价值心理;最后,故事的主题要尽可能地与积极信息相联系,进行积极的价值导向,有利于产生正向的情感连接。优质的故事原型需要做到真实,包含情感,形成共识并作出某种承诺。真实度高的故事更容易让人们产生正向的认知反馈,更容易让消费者相信并代入,充分发挥其影响力。好的故事除了进行真实有效的信息传达,还需要包含情感的力量,相较于单纯的事实陈述,情感性内容易于刺激强烈感情,获得更好的沟通效果。好的品牌故事一定是与消费者价值观相契合的,品牌故事应该从常识或者契合社会规范、公序良俗的内容出发。内容需要包含针对消费者需求解决的承诺,这是一种隐性的品牌诉求表达,倘若消费者对故事中的承诺产生了信任,则这个故事自然就产生了说服的效果。在故事的建构中有一套完整的结构逻辑,从文本的叙事逻辑上来看,故事一般都需要遵循时间或者因果的顺序来进行讲述;从情节上来看,则沿着开头—高潮—结尾的叙述路径。故事的结构在很大程度上决定了故事的吸引力,其中紧张的冲突、转折的设置都能够增加故事的好看性和丰富性。

2. 讲述有传播力的品牌故事

品牌的故事要想在传播上取得好的效果,需要遵循"一个核心"的原则,这里的核心并非指品牌在进行故事传播的时候只能使用一个故事进行营销,而是其故事的核心定位以及价值诉求应该与品牌的定位一致,并在各个渠道中保持统一。只有这样才能借助故事有效地传达品牌的价值主张,更容易形成鲜明的记忆,不会因过多不一致的混杂信息影响消费者对品牌的信任。故事的受众不同,讲故事的方式必然要有所差异。故事在传播的过程中,要结合渠道、营销目标和受众的特点,以差异化的形式对主张一致的故事进行多版本的讲述。这种差异性还体现在与竞争品牌讲述的故事形成差异性,突出自身品牌的独特优势。在故事的传播中,多种内容形式可以增加故事的丰富性,在适当的时候借助技术可以帮助故事更加绘声绘色。品牌故事的价值在于得当而非详尽,细节过多过于冗长的故事非但无法吸引消费者,很有可能会降低消费者的阅读体验,引起用户反感。过长的故事会适得其反,留有想象的空间,才能给用户参与故事构建的可能,最大化故事的价值和力量。

(三)互动参与:建立共情

要想吸引消费者注意,增强品牌黏性,不仅需要与消费者进行平等的对话和讲故事,更重要的是从消费者的角度出发,围绕消费者的自身兴趣和圈子设计传播内容,选择传播方式,协助并激发消费者的互动和参与行为,形成强大而活跃的品牌社区生态。具体来说,要提供精准而有用的信息内容和良好的用户体验,让用户对内容产生兴趣和好感,彰显用户在产品设计和品牌价值建设过程中的存在感、地位感和荣誉感;在内容的质量不断提高的基础上,及时听取消费者的意见和反馈,并据此对内容设计和服务功能进行持续的迭代更新,维持消费者的热情甚至忠诚度。企业和品牌并不缺乏内容资源,重要的是通过内容的创意将内容资源开发为具备传播力、影响力并能够转化为商业价值的营销内容。内容创意的意义正在于此,把繁杂的信息和企业的内容资源变成可以和消费者形成沟通的语言并展开有效的互动,在互动参与中实现品牌和消费者的彼此了解,建立互相信赖、内涵深远的品牌关系。

二、渠道视角下的应用模式

(一)品牌官网

网站中的数字内容营销。品牌官网指的是企业或品牌的官方网站。随着互联网的发展成为一种有效的营销和传播工具,企业纷纷开始建立自己的公司或品牌官网,用以整合产品信息,部分企业甚至将品牌官网作为在线交易的平台,品牌官网主页可以视为广告的一种。在数字时代,需要一个品牌和用户沟通的直接渠道,品牌官网为品牌的传播提供了一条可行的路径,作为品牌形象构建的主阵地,官网在内容营销中发挥着重要价值。品牌官网作为由品牌直接掌控的内容营销渠道,对消费者和品牌本身具备双重价值。对于品牌来说,官网是品牌自己建设的宣传阵地,能够及时、迅速地按照自己的传播节奏发布最新资讯、传递品牌信息、树立品牌形象、传达品牌观念。对于消费者来说,官网是一个品牌信息搜集的便利渠道,能够很好地满足消费者的信息需求,在官网上也方便消费者和企业形成直接的互动和反馈,成为消费者进行自我表达的一个有效渠道。

1. 打造品牌内容的有用性

品牌官网承担着品牌宣传的诸多职责,包括品牌形象的推广、品牌日常的发布、新产品的宣传、营销活动的上新、企业新闻的发布、官方合作与联系,甚至有部分官网如苹果、华为等品牌承担着线上销售的功能。在内容营销中,品牌官网不是自说自话地传递品牌信息,而是将这些内容赋予价值。简单来说,这些内容不仅对品牌有用,更要对消费者有用。要丰富内容的表达形式,增加内容的可看性,同时将内容消费品化,品牌官网不能每时每刻都扮演着品牌信息的传道士,而应该从消费者主观意识进行内容延展,创造消费者感兴趣的内容。

2. 将官网打造成官方社区

作为品牌的自有渠道,要利用官网开展内容营销,就一定要增加官网在内容互动和对话上的作用,否则就无法体现和发挥内容营销的价值。需要开发优化官网的社交功能,直接在官网中开辟官方社区板块,方便用户互动交流的同时,便于企业直接倾听消费者的反馈,构建企业与用户、用户与用户之间的连接和关系。

3. 提升官网平台体验性

作为品牌内容展示的渠道,除了要保证官网的内容对消费者是有价值的,是能够引发用户互动参与的,还需要重视官网的结构和设计,带来更好的视觉和使用体验。

4. 战略规划官网布局

将品牌特点、价值诉求融入官网的结构中,利用图片、文字、视频和音频等多媒体形式增加官网的丰富性,包括官网的主视觉颜色,都需要跟品牌的调性保持一致,体现品牌特点。同时在官网的布局上要重视用户体验,网站的导航方式、页面的排版布局都要契合用户的阅读习惯,做到简单明了,方便易用。

(二)微信

社交媒体中的内容营销。微信作为一个提供即时通信服务的免费应用程序,日活跃用户趋近 10 亿,超过 50% 用户每天使用时长超过 90 min。相较于微博等社交媒体平台,微信公众平台具有强关系传播,用户黏性强,信息传播便捷,交互性强,兼具人际传播和大众传播的复合属性特点。以社交为入口的微信,具有流量大,使用便捷的特点,使得品牌容易进入用户的社交圈,让用户成为品牌营销社群的一部分。同时,用户将感兴趣的内容传播至个人的社交圈,能形成口碑效应,让品牌获取更多的潜在用户。人们对身边朋友发表的评论具备更高的信任度,朋友圈这一强关系连接属性更容易实现这一目标。微信公众平台作为一种推送式的传播平台,能够以高效便捷的方式向粉丝传递有关品牌的讯息,微信的内容传递主要通过服务号、订阅号和小程序进行,其中,服务号侧重企业方面的业务以及用户管理;订阅号常用于较为忠实的粉丝群体,能够快速搭建传播方与目标受众的桥梁;小程序的突出特点则在于其便捷获取服务的能力。无论是哪种类型的微信公众平台,企业在上面进行内容营销,都需要在一定的框架范围内,按照一定的传播节奏和几种特定的内容形式来进行品牌信息的推送。作为一个交流工具,微信上的内容营销有别于微博这类广场性的社交媒体,更注重内容的"内核"和内容传播的节奏。

1. 创造有针对性的价值内容

作为一个相对封闭的圈层,内容的受众比较固定,除了二次转发行为后形成的新受众外,大多数都为已经关注公众号的粉丝群体。根据微信公众号后台反馈的用户数据和已发布内容的转评赞等数据,分析读者喜好,在"投其所好"的同时,引导读者的兴趣,创造更具备针对性的价值内容。微信公众号的"订阅+推送"模式中的订阅行为意味着用户对公众号上的内容将会有更高的要求和更大的期待,如果公众号的内容质量无法满足用户,将不会产生订阅行为,或是导致已经订阅的用户取关,这就对内容的质量提出了更高的要求。高质量的内容首先要是与粉丝匹配度高的内容,换言之就是消费者感兴趣的或者能够满足消费者潜在需求的内容。微信上的高质量内容主要是有观点的原创性内容,一些低质的微信号时常通过转载文章或是洗稿的方式来进行内容的生产,这种行为很容易造成粉丝的流失。原创、全面、观点鲜明的内容更容易受到用户的欢迎。

2. 注重与粉丝形成强关系

在微信上进行内容营销,沟通和对话属性的发挥非常重要。在当前企业或品牌使用微信公众号进行内容营销的过程中,容易进入两个误区:一个是将公众号打造成品牌信息发布的工具,定时定点进行品牌讯息的推送;另一种则是意识到了内容的价值,但是将公众号做成了一个内容优质的深度媒体平台。在一个天然就具备强关系连接的平台上做营销,不能够在日常的内容和运营中与用户形成对话,建立深层次的情感连接,是对平台资源的一种浪费。与用户建立互动的方式包括与用户进行一对一的聊天、推出互动小游戏、丰富内容呈现形式如互动性更强的 H5,甚至可以将用户自己的消费行为习惯等整合成为内容来进行传播,如最近几年很多品牌在年末推出的年终用户行为盘点都能够引发一波朋友圈的分享和传播。

3. 优化内容呈现和传播节奏

有研究指出,文章所处的位置、推送的时间点、内容的信息密度都会影响微信公众号内容的传播效果。同时,内容主题、标题文案、头图封面会在一定程度上对传播效果产生影响,要注重内容呈现的优化,包括内容信息密度下的阅读时长;内容标题文案和头图的设计;内容形式和文章排版 3 个方面。内容信息密度要根据品牌的属性和用户的特性来进行有效调整,如对整体层次偏高的用户群或者科技含量比较高的产品,可以设置较高的信息密度。但总体而言,文章的信息密度要控制在一个合理的范围内,作为一个提供碎片化阅读的渠道,过长的阅读时间会大大降低用户的内容体验性。文章的标题和头图设计要根据用户喜欢的风格来进行设置,可以通过往期数据分析来进行经验的总结和文案图片风格的优化。内容的形式则要保证多样化,基本上微信文章大多都是采用"图片+文字"的形式,有时候一些新颖有趣的传播形式反而能够带来更好的传播效果。

(三)抖音

短视频内容营销新形式。抖音已经成为当前流量最大的短视频平台之一。而企业蓝 V

作为抖音平台中的营销阵地,能够通过官方认证、营销功能辅助来帮助品牌进行营销建设。抖音这种新兴热门的短视频内容形式代表,结合企业内容营销,能够很好地发挥品牌的价值,伴随着抖音电商的发展,商品橱窗和直播带货为内容营销的销售转化提供了更多的可行路径。研究在抖音平台内容营销的应用和方法,有利于更好地把握短视频这种传播新形式在内容营销中的运用。

1. 注重视频内容创意

新媒体营销时代,用户希望看到更具多样性、更具互动性、更具趣味性、更容易模仿传播的内容。而抖音作为短视频平台,需要在十分有限的碎片化视频时间中,更快、更牢地抓住用户,这就需要品牌呈现的短视频更具故事性,需要足够引人瞩目的内容支撑,这对内容创作的每一个环节都提出了很高的要求,如选题、视频脚本、音乐、后期编辑甚至标题文案等。从选题上来讲,通常有两种方向:一种是发散型的,通过题目的多样化,对热点进行追踪,展开营销;另一种是通过分析品牌目标人群特点,专注一个与品牌相关的主题进行深耕,这样更容易获得特定的相对忠实的粉丝人群。视频脚本需要展现品牌的方向,并切中目标受众的痛点、兴趣点。背景音乐需要契合视频内容,或者选择当下热门、有梗的音乐。后期是对整个视频呈现质量的保障和加固,用户对画面不清晰、内容不连贯、声音模糊的作品往往会失去耐心。标题文案是第一眼呈现在用户眼前的,务必追求简短、有趣、个性、真实,好的标题文案,往往能引发受众自身的思考,引起与受众的互动。

2. 发起抖音话题挑战赛引发内容共创

作为抖音独特的商业化活动产品,抖音挑战赛坐拥抖音中几乎所有的商业化流量资源,对于追求流量的品牌方来说,是进行营销的最佳阵地之一。抖音挑战赛为品牌带来的流量不只是挑战赛发起的头几天,更是能持续地为品牌带来一个较为长期的流量增长态势。参与抖音挑战赛有两种主要的方式:一种是用户可以参与模仿,即选择跟随 KOL 的示范进行模仿,这种参与方式门槛较低,容易激发广大用户的参与热情,玩法包括手势舞、演技类、特效互动、换装、舞蹈、合拍等;另一种是用户根据主题进行内容的原创,此类挑战赛的类型参与门槛较高,但是能让用户自身产出高质量的原创作品,进行流量的二次传播。

抖音挑战赛需要品牌方与 PUGC 共同创造内容,为了吸引用户进行互动、创作,可以设置相应的奖励激励,并且在话题内容的选择上,需要更偏向于互动性强、能引发共鸣的内容。通过这种品牌与用户内容共创的方式,品牌方往往能收获巨大的流量,以美团酒店为例,其开展的挑战赛"三心二亿撩到你"就为其带来了百万人参与,以及数倍的粉丝数量增长。

📖【本章小结】

本章是有关数字内容营销的概述,主要包括以下几个方面的内容:

第一节主要介绍数字内容营销概述,包括数字内容营销的概念、内涵及优势,数字内容营销是随着社会的进步和科技的发展而出现的一种新的企业品牌的营销方法。

第二节主要介绍了数字内容营销的 5W 思维,数字内容营销要想达到预期的营销效果,明确其内涵只是第一步。在数字媒体时代,数字内容营销的路径和思维悄然发生了变化。对于出版企业来说,根据新的时代特点及时转变传统思维,建立数字内容营销的新思维无疑是十分重要的。

第三节介绍了数字内容营销与产品定位的融合,将产品定位与营销内容深度融合。将产品定位与营销内容深度融合,也就是说,有什么样的产品定位,就会选择什么样的营销内容来突出产品特色,使数字内容营销更加精准地传达出产品的鲜明特征,满足目标消费群体需求,达到精准营销和深入营销的目的,同时介绍了数字内容的属性和类型。

第四节主要介绍了数字内容营销的实施要点,数字内容营销不仅应注重内容的原创性、新颖性和娱乐性,还应从营销定位、管理内容过程和营销效果评估3个方面着手,进行数字内容营销的实施。

第五节主要介绍了数字内容营销的应用。在内容营销的具体应用中,可以从内容和渠道两个视角来进行分类。对话、讲故事和互动参与是内容视角下的3种主要应用模式,根据品牌特性和渠道调性选取其中的一种或多种作为内容的主要呈现方式,在吸引消费者的基础上实现连接,最终达成共情。从渠道的视角出发,即从内容营销开展平台的角度来对内容营销的应用模式进行探讨。

【复习思考题】

1. 如何理解数字内容营销的概念?
2. 数字内容营销的优势有哪些?
3. 数字内容营销的5W思维给企业带来的价值有哪些?
4. 企业实施数字内容营销的策略有哪些?
5. 数字内容营销应用有哪些分类?

【案例分析】

三只松鼠营销案例

安徽三只松鼠电子商务有限公司成立于2012年,是一家以坚果、干果、茶叶等森林食品的研发、分装及网络自有B2C品牌销售的现代化新型企业。三只松鼠主要以互联网技术为依托,利用B2C平台进行线上销售,迅速创造了一个以食品产品的快速、新鲜的新型食品零售模式,开创中国食品利用互联网进行线上销售的先河。三只松鼠从一开始就将自己定位成一个纯互联网食品品牌,并以碧根果作为突破口成功打开市场后再逐步完善产品种类,将产品定位于消费频次高、市场容量大的休闲食品市场。

一、营销思路

1. 产品细分

随着互联网零食品牌的逐渐增多,市场趋向饱和,品牌竞争相对激烈,三只松鼠进一步细化市场,除了继续推出碧根果主打产品以外,还相继推出夏威夷果、腰果等坚果系列以及若羌灰枣、大麦茶等干果和花茶系列。

2. 精细服务式营销

三只松鼠通过品牌形象的萌式服务以及快速送达的超预期服务,在优质美味的产品基础上,通过个性化、完美的服务赚取口碑,实现口碑式营销。

3. 嫁接影视内容,全面进军娱乐营销

三只松鼠全面植入各大影视剧中,如《欢乐颂》《微微一笑很倾城》等,追剧吃松鼠,注重凸显品牌个性。三只松鼠数字内容营销载体选择主要表现为剧情植入和广告插播的视频方式,三只松鼠选择播放量、收视、口碑较高的优质都市大剧和话题大剧,进行剧情植入,如在《欢乐颂》中邱莹莹失恋伤心的时候,樊胜美给她带回最爱吃的三只松鼠等,并锁定吃货式角色进行三只松鼠萌式营销,大大提高了三只松鼠的知名度。

二、营销手段

1. 绑定吃货主人,松鼠吃不停

在《好先生》中,三只松鼠是彭佳禾不离手的零食,谈情说爱必备食物,通过吃货的人物设定,在目标用户心中深化了三只松鼠作为吃货、卖萌、生活、休闲娱乐必备的美味零食的印象。

2. 通过松鼠形象萌化人心

三只松鼠除了推出品牌零食之外,还大量设计、推出周边衍生品,如松鼠人偶、抱枕、毛绒玩具等,与剧中人物情感共起伏,承担情感内容,引发观众共鸣。

3. 全面攻占休闲生活场景

三只松鼠无论是在影视植入中还是在广告插播中都在进行相应的数字内容营销,提示目标消费者:三只松鼠可以作为聊天、休闲、娱乐、宵夜、送礼的最佳选择,延伸产品的消费意义。

三、营销效果

1. 实现品牌销量全面提高

随着三只松鼠持续跟进全年热点剧目如《欢乐颂》《小别离》《微微一笑很倾城》等,在电视剧日话题量和关注度得到迅速提高的同时,三只松鼠品牌实现了曝光度和产品销量的飙升。

2. 精准定位目标人群

三只松鼠通过数字内容营销获得了一批"90后"女性的目标消费人群,并紧跟目标人群爱看的韩剧、都市剧,迅速绑定目标人群同类人物——大学生群体等爱吃零食的年轻消费者,实现了精准定位目标人群。

3. 品牌IP逐渐形成

角色绑定凸显品牌调性,萌式营销观众接受度高,休闲娱乐场景全面曝光,衍生内容延续传播热度,使松鼠形象逐渐成为大众认知品牌的重要标识;品牌休闲娱乐、轻松欢乐的理念与剧情深度结合,实现品牌理念积极、清晰、深入的传达。

问题:

1. 结合案例谈谈你对数字内容营销的理解。

2. 三只松鼠的案例和百草味(章前案例)有何不同?

第八章

大数据精准营销

📖【导入案例】

塔吉特超市的精准预测

2012 年年初，《纽约时报》报道了一则新闻，美国阿波利斯市的塔吉特超市不停地为一名高中女生邮寄婴儿尿布样品和配方奶粉的折扣券。高中女生的父亲感到很生气，于是找到市郊的塔吉特超市去质问超市经理。这位父亲不断地发泄自己的不满，当时经理态度很好，并不断地向这位父亲致歉，这一风波才得以化解。几天后，超市经理再次打电话向这位父亲致歉，意想不到的是这位父亲的语气非常平和，他反过来道歉说，他的女儿确实怀孕了，预产期即将来临。这是一个零售商运用大数据进行营销的故事，《纽约时报》对其报道后，这一新闻迅速占领各大网站头条。

塔吉特是如何作出这么神奇的预测的呢？原因是塔吉特自己建设有一个庞大的用户信息数据系统，并且拥有十分强大的数据分析团队。根据塔吉特建立的数据模型，当用户的购买记录与准妈妈购买记录非常相似时，系统就会对用户作出已经"怀孕"的预测，并根据不同时期所购买的物品，来预测其处于孕期的哪个阶段。塔吉特超市根据孕期不同的阶段，为准妈妈们提供相应的护理产品，并送出相应的优惠券，这就解释了塔吉特超市向女高中生邮寄尿布样品的疑问。不仅如此，塔吉特超市还会为上百万用户建立专属档案，每个档案对应唯一的 ID 号，这与身份证号模式有相似之处。当客户使用第三方工具访问网站、信用卡、优惠券、填写调查问卷、邮寄退货单、拨打客服电话、开启广告邮件时，这些行为就会被记录到客户的 ID 号内。同时，这个 ID 号会继续利用大数据获取用户的年龄、是否已婚、是否有子女、所住市区、住址离塔吉特的车程、工资情况、最近是否搬过家、信用卡情况、喜欢访问的网址等信息。

从塔吉特超市的案例可以知道，大数据可以非常精准地锁定甚至预测用户的下一个消费行为，这让在传统营销时代摸不清用户需求的营销者们拥有了一个利器。企业对它的用户群进行数据分析，进行用户画像，进而对用户群进行细分以及定位，针对用户特定时间段的需求进行精准营销推送，可以有效地提升精准营销的效果。

思考：请结合案例分析企业利用大数据进行精准营销的威力。

引言

现代社会是一个信息社会,信息传播十分迅速,新的科学技术的涌现越来越快。社会的高速发展,让人与人之间的距离缩短,交流变得更加密切,人的工作生活被彻底改变。一种新的技术——大数据的出现,让人们生活中的大量信息在产生后能够得到有效处理和分析,从而发挥更大的作用。大数据的特点是数量大、种类多、价值密度低、处理快。它在近年来被广泛运用在各个领域,促进了社会的发展。相关研究指出,大数据在很多领域内都发挥了良好的作用,促进了相关领域的发展。正是大数据技术的发展,使得数据的利用更加商业化,它甚至成为一种无形资产,在许多领域都产生了巨大的商业价值。

广告界一直流行一句话,"我知道我有一半的广告费浪费了,却不知道是哪一半"。在大数据时代,越来越多的有效信息在海量数据中被挖掘出来得以利用,企业或广告公司力图通过精准营销减少被浪费的广告费。以大数据为支撑展开的对产品主流消费群体、用户喜好、购买习惯、消费特征、消费心理等详细而准确的分析,使营销模式实现了真正意义上的大数据精准营销,甚至能做到"比用户更了解用户"。在互联网,特别是移动互联网的推动下,大数据精准营销得到快速发展,它的营销效果不容小觑。

最新中国互联网信息中心《CNNIC:2023 年第 52 次中国互联网络发展状况统计报告》显示,截至 2023 年 6 月,我国网民数量为 10.79 亿,互联网普及率达到 76.4%。农村网民规模为 3.01 亿,农村地区互联网普及率为 60.5%。网民整体数量增加趋缓,新网民在向低收入、低龄、农村人群逐步扩散,以 30～39 岁为主要群体,月收入以 2 000～5 000 元居多。这个庞大的群体将逐渐成为主要消费人群,将更热衷于新型媒体的使用。

网络购物作为数字经济的重要业态,在助力消费增长中持续发挥积极作用。自 2013 年起,我国已连续十年成为全球最大的网络零售市场。截至 2023 年 6 月,我国网上零售额达 7.16 万亿元,占社会消费品零售总额的比重为 26.6%;网络购物用户规模达 8.84 亿人,占网民整体的 82.0%。此外,网络直播成为"线上引流+实体消费"的数字经济新模式,实现蓬勃发展。直播电商成为广受用户喜爱的购物方式,66.2% 的直播电商用户购买过直播商品。

以上数据表明,社会整体经济发展趋势的变革,促使了大数据精准营销的产生和迅速发展。通过大数据投放平台的快速分析和精准定位,生活中消费者的信息不再神秘,消费者与移动手机、即时通信工具、购物账号、邮箱等各种虚拟账号捆绑在一起,对于企业来说要找到特定的消费者越来越方便。在这种情况下,随着互联网技术的快速发展与普及,大数据精准营销将越来越受到重视。

第一节　大数据精准营销概述

随着移动互联网时代的发展和社会的进步,消费者的需求呈现出精细化和多样化的特点,人们越来越关注自我、强调个性。传统营销方法让企业越来越难以满足顾客需要,其作用正在随着消费者行为和心理的改变而减弱,而成本变得越来越高。对于企业而言,营销或许并不难,难的是营销的精准,获得忠诚目标客户,从而取得预期的利润。企业需要精准、可衡量和高回报的营销沟通,更要注重对直接销售沟通的投资。以网络和信息技术为核心的精准营销在一定程度上已经逐步成为现代企业营销发展的新趋势,如何利用大数据、邮件、微博、微信等开展精准营销,是每个企业管理者和营销人员应该研究的问题。

一、精准营销的内涵

早期精准营销是指类似于电话营销、企业会员 DM 单发放等直接面对消费者的沟通营销推广方式,现今主要指非传统媒体以外、以互联网为代表的新媒体营销方式,也称为大数据精准营销或互联网精准营销。所谓精准营销(Precision marketing)是指通过定量和定性相结合的方法对目标市场的不同消费者进行细致分析,在精准定位的基础上,根据他们不同的消费心理和行为特征,依托现代信息技术手段建立个性化的顾客沟通服务体系,采用有针对性的现代技术、方法和指向明确的策略,实现对目标市场不同消费者群体强有效性、高投资回报的营销沟通。目前,越来越多的企事业单位通过"精准营销"的营销模式,精准找到目标顾客的需求,从而拉近自身与具体顾客的距离。

精准营销的基础是"精准",也就是说,公司和企业需要更准确、可衡量、高回报地投资在具体的营销活动上面,更多以结果和行动为导向的市场营销计划,以及越来越多地投资在直接营销上。在充分掌握和了解客户信息的基础上,针对特定用户的喜好,针对特定产品的营销,借助市场信息与客户信息相融合,将传统营销与现代大数据营销相结合,这是营销精细化的发展趋势。

精准营销的核心思想是精确、精密、可衡量。精准营销通过可量化的精确的市场定位技术突破传统营销定位只能定性的局限;精准营销借助先进的数据库技术、网络通信技术及现代高度分散的物流等手段保障和顾客的长期个性化沟通,使营销达到可度量、可调控等精准要求,摆脱了传统广告沟通的高成本束缚,使企业低成本快速增长成为可能;精准营销的系统手段保持了企业和客户的密切互动沟通,不断满足客户个性需要,建立稳定的企业忠实顾客群,实现客户链式反应增值,从而达到企业的长期稳定高速发展的需求;精准营销借助现代高效且分散的物流使企业摆脱繁杂的中间渠道环节及对传统营销模块式营销组织机构的依赖,实现了个性关怀,极大地降低了营销成本。

精准营销的特征主要包括:

①满足用户内在需求,并对用户行为产生影响。比如,在微博、微信等各种网络社交平台上,如果推送的广告信息和内容能够更加贴近用户的真实兴趣和心理喜好,其实这就是互联网公司的精准广告投放,这些广告推送会帮助或者正在帮助用户快速地作出决策。当这些推送的广告内容接近用户的需求时,人们可能不但不会讨厌广告推送,反而会喜欢这些广告,并购买推送广告上的产品。然而,真正要达到"满足需求"是需要长期不断的发展提炼的,不是那么容易的一件事。

②要知道用户的需求,还要知道如何满足需求。传统营销模式通常是通过调查问卷等方式方法获得数据,然后根据调查数据结合受众访谈等进行分析。简而言之,动机就是一种

对某种事物的需求和欲望。为了不打扰用户,并让用户愿意真正地观看和接受广告,最好的方法就是满足用户的需求,这才是精准营销的真正内涵。

③精准营销是无法做到尽善尽美的。企业所掌握的关于用户的数据越多,就越能提高产品和用户之间的相关性。而产品和用户间的相关性越高,企业的产品或者服务就越能接近用户的需求,那么营销活动就能越有精确性。仅凭用户的表面数据很难挖掘出用户的内在需求,挖掘用户内在需求会涉及用户隐私,而这是目前精准营销实际运用过程中面临的一个无法回避的问题。

📖【知识链接】

SKUKING 电子积分

收集每个客户的数据并进行有效分析,并整合售前和售后服务,建立以客户为中心的管理系统,以及使企业拟定正确的营销策略。

SKUKING 为一套完整的顾客经营营销系统,是餐饮业从业者的使用首选,借由电子积分集点、不定期推播营销活动、发送优惠券、问卷、会员系统、销售分析,快速地收集顾客资料、即时地统整分析数据,经营顾客或是进行再营销,打造高回流率,让会员经营不再徒劳无功,达到精准营销的效果。

(资料来源:SKUKING.COM 跨境电商独立站,2023-08-24)

二、大数据驱动的精准营销

在经济领域中,信息发展让决策趋于理性化与可计量化,基于数据和分析,人们趋向把存储在计算机上的数字、音频、视频、图片等信息,经过大数据的交换、整合、分析、解释现象及原因,预测未来的发展趋势。精准营销正是在大数据背景下,以数据库营销和数据挖掘技术为基础而发展起来的。大数据背景下提出的精准营销属于一种新的营销模式,包括对数据收集的精准、对分析的精准、对推荐的精准。精准中的"精"代表了精细,包括市场的细分、空间时间的小分子化;"准"代表追求确定性,接受不确定性,基于规律用统计、概率、反馈逐步迭代优化,和业务完全融合,有模型和算法作基础,越来越准确,逐步变得精准智能。

在过去的几十年里,数字技术的进步极大地扩展了信息基础,降低了信息成本,创造了高价值的信息产品。这促进了搜索、匹配和信息的整合,导致更大的组织和经济主体之间的协作。拥有大量数据的企业,将如何通过实际业务获取真正价值?企业首先要确定数据分析要达到的目标、目标可行性的程度,才能实现数据分析的意义,才让数据具有可用性;其次数据的精准,特别是数据的质量,这不仅是数据获取透明度的问题,而是识别信息的来源以及评估其是适合现在还是适合推测未来走势的研究问题。基于大数据思维导向的分析不仅聚焦于营销活动的成本控制与特色服务,还针对特定客户需求提供特色产品,建立更精确的模型评估营销效果,对各阶段的评价指标作出简单明了的指标公式,方便信息使用者代入。

在大数据与精准营销的关系上,大数据技术能够有效地整合客户的特征信息,分析客户的需求与行为,归类目标客户群体,从而提升公司的营销效率,降低营销的成本。精准营销的发展离不开大数据,精准营销的建立需要大数据予以支撑,营销策略的制订一般要建立在相关的数据基础上,特别需要对客户的信息数据进行分析,而大数据技术能够有助于了解客户群体。市场营销策略的制订必须要建立在对客户以及市场定位的基础上,需要对客户群体进行深入的了解,海量的数据才能够提供挖掘客户的可能性。张玮等采用智慧图谱来形容精准营销,认为机器深度学习是精准营销体系最核心的技术。如图8-1所示,精准营销实施的基础是对客户属性、客户行为、客户心理的准确把握,整个营销决策过程是在大数据基础上进行的。数据样本的全面性、多源性、易得性和准确性等,制约了精准营销的实施和效果。精准营销的基础是大数据,大数据不只是数字化模拟数据转化成用0和1表示的二进制,更是把一种现象转变为可制表分析的量化形式过程。企业在大数据背景的推动下有针对性地将产品推荐给特征集库的客户群,收集客户的反馈意见,提高营销成功率,降低营销成本。

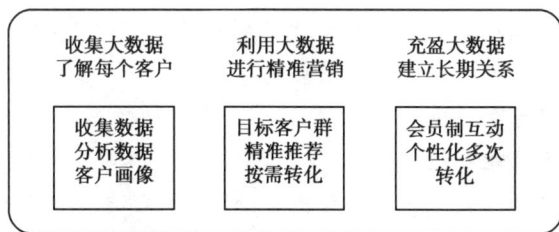

图8-1　大数据驱动的精准营销

大数据的主要作用如下:

①为精准营销提供依据。在互联网时代,用户的每一次互联网行为都会留下记录,如查询信息次数、浏览网页的时长、购买商品的记录频次、使用App时长频次等数据都能够被获取。大数据就是将这些琐碎的数据收集起来,使用数据挖掘和分析等技术从这些海量数据中整合出用户偏好、预测用户的行为等,运用大数据挖掘分析引擎提供一系列的分析能力,深度洞察用户,生成用户标签,有了这些数据"标签",精准营销才会更加地有理有据。

②能够为精准营销提供平台支撑。大数据平台可以充分地汇集相关数据,提供网络数据和资源的共享服务,这是企业进行大数据精准营销的技术基础。利用统一的大数据平台,汇聚通信网、互联网和物联网的数据资源,实现多元数据的集中管理,打造实时、全面、开放的数据平台,迅速实现大数据应用的开发和部署。

③能够为精准营销的实践降本增效。所有的理论最终都是要落实到实践中去的,脱离实践的理论毫无意义。而传统的营销活动往往"一刀切",投入了大量的人财物,对大量的用户进行广泛的营销,最终效果往往和投入的成本不成比例。现在利用大数据进行精准营销,避免了冗余资源的浪费,同时大数据平台能够为企业提供更容易地获得用户信息的能力,并进行有效的分析挖掘,助力企业开展有针对性的营销活动,实现较好的营销效果。

【知识链接】

尿不湿和啤酒

超级商业零售连锁巨无霸沃尔玛公司拥有世界上最大的数据仓库系统之一。为了能够准确了解顾客在其门店的购买习惯,沃尔玛对其顾客的购物行为进行了购物篮关联规则分析,从而知道顾客经常购买的商品有哪些。在沃尔玛庞大的数据仓库里集合了其所有门店的详细原始交易数据,在这些原始交易数据的基础上,沃尔玛利用数据挖掘工具对这些数据进行分析和挖掘。一个令人惊奇和意外的结果出现了:跟尿不湿一起购买最多的商品竟是啤酒!这是数据挖掘技术对历史数据进行分析的结果,反映的是数据的内在规律。那么这个结果符合现实情况吗?是有用的知识吗?是否有利用价值?

为了验证这一结果,沃尔玛派出市场调查人员和分析师对这一结果进行调查分析。经过大量实际调查和分析,他们揭示了一个隐藏在"尿不湿与啤酒"背后的美国消费者的一种行为模式:在美国,到超市去买婴儿尿不湿是一些年轻的父亲下班后的日常工作,而他们中有30%~40%的人同时会为自己买一些啤酒。产生这一现象的原因是:美国的太太们常叮嘱她们的丈夫不要忘了下班后为小孩买尿不湿,而丈夫们在买尿不湿后又随手带回了他们喜欢的啤酒。另一种情况是丈夫们在买啤酒时突然记起他们的责任,又去买了尿不湿。既然尿不湿与啤酒一起被买的机会很多,那么沃尔玛就在他们所有的门店里将尿不湿与啤酒并排摆放在一起,结果使尿不湿和啤酒的销售量双双增长。

按常规思维,尿不湿与啤酒风马牛不相及,若不是借助数据挖掘技术对大量交易数据进行挖掘分析,沃尔玛是不可能发现数据内这一有价值的规律的。

(资料来源:谭磊. New Internet:大数据挖掘[M]. 北京:电子工业出版社,2013.)

三、大数据精准营销的优势

通过大数据分析,企业可以更好地了解消费者的需求和行为,从而实现精准营销,那么,什么是大数据精准营销呢?大数据精准营销是指通过大数据分析,将营销活动精准地投放到目标用户身上,从而提高营销效果的一种营销方式。它不仅可以帮助企业更好地了解消费者的需求和行为,还可以帮助企业更好地制订营销策略,提高营销效果。

大数据精准营销的优势包括:

①提高营销效果。通过大数据分析,企业可以更好地了解消费者的需求和行为,从而制订更加精准的营销策略。大数据精准营销可以提高营销效果,增加销售额。

②降低营销成本。通过精准投放,企业可以降低营销成本。企业可以将营销活动精准地投放到目标用户身上,避免浪费营销资源。

③提高用户满意度。通过大数据精准营销,企业可以更好地了解消费者的需求和行为,从而提高用户满意度。企业可以根据消费者的需求和行为,提供更加个性化的产品和服务。

大数据精准营销是一种利用大数据分析实现精准营销的方式。通过数据收集、数据分析和精准投放,企业可以更好地了解消费者的需求和行为,从而制订更加精准的营销策略,提高营销效果,降低营销成本,提高用户满意度。大数据精准营销已经成为营销行业的重要组成部分,企业需要不断地学习和掌握相关技术,才能在激烈的市场竞争中立于不败之地。

四、传统营销与精准营销的比较

精准营销与传统营销不同的是,在大数据背景下,企业愿意关注更贴近自己需求的客户,而客户愿意关注更贴近自己需求的产品。传统企业进行客户细分的主要依据是客户的静态属性等维度,以此维度的细分进行产品营销与设计导致营销效果成功率较低,造成营销资源的浪费和营销成本的上升。传统营销强调大范围的覆盖,在大数据背景下,精准营销代表了数据的高度利用与效果的可量化性。传统的数据库用于存储、处理和管理结构化数据,结构化数据只关注整个数据集的特定细节,无法处理此类数据的数量、种类和速度。对于大数据来说,大部分数据都是基于非结构化,倾向于用来进行比较和对比,从而建立整个数据集的规范和趋势。以往的销售人员需要不断地询问客户需求,根据客户描述,找到相应的产品,这样的营销方式缺乏精准与效率。实施精准营销后通过对客户进行画像细分,并使用差异化产品组合和营销策略进行个性化推荐,提高营销的精准度。与传统营销的程序化购买不一样,精准营销在服务方面,要做到多样化、特色化、个性化的服务。表8-1为精准营销与传统营销的比较,企业依托大数据技术手段,可以突破时空限制,易用有效,减少了市场的信息不对称,客户与企业充分有效地融通,有了更直接而且透明度更高的接触。企业精准营销在沟通方式上由传统的企业对客户单向推销转向鼓励引入群体参与、达成双向沟通,可以通过数据挖掘,实现实时交互来改变营销模式,发现潜在客户、开发新客户、转移竞争对手客户、保有老客户、挽留流失客户,为客户提供优质高效的产品或服务体验。受数据和分析技术限制,传统营销主要关注营销业绩,对营销活动的具体效果无法衡量。而精准营销依靠庞大的数据库、挖掘技术和营销系统,可以对营销活动的效果量化地进行衡量。

表 8-1　精准营销与传统营销的比较

比较	传统营销	精准营销
沟通对象	所有客户	细分目标客户群
营销内容	标准化产品或服务	个性化产品或服务
沟通方式	单向传送	双向交互
沟通工具	以报纸、电视等大众媒体为主	以社交平台、搜索引擎等分众媒体为主
营销效果	难以衡量、无精准度	可量化、更精准

第二节　大数据精准营销的理论基础

大数据精准营销,作为经典市场营销理论进化后的产物,其理论基础主要由五部分构成:一是4C、4R营销理论;二是顾客让渡价值理论;三是STP营销理论;四是沟通理论;五是反应原理。

一、4C、4R 营销理论

美国营销专家罗伯特·劳朋特先生于1990年针对4P理论存在的问题,在《4P退休4C登场》文章中指出与传统营销的4P营销理论相对应的4Cs营销理论,4Cs营销理论也就是

4C 营销理论,它强调应该以用户的实际需求为导向,重新设定市场营销组合的 4 个基本要素,即消费者(Consumer)、成本(Cost)、便利(Convenience)和沟通(Communication)。它强调企业首先应该把追求用户的满意度放在首要位置;其次是尽可能降低顾客的购买成本,花费的时间、精力以及用户购买过程中的便利性等,不应该从企业产品的角度出发决定如何对用户制订营销策略,而应该从用户的实际需求出发,以用户为中心,制订营销策略。

第一个"C",Consumer(消费者),代表用户的实际需求。企业首先要分析了解,摸到用户的需求和痛点,然后对症下药推送用户需要的产品或服务,以解决用户所面临的问题。

第二个"C",Cost(成本),不只是指产品的生产成本,还指客户的购买所要花费的成本,以及理想的产品定价。产品的定价应该是企业能够盈利,但稍低于用户的心理购买价格。用户的购买成本指的不只是为购买商品或服务所花费的货币,还有用户为购买商品或服务所花费的时间、精力、体力等。

第三个"C",Convenience(便利),是指让用户在购买全流程及购买后的售后服务等阶段享受到最大的购买、使用和沟通评价便利。以客户的便利为出发点,而不是从企业的便利角度出发考虑问题,为用户提供好的售前、售中、售后服务,提升企业的价值。

第四个"C",Communication(沟通),企业应该跟用户建立一来一往的交流,而不是以前的单向沟通,以前企业是单方面劝导客户购买商品或服务。通过双向沟通使得双方的目标都达到。

4C 理论让企业关注从用户的角度出发考虑一切问题,一切以用户的需求为出发点,以用户的满意度作为考核标准,同时满足用户的个人需求。4C 理论的核心点是以用户为中心,根据顾客的需求和偏好进行企业产品营销活动的规划设计。

大数据精准营销真正贯彻了消费者导向的基本原则,真正实现了由产品导向型(4P)到消费者导向型(4C)的重大营销理论革新。大数据精准营销绕过复杂的中间环节,直接面对消费者,通过各种现代化信息传播工具与消费者进行直接沟通,从而避免了信息的失真,可以比较准确地了解和掌握他们的需求和欲望。

基于4C 理论,艾登伯格教授率先提出了 4R 理论,该理论认为企业应该将培养顾客忠诚度作为首要目标,从 4 个层面入手,即关联(Relevance),反应(React)、关系(Relation)、回报(Return),本着互利共赢的初衷,既要满足消费者的需求与偏好,也要确保企业利益最大化,在企业与顾客之间建立一种相辅相成的业务关系,为此,企业应当在第一时间发现顾客的需求变化,根据市场所反馈的信息调整营销策略,让原本的短期交易关系转向长期的合作关系,着重维护企业与消费者之间的互动关系,通过有效的沟通和互动来满足顾客的需求,从根本上提高顾客对企业及产品的忠诚度。

美国学者 Brebach 和 Zabin 根据 4R 理论提出了大数据精准营销的 4R 法则,详细地说,即正确信息(Right message)、正确渠道(Right channel)、正确时间(Right time)以及正确客户(Right customer),在恰当的时间通过合理的渠道将正确的信息传达至目标客户,以此来影响其购买决策,实现企业的营销目的。如图 8-2 所示为 4R 大数据精准营销模式。

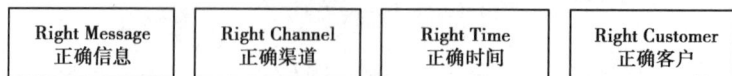

Right Message 正确信息	Right Channel 正确渠道	Right Time 正确时间	Right Customer 正确客户

图 8-2　4R 大数据精准营销模式

二、顾客让渡价值理论

顾客让渡价值理论是 1944 年由菲利普·科特勒提出来的,是指顾客总价值跟顾客总成本的差额。顾客总价值是指顾客购买某一产品或服务所期望获得的一组利益,包括产品价值、服务价值和形象价值等。顾客总成本是指顾客在购买产品或服务时所需要支付的金钱、时间、体力或风险等。消费者作决策时,希望物美价廉,成本可以最低,价值最高,消费者通常情况下会选择为他提供了最大化顾客让渡价值的企业的产品或服务。

首先,大数据精准营销提高了顾客总价值。大数据精准营销实现了"一对一"的营销,企业产品设计充分考虑了消费者需求的个性特征,增强了产品价值的适应性,从而为顾客创造了更大的产品价值。企业在为客户提供优质产品时,同样能借助大数据精准营销创造更多的服务价值,为顾客提供一条龙式的销售服务,极大地提高了顾客购买产品的便捷性。另外,精准营销通过一系列的营销活动,努力提升自身形象,培养消费者对企业的偏好与忠诚。

其次,大数据精准营销降低了顾客总成本。消费者购买商品,不仅要考虑商品的价格,而且必须知道有关商品的确切信息,并对商品各方面进行比较,还必须考虑购物环境是否方便等。降低交易费用便成为营销方式变革的关键动因。大数据精准营销方式,一方面,既缩短了营销渠道,又不占用繁华的商业地段,也不需要庞大的零售商业职工队伍,降低了商品的销售成本,也就降低了顾客购买的货币成本;另一方面,大数据精准营销通过直接媒体和直接手段及时向消费者传递商品信息,降低了消费者搜寻信息的时间成本与精力成本。另外,在家购物,既节省了时间,又免去了外出购物的种种麻烦,使这两项成本进一步降低,减少了交易费用,扩大了商品销售,成为众多企业乐意采用的营销方式。

三、STP 营销理论

在营销学家温德尔·史密斯 1956 年提出的市场细分概念的基础上,营销学家菲利浦·科特勒最终提出了一个新的理论 STP 营销理论,即 Segmentation(市场细分)、Targeting(选择目标市场)以及 Positioning(市场定位)。

STP 营销理论是指企业先进行一定的市场细分,然后确定自己的目标市场,再把产品或服务定位在目标市场中细分市场上。先对用户进行分析、识别和细分,再对用户进行大数据精准营销。

"S"是 Segmentation 的缩写,中文意思是市场细分,是指经过对用户进行识别后,根据用户不同属性特性,像用户需要、行为习惯、期望的不同,把每一产品的市场划分为若干用户群体的市场细分。每一个用户群体就是一个细分的市场,每一个细分的市场都具有类似的需求倾向。在大数据精准营销中,用户画像为用户市场细分提供了数据依据,用户画像越清晰全面,用户细分就会越精准,才会有更好的精准营销效果。

"T"即"Targeting",中文意思是目标市场。经过市场细分,有利于明确目标市场。目标市场是经过市场细分后,企业选择以相应的产品或服务满足其需要的一个或几个子市场。选择了目标市场后,确定企业要为哪一类用户人群服务,满足他们的哪种需求,解决他们的什么问题。大数据精准营销会通过对用户进行用户画像,对用户进行精准细分,然后会根据用户的某种需求,进行有针对性的营销,这就是对目标市场进行精准营销活动。

"P"是 Positioning 的缩写,中文意思是市场定位。它的意思是企业做一些营销宣传,使得消费者心里形成某种特定的企业想让客户有的一种形象,使得潜在客户在未来一旦出现了该类产品或服务的需求时,立即想到该企业,购买其产品或服务。市场定位是企业让自己与其他企业在消费者的心目中区分开来。大数据精准营销通过对用户群体历史数据进行分析确定用户的各种维度属性,随后对用户进行准确的市场定位,再对其进行有针对性的精准营销。

四、沟通理论

该理论要求企业与客户之间保持一种交互式沟通,而这与大数据精准营销的目的不谋而合。近几年,我国互联网发展进程明显加快,人与人之间的交流更为便利,大数据精准营销借助现代网络和通信技术,采取一对一沟通模式,在客户的沟通联系上实现最短的直线距离传播方式。

大数据精准营销实现沟通的线性模式:沟通是直线的、双向的互动交流过程,它包括 3 个重要的概念:

①既然是历程就有时间性,也就是在一段时间内进行。

②是有意义的。

③是互动交流的过程。沟通的主要元素有情境、参与者、信息、通道、干扰、回馈等。

大数据精准营销致力于提高双方的沟通效率,让沟通变得更为简单、直接、高效,且沟通并非一次性的对话,而是在一个时间段内进行交流,是属于互动式的直接沟通,使沟通的距离达到最短,强化了沟通的效果。

五、反应原理

鉴于大数据精准营销是以目标客户的需求为依据对市场进行细分,而反应原理重点指出的是企业与客户之间的关系有其特定的生命周期。对于客户来说,其生命周期分为 6 个阶段:一是客户理解;二是客户分类;三是客户定制;四是客户交流;五是客户获取;六是客户保留。反应原理的首要原则就是为企业创造并留住客户。

若企业严格按照反应理论来开展大数据精准营销活动,那么其首要任务便是维护客户关系,提高客户忠诚度,留住客户才是大数据精准营销的根本目的。通过分析客户的消费行为,了解其偏好与习惯,让双方交易在很长一段时间里都能够得到有效维持。值得一提的是,客户价值的增加与裂变能有所体现,因为在实际的营销过程中客户对产品的满意会使其逐渐形成对企业的信任与忠诚,继而保持购买行为,而裂变则是客户向其他人介绍产品的优点,一传十,十传百,以裂变的形式吸引更多的顾客。

第三节 大数据精准营销模式与运营体系

在经济环境、市场不断变迁的过程中,企业为应对个性化、多元化的市场需求,认识到消费者注意力是企业盈利的关键,开始致力于自身营销体系的建设,重点打造大数据精准营销模式,市场中出现了各式各样的营销模式,触达消费者的传播手段种类越来越丰富。

一、大数据精准营销模式

在移动互联网时代,企业大数据精准营销模式主要包括以下几个方面:

(一)基于搜索引擎的精准营销

在信息时代,企业多利用线上平台即网站进行精准营销,企业搭建专属网站,通过搜索引擎将企业生产经营活动信息散播到市场,依据消费者习惯为其提供准确的信息,减少消费者的选择时间,提高企业在消费者中的品牌度、信誉度。企业通过网站进行精准营销的过程中,首先,优化了网站主题和内容,网站作为企业介绍宣传的官方信息渠道,是企业产品营销的关键,其内容、主题直接代表了企业文化、品牌以及产品,通过风格独特的宣传要素吸引消费者眼球,获得海量的用户数据;其次,关键词的选择是针对产品、服务所实施的分析工作,关键词与产品特征、企业特色相符合,用户通过这些词汇能够很好地了解产品及服务,关键词也是企业产品的广告语;最后,企业精准营销抓住了消费者的习惯、兴趣,在信息时代,用户喜好、习惯多通过数据来反映,而数据来源则是消费者在网站搜索关键词的频率,企业通过大数据、云计算等信息手段,深度挖掘出消费者的兴趣爱好。

(二)基于社会化媒体的精准营销

在移动互联网时代,"网民"作为这个时代的新产物,可以借助网络随时随地了解全国各地产品的信息,进行跨区域、跨地区的信息交流,基于此,社会中出现了较多的媒体平台,如微信、微博、论坛、贴吧等,构成了社会化媒体平台。一方面,这些媒体平台借助其覆盖区域广的优势,可收集到用户有关操作的信息数据,通过信息处理手段了解用户的性格特征、消费喜好等;另一方面,社会化媒体平台拥有定位服务功能,定位数据能够使企业获得用户的地理位置。移动互联网时代下企业基于社会化媒体的精准营销,一方面根据定位服务数据,将用户进行区域上的定位及细分;另一方面依靠新媒体扩大企业的粉丝数量,增加对企业的黏度。当前,按照功能的不同,出现了不同种类的社会化媒体,且每种社会化媒体都有典型的案例,见表8-2。

表 8-2　社会化媒体分类和各类社会化媒体代表

序号	类别	代表平台
1	即时通信	QQ、微信
2	社区论坛	天涯、猫扑、百度贴吧、豆瓣
3	视频分享	优酷、土豆、弹幕
4	社交网站	人人网、开心网
5	微博客	新浪微博、腾讯微博
6	轻博客	点点网
7	百科类网站	百度百科、互动百科
8	问答网站	百度知道、知乎
9	新闻用户网站	网易、凤凰网
10	电子商务网站	阿里巴巴、京东
11	团购	美团、糯米网、大众点评
12	书籍类网站	起点中文网、榕树下
13	分类信息网站	赶集网、58 同城
14	招聘网	智联招聘
15	商务社交	天际网、优士网
16	RSS 订阅	抓虾网、鲜果网
17	旅游网站	携程网、途牛网
18	社交游戏网站	开心农场

基于社会化媒体的精准营销主要包括两种模式：一是信息广告的精准投放。用户在运用媒体平台的过程中，其个人信息、兴趣爱好、中意程度等数据信息将会同时传输到互联网终端以及媒体平台上，社会媒体平台通过这些数据，将相应的广告信息推送到用户面前。二是基于 LBS 的精准营销。LBS 精准营销融合了社交与 GPS 定位，企业按照定位数据，一方面，可以将用户进行区域的细分化，为用户推送具有当地特色的产品及服务；另一方面，企业依据定位信息数据，能够实现高效率的精准配送、促销推送，从而提高用户的消费率。

(三)基于云计算的精准营销

云计算是移动互联网时代下的重要技术，基于云计算的精准营销，其核心理念是收集互联网下的信息数据，再进行系统的管理、处理优化，用海量真实可靠的数据反映市场信息，持续地提高营销资源的覆盖率以及云计算的处理效果，从而实现对消费者行为的洞察，帮助企业到达一个更高的精准营销层次。云计算下精准营销的架构，首先，将互联网下的各个网络资源集中在云平台内，其资源包括数据、应用以及服务等；其次，企业与用户个体与云平台之间是一个双向的互动交流，云平台利用可操作的营销信息向市场推送配套的产品及服务。

(四)基于定制的精准营销

现阶段,越来越多的用户追求个性化、独一无二的产品及服务,每一个消费者个体代表的是一个独立的市场,企业在为消费者提供个性化、人性化的产品与服务的过程中,就是实现精准营销的过程。在目前的市场环境中,生产力高度发展、信息技术不断成熟完善,企业具有为消费者提供个性化服务的条件和基础。基于定制化的精准营销具有以下几个特征:首先,市场调研的准确性,企业在实施精准营销的过程中,能够对市场、产品进行准确的分析定位,产品特性与市场消费需求能够相吻合;其次,长期性的售后服务,售后服务的存在,能够为产品品质提供保障,提高消费者对企业、品牌的认可度;最后,数据的真实可靠,在产品、市场筛选的过程中,离不开准确可靠的信息数据,从而避免后续环节出现问题。同时,基于定制的精准营销往往会为消费者提供一个功能完善的信息交流平台,企业与消费者能够加深对彼此的了解,能够对市场变化作出及时、准确的反应。

二、构建大数据精准营销的运营体系

大数据精准营销要求依托现代信息技术,以"4C"营销理论为基础,以"消费者需求"为导向,精准的市场定位、精准的产品和服务信息传播,为消费者提供个性化服务和"一对一"营销服务,持续并超越满足消费者需求,提高其忠诚度,吸引新的消费者,以达到顾客链式反应,从而实现消费者与企业共赢。要达到以上目的,企业可以建立以消费者数据库为中心的动态循环大数据精准营销体系(图 8-3),具体包括以下几个方面:

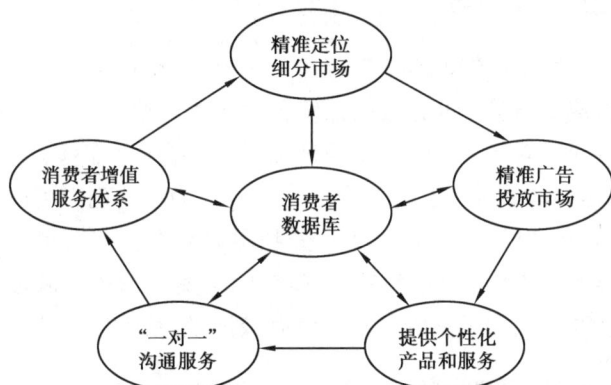

图 8-3 大数据精准营销体系

(一)建立完善的消费者数据库

大数据精准营销要求精准地定位目标消费者,而这一要求是建立在对消费者网络消费行为分析的基础上的,这就需要将消费者从寻找购买产品和服务到售后服务等一系列网络消费行为全程数字化,并获取分析。消费者选择产品和服务所访问的网站、网页、广告等信息,包括消费者来自哪里,要具体到县或区级;是初次访问还是经常访问;是直接访问还是通过搜索引擎访问;每次访问的驻留时间;所关注内容以及最关注内容;对产品价格、样式、质量、销量的关心度;购买产品和服务信息,评价信息,反映问题;与客服人员沟通的深度等等。

在遵守法律道德的情况下,尽可能多地收集消费者的行为信息维度,为以后精准分析奠定数据支撑基础。

(二)精准定位细分市场

对所提供产品或服务的市场进行细分,应根据消费者行为相关理论和相关统计工具对收集到的消费者网络消费行为数据进行分析,分析消费者兴趣偏好、覆盖地域、消费者价值、潜在消费者规模、沟通深度以及交易情况等,精准分析目标消费者的整体行为特征,从消费者、竞争者的角度细分企业的产品和服务的市场,从而确定目标市场及目标消费者的购物行为。此外,要定期对采集数据进行动态挖掘分析,优选消费者,并通过市场测试验证来区分所做定位是否准确有效。

(三)精准广告投放市场

在当前产品和服务丰富的时代,企业竞争非常激烈,广告作为现代营销的重要组成部分,在对产品和服务进行宣传、吸引消费者方面发挥着非常重要的作用。然而面对广告费日益增长,利润逐渐减少的情况下,如何利用更少的广告费用,获取更大的效益成为企业主要思考的问题。在进行精准的市场定位之后,要进行精准的广告投放传播,对喜欢某类型广告的人,推荐相应的广告,使企业产品和服务信息准确无误地传播给目标客户。同时,企业应充分利用即时通信、社交网站、电子邮件等各类应用网络进行精准广告投放甚至精准营销,尽可能低成本获得高收益。

(四)提供个性化产品和服务

为了满足消费者个性化和差异化需求,在经营范围内,企业可以接受消费者设计或组合产品或服务,使消费者成为自己购买产品或服务的设计者。当然,由于个性化产品和服务没有规模经济效益,生产成本较高,因此,企业不能无限制地提供个性化产品或服务,而是根据自己提供的产品情况尽可能地提供有效的个性化产品。为了达到尽可能的规模生产和成本最优以及满足消费者差异化的需求,企业要充分利用大数据精准营销理念和工具进行精准定位和沟通发现并"唤醒"尽可能多的差异化需求,同时要有选择地满足实现差异化和规模成本最优均衡的消费者需求,尽可能满足消费者有效需求,获得较好的经济效益。

(五)实行"一对一"的营销服务

"一对一"的营销服务主要是指在交易过程中及交易结束后为消费者提供"一对一"的满意沟通服务,其目的是使潜在的目标消费者成为企业顾客和提高现有顾客的忠实程度。对潜在的目标消费者,企业在进行"一对一"的营销沟通服务时,应通过现代信息沟通交流工具与目标消费者直接沟通交流,以免信息失真,主要收集目标消费者基本信息和介绍产品和服务关键信息;对已产生购物记录的消费者,充分利用其基本信息、购物过程所浏览的产品以及购买产品的记录分析消费者消费偏好和需求,推断消费者潜在需求,及时给予推荐或以邮件的形式发给消费者,并跟踪消费者的态度反应。

（六）建立精准完善的消费者增值服务体系

据统计,开发新消费者的成本是留住老消费者的 10 倍左右。留住现有消费者,提高其忠诚度和重复购买率成为大数据精准营销至关重要的因素。建立精准完善的顾客增值服务体系,为消费者提供超值服务,在保证产品和服务质量的同时应建立产品或服务可能出现问题的解决方法数据库,以便对售后消费者投诉的产品质量等问题予以及时解决,提供满足并超越消费者期望的需求,提高消费者满意度,培养和提高其忠诚度及重复消费率,并吸引新消费者,以达到消费者的链式反应。此外,对流失消费者应建立预警机制,分析其流失原因,并进行评估,采取相应的补救措施,以免消费者继续流失,促使消费者回流。

📖【知识链接】

Ocard 电子集点 CRM 系统

个人信息绑定手机 App,是实体店面搜集使用者数据的好方法,通过消费集点或优惠活动等方式,鼓励消费者使用 App 消费,借此建立消费记录的完整资料库,即可分析消费者的喜好,拟订合适的营销策略。

例如,麦当劳 App,依据对优惠券的使用频率、消费者的用餐偏好,推荐及发送相关的餐点优惠,或是根据消费者所在地的天气、喜好的活动等信息来互动,提升消费者对 App 的黏着度。

（资料来源:SKUKING. COM 跨境电商独立站,2023-08-24）

第四节 大数据精准营销的工作流程

在大数据分析下的精准营销模式主要是精准地把产品通过合适的渠道推送给有需求的顾客,进而有效地减少顾客寻找目标产品所消耗的精力,并有效地减少顾客的时间成本,从而更加有效地提高顾客对企业的满意度和忠诚度。其工作流程图如图 8-4 所示。

建立客户群 → 挖掘客户信息资源 → 设计销售方案

评估整个销售方案 ← 收集客户意见反馈 ← （设计销售方案）

图 8-4 大数据精准营销的工作流程图

一、建立客户群

要想获得良好的销售业绩,必须拥有稳定的客户资源,收集好相关客户的信息,从而建立相关的客户数据库。建立客户数据库的终极目标是利用大数据分析手段,来收集庞大的客户数据库,为销售工作的开展营造一个良好的开端。目前,很多企业内部的信息化平台尚不能容纳足够多的客户资源,需要相关的工作人员将大数据技术不断发展,并早日投入庞大数据库的建立中去。同时,企业利用客服热线收集客户信息,建立庞大的客户信息平台,并将内部数据和外部数据进行细分,对客户信息进行整理并最终汇总成一个完整的客户数据库,为企业实施大数据精准营销奠定坚实的基础。

二、挖掘客户信息数据

大数据的精准营销通常称为数据驱动营销,这意味着消费者渴望有效地参与并实现针对消费者的个性化营销。一种新型的营销工具,可以分析大量消费者数据并根据分析结果优化公司的营销策略。大数据精准营销的过程涉及 3 个阶段:第一,数据收集阶段。企业利用微博、微信、QQ、论坛和自己的网站等在线工具积极收集消费者数据。第二,数据分析阶段。企业需要将收集的数据整合到大数据营销模型中,并使用大数据挖掘技术和其他特殊方法对其进行详细分析,以提取有效信息,如消费者行为特征。第三,营销策略实施阶段。根据消费者的消费行为结果,公司可以制订和实施特定的营销策略。

所谓挖掘客户信息数据,就是利用大数据分析技术,对搜集到的客户资源进行排查,通过将大量具有不同维度的客户信息,结合到业务上完成客户资源的分类管理。挖掘客户信息数据的目的是要依据客户消费偏好,选择一些具有特点的商品,根据不同的偏好,将大的客户群划分为具有高度相似特征的小的群体实现细分,销售工作者就可以根据自家产品的类型,来选择合适的销售群体。

📖【知识链接】

登录网站的当前用户现在最可能购买什么东西?

丹佛的 eBags 旨在针对旅客销售手提箱、手提袋、钱包以及提供其他旅行服务。该公司采用 Kana 软件公司的 E-Marketing Suite 来整合其网站的 Oracle 数据库、J. D. Edwards 财务系统、客户服务电子邮件和呼叫中心,从而获得客户购买行为习惯方面的信息。数据分析能够帮助公司确定是哪个页面导致了客户的高采购率,并了解是什么内容推动了销售。

eBags 技术副总裁 Mike Frazini 说:"我们尝试展示不同的内容,来观察哪些内容的促销效果最好。我们最终的目标是完全个性化。"与设计页面鼓励大部分消费者采购的做法不同,一个个性化的解决方案将不停地创建页面以适合每个具体的访问者。如果访问者的浏览记录显示其对手提包感兴趣,网站将创建突出这些商品的客户化页面。Frazini 指出,用于当前实施数据挖掘的分析方法也能用于部署自动化的网站定制规则。

当客户登录网站时,系统将指示他们提供邮政编码。这些邮政编码信息将被发送到 Web Miner 服务器,也就是一个数据挖掘 ASP。然后,Web Miner 的数据挖掘软件将对客户进行假设,并基于这些假设来展示商品。例如,如果客户来自富裕的郊外地区,网站将展示出带有遥控器的空调机;如果客户的邮政编码显示为邻近的公寓楼,则弹出式广告将展示窗式空调机。

通过采用这种相对简易的方法,该公司能够在数秒内生成网页。Carrier 全球电子商务经理 Paul Berman 说:"与通常的想法相反,客户化电子商务在创建有针对性的服务时并不需要询问客户 8 条或 9 条信息。我们只需要 1 条信息,而且实践证明效果确实不错。"

三、设计销售方案

从两个不同的方面探讨大数据营销的精准性,一方面,由于大数据技术的进步,企业在实施营销策略前,能够深入分析海量的客户数据,在产品进入市场之前,提前了解并掌握客户的行为特点以及不同客户的购买需求,从而依据调研结果制订出更精准的营销策略。另一方面,在实施营销策略后,如果有些企业原本具有客源以及客户反馈渠道,但没有相关分析技术,无法通过得到的数据获取有效建议与措施。此时,此类企业可以直接利用大数据技术全面分析客户提出的咨询意见,充分了解客户的实际需求,改进企业营销策略。如果企业未设置顾客反馈渠道,则其自身无法获得客户意见,但仍可以通过顾客消费的记录进行大数据分析,了解顾客的消费习惯,分析顾客潜在的行为习惯,企业可以有针对性地改进营销策略,使营销策略更为精准。

在完成了建立客户数据库和挖掘客户信息数据之后,就可以正式开始销售方案的设计工作了。设计销售方案的基本原则为针对客户需要设计专属的销售产品,包括绝大多数顾客能接受的产品价格、数量以及质量。除此之外,客户群是随着人们的喜好而不断变化的,企业每一次进行销售方案的设计时,都必须获取并筛选一次客户资源。

四、收集顾客意见反馈

对于现有的营销运营来说,企业往往采用粗糙的广告模式,追求虚无的效果,这样操作的结果就是无法给企业带来相应的经济效益,导致对广告的推广模式产生误解。因此,有必要充分利用大数据技术,规范广告模式,进而提高营销广告传播的准确性。首先,根据客户真实情况推送广告。消费情景对消费者的购物情绪影响较大,可以直接决定其购买行为,对消费情景的准确限制,对购物者具有较强的吸引力,可以更加贴心地为消费者服务。例如,顾客在家购买私人物品,第二天在公司上网,因前一天的搜索行为而被推送各种相关广告,可能会使顾客陷入非常尴尬的境地,影响其购物情绪。由此可知,企业必须有效地识别客户消费时所处场景,并在此基础上推送更精准的广告。若要达到这一效果,需要做到通过标示IP地址来标示客户的 Internet 位置。当客户在公共场所时,推送的内容必须简洁、保守。另外,推送内容还需要通过识别订购时间段来确定。在正确的时间推送正确的内容。其次,增强客户在广告选择上的自主性。在传统的营销中,企业通常采用弹出式广告、间隙式广告和浮动式广告来吸引顾客的注意力,这引起了顾客的强烈不满,还引起反感,给购物者一种不愉快的体验。一些客户甚至购买了广告屏蔽软件来阻止公司的推广,给客户带来了失败的购物体验。基于此,可以利用大数据技术改进广告的播出形式和内容,有针对性地提高其准确性。

在建立客户数据库、挖掘客户信息数据和设计销售方案 3 个阶段顺利进行后,销售工作将进入营销方案的调查环节。所谓调查环节就是收集营销方案的执行过程中顾客的满意程度,其调查目标为收集顾客的意见反馈信息,并且根据获得渠道的方法对目标客户群执行相应的营销计划,进而获得目标客户的反馈结果,以便尽可能满足顾客的基本需求,从而得到长期的顾客群体。

五、评估整个销售方案

在顺利完成了销售活动之后，整个企业的大数据精准营销模式尚未完成，还需要将本次营销活动中收集到的客户反馈意见、指标数据精确地统计出来，作为整个营销活动中顾客满意程度的最佳参考数据。这些参考数据主要将作为本次销售活动评估的唯一凭证，也是下一轮大数据精准营销活动方案设计的最佳参考数据。通过对整个销售方案的评估，来总结活动中的优缺点，是找出下次设计方案改进和优化的基础，也是企业留住长期客户资源的根本保障。

【本章小结】

本章是有关大数据精准营销的概述，主要包括以下几个方面的内容：

第一节介绍了大数据精准营销的概念、特征等，精准营销的基础是"精准"，其核心思想是精确、精密、可衡量。大数据精准营销的发展需要大数据予以支撑，大数据为精准营销提供依据，能够为精准营销提供平台支撑，能够为精准营销的实践降本增效。精准营销与传统营销相比，无论是从沟通对象、营销内容、沟通方式、沟通工具、营销效果等内容上都存在着明显的区别。

第二节主要介绍了大数据精准营销的理论基础。作为经典市场营销理论进化后的产物，其理论基础主要由4C、4R营销理论，顾客让渡价值理论，STP营销理论，沟通理论，反应原理等构成。

第三节主要介绍了大数据精准营销模式及其运营体系。在移动互联网时代，企业大数据精准营销模式主要包括基于搜索引擎的精准营销、基于社会化媒体的精准营销、基于云计算的精准营销、基于定制的精准营销等；企业建立的以消费者数据库为中心的动态循环精准营销体系具体包括建立完善的消费者数据库、精准定位细分市场、精准广告投放传播、提供产品或服务的个性化、实行"一对一"的营销服务、建立精准完善的消费者增值服务体系等内容。

第四节主要介绍了大数据精准营销的工作流程。在大数据分析的基础上，大数据精准营销按照建立客户群、挖掘客户信息数据、设计销售方案、收集顾客意见反馈、评估整个销售方案的工作流程稳步实施。

【复习思考题】

1. 简述精准营销的含义和特征。
2. 大数据精准营销的理论基础有哪些？
3. 试述大数据精准营销的运营体系。
4. 大数据精准营销的模式有哪些？
5. 试述大数据精准营销的工作流程。
6. 请结合自己的理解，评述大数据精准营销的优势有哪些，大数据精准营销未来的发展前景如何。

📖【案例分析】

定制爱情

宅男们总幻想为自己定制一个女朋友,也许他们的愿望将不日达成。不是借助3D打印机,而是靠大数据时代的婚恋网站。

2012年年底,网易旗下全新婚恋交友网站"花田"上线。花田以免费沟通为卖点,主打一二线城市中高端市场,摒弃了传统婚恋网站的"人工红娘",花田不提供任何人工服务,从推荐到搜索全由系统自动完成。

"我们可以通过'内心独白'来挖掘用户的性格特征。"网易花田负责人夏天宇说。现在,他和他的团队正试图通过自然语言处理技术和语义分析方法来解码用户性格,实现"软硬兼施"的精准推荐。首先,他们运用切分词方法,从用户的"内心独白"中提取出现频率较高的关键词;再将这些关键词分类,如感性词汇或理性词汇;最后通过文本分析、语义分析,从中挖掘出用户的性格是内向、外向、理想化还是现实派等。

自2012年12月28日向全国开放注册以来,花田注册用户已近25万人,每日活跃用户4万人。网易的技术储备不容小觑。"有道"搜索提供的自然语言处理技术,被用于通过文本挖掘用户性格。网易自研的原本用于网易邮箱的人脸识别技术,更是婚恋网站求之不得的利器。

花田团队只有30多个人,大多是"85后"。他们在对海量软硬件数据进行分析的基础上,总结出一些人物特征,建立出一定数量的人物模型。再分析具体用户,将其分门别类介入各种模型。这样,用户心仪其中某一个人,便可向其推荐这一类人。

这种模型不仅是性格模型,还包括外貌模型。"我们马上要推出人脸识别。比如,你想找个长相像×××的女生,你输入×××,就会推荐给你很多×××脸型的女生。"夏天宇介绍,花田的后台已经提取出×××脸型的数据,之后还会推出几十种流行的男女明星脸型供用户选择。

更令人感兴趣的是,如果花田能够跨产品平台,结合网易门户、邮箱、游戏等其他网易资源进行大数据分析,是否就能向用户推荐与自身阅读习惯、工作习惯、娱乐习惯都匹配的对象呢?真正的大数据必然是跨平台的,而这点别家很难做到。

数百年前的媒婆们绝对想不到,若干年后,一群技术出身的工程师们用冷冰冰的数据为痴男怨女保媒拉纤。

(资料来源:李春晖.定制爱情[J].中国企业家,2013(7):100-101.)

问题:

1.相对于传统的婚恋网站,"花田"的业务有何特色?

2."花田"体现了大数据精准营销的哪些理念?

第九章

数字化 IP 营销

📖【导入案例】

《花千骨》凭什么能卖 20 亿天价

从泛娱乐生态体系来看，《花千骨》IP 生态涵盖了网络小说、电视剧、影视歌曲、游戏、电影、话剧、衍生品等众多领域。爱奇艺获得该超级 IP 的独家网络版权后，利用自身平台成功打通了剧集、游戏、电商等不同内容，形成泛娱乐产业链，实现了对这一 IP 资源的多元化开发和运营，使其版权产值突破了 20 亿元。

（1）网络小说：《花千骨》这一超级 IP 最初源自 fresh 果果的一本人气网络小说《仙剑奇缘之花千骨》，小说本身就拥有大量拥趸者，自带话题效应。

（2）电视剧：《花千骨》的火爆不仅使这一 IP 拥有了巨大的价值，还拓展了其他变现模式的价值空间。从 2015 年 6 月 9 日首播到同年 9 月 8 日，该剧不仅成为首部网络播放量突破 200 亿的电视剧，还刷新了单日播放量的纪录——单日点击量突破 4 亿。

（3）影视歌曲：电视剧的热播使主题曲《不可说》成为热门歌曲，同时作为电视剧中的 OST（Original Sound Track，原声音乐），《不可说》的广为传唱成为影片宣传推广的"利器"。在影视市场，OST 已成为作品的核心竞争力之一，是高品质影视作品价值的重要体现。《花千骨》中片头、片尾、插曲等 7 首原声音乐备受青睐，为该剧吸引了更多受众，反映了影视音乐领域巨大的市场潜力。

（4）游戏：《花千骨》IP 成功实现了影游联动。借助电视剧的热播，《花千骨》正版页游在没有进行先期市场推广的情况下，内测当天依然取得了创号率 96%、在线比 18%、付费率 5.8% 的佳绩；其后，《花千骨》手游的推出实现了影视、PC 游戏、移动游戏的无缝链接与联动，从而最大限度地挖掘出了该 IP 的价值。

（5）电影：电视剧、游戏等内容的火爆使《花千骨》电影的拍摄被提上日程。同时，话剧、衍生品、电商等方面的开发有着很大的想象空间。《花千骨》IP 的泛娱乐化开发运营极大地提升了版权产值，使该 IP 具有较强的价值创造和变现能力。

（资料来源：刘斌.IP 生态圈：泛娱乐时代的 IP 产业及运营实践[M].北京：中国经济出版社，2017.）

思考：请分析《花千骨》的成功之处。你是如何理解 IP 营销的？

引言

在全球文化产业的冲击下,我国国民的知识产权意识逐渐觉醒,文化创造力被激活。中国第一个真正意义的特许经营授权设计来自2008年北京奥运会的设计管理。同年,出版了中国第一本特许经营指南。2011年,腾讯集团副总裁程武率先发现商业机遇,在业界首倡以IP为核心的"泛娱乐战略",推动游戏娱乐,先后开启了网游动漫、网络文学、电竞等多板块互动娱乐的新形态,IP有了跨界的底色。2015年,由网络小说改编的影视剧爆红,由此乐视提出了"IP生态"并将其定义为"平台+内容+终端+应用"的全覆盖,IP初现产业格局。2018年,程武先生在"泛娱乐战略"基础上,进一步提出"新文创"的全新战略构思,致力于通过更广泛的主体连接,推动文化价值和产业价值的互相赋能,共同打造中国文化符号。基于腾讯的"科技+文化"定位,"新文创"已经成为腾讯在文化维度的核心战略,并被新华社瞭望智库纳入"新时代中国互联网六大趋势"之一。将文化内容IP化成为新型文化生产方式,是一种商业模式和文化传播模式的创新。

在数字化时代,品牌和内容创造者通过将知识产权与先进的技术相结合,创造出具有独特价值和广泛影响力的品牌IP。品牌IP不仅能够在多个平台进行内容输出,吸引流量,还能通过与用户的互动,建立情感链接,实现品牌的价值传递。企业借助IP适应市场的发展趋势,从产品内容出发,满足消费者精神与情感的追求是新时代的新商业生态,IP营销应运而生。如何推进IP营销,运用粉丝引爆传播,增强品牌文化,提高用户忠诚度与黏性,最终实现品牌IP商业价值的变现是我们需要研究的课题。

第一节　IP营销概述

IP营销就是让品牌与消费者之间的连接重新回归到人与人之间的连接,缩短距离,重塑信任。个体更容易与用户建立信任关系,也更容易形成情感连接。以往的营销都是以品牌为中心,塑造的是冷冰冰的品牌形象,很难让人有亲近感;而IP营销是以人的连接为中心,通过人格代理,使品牌变得有温度,更容易相处和靠近。IP营销本质上是一次连接的革命。

一、IP营销的定义

(一)IP

知识产权的英文为"Intellectual Property",在英语语境中,鲜见把IP和"Intellectual Property"联系起来的用法。但在中国的语境下约定俗成,通常将IP指代"Intellectual Property"。

其原意为"知识(财产)所有权"或者"智慧(财产)所有权",也称为智力成果权。根据《中华人民共和国民法典》的规定,知识产权属于民事权利,是基于创造性智力成果和工商业标记依法产生的权利的统称。IP 作为"知识产权(Intellectual Property)"的缩写,也就是指关于人类在社会实践中创造的智力劳动成果的专有权利,包括音乐、文学、其他艺术作品、发现与发明,以及一切倾注了作者心智的词语、短语、符号和设计等被法律赋予独享权利的"知识财产"。

"智慧(财产)所有权"包括两大类:一类是著作权(也称为版权、文学产权),包括自然科学、社会科学以及文学、音乐、戏剧、绘画、雕塑、摄影和电影摄影等方面的作品组成的版权;另一类是工业产权(也称为产业产权),包括发明专利、商标以及工业品外观设计等。非知识产权所有者要使用别人的知识产权,就需要购买付费后才能使用,一些拥有知识产权的公司或企业就凭借着其拥有的知识产权源源不断地获取着红利。

(二)IP 营销

IP 营销,即知识产权营销,是指利用已有的知名度、粉丝基础、文化价值等知识产权进行商业推广和市场运作的一种营销方式。这里的 IP 可以是一个品牌、一个故事、一个角色、一种生活方式、一首歌曲,甚至是一个人。IP 营销的核心在于借助 IP 的吸引力和影响力,来连接目标消费者,建立情感共鸣,从而提升产品或服务的市场认知度和销售业绩。

美国迪士尼公司就是一个拥有优质 IP 的公司,它是 IP 营销的高手,不但依靠米老鼠等形象拍摄动画电影,还建造了最成功的主题乐园,通过授权给一些生产商生产印有米老鼠等卡通形象的玩具、服饰等周边产品,所产生的利润远超过电影本身的产值。

荷兰的小黄鸭由荷兰艺术家霍夫曼于 2007 年创作,作为和平的象征,它爱环游世界,足迹遍及荷兰、美国、巴西、日本、澳大利亚等地,所到之处均引来"粉丝"们的热烈追捧,仅在中国市场就获得了非常大的知识产权授权利益。它使庞大的建筑变得娇小,使冰冷的城市水域变得可亲。更重要的是,它让人们重拾童年的温暖与漂流的梦想,这就是 IP 营销的力量。

二、IP 营销的商业逻辑

IP 营销中的 IP 可以理解为是能够仅凭自身的吸引力,挣脱单一平台的束缚,在多个平台上获得流量,进行分发的内容,是一种"潜在资产"。随着互联网和新媒体的发展,IP 逐渐演化为一个强调内容主题的宽泛概念,能够吸引住特定人群的注意力。如果说"互联网+"是人们交往的"工具媒介"的体现,那么"IP"则可以称为人们交往的"内容主题"的体现。IP 具有强大的衍生能力,在同一个 IP 内容主题下,会有不同面貌的知识形态出现。在泛娱乐时代背景下,强势的 IP 能够凭借其内容优势贯穿各个文化细分领域。

IP 的商业化需要借助渠道、产品、内容、品牌整合营销才能发挥效能。只要具备内容衍生性、知名度和话题性的品牌、产品乃至个人,都可以看作一个 IP。用一句话来表述 IP 营销的商业逻辑就是,IP 通过人格代理持续产出优质内容来输出价值观,通过价值观来聚拢粉

丝,粉丝认可了价值观,实现了身份认同和角色认可,然后就会信任其产品。这里面包含3层逻辑:

(一)个体更容易与用户建立情感连接

以往的营销都是以品牌为中心,塑造的是冷冰冰的品牌形象,很难让人有亲近感;而IP营销是以人的连接为中心的,更多的是关注消费者的情感,使品牌变得有温度。

(二)本质上是一次流量的迁移

从关注电商平台流量到关注消费者内心,这是IP营销备受青睐的原因。随着各种互联网红利的衰减,随之而来的是营销成本的不断上升,流量已被大的平台垄断,目前普通电商的获客成本显著增加,有些运营小众产品的电商交给平台的流量费用更高。在这种情况下,凭借几大电商平台获得更多流量已非明智之举。品牌营销急需转型,而IP营销符合大家的期望值,这从各大明星开始代言产品可见一斑,明星代言产品,能够使产品更加有信服度,消费者更容易产生购买产品的欲望。除了借助各大品牌IP外,许多品牌开始培育自己的IP,借助自媒体和自身的内容生产力聚拢粉丝,实现自带流量和势能,不仅降低了引流成本,而且摆脱了单一平台的制约,能够跨平台进行流量分发。

(三)消费需求从功能性过渡到精神层面

消费行为本身有两种属性:一种是经济属性,交换的是产品的使用功能;另一种是社会属性,交换的是产品的社会意义。通过社交媒体,消费行为的这种社会属性被进一步放大,通过消费来表达自己的身份、品位、价值观等精神层面的需求已经占据主要的购买动机。打动消费者的不再是产品本身,而是产品背后的价值。今天,我们不缺物质,缺的是温度。赋予产品功能属性以外的温度,正成为一种新的消费需求,而这正是IP营销的价值所在。

过去的品牌营销,尤以汽车、奢侈品、高端护肤品、金融、地产、旅游等高客单价的品类为例,无一不在营造一种高高在上的"仪式感"。而IP营销的本质,则是打破"神坛套路",摘下"一本正经"的面具,更强调品牌与用户之间沟通时的"网感",通过品牌人格化、内容化,向竞争对手发起粉丝争夺战,让粉丝不用媒介资源调动,自发进行内容创作和信息扩散。

📖【知识链接】

不一样的IP解读

"IP是影视行业最核心的部分,互联网时代可以让IP从一个单一的创意变成影视公司与观众之间的多元情感连接,如游戏转为电影、粉丝互动等。另外,以前传统影视行业是以创意者为中心导向观众,互联网时代则是观众导向创意者。"

——华谊兄弟王中磊

"未来腾讯只做两件事:连接器和内容产业。基于连接和开放两个原则,腾讯如果只是提供最简单的连接,那就只是纯管道,这种连接无法提供足够的增值服务。过去11年来,腾讯在内容领域,尤其是网络游戏领域,已经扎根。中国互联网发展18年,从之前完全无序的不重视知识产权(IP)到现在越来越重视知识产权,虽然现在问题还没有得到完全解决,但是已经在改善。只有这样,整个互联网商业模式才能成型,才能从影视、文学、游戏、动漫、音乐等领域延伸构成一个交织的、分层次的新生态。"

——腾讯 CEO 马化腾"乌镇世界互联网峰会"演讲

"IP 其实是凝结了作者创作作品的价值。这个价值越来越高,越来越被社会所认可,是一个好的现象。"

——中国版权保护中心法律部主任孙洁

"稀缺性是交易的入口,IP 登场了,它不是一个被吹大的泡沫,一切才刚刚开始。"

——罗振宇"时间的朋友"演讲

"通常意义上,IP 是结果,已隐含连接属性。从小众到大众,是连接的一种结果,超级 IP 已经在定义这个时代的流量法则。"

——《场景革命》作者吴声北大演讲

(资料来源:秦阳,秋叶.如何打造超级 IP[M].北京:机械工业出版社,2016.)

三、IP 营销的意义

(一)提升商业信息的到达率和接受度

营销大师费瑞兹说:"拒绝,是顾客的天性。"而精心打造的 IP 形象,则是让顾客卸下防护盾,开启商业信息接收大门的钥匙。在《卡通形象营销学》一书中,作者通过试验证明了卡通形象能够影响消费者行为:带有动物卡通形象的零食,比没有动物卡通的,消费者购买意愿会增加 25% 左右。生动的 IP 形象可以触发人们正面情绪的开关,不仅可以让消费者放松戒备、激发快感,而且可以让他们在特定的情况下变得更加耐心和专注。而放松、快感、耐心、专注,无一不是提升商业效率的利器。

(二)IP 更容易聚粉和固粉

IP 追求的最高境界,就是与自己的用户产生情感共鸣。而要想产生情感共鸣,就要有亲和力。将 IP 比作一个人,如果 IP 表达的恰好是用户喜闻乐见的,自然容易被用户接受,也更容易打动人心,和用户产生共鸣。一个相对独立于商业而存在的 IP 是鲜活的,有性格的,有态度的,比一家企业、一个品牌更容易聚粉和固粉,IP 粉丝经济可以为企业原有业务带来充裕的流量和创收,为企业已有业务注入强心剂。

(三)解决品牌资产荒芜问题

无论是创新型企业,还是经营了几十年的老企业,国内大多企业都面临着品牌资产荒芜的问题。新企业都忙着活下来,忙着快速实现盈利,老企业都认为自己活得挺好的,没必要大刀阔斧地改变,而且改变很难推行。而发起一个相对独立的 IP 项目,则能很巧妙地解决这个问题,为品牌创新注入鲜活的力量。

(四)实现品牌差异化

2C 的品牌,如威猛先生、旺仔牛奶、江小白、三只松鼠,无一不是通过 IP 实现了品牌差异化,提升了品牌好感度和忠诚度,让它们稳坐各自品类的冠军宝座。2B 的品牌纷纷通过 IP 寻找差异化路径,米其林就是开山鼻祖。如今有越来越多的 2B 品牌在全球化的竞争中发现品牌瓶颈,纷纷从企业 IP 上寻找突破口。以往,2B 的品牌都在不断塑造自己专业、科技、前沿、锋利、工业感的品牌形象,而现在开始回过头来,都在通过 IP 来"去冰冷化、去距离化",增强人性化的属性。

(五)攫取新的市场盈利点

如果衍生品和衍生产业做得出色,如故宫对其 IP 结构的拆分和 IP 商业化的布局:故宫淘宝、故宫珠宝、故宫御膳房、故宫文创……,就可以成为一个独立于博物馆这个物理场所的新业态,为企业开辟出一个全新的市场和一个非常可观的盈利点。漫威在全球 IP 授权和衍生品市场上的收益能占到整个漫威营业额的七成,而票房只占到三成而已。当然,一个不以内容 IP 为核心产业的企业所做的企业 IP 肯定不能跟漫威这样的 IP 大鳄相比,但这毕竟是一个比传统领域更有想象空间的全新市场,对企业未来战略布局的意义不言而喻。

📖【知识链接】

2B 和 2C 营销区别在哪里

互联网进入下半场,C 端流量红利逐渐消退,越来越多的大企业都把目光投向了 B 端服务。B2B(Business-to-Business)简单来说就是企业对企业,而 B2C(Business-to-Consumer)是企业对消费者,当然现在也有 C2C(Consumer-to-Consumer)消费者对消费者。华为就是典型的 2B 和 2C 业务都覆盖的企业,华为运营商、华为企业业务都是面向 2B 的,而华为消费者业务就是 2C 的,面向最终的消费者。再如百度,同样是云服务,百度智能云就是面向企业的,而我们常见的百度网盘就是 2C。

2B 和 2C 营销的区别如下:

①从最基础的受众来讲,2B 的受众更理性,考虑更全面,更倾向专业和可靠性,而 2C 的受众更多受感性驱动,更倾向性价比、愉悦性。

②从获客成本的角度而言,2B 企业一条销售线索可能就高达好几百人民币,但 2C 的客户成本就要低得多。

③从决策周期的角度而言,2B 企业的决策周期比较长,有时候甚至长达几个月,而背后决策的人,往往是一个团队的评估。2C 只需要打动目标用户,他们就可以当下决定是否进行购买了。

第二节 品牌与 IP

一、品牌与 IP 的关系

品牌与 IP 是两个不同的概念,但是两者是密不可分的关系,对于品牌来讲,品牌发展到一定的规模,则需要利用 IP 的手段,去占有更大的市场,做更大的传播来吸引用户。

站在品牌的角度来说,IP 就是品牌打造的一种新的工具或者是方法论,当品牌为自身塑造鲜明的人格,通过内容与用户持续进行有价值的互动,并且赢得越来越多的用户的喜欢和追捧,这个时候,品牌就变成 IP 了,不是所有品牌都是 IP,但品牌可以打造成为 IP,IP 是品牌进化的高级阶段。

(一)品牌的内涵

菲利普·科特勒如此定义品牌:品牌是一个名称、名词、符号或设计,或者是它们的组合,其目的是识别某个销售者或某群销售者的产品或劳务,并使之与竞争对手的产品和劳务区别开来。从这个定义中可知,品牌有几个关键要素:符号、产品、识别、差异化。

①品牌是识别产品并和竞争对手差异化的符号。

②品牌以产品为基础,没有产品就没有品牌,品牌依附于产品又高于产品。

③品牌是产品的符号化,是连接产品和客户心智的纽带。

"品牌"诞生的根本原因是人类社会的产值过剩。"品牌"最大的功用是降低人们的选择成本,换句话说,品牌就是一个信任代理,可以帮助消费者更快地选中好东西,也让好东西更快地卖出去。既然"品牌"这么好,为什么突然不吃香啦?因为人类社会的产值现在不是过剩,而是拥挤!当一条街上所有的产品都可以被称为"品牌",而且不仅质量好还各具特色时,那品牌存在的意义就被消解了。

(二)IP 的内涵

IP 现在有概念泛化的趋势,很多东西现在都可以称为 IP,如漫画、电视剧、小说、游戏,或者某个人、某个角色、某个金句,或者某种商业现象、某种商业模式、一种思维方法,等等。无论 IP 如何呈现,始终要以内容为核心,没有内容就没有 IP。IP 起源于内容又高于内容,它是内容的符号化,是连接内容和消费者情感的纽带。

①IP 是无形的。IP 折射的是价值观、世界观或哲学层面的含义,它最终要和人们产生文化与情感上的共鸣。这打破了一个误区,不少人片面地认为 IP 就是一部小说、一首歌曲、一部电影或一个人等具体的文化创意形态。创作 IP 就是创作以上这些具体的形态。但是,这些只是 IP 的呈现形态,是 IP 的载体。人们通过这些"呈现形态"理解 IP 释放的内核。

②IP 是永恒的。一个有意义、坚挺的 IP 是不会消亡的。换句话说,小说、电影、音乐等

承载IP的具体形态会因为热点的转移、时代的变迁而退出历史舞台,但是IP是恒久存在的。

③IP有强大的穿透力、延展力。"泛娱乐生态"就是一个强大的IP,能在小说、动漫、漫画、游戏、电影、电视剧、舞台剧等各种文化创意形态里,游刃有余、高契合度地穿梭,形成一部部作品。

(三)品牌与IP的区别

从相同点来说,品牌和IP都是符号,都需要辨识度,都需要有个性,都有连接力。从区别来看,品牌和IP的主要区别如下:

①从生产方式来看,品牌以产品为起点,给产品贴上品牌的标签会增加它的识别度,同时随着品牌的影响力与知名度提升,产品会更好卖。产品的特性、质量等因素共同决定了品牌的价值,是附着于产品之上的符号。而IP以内容为起点,出发点是针对一群人或受众用户而产生的内容、价值、故事等。IP的产生和发展都必须以源源不断的优质内容为基础,离开了内容,IP的生命力将走向衰竭。

②从连接位置来看,品牌的终极目标是占领用户的大脑,这是特劳特定位理论的核心。而IP的目标是占领用户的心灵,每个强大的IP都具有很强的"唤醒"能力,能够唤醒用户心灵深处最敏感的一些东西,如孙悟空、钢铁侠会唤醒人们的英雄情结。简单来讲,品牌是走脑,IP是走心。

③从连接方式来看,品牌是主动连接,品牌需要不断地曝光,不断地向用户"展示"形象,"诠释"自己的内涵,没有主动和广泛的连接,就没有品牌。IP的核心是内容,是一种精神价值的体现,它会源源不断地被自动传播,IP是被动连接。就像孙悟空,自从吴承恩创造这个形象以来已经1 000多年,经过口口相传,这个形象不仅没有衰落反而历久弥新,获得了每一代青少年的喜爱。这就是IP的力量,每个人的心里都住着一个孙悟空,时空变换,孙悟空的连接力是永恒的。

④从连接成本来看,品牌作为工业化的符号,必须在用户的大脑中占领一个特殊的位置才能脱颖而出。要达到这样的目标,企业必须投入大量的成本去推广品牌,以保持持续的品牌曝光度(连接)。企业花越来越多的钱来进行品牌推广,天价的春晚广告、黄金时段标王这些都是品牌推广的产物。品牌的连接成本很高,即使形成了品牌效应后,这个投入依然需要一直维持下去。对于IP来说,由于IP更多的是被动连接,是用户主动地去和IP"发生关系",因此IP的连接成本相对品牌来说不仅更低,在很多情况下还是负成本。而IP连接成本的高低取决于IP本身的强度和持久度。

⑤从用户关系来看,品牌和用户之间的关系是价值交换关系,品牌需要清楚地诠释自己的价值主张,并以此主张占领用户大脑。IP和用户的关系更多的是一种频率共振,是共鸣。IP必须和用户产生某种共鸣,否则很难成为IP。

⑥从连接范围来看,品牌以产品为基础,品牌的连接是有界的。品牌可以授权使用,但是很难跨界,除非是自主产业链,共用品牌壮大影响力,但一个品牌是因为某个产品而做大,再做其他产品很容易走偏,品牌延伸很容易死在摇篮中,无法创新、更无法被新消费群体接受,这是现状也是现实。而IP本身是一种内容、价值、精神内核,为某群人而发生,接受它的

人是因为它的思想或价值内容符合这群人的心理需求、精神需求。IP 不限产品,不受单一平台束缚,它自带流量,可以跨平台。IP 的连接往往是无界的,如小猪佩奇,不仅作为影视剧的 IP,更是延伸到绘本、玩具、服饰、水杯、书包等无数产品领域,2020 年小猪佩奇衍生品的零售额超过了 20 亿美元。一个强大 IP 的连接范围非常广泛。

表 9-1   品牌与 IP 的区别

项目	品牌	IP
生产方式	基于产品生产	基于内容生产
连接位置	用户大脑	用户心灵
连接方式	主动连接	被动连接
连接成本	高成本	低成本或负成本
用户关系	价值交换	情感共鸣
连接范围	有界	无界

📖【知识链接】

IP 与品牌

IP 追求的是价值和文化认同,比起产品的功能属性,消费者更多的是为自己的情感寄托买单。当产品可以体现出这些感情和文化元素时,消费者不会在意它的具体形式,IP 衍生品的延展性巨大。如果一种形式不再流行,IP 可以随时跳到另一种全新形式中,它的内在核心没有改变,但是商业价值却源源不断。与 IP 相反,消费者在面对品牌时,往往更关心产品本身的功能属性。然而产品的功能性并非一成不变,产品的呈现形式不同,其功能性会有所改变,这对消费者的购买决策产生相当不利的影响,品牌衍生品总是以失败告终。

IP 可以通过情感、文化、道德等精神层面的元素在各种产品表现形式之间顺利切换,而品牌缺乏能够贯通各种呈现形式之间的元素,通常只能局限于某种单一呈现形式,不仅价值不会特别高,持续力和变现力也会比较差。现在很多企业贩卖的只是内容,消费者能够买到的不过是通过单一媒介呈现的品牌,而不是真正放到其他媒介形式的 IP。这些内容无法像 IP 一样维持长久生命力,更难以形成庞大规模营收效应。需要明确的是,IP 并不只是个商标,真正的 IP 有自己的价值观和哲学,可以永久存活。

(资料来源:姚小飞.品牌 IP[M].北京:中国纺织出版社,2022.)

二、品牌 IP 化

(一)品牌 IP 化的内涵

2015 年,中国 IP 进入爆发元年。当今的品牌面临着越来越大的挑战:日益碎片化的媒体环境、多元化的消费场景、独立而割裂的单次营销活动效果不尽如人意,非原创性手法在市场上很难具有穿透力,很难创造出好的传播效果。同时,中国消费主权时代已经来临,消费者更容易凭个人对信息和内容的偏好作出消费选择,品牌方必须以内容的形式讨好消费者。

品牌 IP 化,是以打造 IP 的思维和方法来开展品牌的建设和重塑。依托品牌的基因,品牌 IP 通过挖掘品牌的特性,进行持续的内容生产和分发,吸引用户参与进而产生共鸣,最终让品牌自带话题和流量。对于品牌来说,IP 是一种新工具和新方式,品牌 IP 化作为一种全新的品牌塑造方式和表达方式,是以心灵触达为导向的高效用户联结,当品牌为自身塑造鲜明的人格,通过内容与用户持续进行有价值的互动,并赢得越来越多用户的喜爱和追捧,品牌不仅可以和用户产生沟通共鸣,还能更持久、更优质地升级品牌资产。这时品牌就变成了IP。不是所有品牌都是 IP,但品牌可以打造成为 IP,IP 是品牌进化的高级阶段。

(二)品牌借势 IP 与品牌自制 IP

IP 内容运营类型不同,导致内容运营方式不同。企业应该全面分析自己的定位和市场的发展趋势,找准适合当下的 IP 营销战略。总体上品牌运用 IP 的营销方式分为品牌借势IP 与品牌自制 IP 两大类型。

1. 品牌借势 IP

成熟的 IP 本身具有一定影响的群体,是营销的捷径。品牌与成熟 IP 的合作更容易引起话题性,提高传播率。这种战略投入小、风险低、回报大,更适合新锐的年轻品牌。当不同产品的象征意义彼此相关时,会产生产品互补效应,品牌需要找到与自身定位和品牌内涵相契合或能碰撞出不一样火花的 IP,找准两者的契合点和切入点,进一步吸引更多的消费者,扩大市场范围。

对于企业来说,品牌与大 IP 的联合战略可以进一步提升市场竞争力。一个成功的品牌需要长时间的文化沉淀和品牌故事积累,企业可以采取这种战略来更加快速地开拓市场,通过彼此之间的深度合作来整合资源,达到共赢的效果。除了与成熟大 IP 合作,品牌还可以与媒体平台运营的 IP 合作。此外,品牌联手 KOL 共创内容是品牌借势 IP 的有效方法,KOL 也就是人们所说的意见领袖,他们可以是一个 VLOG 博主或者时尚买手,当下许多 KOL 自身就作为一个大 IP,能为合作品牌定制高质量的品牌内容。

2. 品牌自制 IP

品牌自制 IP 对内容的把控力更强,适合成熟的、需要转型升级的品牌。IP 不仅可以代表品牌的文化理念,还具有人格化、内容性、原创性、互动性等特质,有助于树立品牌的形象、提升品牌的传播力,使品牌变成生活方式的倡导者。

中国运动品牌"李宁"2018 年在纽约时装周上大秀国潮风,运用汉字、水墨等中国元素作为品牌的显著符号,将中国品牌的面貌明确地展现出来,收获了极佳的市场响应,完成了转型之路。之后李宁继续推行国潮风,2019 年财报显示,2019 年的收入为 138.70 亿元,公司股价涨幅达到 181.29%。李宁成为国货之光,反映了中国品牌走向国际化过程中文化自信的觉醒。

📖【知识链接】

IP 泛娱乐生态战略

"IP 泛娱乐生态战略"已成为各方布局 IP 全产业链的共识:对同一 IP 内容进行全版权、

生态化运营,构建多渠道的变现模式,并通过影视、游戏、衍生品等多产业联动实现不同变现形态间的倍增强化,提升 IP 价值的想象空间。

就本质而言,"IP 泛娱乐生态战略"是以 IP 本身的庞大粉丝群体为依托,通过多端口、多渠道、多形态的协同发力和相互强化,降低营销推广和运营成本,实现 IP 价值的最大化。

(资料来源:刘斌. IP 生态圈:泛娱乐时代的 IP 产业及运营实践[M]. 北京:中国经济出版社,2017.)

三、品牌 IP 化运营误区

品牌 IP 化运营没有深邃而复杂的方法论,主要在实践。很多企业醉心于品牌 IP 化运营,一边努力打造自家专属 IP,还谋求与知名 IP 联姻,跨界合作,这在一定程度上可以推动品牌 IP 化的发展,但是有一些操作误区,需要注意回避。

(一)品牌授权不等于品牌 IP 化

以近两年比较火的动画 IP 小猪佩奇为例,衍生品包括生活、教育、娱乐、交通等多个行业领域。拿到这些 IP 授权合作的同时,企业要思考授权合作是否给自家品牌带来巨大的流量和品牌影响力的提升? 现实往往是残酷的,IP 授权通常只是 IP 使用权,短期内可能提高了产品销量,但是对自家品牌并没有产生太大影响,反而为 IP 本身增加了话题量,贡献了 IP 收入。

(二)品牌 IP 化不等于 IP 品牌

品牌 IP 化不等于 IP 品牌,IP 品牌的关键点在于内容,内容的持续创造力是构成 IP 品牌的重中之重。互联网时代的信息碎片化很容易削弱一个产品的 IP 特性,这就需要品牌多维度地输出内容,既要多样化,也要创新化。

(三)品牌植入不等于品牌 IP 化

众所周知,火爆的影视剧、综艺节目具有强大的流量聚集能力,具备强大的带货能力。很多品牌方对影视剧、综艺节目进行品牌植入能在一定程度上提升品牌知名度,能提升产品的销售量,但是这不代表品牌 IP 化已经取得进展。品牌运营方需要根据剧情以及综艺节目的现场动作,主动发起话题、槽点,将用户的注意力吸引到自家话题上来,将互动流量与自家品牌结合起来。可以借助节目或者影视剧内容,制造发酵点,找 KOL 放大声量,玩一波社会传播,把流量导回到品牌上来,真正地让 IP 为品牌服务。

需要注意的是,品牌 IP 化的基础还是品牌,而不是企业随随便便捏造一个 IP 就行。品牌 IP 化不能脱离品牌,要在品牌本身的基因和土壤上进行,根据品牌和产品用户来进行升级演绎。品牌 IP 的原始用户来源于品牌的现有用户抑或潜在用户,企业在进行 IP 化创建过程中,必须将这些用户作为内容生产的目标人群和原点人群。

品牌 IP 化应该从情绪、情感甚至情结等层面出发,积极与消费者互动和沟通,设法让消费者产生更多的精神共鸣和心灵依附。只有在品牌基因的基础上深挖人性、生产内容,同时持续内容输出和吸引用户参与,才能达到与用户的深度共鸣,最终使得品牌 IP 自带话题和流量,和用户构建起持续的高黏性强关系。

第三节 品牌如何打造超级 IP

一、超级 IP 的要素层级

超级 IP——简单来说就是指具有可开发价值的 IP,它是万物互联时代个人化或个体化的"新物种",特指具有长期生命力和商业价值的跨媒介内容运营。通俗来说,一个事物,能够持续产生优质的内容,并且通过人格化的形式来影响人们的生活方式,而且这种影响一定是稀缺价值(别的事物无法轻易替代),才认定为超级 IP。一个真正具有可开发价值的 IP 资源至少需要具备 4 个层级(图 9-1),由内到外依次为价值观、世界观、故事及呈现形式。企业对 IP 资源的开发程度决定了其价值创造能力和生命周期。

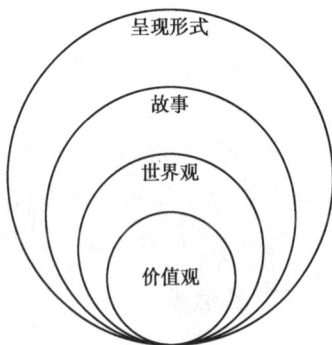

图 9-1 优质 IP 应具备的 4 个层级

(一)呈现形式

最外层的呈现形式相当于 IP 的形象,它通常结合某种特定的流行元素和艺术风格,国内相对比较热门的 IP 风格是卡通化和中国风。但目前国内 IP 风格最大的缺点就是过度关注 IP 呈现形式,在流行元素方面投入了过多的精力,从而造成了我国大量 IP 作品陷入了盲目跟风的状态。在形态上,IP 可以有:

①视觉形态:视觉形象、表情包、漫画、动漫、插画、艺术作品、游戏、影视作品等。

②文字形态:角色、故事集、直播帖、小说、剧本等。

③线下活动形态:展览、pop-up、市集、聚会/派对/沙龙、讲座、戏剧/演出、音乐节、艺术节等。

④机构形态:有大量精品内容的机构,如故宫、大英博物馆、梵高博物馆、国家地理、HBO、Netflix 等。

⑤其他更多形态。

呈现形式及形象终究只是用来表现 IP 表面的工具,它无法承载 IP 作品最核心的价值。国内以呈现形式为核心的 IP 创作思路,严重限制了优秀 IP 作品的创造和发展,最直接的表现就是我们无法创造出像米老鼠、加菲猫、哆啦 A 梦等一样享誉全球的经典 IP 形象,国外借鉴《西游记》创作出的动漫作品《七龙珠》获得巨大成功的案例,值得国内 IP 领域的从业者深入反思。

（二）故事

故事对于整个IP作品而言十分重要，精彩的故事的确不易创作，但并非毫无创作规律可循。在许多经典的好莱坞电影作品中，我们通常会有似曾相识的感觉，其背后的原因就在于：好莱坞的影视剧作品大多是在总结人类历史发展过程中的经典故事的基础上创作出来的，救赎、英雄主义、梦想成真等都是其遵循的创作思路。

当然，故事只是构成IP作品的主要元素之一，仅关注故事本身很容易让IP作品的发展受到严重限制。故事通常是某种特定时代背景下的产物，要受到当时的流行元素、文化环境及传播媒介的影响，很难突破时间与空间的限制。

（三）世界观

世界观所蕴含的元素，对故事传播有着极其重要的影响。这些元素代表了人类社会对美好事物的追求，如亲情、友情、爱情、责任、公平、正义等。

从第三层开始，IP作品便进入了其核心领域，而且世界观所传递出的这些元素不受地域、文化、时代的限制。这些元素与人性有着密切的关联，能被社会主流群体认可，合理运用这些元素的IP作品能够吸引世界范围内的海量目标群体，有海量的粉丝。

（四）价值观

价值观是IP作品最为重要的元素。人物形象、故事情节、作品风格等都可以发生变化，但每个优质的IP作品都具备自己的价值观，这是IP作品能够创造价值的关键所在，美国漫画中的超级英雄都各自代表了某种价值观，如美国队长的爱国主义、钢铁侠的责任感等。

价值观能让消费者与IP作品产生情感共鸣，从而产生强烈的认同感和归属感，促使人们主动对IP作品进行营销推广，实现口碑传播。一旦IP作品的价值观被人们认可，便具有了极强的生命力，即便是《速度与激情》《变形金刚》等影视剧系列作品中的主角发生变化，但因为其价值观的支撑，有大量的影迷愿意买单，后者的手办衍生品都可以为制作方带来数十亿美元的收入。

📖【知识链接】

以核心价值观铸就国产3A游戏的里程碑

《黑神话：悟空》是由中国游戏开发商Game Science开发的一款3A动作角色扮演游戏，于2024年8月20日正式发售。游戏以《西游记》为背景，讲述了孙悟空在取经路上的另一段冒险故事。凭借其高质量的画面、可玩性高的战斗系统、丰富的剧情以及对中国传统文化的深度挖掘，《黑神话：悟空》迅速成为现象级作品，获得了玩家和媒体的高度评价。

《黑神话：悟空》的核心价值观可以概括为"对自由的追求、对正义的坚守、对传统文化的传承"。这些价值观不仅贯穿于游戏的剧情和玩法中，也成为其IP生命力的重要支撑。

对自由的追求。游戏中的主角孙悟空，始终代表着对自由的渴望与追求。他反抗天庭的束缚，挑战权威，这种对自由的执着不仅体现在游戏的主线剧情中，还通过玩家的自由探索和战斗风格选择得以强化。玩家可以通过不同的技能树和战斗流派，体验到孙悟空的多样性和自由性,这种价值观与玩家内心深处对自由的向往形成了强烈共鸣。

对正义的坚守。《黑神话:悟空》中的孙悟空不仅是自由的象征,更是正义的化身。在游戏中,玩家需要面对各种妖魔鬼怪和黑暗势力,通过战斗守护世界和平。这种对正义的坚守不仅体现在孙悟空的行动上,也通过游戏的剧情和角色对话得以传递,让玩家在游戏过程中感受到正义的力量。

对传统文化的传承。游戏深度融入了中国传统文化元素,从建筑、音乐到角色设计,都展现了对传统文化的尊重与传承。例如,游戏中的建筑采用了大量实地考察的中国传统建筑风格,音乐则结合了中国传统乐器和经典曲目,如对《敢问路在何方》的改编。这种对传统文化的深度挖掘和创新呈现,让玩家在游戏过程中感受到中华文化的魅力。

《黑神话:悟空》通过核心价值观的传递,成功引发了玩家的情感共鸣。无论是对自由的追求,还是对正义的坚守,这些价值观都深深打动了玩家,使其在游戏过程中不仅享受战斗的乐趣,更感受到精神上的满足。游戏凭借对传统文化的深度挖掘,成为中华文化传播的重要载体。它不仅在国内受到广泛欢迎,还在国际上获得了高度评价,成为中国文化走向世界的新名片。未来,游戏有望通过DLC(可下载内容)、衍生作品等形式进一步拓展其世界观,而自由、正义和传统文化等价值观将成为这些拓展内容的核心。

《黑神话:悟空》的成功在于其核心价值观的深度挖掘与传递。对自由的追求、对正义的坚守以及对传统文化的传承,这些价值观不仅贯穿于游戏的每一个细节,也成为其IP生命力的重要支撑。

(资料来源:《黑神话:悟空》:又是这只跨界的猴子,诠释了传承与创新的关系,文化观察_澎湃号·湃客_澎湃新闻.)

二、超级 IP 资源的商业价值

IP 资源的价值主要体现在以下 3 个方面:

(一)原生内容

原生内容体现了 IP 所蕴含的文化、价值观等精神层面的潜在价值,是企业能够进行 IP 全产业链开发的重要基础,也是 IP 资源的核心价值。

(二)互通价值

超级 IP 互通价值主要体现在影视剧改编、游戏开发等文化产业方面。在经过一段时间后,与 IP 原生内容所传递的文化、价值观等相一致的粉丝群体积累到了足够的规模,此时,IP 互通价值变现就具备了用户基础。

(三)衍生价值

超级 IP 产品在经过各种形式的优化和创新后,IP 资源的品牌影响力将获得极大程度的提升。在后续的发展过程中,企业可通过不断跨界融合,在更为细分的领域深度挖掘 IP 衍生价值,从而实现 IP 价值的最大化。

三、品牌如何打造超级 IP

（一）品牌 IP 定位

定位，意味着战略和方向，其本质是建立差异化竞争，即通过差异化让自己与众不同，赢得关注。IP 是传递品牌个性和调性的媒介，是与消费者直接进行沟通的纽带。定位是建立品牌 IP 的起点，也是后续环节的指引。只有符合品牌定位的 IP 塑造才能准确地表达出品牌的调性，这样品牌才能通过所塑造的 IP 和目标消费者进行有效的沟通和互动。成功的 IP 塑造一定能符合所代表品牌的定位以及目标消费者的个性特征，满足消费者的身份认同以及实现其对生活方式的渴望。定位的准确与否，将从根本上决定 IP 的命运。

对品牌 IP 进行定位是一个系统工程，既要对品牌基因有恰当的承袭，又要对目标用户群体具有深刻了解，还要对时代趋势和流行文化有敏锐洞察，同时能准确研判竞争对手，在此基础上找准空白和差异点，实现战略定位。

（二）人格化形象塑造

品牌赋予这些 IP 形象一定的人设，进行 IP 形象角色定位，承载了品牌的精神内涵，兼具娱乐性更容易让人接受，消除了产品和用户的距离感，品牌 IP 人格化之后，品牌变得有温度，更容易互动。

人格，可以说是品牌 IP 的内核，核心 DNA，也是 IP 内容创造与互动的源泉。人格打造关键的一点是自带感染力、话题和势能。这种势能是潜藏其中但一经激发就会瞬间引爆的力量。人格有多大感染力，IP 就能"长"多大，没有人格感染力的 IP，即使后续砸下不计量的推广费用也无济于事。虽然 IP 形象并不完全等同于品牌形象，但是企业或者品牌期望向用户传递的某种个性化特征可以通过 IP 形象体现出来，IP 对品牌形象是可以起到一定促进作用的，每一个人格化的 IP 形象都可以吸引某一个相应特征的人群，投射出价值取向，身份认同和共鸣感，同时获得情感和精神的寄托。

企业品牌形象的塑造过程，其实也是一个有清晰性格特征的品牌 IP 的塑造过程，富于感染力和亲和力的 IP 形象必然会引导并改变消费者的消费行为，由此达到企业市场营销的目的。确定一个明确的、有深厚社会基础的品牌价值观是塑造品牌形象、实现品牌 IP 营销功能的必要前提，这种品牌价值观是超级 IP 塑造的灵魂，有了这个灵魂的注入，IP 便有了活力，有了拟人化的基础，才能真正具有商业变现的能力。

（三）持续产出创新内容

一个好产品可能会过时，一个品牌可能会衰落，但是一个超级 IP 却可以历久不衰。一个品牌在经营内容的时候，必须思考如何通过内容力的表达，来让品牌逐渐成为一个超级 IP。也就是说，品牌要能够成为超级 IP，不仅需要打造 IP 形象，赋予其人格化和价值观，获得用户喜爱和对品牌的好感度，同时需要成为一个高品质的内容源，持续提供有价值、有意义的内容，不断引发与用户的交流互动，必须通过有价值的内容传播来完成。

IP就像一个生命体,不停地输出新内容,与时俱进,不断地呈现丰富的个性魅力,IP内容的丰满程度影响着品牌形象的活力值。IP内容必须持续不断地输出,很多品牌IP化失败就在于内容的缺失。没有内容的支撑,IP形象便缺少了话题传播的介质,失去谈资的IP是不会成功的,可以说内容是IP的血与肉。

在打造差异化内容的时候,必须注意以下3个方面:

①圈层化的表达。超级IP必须基于垂直化的特定人群来表达内容,也就是目标客群要明确,针对特定的人群来生产内容。

②内容要适度跨界。在打造内容的时候,必须适度地跨界,让内容更具有层次感,更具有传播能力。

③内容必须具备可辨识性。超级IP的特色之一,就是在人们生活中占有一个不可替代的地位。可辨识性的内容重点在于借此生产围绕于同一个调性的内容,可以让使用者产生高黏性,最终形成可以辨识的标志。

(四)价值观输出

每家企业都有其要传递的价值观,可以是奋斗、创新、诚信、拼搏等精神内涵。品牌IP化追求的是用户对价值和文化的认同,提供给消费者一种精神寄托。可以想象一个看《海尔兄弟》动画片长大的孩子对科学有自我的认知,其在成长过程中培养起来的品牌认知是根深蒂固的。

IP人格化形象所传递的精神内核是企业和品牌价值观的直接体现,品牌通过IP价值观的输出可以逐渐占领用户的心智,当用户需要什么产品时,会不自觉地想起某个品牌,激发用户把购买行为由需要转变为热爱。

品牌IP经营要"走心",激发人性中的潜意识,这样才能号召更多用户关注。通过激发用户的感受,从理性的功能定位转变为情感寄托,形成共鸣才能为后续的商业行为带来更大驱动力。

(五)孵化衍生价值

品牌IP运作成功后,可以考虑跨界合作、衍生周边产品和服务,让IP价值最大化。商业衍生是IP运营中最重要的话题,但是一般会被忽略,尤其在当今的中国市场上,大部分IP都是刚刚诞生,还没有成熟到IP衍生阶段,目前的中国市场缺乏相对成熟的IP商业衍生的成功案例。但是在全球范围IP的商业衍生是IP持久运营下去的最主要收入,尤其是地产衍生体验式的主题公园(迪士尼、环球影城)。例如,美国漫威公司打造的一系列超级英雄形象不仅出现在漫画中、电影荧屏上,还能进行周边产品的配套开发。这些英雄角色被多种方式反复利用,使观众在被"超级英雄文化"全方位包裹的同时,其相互之间的特定交流为这一文化的内涵进行无限地自发性扩充与传播。

📖【知识链接】

超级IP的标准

● 原创力。一个IP它能不能跨越文化、跨越时代,原创力很关键。众所周知,很多国际上的经典 IP,存续了几十年上百年历史,依然可以得到追捧,就在于它穿越了时代和文化。

●内容力。好的内容,能够激发用户的共鸣,让用户主动卷入,主动扩散,IP 的内容力必须思考受众,思考粉丝,要为特定的粉丝创作内容。

●人格力。所有的 IP,只有变成人格化形象,才能和用户产生关联,IP 要有温度、有情感、有鲜明的性格特征,才会受用户欢迎。

●传播力。IP 需要创造社交货币,让人们自动地去传播分享,不具备分享性就不具备传播力。

●适配力。要适配新的群体和不同的场景。IP 要能在不同代际当中穿透,在不同平台衍生开发和适配。

●变现力。不管是内容付费还是衍生品,IP 需要持续运营,需要长久的变现模型,现在有很多网红一夜爆红,但是未必有好的商业模式,变现是长跑不是短跑。

(资料来源:肖明超.超级 IP 的九大趋势[J].销售与市场(营销版),2018(8):60-62.)

四、品牌 IP 化的应用模式

(一)运用卡通萌宠形象,打造专属品牌 IP

随着大众审美水平的提升和品牌用户体验的增强,近年来的品牌形象塑造已从单纯的图文 Logo 趋向于更具辨识度的卡通 IP 形象。这些卡通形象多以萌宠为主,如天猫、京东狗、苏宁狮子等。"互联网+"时代承载着人的情感、文化的 IP 思维,而萌宠形象的 IP 更能打动人心、讲述故事、产生共鸣,给品牌带来更多附加价值。

在消费升级与认知迭代的背景下,用户不再单纯追求产品的物质使用价值,而是追求视觉享受和高品质的生活方式等精神层面的价值。塑造一个卡通形象,将产品拟人化、萌宠化,赋予其人格化特性,投射价值取向,树立价值观和文化内涵,是品牌 IP 化应用模式的首选创新之路。

(二)跨界融合,构建联名品牌 IP

随着市场竞争的日益加剧,行业与行业的相互渗透相互融合,跨界已成为全球最炙手可热的营销模式,它代表一种新锐的生活态度和审美方式的融合。品牌的跨界合作,让原本毫不相干的元素,相互渗透、相互融合,给品牌一种立体感和纵深感。

跨界融合的 IP 营销模式创新,使品牌借助 IP 实现快速升级,展示品牌人格多元魅力,赋予品牌一种反差萌,借助 IP 自带流量的特性,实现品牌话题性的突围。

(三)跨平台拓展,打通 IP 全产业链

①上游:IP 作品、IP 版权及储备。互联网巨头拼命争抢网络文学 IP,将其作为打造 IP 全产业链的重要布局,一个关键原因是网络文学 IP 本身就聚合了大量粉丝,在将其改编为影视剧或游戏时,具有天然的用户基础,能够大大提升 IP 开发的成功率和价值空间。

②中游:影视剧制作及 IP 运营。IP 产业链的中游环节,既包括电影、电视剧、网络剧等

影视剧的制作,也包括与IP运营相关的诸多产业。具有较强影视剧制作和运营能力的公司从产业链上游获取IP资源,通过再次创作将其改编为电影或电视剧内容,然后借助IP之前积累的粉丝和内容价值进行后续衍生品等方面的开发,并利用IP的高话题度和认可度进行影视剧、衍生品等的宣传,从而最大限度地降低公司影视项目投资开发的风险。

③下游:衍生品市场。IP产业链下游的运营以内容变现为主要目标。从具体变现路径来看,游戏、玩具、形象授权等衍生品开发能够与中游的影视剧运营形成联动效应,实现IP不同变现模式间的强化倍增,从而极大地拓展IP价值变现的空间。同时,国外运营比较成熟的迪士尼、环球影城等主题公园类的实景娱乐项目也是IP变现的重要形式。

绝大多数企业挖掘IP价值的模式可以概括为"网络文学作品(小说、动漫等)+影视剧+X(游戏、周边产品、其他衍生收入)"模式。对于一个优质IP资源来说,其最大的价值就是原著作品粉丝价值的重度开发,它能够有效地降低产品的推广成本,并吸引大量的用户流量。

第四节 数字化IP重塑品牌未来

数字时代的来临,驱动着品牌向数字化升级。面对更多元的媒介平台、更分散的流量,以及更年轻的"90后""00后"新消费群体,自带流量的IP营销成为撬动品牌增长的重要手段。品牌通过打造高辨识度的IP与持续的内容输出,塑造出具有人格化和价值内涵的品牌形象,吸引消费者进行互动并建立起深层次的情感连接,以此获得品牌信任和精准流量。

在数字品牌时代,品牌要素发生了变化,传统品牌是质量、形象、营销,而数字品牌则是由IP、颜值和场景构成的。特别要强调的是,颜值不仅是审美,更多的是高辨识度。数字化赋予了品牌建设一个无形化、圈层化的新定义,IP营销与数字技术相结合,诞生了诸多颠覆想象的数字IP新玩法。

一、元宇宙数字人引领品牌IP新营销

数字技术的飞速发展为IP的创造、分发和互动提供了强大的技术支撑。品牌通过构建具有独特性格和丰富内涵的数字IP形象,可以在多个平台进行内容输出,实现流量的多渠道聚合。人工智能技术能够赋予数字IP智能化特征,使其具备与消费者进行自然语言交流的能力;区块链技术则保证了数字IP版权的安全与可追溯性,增加了品牌资产的价值。

(一)数字虚拟人IP

数字虚拟人IP(Intellectual Property of Digital Virtual Human)是指以数字技术创造的虚拟人物形象所拥有的知识产权。这种虚拟人物通常具有独特的个性、故事背景和形象设计,并且可以在各种数字平台上进行展示和互动,如社交媒体、游戏、虚拟现实(VR)和增强现实(AR)等。"品牌数字虚拟人IP"是一种品牌自有的、利用各类数字科技所构建并使用的虚

拟人物,它无真实实体但具有多重人类特征,依靠品牌来进行形象打造、人设定位、内容设置、营销传播,在现实和虚拟中进行品牌宣传以满足品牌需要。

起初品牌虚拟形象只是卡通形象,但随着科技的迅速发展,全新的数字技术开始为品牌虚拟形象赋能。2020年肯德基推出原创虚拟人"桑德斯上校"(图9-2),这位CGI仿真虚拟人看起来与真人毫无差异,不仅拥有帅气颜值,还被赋予独特气质,在社交媒体上与粉丝进行高频互动引发热议。元宇宙与人工智能的井喷式发展为数字虚拟人带来更多可能性,众多品牌开始自创虚拟人IP为品牌赋能。

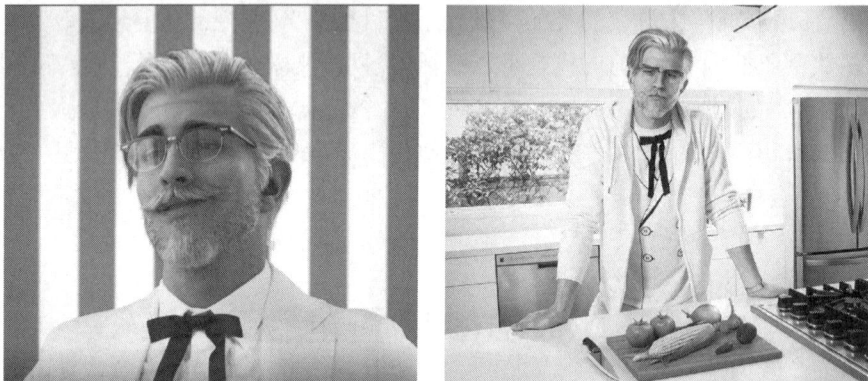

图9-2 肯德基虚拟人IP:桑德斯上校

(二)数字虚拟人IP的特点

品牌数字虚拟人IP的核心特点包括:

①具象化。数字虚拟人IP作为品牌形象的具象化载体,能够将品牌的理念、文化和价值观以更加生动和直观的方式传递给消费者。

②个性化。数字虚拟人IP具有独特的性格、外观和背景故事,可以根据品牌定位和市场需求,吸引特定的目标受众,满足不同消费者的喜好。

③可塑性。数字虚拟人IP可以长期运营,并且可以根据市场变化和品牌策略的需要,不断调整和优化其形象和性格,以适应不同的市场和营销策略。

④互动性。数字虚拟人IP能够在多个数字平台上与用户进行互动,如社交媒体、游戏、虚拟现实等,在虚拟活动中担任主持人等,实现跨媒体传播。可以围绕其形象建立起一定的粉丝社区,形成特定的文化现象,为粉丝群体提供个性化的交流体验,提高品牌的曝光率,增强用户参与感和品牌忠诚度。

⑤价值性。数字虚拟人IP可以通过品牌合作、广告代言、衍生品销售等多种方式,成为行走的流量神器,在各行各业掀起一股热潮,实现商业价值的转化。

(三)数字虚拟人IP的优势

①让消费者快速建立品牌联想和品牌识别。视觉刺激比抽象概念更容易让消费者记住,并形成"条件反射",通过数字人IP形象可以与产品/服务发生强关联。找准品牌调性,打造有性格、有态度的不同人设IP形象,让大众联想到相关的意象。

②实现品牌差异化、年轻化。在虚拟数字人热潮影响下,众多企业品牌应运推出品牌虚

拟形象,从传统的IP形象卡通/二次元升级到AI虚拟偶像。通过定制数字人IP,不仅能够优化品牌年轻化形象,还能在激烈的市场竞争中脱颖而出。

③有效节约人员成本,为用户提供沉浸式体验。和真人主播、网红、明星相比,数字人不会受到人设崩塌、负面新闻的影响,能够7×24 h进行无间隙的工作,无论是从成本控制还是流程把控上都更为高效。

📖【知识链接】

梅赛德斯-奔驰数字虚拟人IP:Mercedes

随着新能源技术的发展,满载科技感的BEV车型对传统豪华汽车造成了强力冲击,奔驰打造Mercedes正是希望以科技化新形象,摆脱Z世代消费者眼中"老派商务车"的传统形象,提升受众对奔驰智能科技的认知与好感。

● Mercedes功能定位。Mercedes结合演绎型和服务型两种功能,既担任梅赛德斯-奔驰纯电品牌EQ的形象代言人,也担任奔驰产品发言人,还在发布会、车展、经销商店内担任一部分主持人、销售经理的角色。这样进行功能定位的优势在于最大化利用虚拟人IP,基于品牌不同需求更加灵活、针对性地帮助品牌进行品牌层面、产品层面和实际销售层面的营销传播。

● Mercedes形象与人设打造。为与受众建立情感链接,奔驰从外形到性格,从职业属性到生活状态都为Mercedes进行了完整打造。首先,为她塑造了有辨识度的"高冷智性"的身体特征。为了能在外形上优于其他汽车品牌虚拟人,奔驰利用3D扫描矩阵对4个模特进行数据收集,生成上亿个多边形高精度数字雕塑,创造几亿根毛发,极尽真实,并且设计多款虚拟服饰,用专业演员进行动捕,邀请戏剧演员配音,真正赋予Mercedes生命魅力。其次,除了拥有与奔驰"豪华"基因一致的高冷外形,她被赋予了反差感的"外冷内热"的性格。Mercedes对人类世界充满好奇与爱心,希望利用智慧帮助人类改善生活,这与奔驰"创造更美好未来"的品牌信念一脉相承。最后,她被赋予"未来研习官"的职业定位,深谙智能科技并支持可持续观念,以引导人们走向人、自然、科技和谐共生。除此之外,奔驰为"生活状态"进行了设定:时而生活于元宇宙,时而居住于现实世界,神秘又亲切;对科技与时尚有独特见解且是各大发布会常客,会在社交媒体分享心得与经历。这些设定都为Mercedes可能出现的场景以及跨界合作提供了基础。

● Mercedes营销活动。Mercedes在全新EQE数字发布会上首次亮相。奔驰以Mercedes作为连接观众与产品的感知纽带,运用第一人称视角、高拟真场景设计,使每个观众都能切身感知产品体验,同时让Mercedes讲述奔驰为可持续发展作出的努力,体现豪华、智能、可持续的品牌魅力。在演绎型功能上,Mercedes以跨界时尚与科技的KOL身份,突破次元壁打卡GQ Lab线下展览;与digital art艺术家柳迪合作打造虚拟服饰,融入奔驰智能科技与可持续理念,借由网络火爆的OOTD形式在社交平台传播;利用digital art为巴黎车展制作创意视频,如Mercedes凭借"超能力"把奔驰大厦变为一台巨型电梯,并让大厦"喷射"出代表巴黎的元素;Mercedes参与了概念车型EQXX的中国路演,不仅打卡展览并在社媒上大力宣传,还亲自担任EQXX与蔡国强合作的"行云流水"烟花展导览员,为观众讲解奔驰前沿智能科技。在功能性上,Mercedes担任车展媒体发布会的串场人,在EQ媒体科技日作为串场嘉宾和 CEO 互动,还作为发起人向奔驰员工通知 EQXX 中国路演活动。

(资料来源:贾舟瀛.汽车品牌自创数字虚拟人 IP 营销策略研究:以梅赛德斯-奔驰数字虚拟人 IP Mercedes 为例[J].产品可靠性报告,2023(8):37-39.)

二、数字 IP 的商业价值

数字 IP 缘何成为品牌们的心头好?除了来自下行周期和存量市场竞争的压力,不确定环境导致消费者决策更加理性,"做品牌"正在成为行业之间的一种共识。数字化的加持,让品牌建设不再是大公司、大预算的专利。数字时代的品牌要素从传统的产品、形象、营销转变为 IP、高辨识度、场景,更加强调了品牌与用户之间的有效互动,用品牌人格化、内容化来打造粉丝经济。

在数字时代的浪潮下,品牌营销的战略重心正逐渐转向以 IP 为中心的数字化模式。通过打造有颜值、有人设的数字 IP,品牌就能拥有更年轻化、更有差异化的品牌形象,不仅可以快速吸引消费者,还能够强化用户的记忆和联想,收获更多流量和忠实用户。IP,作为具有独特个性和广泛影响力的文化符号,正成为品牌与消费者建立情感链接、实现价值传递的新介质。借助人工智能、区块链、云计算等前沿技术,数字化 IP 正以前所未有的速度和广度渗透进品牌的构建与推广过程中,为品牌未来塑造提供了无限可能。

(一)品牌辨识度提升

高辨识度的数字 IP 形象能迅速抓住消费者的注意力,通过持续的内容输出,塑造具有人格化和价值内涵的品牌形象。

①人格化营销。数字化 IP 作为一种人格化的品牌象征,能够赋予品牌情感和故事性,与消费者建立更深厚的情感联系。通过虚拟人物的形象和故事背景,品牌可以更好地传递品牌理念和价值。

②增强记忆。独特的数字化 IP 形象具有很强的视觉冲击力和辨识度,有助于消费者在众多品牌中记住该品牌。就像一提到"熊本熊"就能想到熊本县一样,一个成功的数字人 IP 能够让品牌形象深入人心。

③打造话题。数字化 IP 具有很强的社交属性,能够成为人们讨论的焦点,为品牌带来话题性和曝光度。通过数字人 IP 的事件、故事或者互动,品牌可以轻松登上社交媒体的热搜,扩大品牌影响力。

④文化输出。数字化 IP 不仅是商业工具,也是文化输出的载体。在国际交流中,具有中国特色的数字化 IP 可以传播中国文化,提升国家文化软实力。

(二)沉淀数字资产

①增加附加值。数字化 IP 可以通过各种形式的内容创作,如动漫、游戏、小说等,为品牌增加额外的附加值。这些内容可以吸引更多的消费者,提高品牌的受欢迎程度。

②延伸产品线。数字化 IP 可以扩展到各种产品和服务,如玩具、服装、文具等,这些产品可以带来额外的收入,同时加深消费者对品牌的认知。

③法律保护。数字化IP可以通过法律手段进行保护,防止他人侵犯。这种保护可以保证品牌资产的安全,避免品牌价值受到损失。

(三)数据驱动营销决策

数字化IP在吸引粉丝和用户的过程中,可以积累大量的用户数据。这些数据可以帮助品牌更好地了解消费者需求,优化产品和服务。

①用户行为分析。通过收集和分析用户与数字化IP的互动数据,如浏览、分享、评论、下载等,品牌可以了解用户的兴趣点和行为模式,从而调整营销策略,提高用户参与度和品牌忠诚度。

②偏好洞察。数据分析可以帮助品牌了解目标受众的偏好,包括他们对数字化IP内容的喜好、互动时间的选择、响应频率等,这些信息可以用于更精准地定位市场和制订个性化营销方案。

③社交媒体分析。社交媒体上的用户生成内容(UGC)是数字化IP营销的重要资源。通过分析这些内容,品牌可以了解用户对数字化IP的看法和传播效果,根据用户的行为数据和偏好,提供个性化的数字化IP推广内容,提高推广的针对性和效率。

三、打造数字化IP的营销策略

(一)赋予人格特征

虚拟数字人自诞生之初,便是通过人和智能技术共同操控,更具稳定性和可靠性。许多明星、偶像本真的性格和人设与其营造在大众面前的性格和人设相互矛盾,尤其是通过扮演影视剧中的角色被大众熟知的明星、偶像,在大众面前的形象更加局限。而虚拟数字人从形象设计开始,到性格展示、人设打造、故事内容创作和营销活动匹配,都是经过人和智能技术双重认证,极大地降低了人设崩塌的风险。从用户角度来说,虚拟数字人被赋予"人设不塌房、唱歌不走音、容颜不会老、跳舞不抢拍、知识不会错、情绪不失控"的期望,这些特征规避了明星、偶像的劣势,虚拟数字人具备不受自然规律和物理条件限制的优势,不随着时间流逝自然衰老和人为老化、丑化,更不会出现违反法律和道德底线的原则性错误。

虚拟数字人IP被人为地赋予拟人化人格特征,在营销实践活动中,凝聚了品牌的文化价值和用户的情感期待,是连接品牌和用户之间的情感纽带。虚拟数字人IP并非是品牌单向生产制作和呈现的结果。虚拟数字人IP在角色设计前期,将会进行大量的市场调研,包括名称、性格、偏好、价值观等,每一个因素都涉及用户的参与和建议。可以说,虚拟数字人IP的构建、虚拟数字人内在的赋予和完善是品牌和用户的双向参与结果。这对于品牌而言,能够让品牌充分利用以往经营所积累下来的品牌资产,帮助品牌将其快速转化为自身虚拟形象,完成品牌虚拟IP的构建;对于用户而言,参与一个虚拟数字人IP从无到有,不断丰富和完善虚拟数字人的精神内核,这种陪伴和参与同样是虚拟数字人营销的内容之一。

(二)缔结强关系媒介

移动互联网的普及和发展,实现了网络世界与真实世界更为广泛的连接。媒介从此不只是作为渠道而存在,而是随着移动互联网的发展被赋予了更加深刻的内涵。媒介成为连接各圈层文化的一种产品,能够根据自身的价值定位,在传播过程中实现各圈层中目标用户之间的交流沟通与融合,从这个意义上来说,虚拟数字人 IP 便是一种使用户在情感影响下,缔结品牌与用户强关系的新型媒介。凭借着 AR/VR 硬件设备的升级,虚拟数字人能够完成与用户进行实时交流、自然互动的行为。随着这种交流互动行为的加深,虚拟数字人逐渐与用户建立强关系和产生情感互通,成为一种自带关系属性的强连接关系媒介。作为这种新型的关系媒介,虚拟数字人 IP 以其自身的独特属性和差异化,成为连接用户的核心,承载着圈层内用户的情感期待和归属感。极具差异化的虚拟数字人吸引着不同的圈层用户,象征着不同的文化圈层,成为一种具有特殊性和区分性的文化符号,能在一定范围内实现针对目标群体的精准化营销传播,使得虚拟数字人营销的目标用户具备向圈层化演进的趋势。

目前虚拟数字人 IP 营销依然将重点放在以视听为主的营销层面,通过构建真实的交互场景赋予虚拟数字人高度人格化的特征,让虚拟数字人在真实空间中出镜、与真人合拍成为吸睛亮点等实现跨次元的互动,带给用户新奇与陌生化的体验感,激发用户的深层次情感与消费需求,最终产生购买行动。同时,虚拟数字人 IP 凭借着强关系的媒介属性,帮助品牌或品牌产品在各个圈层中快速被用户了解和认可,从心理层面拉近品牌和用户之间的距离,使得虚拟数字人营销更加直观有效地达成目的。

(三)创作优质内容

虚拟数字人 IP 营销的关键在于立足虚拟数字人本身的"偶像价值",虚拟数字人除了外在形象和内在人设需要贴合偶像特征,满足用户的想象需求外,需要不断地创新和发展,同时要赋予其贴合外在形象和内在人设的丰富内容和故事文化。在营销过程中,首先通过创造价值观正确、具有丰富内容的故事获取用户的注意和认可;其次利用技术完善虚拟数字人 IP 与用户之间的情感交互和行为交互;最后在持续的互动交流中,创造专属于虚拟数字人 IP 和用户之间的想象共同体,帮助用户建立起对虚拟数字人 IP 的特殊化记忆,赋予其情感价值,激发用户的情感追求和崇拜,发挥虚拟数字人营销的最大化价值。随着互联网的不断发展和营销手段的不断升级,用户的注意力和兴趣越来越难以被品牌把握,虚拟数字人 IP 无论是在社会化方面还是在互动性方面,都能给数字营销注入新的活力。在社会化方面,虚拟数字人 IP 能够以用户为中心,满足更丰富的需求。虚拟数字人 IP 能够根据用户的偏好打造出相似的价值观、性格、爱好和情感等,以此为核心搭建出社交圈子,从而以低成本、高紧密度、高黏度地连接品牌和消费者。在互动性方面,虚拟数字人 IP 通过智能交互设备能够实现更流畅自然的沟通,以此突破品牌和消费者的想象空间。

在技术和内容的双重依托下,虚拟数字人 IP 不再是一个冰冷的技术产物,而是一个拥有丰富内涵的主体存在。品牌必须赋予虚拟数字人 IP 正确的价值观,以帮助虚拟数字人在每一次传播活动中完成价值观的正向输出过程,从而获取更多用户的关注和认可。

(四)建立互动共鸣

虚拟数字人面向的主要消费群体是 Z 世代。Z 世代伴随着移动互联网的发展而成长起来,属于真正的数字原住民,在其生活、社交和消费中呈现出"数字化生存"和"虚拟化生存"

的显著特征。同时,Z世代是被富养的一代,他们生活在物质与文化丰富的时代,整体消费能力和消费意愿十分强烈。Z世代群体极具包容性和灵活性,他们渴望追求与众不同的自己,又与大众保持着统一的文化共识;他们享受在独立自我空间中的自由和散漫,又渴望与大众融为一体,获得认可和存在;他们追求百分百的情感浸入,享受在虚拟世界中真实自我的表达和情感互动;他们认可所有的可能性,并对这些可能保持好奇心理。

在这种心理状态下,Z世代用户更加追求消费体验,追求消费符号背后承载的所有想象与可能,这样独特的生活态度、情感需求与消费理念,与虚拟数字人IP的价值相一致、同频共振。Z世代能够在营销环境中快速适应"虚拟存在"和"虚拟意识",并基于个人意愿和偏好,加入以虚拟数字人为核心的圈层团体中,在团体中获得自身的存在感和其他成员的认可,由此实现摆脱在现实人际交流中的隔膜的愿望。虚拟数字人IP便是在Z世代群体的追捧和消费中,从小众圈层的文化发展成为如今的大众市场。

📖【本章小结】

本章是有关IP营销的介绍,主要包括以下几个方面的内容:

第一节介绍IP与IP营销相关内容。IP营销,是品牌通过人格代理持续产出优质内容来输出价值观,通过价值观来聚拢粉丝,粉丝认可了价值观,实现了身份认同和角色认可,然后就会信任其产品。企业开展IP营销的意义在于提升商业信息的到达率和接受度、IP更容易聚粉和固粉,为企业已有业务注入强心剂、解决品牌资产荒芜问题,为品牌创新提供力量、实现品牌差异化、衍生品与衍生产业可以为企业攫取新的市场盈利点。

第二节介绍了品牌与IP的关系。品牌IP化,是以打造IP的思维和方法来开展品牌的建设和重塑。依托品牌的基因,品牌IP通过挖掘品牌的特性,进行持续的内容生产和分发,吸引用户参与进而产生共鸣,最终让品牌自带话题和流量。总体上品牌运用IP的营销方式分为品牌借势IP与品牌自制IP两大类型。

第三节介绍了品牌如何打造超级IP。超级IP,就是指具有可开发价值的IP,它是万物互联时代个人化或个体化的"新物种",特指具有长期生命力和商业价值的跨媒介内容运营。一个真正具有可开发价值的IP资源至少需要具备4个层级,由内到外依次为价值观、世界观、故事及呈现形式。品牌可以从品牌IP化定位、人格化形象塑造、持续产出创新内容、价值观输出、孵化衍生价值等方面打造成超级IP。

第四节介绍了数字化IP。数字虚拟人IP具有品牌辨识度提升、沉淀数字资产、数据驱动营销决策等商业价值,可以从赋予人格特征、缔结强关系媒介、创作优质内容、建立互动共鸣等方面打造数字虚拟人IP。

📖【复习思考题】

1. 如何理解IP与IP营销的概念?

2. 简要叙述IP营销的商业逻辑。

3. 互联网时代企业开展IP营销的意义是什么?

4. 简要叙述品牌与IP的区别和联系。

5. 何为品牌IP化,其方式有哪些?

6. 品牌如何打造成超级 IP?

7. 品牌如何打造数字虚拟人 IP?

📖【案例分析】

案例一:专属品牌 IP 与跨界联名 IP

天猫可谓专属品牌 IP 打造的成功典范。"天猫"原名淘宝商城,英文名 Tmall,是阿里巴巴集团旗下的综合购物网站。2012 年 1 月 11 日,淘宝商城正式宣布更名为"天猫"。在淘宝商城更名两个月后的年度盛典上,天猫全新的品牌标志形象展现在大家面前。一改此前以字体设计为主的 Logo 风格,全新的天猫形象是一个 Pose 酷似英文字母"T"的黑猫,张开双臂飘在天空,极度贴合"天猫"的品牌名称。天猫前总裁张勇表示,新的形象意味着天猫网购拥有了自己独立、完整的品牌人格。阿里巴巴集团前首席市场官王帅表示,无论用户心中天猫是什么样子,有这个 IP 形象出现的地方,消费者便能享受到有品质的商品和便捷高质的服务。王帅还表示,此次选出的天猫形象和标志本身就代表了互联网的开放精神。"天猫"代表了时尚、潮流、品质。这个全新的 IP 形象不仅在外观设计上贴合"天猫"的名字,而且把 IP 贯穿品牌延展设计以及用户体验中,使用户快速建立品牌联想与品牌识别,并活化了品牌视觉体系。天猫 IP 形象的应用无处不在,在 App 的 Logo 上,猫的造型进行了简化处理,保留最具代表性的猫头部分,强化了品牌标志。除此之外,每年天猫双十一的品牌 KV海报也少不了这只猫的身影,无论海报采用何种设计风格,画面的视觉中心始终凸显天猫这个用户熟知的 IP 形象。这只卡通萌宠猫贯穿于所有线上 UI 和线下体验店,带给用户亲切感的同时增强了粉丝黏性。

大白兔奶糖是上海冠生园出品的奶类糖果,1959 年开始发售以来深受各地人民欢迎。招牌 Logo 是一只跳跃状的白兔,形象深入民心,是"80 后"童年的美好回忆。"七颗大白兔奶糖等于一杯牛奶",这是大白兔奶糖曾经的广告语,它陪伴了一代中国人的成长。伴随着经济全球化步伐的加速和市场竞争的愈发激烈,大白兔赶上了跨界营销这班顺风车。近两年,大白兔奶糖与众多品牌玩起了跨界,创意十足,让人耳目一新。2018 年 9 月,大白兔与美加净联合推出了大白兔润唇膏,上线后 1 秒即售罄。润唇膏在包装设计上延续了大白兔奶糖的经典形象,成分中富含牛奶精华,闻起来有大白兔奶糖的经典甜香,让人忍不住想咬一口! 2019 年 5 月,大白兔和气味图书馆联名推出香氛系列,包括香水、沐浴露、身体乳、护手霜以及车载香氛等,发售当天,香水销量达 9 607 件,沐浴露销量则超过 10 849 件,再次登上热搜(图 9-3)。当 10 岁的气味图书馆遇见 60 岁的大白兔,产品一上线,微博"来点孩子气""大白兔香水"双话题纷纷冲入热搜榜前五,而快乐童年香氛系列也成为网友们的疯狂种草对象。2019 年 7 月,大白兔奶糖联合光明乳业推出大白兔奶糖风味牛奶,打破产品的季节限定,赋予了品牌更多元的市场。大白兔品牌运用创新思维调整市场定位,通过跨界联名快速实现品牌年轻化。凭借一己之力,演绎了"从过气到网红"的崛起。曾经为大白兔设计"巨型"包装的林盛表示:"跨界对于大白兔而言,是借势找回年轻人市场的一种尝试。与年轻人喜爱的 IP 元素和文化相结合,通过这一方式希望能够实现与年轻人的情感链接。"作为国货之光的大白兔不仅通过产品创新抢占年轻消费者心智,而且玩转联名跨界获得无数消费者的认可和青睐。

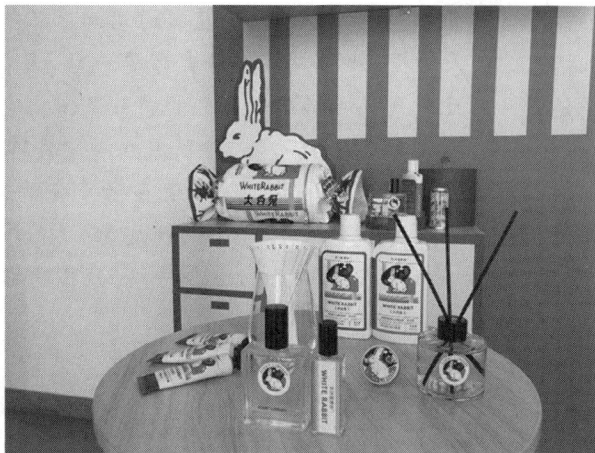

图9-3 大白兔联名海报

问题：

1. 结合案例分析企业如何打造品牌专属IP。

2. 结合案例分析传统品牌如何进行IP营销。

案例二："小井家族"洗护新家族

2025年中国婴幼儿洗护用品市场规模将超过800亿元，而在这样一个庞大的市场之下，如何能占据一席之地，并且成为佼佼者，这是中盐西南公司发展壮大之前先要弄清楚的问题，故找到采纳公司寻求发展之道。

首先，采纳展开细致的市场调研发现，母婴洗护行业"大牌云集"，但市场缺乏专业细分化品牌，并且在洗护领域多以液体形式呈现，宣传的卖点多为植物配方，概念同质化严重。中盐集团想要在市场一举成名，势必要塑造一个高端高价值母婴洗护品牌，立足母婴洗护市场，进而渗透更为庞大的家庭洗护市场。但要打造高价值品牌，首先要塑造一套完整的品牌价值体系。

中盐西南公司历经千百个日夜的研发与反复测试，采用地下3 km的天然井盐与天然植物精华研制而成的纯天然颗粒洗护产品，发展植萃盐产品，有纯天然无化学添加的核心优势。

鹿小井所有产品不使用有害化学添加剂，全程医药级生产环境；所有原料坚持天然、安全的食品级原则；形成无须化学溶解剂、防腐剂的独特颗粒形态。鹿小井肩负起保护生态环境，用原生的植物清洁力给家人及宝宝安全洗护的使命，打造全民健康的"非化学"生活方式。

小井家族中有小井爸爸、小井妈妈和小井宝宝，他们远离城市，生活在纯净的大自然中。与自然为伴是最幸福的，因为世界是多彩的；奉行简约舒适，绿色健康的生活方式，传承先祖的智慧使用最天然的洗护方式，让小井家族免去了化学添加剂的伤害。正因如此，小井家族致力于非化学洗护方式的传播，为城市家庭带来新希望。

结合目标消费群体需求和非化学原理，塑造专业化产品体系，打造非化学全场景战略产品矩阵。根据不同洗护场景，对相应竞品信息进行扫描，设计一组直接彰显产品功能利益及消费诉求的系列名——"鹿小井餐具净""鹿小井果蔬净""鹿小井奶瓶净"三大产品系列，并为鹿小井的三大产品线提出"非化学"几大核心卖点,直接运用到产品包装上。

面对鹿小井三款新品上市,采纳提出的策略是"垂直母婴平台+大众口碑媒介平台",在内容上强调"与化学清洗产品对比效果",拍摄出一系列的视频及图文宣传,上市前第一波铺大量的产品及面向行业的软文,占据百度搜索词条,增强用户对新品牌的信任感。同时,在小红书做视频及图文宣传,为天猫旗舰店进一步引流。最直接并有销量转换的平台是垂直母婴平台宝宝树,采纳要求发起产品试用及优惠活动,辐射大量人群,并产生直接购买行为,接下来采纳为电商店铺策划持续的直播活动。好的整合传播,必然是品效合一,能够传播品牌声量,同时能直接拉动销量。

鹿小井品牌,围绕"非化学"品牌定位,成功塑造了"鹿小井家族IP",并完整地落地到产品包装、体验店空间设计以及鹿小井的品牌故事上,是一次品牌超级IP的完整塑造,接下来采纳依然会秉承品牌策略的专业,为更多品牌打造出超级IP。

问题:

1. 结合案例分析鹿小井品牌是如何打造超级IP的。

2. 互联网时代,IP营销对企业有哪些现实意义?

第十章

短视频营销

📖【导入案例】

一禅小和尚(3D 动画)

《一禅小和尚》是由苏州大禹网络科技有限公司原创的 3D 动画,主人公一禅是一个 6 岁的小男孩儿,聪明可爱,调皮机灵,被阿斗老和尚捡起并收养,从此开启了在寺庙里的生涯,和师父上演着有趣而温情的故事。一禅总是喜欢问师父一些问题,这些问题有哲理、有搞笑、有无聊、有梗,都伴随着一禅的成长而出现。一禅小和尚的粉丝量超过 4 430 万!"一禅小和尚"的核心是暖萌和治愈,通过情感治愈的方式满足粉丝的陪伴需求。

据说一禅小和尚刚开始运营的时候,只是公司的几个同事玩玩而已,把现有的视频素材上传分享,视频内容基本都是音频+图片+文字的形式,零碎的对话式、片段式内容、时间短,质量不算很高。不曾想,发布的一些视频居然取得了非常不错的效果,于是公司老板最终拍板决定重点运营这个账号。2018 年,抖音平台的用户量迎来了一次飞速增长的阶段,一禅小和尚赶上了这个红利期,粉丝量迅速往上涨。看到这一情况,一禅小和尚的主创团队不断地根据平台特点,对内容进行相关调整,开始主打"泡面番"的模式,类似于日本动画。一禅小和尚的幕后团队从几个人增加到了几十个人,动画、美术、制作技术都有了很大的提升。这个时期的视频内容提升了许多,故事情节、角色开始丰满起来,并保持定期更新的频率。

对一禅小和尚的崛起,许多网友表示:背后有着资本的力推,一禅小和尚的走红是必然的结果。的确,一禅小和尚的走红离不开资本的推动。据悉,一禅小和尚的一分钟原创视频的成本就在 3 万元左右。可想而知,这几年来一禅小和尚投资了多少钱,不过,虽然一禅小和尚的成功有着资本的原因,但是它的走红绝对不只是有资本那么简单。

思考:请思考《一禅小和尚》的成功之处是什么。你是如何理解短视频营销的?

引言

在信息时代,信息接收的效率和传播的速度,已经成为营销制胜的关键。与文字相比,图片蕴含的信息量更大,更容易被解读。于是,新媒体营销宣传跨入了"读图时代"。但随着互联网的发展,短视频逐渐取代了精美图片,成为新媒体营销的主流。如果要问最便利的信息传播方式是什么,十个人有九个人会说是短视频。比如,介绍一道菜的做法,纯文字的说明方式让人理解起来吃力,静态的示意图则省略了某些中间环节。短视频则可以提供完整的、连续的、动态的、直观的演示,并且可以将文字、图片和声音融为一体。

从这个意义上说,短视频是集多种信息传播方式于一身的信息载体。尤其是在消费者的时间和注意力越来越碎片化的今天,短视频传播无处不在。这种信息载体成为新兴的营销利器实属必然。

自从小红书、抖音、快手等短视频平台爆红之后,微博和微信等社交媒体也开通了短视频制作功能,以求增强信息传播效果,丰富平台内容库。

短视频的制作门槛较低,不需要特别专业的技能,只需借助社交工具上的小按钮,就可以创造出简单的、有个性的短视频。每天都有人用手机录制短视频,上传到网上供大家娱乐。但大多数人还处于自娱自乐的阶段。即使是想做短视频营销的商家,也只懂得基本的短视频知识,即仅仅知道如何把短视频做出来,却不知道为什么有的短视频火爆、有的却无人问津,更不知道怎样才能将短视频流量变现。

第一节　短视频营销概述

短视频营销的本质是内容营销,它的制作门槛比其他形式的内容低,但也不是随随便便就能成功的。有些人拍了许多搞怪的短视频,但就是火不起来。而另一些人无心插柳却变成了一线网红。这固然是多种主客观因素造成的,但归根结底还是取决于内容是否属于大众感兴趣的范围。

短视频是新媒体时代基于高速互联网和智能移动设备诞生的新型媒介形式。相对广告的时长、播放平台的限制以及高昂的制作成本,短视频时间更短,播放平台主要集中在社交媒体,如抖音、快手、小红书等平台,任何人都可以使用智能手机和简单的视频编辑软件制作短视频。这使得短视频广告成为小型企业和个人创作者的首选,而这种媒介形式因其自身传播的特点符合大众碎片化时间的利用而迅速火爆,现在已经成为人们生活、娱乐的一部分。

一、新媒体短视频的特点

(一)内容精练,符合用户消费习惯

短视频的时长一般在 15 s 到 5 min,其内容有技能分享、幽默娱乐、时尚潮流、社会热点、街头采访、广告创意、商业定制等。新媒体短视频短小精悍,内容丰富,题材多样,灵动有趣,娱乐性强,注重在短时间内抓住用户的注意力,其内容紧凑、节奏快,符合用户碎片化的使用习惯,方便用户直观、便捷地获取信息,节省用户的时间成本。

新媒体短视频的表现形式更加多元化,短视频 App 中自带的多种功能可以让用户自由地表达个人想法和创意,符合"90 后"和"00 后"个性化和多元化的审美需求。

（二）制作简单，维护成本低

与电视广告、网页广告等传统视频广告高昂的制作和推广费用相比，新媒体短视频在制作、上传、推广等方面具有极强的便利性，成本较低。

用户可以运用充满个性和创造力的制作方法创作出精美、震撼的短视频，以此来表达个人的想法和创意。例如，运用比较动感的节奏，或者加入幽默的因素，或者进行具有吸引力的解说和评论等，让短视频更加新颖。

短视频可以免费观看，有庞大的用户群体，精良、丰富的视频内容更能够提升人们对短视频所宣传的商品的好感度与认知度，从而使商品以较低的成本得到更有效的推广。新媒体短视频的迅速传播并不会耗费太多的成本，只要其内容真正击中用户的痛点和需求点即可。例如，早期视频网红 Papi 酱自创的吐槽小视频在初期就是依赖她一个人的自导自演，获得了大量网友的转发和评论。

（三）互动性强，满足用户社交需求

新媒体短视频并非传统视频的微缩版，而是一种信息传递的新方式。用户可以通过短视频 App 拍摄各种内容并将其分享到社交平台，同时参与热门话题讨论，突破时间、空间、人群等的限制，提高参与感和互动感。短视频这种新型社交方式给用户带来了全新的社交体验。

新媒体短视频几乎都可以进行单向、双向甚至多向的交流。对于短视频发布者而言，短视频的这种优势能够帮助其获得用户的反馈信息，从而更有针对性地改进自身；对于用户而言，他们可以通过短视频与发布者产生共鸣或互动，对短视频的形象或品牌等进行传播，表达自己的意见和建议。这种互动性使短视频不仅能满足用户的社交需求，还能使商品或品牌的宣传、营销效果等得到有效提升。

（四）传播速度快，覆盖范围广

新媒体短视频容易实现裂变式传播与熟人间传播，用户可以在平台上分享自己制作的视频，以及观看、评论、点赞他人的视频。丰富的传播渠道和方式使短视频传播的力度大、范围广。

新媒体短视频平台除了通过自身平台转发和传播外，还可以与微博、微信等社交平台进行合作，将内容精彩的短视频通过流量庞大的微博或微信朋友圈、视频号等进行分享，进而形成更多的流量，进一步扩大短视频的传播范围。

（五）目标精准，营销效果好

与其他营销方式相比，新媒体短视频具有指向性优势，它可以准确地找到目标受众，从而实现精准营销。短视频平台通常会设置搜索框，并会对搜索引擎进行优化，用户可以在平台上搜索关键词，这一行为会使短视频营销更加精准。电商企业还可以通过在短视频平台发起活动和比赛等来聚集用户。

营销是新媒体短视频的一项重要功能，当新媒体短视频用于营销时，一般需要符合内容丰富、观赏性强等标准。只要符合这些标准，新媒体短视频就可以赢得用户的青睐，使用户产生购买商品的强烈欲望。

新媒体短视频营销的高效性体现在用户可以边看短视频边购买商品,这是传统的电视广告所不具备的重要优势。在新媒体短视频中,营销者可以将商品的购买链接放置在短视频播放界面,从而实现让用户"一键购买"。

(六)数据清晰,营销效果可衡量

新媒体短视频运营者可以对新媒体短视频的传播和营销效果进行分析和衡量,如观看时长、分析点赞量、关注量、评论量、分享量等。运营者通过这些数据可以衡量出新媒体短视频的营销效果,然后筛选出可以促进销售增长的短视频,为营销方案提供正确的指导。

二、新媒体短视频的发展历程

总体来说,新媒体短视频的发展历程经历了萌芽期、探索期、成长期、成熟期和突破期5个发展阶段。

(一)萌芽期:短视频初露锋芒

短视频的源头有两个:一个是视频网站;另一个是短的影视节目,如短片、微电影等。后者出现的时间比前者早。2004年,我国首家专业的视频网站乐视网成立,拉开了我国视频网站发展的序幕。2005年,土豆网、56网、激动网、PPTV等相继上线,成为我国视频网站群体发展初期的主要成员。

视频网站在国内刚兴起时,就以用户上传分享的短视频见长,如2006年年初《一个馒头引发的血案》引发了广泛关注。但在PC互联网时代,视频网站内容仍以传统电视传媒的内容为主,而短视频只是作为补充。进入移动互联网时代之后,短视频才得到发展。

(二)探索期:短视频平台崛起

随着移动互联网时代的到来,信息传播的碎片化和内容制作的低门槛促进了短视频的发展。2011年3月,北京快手科技有限公司推出一款叫"GIF快手"的产品,用来制作、分享GIF图片。2012年11月,"GIF快手"转型为短视频社区,改名为"快手",但一开始并没有得到特别多的关注。2014年,随着智能手机的普及,短视频的拍摄与制作更加便捷,智能手机成为短视频拍摄的利器,人们可以随时随地拍摄和制作短视频。

伴随着无线网络技术的成熟,人们通过手机拍摄分享短视频成为一种流行文化。2014年,美拍、秒拍迅速崛起。2015年,快手迎来了用户数量的大规模增长。

短视频的特点不只是时长短,重要的是其生产模式由专业生产内容(Professional Generated Content,PGC)转向了用户原创内容(User Generated Content,UGC),这无疑让短视频的数量随之剧增,各类短视频平台如雨后春笋般纷纷涌现。

(三)成长期:短视频行业爆发

2016年是短视频行业迎来井喷式爆发的一年,各大公司合力完成了超过30笔的资金运作,短视频市场的融资金额更是高达50亿元。随着资本的涌入,各类短视频App数量激增,用户的媒介使用习惯逐渐形成,平台和用户对优质内容的需求不断增大。

2016 年 9 月,抖音上线,其最初是一个面向年轻人的音乐短视频社区。2017 年,抖音进入迅速发展期,而快手在 2017 年 11 月的日活跃用户数超过 1 亿。

伴随着更多独具特色的短视频 App 的出现,短视频创作者纷纷涌入,短视频市场开始向精细化和垂直化发展。此时,主打新闻资讯的短视频平台开始出现并急速增长,如《南方周末》的"南瓜视业"、《新京报》的"我们视频"、界面新闻的"箭厂"等。在短视频的成长期,内容价值成为支撑短视频行业持续发展的主要动力。

(四)成熟期:短视频行业发展趋于稳定

2018 年,快手、抖音、美拍相继推出商业平台,短视频的产业链条逐步形成。而后平台方和内容方不断丰富细分,用户数量大增的同时商业化成为短视频平台追逐的目标。但随着以抖音、快手为代表的短视频平台月活用户环比增长率出现下降,用户红利逐步减弱。如何在商业变现模式、内容审核、垂直领域、分发渠道等领域更为成熟,成为短视频行业发展的新目标。

(五)突破期:多元化发展提升用户体验

随着 5G 技术的发展和增强现实(Augmented Reality,AR)技术、虚拟现实(Virtual Reality,VR)技术、无人机拍摄、全景技术等短视频拍摄技术的日益成熟及应用,短视频为用户呈现出越来越好的视觉体验,有力地促进了短视频行业的发展。

1."短视频+"模式逐渐成熟并走向正轨

"短视频+直播""短视频+电商"成为短视频发展的全新赛道。5G 技术的应用,促使"短视频+社交"成为用户的一种新社交方式。

2.短视频变现模式呈现多元化发展趋势

短视频内容越来越垂直化、专业化,其变现模式呈现多元化发展趋势。综合的短视频平台如秒拍、西瓜视频等,采用"频道+关注"形式分流。美拍、小红书上 70% 的用户为女性用户,它们成为美妆、服装、母婴等细分领域的主流平台。

3.短视频与长视频融合发展

短视频"变长",长视频"变短"已经成为当下各视频平台探索的新方向,以抖音、快手为首的短视频平台开始进军长视频领域。

5G 到来后,长短视频的交织更加密切,没有严格意义区分的长视频平台与短视频平台,都是视频平台,每一家平台都围绕自身的用户垂直深耕,利用 5G 带来的技术优势,打造属于自身的内容壁垒。

三、新媒体短视频行业产业链

随着短视频用户规模的不断攀升,目前短视频行业形成了庞大的产业链。短视频的产业链主要分为内容生产端、内容分发端和用户端,其中内容生产端和内容分发端是核心。

(一)内容生产端

内容生产端有多种内容生产方式,如用户原创内容(UGC)、专业生产内容(PGC)和专业用户生产内容(Professional User Generated Content,PUGC)。

UGC主要指普通用户自主创作并上传的内容,其特点是成本低、制作简单,具有很强的社交属性,但商业价值低。UGC可以提升用户活跃度和黏性,但普通用户的创作大多以搞笑娱乐或日常生活为主题,类型比较单一,且内容质量无法得到保证。

PGC生产者具备专业的知识和资质,主要包括垂直领域的专家、传统媒体从业者、自媒体团队和专业的娱乐影视团队等,他们的专业水平保证了短视频的质量,同时丰富了各垂直领域的短视频内容,占据了越来越多的流量。

这里所说的专业用户是指拥有"粉丝"基础的"网红",或者拥有某一领域专业知识的关键意见领袖(Key Opinion Leader,KOL)。这类短视频内容生产方式的特点是成本较低,但有人气基础,其内容的商业价值高。

(二)内容分发端

内容分发端主要包括内嵌短视频的综合平台、垂直短视频平台和传统视频平台。

内嵌短视频的综合平台,主要是社交平台或资讯平台,自身用户体量巨大,如微信、微博、今日头条等。

垂直短视频平台,内容丰富多样,侧重个性化推荐,如抖音、快手、美拍、西瓜视频等。

传统视频平台已有大量的视频用户,起点高,如爱奇艺、腾讯视频、优酷视频等。

综合来看,短视频行业产业链的特征如下:

1.短视频行业主体呈"金字塔"形态

UGC内容十分丰富,但大多是用户自娱自乐,内容质量难以保障,商业价值低,处于"金字塔"底端;而PGC和PUGC创作的内容质量大多比较精良,商业价值高,处于"金字塔"中端;而处于"金字塔"顶端的是多频道网络服务(Multi-Channel Network,MCN)机构,它们聚合了绝大多数头部优质的创作者,利用专业化团队帮助创作者宣传和变现,同时孵化新的头部创作者,吸引众多平台争相与其合作。

2.短视频平台发展细分化、专业化

综合平台布局短视频的目的是利用短视频的特性增强平台自身的用户黏性,促进平台自身跟进短视频趋势。传统视频平台的内容多为长视频,无法满足现今用户的需求,通过布局短视频用碎片化的观看方式来弥补长视频在这方面的不足,并迎合各类用户的兴趣点。

垂直短视频平台致力于专业化探索,其生产模式渐成体系化,首先是以UGC内容为核心,PUGC和PGC内容作为重要补充,吸引更多的内容创作者和观看者,这类模式以快手较为典型;其次是以PUGC和PGC作为核心,以UGC作为补充,通过高质量的内容分发来保证平台流量,如抖音、快手。这两种内容生产模式促进了视频内容的细分化,目前已经形成娱乐、音乐、社会、科技、财经、游戏、母婴、美食、动漫、美妆等内容细分体系。

四、推动新媒体短视频发展的因素

新媒体短视频之所以能够获得"快生长",是因为它更契合用户对内容消费的需求,其传播方式极大地适应了用户碎片化的生活方式。同时,短视频制作的低门槛让更多的用户参

与其中,许多短视频的用户同时也是短视频的创作者,这极大地释放了短视频的生产力。推动新媒体短视频发展的因素主要包括以下两个方面:

(一)符合用户对内容消费的需求

用户对内容消费的需求可以细分为 4 个方面,即快餐化消费、寻求消费指导、获取新闻资讯、进行深度阅读,而短视频恰好契合了用户对内容消费的细分需求。

1. 快餐化消费

短视频能够让用户充分利用碎片化时间直观、生动、便捷地获取信息,从而降低了获取信息的时间成本。在移动互联网时代,短视频以其短小精悍、生动有趣的特点,迅速赢得了广大用户的喜爱,从而得以飞速发展。

2. 寻求消费指导

现在人们不管做什么、买什么,不再单纯地依靠搜索引擎寻找指导和攻略,还会从短视频平台搜寻信息,在吃、穿、住、行各个方面寻求消费指导。例如,通过美食类短视频学习各种美食的制作技巧,通过时尚类短视频学习穿衣打扮,提升个人形象和魅力等。利用这类短视频,用户可以对一些产品的基本信息、优惠信息及购买价值等有一个基本的了解,从而决定是否消费。

3. 获取新闻资讯

新闻资讯几乎是所有用户的需求,与其他内容形式相比,短视频不仅直观、明了,而且更加生动。

4. 进行深度阅读

知识内容视频化同样是用户的需求,一些用户观看短视频并不只是为了娱乐消遣,而是想通过深度学习来提升自我。

抖音横空出世时,娱乐类内容大行其道,但由于同质化严重,造成了用户不同程度的审美疲劳,而用户不满足于单纯的娱乐消费,更希望通过短视频获得有深度、有价值的内容,所以能够满足这种深度学习需求的知识类短视频越来越多。例如,知乎作为头部知识内容社区,专门上线了短视频专区,以满足用户对深度学习及碎片化学习的需求。

(二)互联网智能技术的助推

除了短视频内容契合用户的消费需求外,网络通信技术与推荐算法也是助推短视频发展的重要因素。

1. 网络通信技术

在互联网时代,短视频是水到渠成的产物,它符合互联网表达方式的演进规律,其迅猛发展的基础是移动互联网通信技术的发展。技术的升级可以不断丰富沟通的方式,为沟通的双方建立更好的沟通场景。

5G 时代的传输效率更高,不仅可以让用户体验到时延更短、不卡顿、高清晰的视频,还可以让用户享受 4K、8K 的高清晰视频,全息投影 AR、虚拟现实 VR 带来的沉浸式的互动视频。

2. 智能算法

智能算法即计算机通过一些数学算法,推测出用户可能喜欢的内容。计算机在推荐之前会对用户画像和用户行为进行分析,准确判断用户的喜好,然后选出用户最可能感兴趣的内容。

利用智能算法进行个性化推荐是短视频平台的核心竞争力,它可以提升用户的沉浸感。但如果智能算法不够成熟,难以形成精准的用户画像,它在为用户匹配内容时就会出现偏差,而推送不恰当的内容,这既不利于提升用户在观看短视频过程中的沉浸感,也不利于增强用户的黏性。

五、新媒体短视频的创作流程

一个完整的新媒体短视频的创作流程大致分为以下几个步骤:

(一)确定选题

新媒体短视频的创作关键是确定选题,选题决定内容的深度、广度、受欢迎的程度,以及会不会引发"病毒"性传播。选题环节考验的是创作者的创意表达能力,以及对热点、用户喜好等方面的敏锐度。

长期而言,选题需要创作者有良好的知识、创意积累,是一项需要投入精力的难度大的工作。优秀的选题通常新颖、有创意,独树一帜,如"四平警事""柴来了"等,其创意很难被模仿,他人只能学习创作思路和创意点。

短视频选题必须要注重用户体验,以用户为中心,优先考虑用户的喜好和需求,并投其所好,才能创作出受欢迎的短视频。例如,抖音账号"疯狂小杨哥"粉丝众多,其短视频作品获得了几十万个赞,作品内容从家庭短剧切入,走亲情路线,主要围绕家庭关系展开一家人有趣的日常生活,广受人们的欢迎。

(二)策划内容

确定选题之后,创作者就要策划短视频的具体内容,每一集主题风格的设定、内容环节的设计、视频时长的把控、脚本的编写,这些都需要在视频拍摄前期策划好,这也是视频创作中的核心环节,决定着短视频的灵魂。创作者在策划短视频内容时,要充分发挥创造力和想象力,通过演绎故事、渲染情感、借助热点等方式,激发用户的共鸣,触动用户痛点,打造出有价值、有深度、传播力强的优质作品。

短视频创作者如果处于刚起步阶段,可以结合自己的想法考虑采用什么样的展示方式来表达。如果实在没有思路,可以参考一些优秀的短视频作品,或者收集用户的想法,挖掘一些可以运用的点进行内容策划。如果有成熟的制作团队,就需要团队策划人员共同参与策划,不断优化和创新,完成高质量的作品。

(三)拍摄剪辑

拍摄短视频前,创作者需要准备好拍摄器材。适合拍短视频的器材包括手机、单反相机、微单相机、迷你摄像机、专业摄像机等,还有一些辅助性工具,如三脚架、遮光板、各种相机镜头等。创作者还要考虑好拍摄表达手法与场景、机位的摆放切换、灯光位的布置、收音系统的配置等。待一切准备工作就绪,就可以进行拍摄了。

拍摄完成拿到第一手素材后,就要进入剪辑环节。创作者可以根据自己的水平选择合适的剪辑工具,如选择剪映、小影、爱剪辑、Premiere 等进行视频剪辑。

(四)发布运营

一个经过周密策划、精心拍摄、精良制作的优质作品,虽然具有很好的爆款潜力,但是如果没有好的投放渠道和运营方案,也许只能达到播放量还不错的效果,并不会被引爆,成为网络上人们争相观看和转发的内容。

短视频制作完成后,创作者需要考虑将其投放到适合的渠道平台上,以获得更多的流量曝光。创作者需要根据产品类型来确定投放时间及频次,把握好节奏,并及时地把短视频推到"点"上,这是非常关键的。创作者要熟知各个平台的推荐规则,还要积极寻求商业合作、互推合作等来拓宽短视频的曝光渠道,增大流量。

将短视频推送出去之后,创作者要及时跟进各个平台的数据,还要和粉丝进行互动,查看粉丝的评论和反馈,引导粉丝参与内容建设并形成黏性。创作者要有好的运营思路,学会数据分析,通过复盘把经验变成能力。

(五)商业变现

当创作的短视频依靠优质的内容和有效的运营推广积累起足够的人气时,创作者就要考虑商业变现了。如果投入大量精力和成本运营短视频而无法获得收益,不仅会挫伤创作者创作的积极性,还会因缺少资金的支持而难以为继。

如今,越来越多把握媒体发展方向的人将发展方向转向短视频领域,短视频已成为流量的集中地。短视频的变现方式也越来越多,如广告变现、电商变现、直播变现、课程变现、咨询变现、IP 变现等。

短视频的创作并不是一定要一切准备就绪才开始,简单的一部手机、一个摄像头,就可以完成前期准备,最重要的是创作者要敢于踏出第一步,跨越从 0 到 1 的过程,大胆地拍,不断地试错,逐渐厘清自己的思路,创作出优质的短视频,运营好高互动氛围的粉丝社区,这是提升 IP 价值的基础。

六、爆款短视频的共性特征

爆款短视频必定是主题鲜明、内容有价值的作品。爆款短视频通常具备以下共性特征:

(一)标题新颖

广告大师奥格威在其《一个广告人的自白》中提到,用户是否会打开文案,80% 取决于标题。同样,对于短视频来说,标题是最先给用户留下印象的,标题是否有创意、是否吸引人非常关键,短视频的标题是影响短视频播放率的重要因素。新颖、有创意的标题不仅能激发观众的认同感,吸引观众的探索兴趣,提高短视频的播放率,还能引发评论区热议,提高互动率。

(二)内容优质

能够吸引用户观看的短视频内容通常具有以下两个特点:

1.用户能够从中获取有价值的内容

创作有价值的内容需要把握3个方面:要具象、有结论、可执行。要具象,即内容不能空洞、抽象,要切中用户内心的痛点,针对用户遇到的具体问题进行解答;有结论,即创作知识类内容时,要用结论式观点来描述,为自己树立专业、权威的形象,以赢得用户的信任;可执行,即创作的内容不仅要提供有价值的思想、知识,还要让用户能够直接拿来应用到实际工作和生活中。

2.用户能够从中获得情感共鸣

内容表达的思想要能够引发用户相同的精神感受。例如,一位女性创作者在发布的短视频中记录了自己离异后和孩子一起生活的情景,当自己遇到困难后抒发内心的感受时,禁不住痛哭流涕,诉说生活的艰辛。这条短视频得到了很多网友的点赞、评论与转发,原因是有很多人对她的诉说产生了共鸣。

(三)配乐优美

配乐是短视频作品中一个重要的元素,起着不可替代的作用。在短视频制作过程中,创作者要准确把握短视频背景配乐的节奏感。背景配乐决定着短视频的整体风格,短视频是以视、听来表达内容的形式,而配乐作为"听"的元素,能够增强短视频在屏幕前给用户传递信息的力量。恰到好处的配乐能够增强短视频的表现力,带给用户听觉上的享受。

(四)画质清晰

视频画质的清晰程度决定着用户观看视频的体验感。清晰的视频画质能够给用户带来舒适的视觉享受,从而使短视频获得更多用户的关注。很多受欢迎的短视频,其画质就像电影"大片"一样,清晰度非常高。这一方面取决于拍摄硬件设备;另一方面取决于视频制作后期的编辑工具。

(五)整体精致

多方面、全角度优化短视频能够提升短视频的整体价值,专业的短视频创作团队都会在编剧、表演、拍摄和后期制作等方面精雕细琢,从而打造出颇具创意、与众不同、更具核心竞争力的短视频。精品化是短视频发展的必然趋势。随着短视频行业竞争越来越激烈,短视频的制作门槛越来越高,这就需要短视频创作者不断提升自己的能力,拍摄和制作出质量更加精良的短视频。

📖【知识链接】

UGC 与 PGC 交锋:非遗短视频传播

1."短视频"平台的巨大优势

传播学家梅洛维茨在《空间感的失落:电子传播媒介对社会行为的影响》一书中,将麦克卢汉的媒介理论和戈夫曼的情境理论相结合,提出了媒介情境论。他认为,媒介的变化必然导致社会环境的变化,而社会环境的变化又必然导致人类行为的变化,即新媒介会带来新情境,而新情境又会带来新行为。马克·波斯特的《第二媒介时代》以互联网的产生为分界线将大众媒介分为"第一媒介时代"和"第二媒介时代"。"第二媒介时代"这一新情境基于互联网产生了利用计算机网络、无线通信网等渠道,以及计算机、手机等终端,向用户提供信息和服务的传播形态。这些传播形态表现为网络电视、播客、短视频等各种电子新媒介。

在这一新情境下,正如中国人民大学喻国明教授所说:"一方面是传统媒介传播市场的份额在不断收缩,其话语权威和传播效能在不断降低;另一方面则是新兴媒介的勃兴与活跃、传播通路的激增、海量信息的堆积以及表达意见的莫衷一是,这便是现阶段传播力量构建所面对的社会语境。"这代表了精英对话语权的垄断逐渐被打破,普通受众被赋予信息生产的权利,其能够在网络开放空间中自由地表达观点,分享生活,传播文化,交流知识。

短视频,以其低门槛、低成本、时间短、内容丰富、形式多元等极其贴合"第二媒介时代"下新行为的特点,在众多新媒介中脱颖而出,并得到迅速发展。中国互联网络信息中心(CNNIC)在京发布第51次《中国互联网络发展状况统计报告》显示,截至2022年12月,我国网络视频(含短视频)用户规模达10.31亿,较2021年12月增长5 586万,占网民整体的96.5%。其中,短视频用户规模达10.12亿,较2021年12月增长7 770万,占网民整体的94.8%。由此可知,短视频已然成为全民化的应用,是向全民进行文化宣传的重要平台。

2. 两种内容生产模式

根据内容生产者可以将内容生产模式分为两种类型:UGC模式和PGC模式。大多数的平台和赛道都可以据此对内容生产进行分类。UGC模式即用户生产内容(User Generated Content),无论是谁,只要注册账号都可以在平台发布内容。人人都能进行创作,使得UGC拥有创作门槛低、内容个性化、可输出的内容基础庞大等优势,同时,内容质量参差不齐、用户黏性差成为它的劣势。PGC模式即专业生产内容(Professionally Generated Content),其内容大多是由具备专业内容生产能力及知识的专业人员创作。内容专业、变现容易、产出内容稳定是其优势,但门槛较高,创作者相对较少,在多样性以及新鲜度方面比较薄弱。

3. 案例分析

"非遗来了"是广电节目衍生的短视频账号。该账号视频在策划制作以及具体的内容呈现上都具有较高专业水准。在内容上,它依托上海广播电台的强大资源与众多非遗传承人合作。在形式上,它具有竖屏、清晰、短时、高效等符合优质短视频的特点。

"非遗发布"是光明网非遗栏目的衍生短视频账号。其定位与"非遗来了"账号相似,但其专业水准却无法与"非遗来了"相提并论。据统计,截至目前,"非遗发布"共发布视频98条,最高单条获赞2 146个。其视频内容较为杂乱,清晰度与脚本设计等方面都与优质视频相差较远。

"奉小布讲非遗"是宁波市奉化区非遗保护中心官方账号。作为地方非遗机构号,"奉小布讲非遗"设计了独特的动画IP"奉小布",形象为笑面小和尚。每期视频首尾,"奉小布"都会以第一人称对视频进行引入与总结。视频中真实影像穿插动画讲解,增加了视频趣味性的同时,加强了观众的记忆点。

套用这两种模式的特点,可将官方非遗账号分为UGC模式和PGC模式两种类型。

4. 竞争中的两种发展路径

在短视频出现之初,普通人对日常生活的记录分享占绝大部分,UGC模式是短视频的创作主流。这股新兴热潮席卷了商业、教育等诸多领域。短短几年内,短视频市场就已经趋于饱和,并朝着越来越卷的方向发展。如今的"高分选手"过多,官方非遗短视频要想在众多短视频中脱颖而出非常困难。

"高分"视频层出不穷提高了用户对短视频作品的期待。人们不仅要"看",还要"看得好",即在内容上要新颖独特,在视听上要流畅清晰,在内涵上勿过于浅薄或过于深奥。任意指标上的缺陷都可能成为用户"划过"的理由。

值得注意的是,随着短视频的饱和,账号所面临的竞争不再只是自己领域的单一赛道,而是全平台的各类视频。由于观看者的需求是多元且不定的,因此视频之间的替代性往往不会局限于同一领域。例如,当观看者刷到一条不感兴趣的美食类视频时,通常会观看下一条随机视频,无论下一条视频是不是美食类。也就是说,某条非遗类视频的优劣并不只是非遗视频圈子内部的问题,不是"此非遗"会被"彼非遗"替代的问题,而是非遗视频这一整体会被其他领域挤占的问题。

（资料来源：李晓菊. PGC+UGC 模式在新闻报道中的应用探析 [J]. 中国报业, 2023（11）：72-73.）

第二节　主流新媒体短视频平台

随着短视频行业的持续发展,短视频已经成为新媒体的重要流量入口和发展风口,还催生出了一大批短视频平台。目前,主流短视频平台有抖音、快手、秒拍、西瓜视频、小红书、哔哩哔哩、微信视频号等。

一、抖音

抖音隶属于北京字节跳动科技有限公司,最开始是一款音乐创意短视频社交软件。该软件于 2016 年 9 月上线,最初定位为年轻人记录美好生活的音乐短视频平台,用户可以自由选择背景歌曲,拍摄原创短视频。

目前,除了最基本的浏览视频、录制视频功能以外,为了避免用户刷短视频时出现"审美疲劳"现象,抖音还推出了直播、电商、抖音付费等功能,不断探索新的商业模式。2020 年 8 月,抖音日活跃用户数突破 6 亿,标志着其成为高流量的互联网头部平台之一,自身品牌影响力更大。

抖音的成长历程非常具有代表性,它在初期邀请了一批音乐短视频领域的 KOL 入驻平台,这些 KOL 带来了大量的流量,为抖音赢得了第一波核心用户。之后通过内容转型、开启国际化进程,抖音进一步扩大用户群体,一跃成为当下受用户追捧的短视频社交平台之一。

在目标用户方面,抖音以新生代用户为目标,及时把握目标用户的需求偏好,对不同年龄段的人进行归类分析,选出短视频主流板块,不断"下沉"连接多层次用户,吸引大量腰部和底部用户的目光,将抖音打造成为"老少皆宜"的娱乐化社交平台。

抖音平台基于用户的年轻化属性特征——热爱音乐、偏爱潮流、具有强烈的社交需求和表达欲望,抖音的视频内容更潮,如音乐唱跳、特色贴纸、热搜和热门话题等。

抖音短视频的产品设计具有以下特点：

①抖音采取霸屏阅读模式,降低了用户注意力被打断的概率。

②抖音没有时间提示,用户在观看视频时很容易忽略时间的流逝。

③抖音的默认打开方式是进入"推荐"页面,只需用手指轻轻一划,就可以播放下一条视频,用户的不确定感更强,这更吸引用户观看,从而打造沉浸式的娱乐体验。

二、快手

快手是北京快手科技有限公司旗下的短视频软件,创建于 2011 年 3 月,最初是用于制作和分享 GIF 图片的一款手机应用。2012 年 11 月,快手从纯粹的工具应用转型为短视频社区,定位是记录和分享大家生活的平台。2014 年 11 月,正式更名为"快手"。2019 年 7 月,快手向部分用户开放了 5 ~ 10 min 的视频录制时长限制。2020 年年初,快手日活跃用户数突破 3 亿。

2021 年 2 月 5 日,快手作为"短视频第一股"在香港上市,并举行了上市仪式,快手成为中国第五大上市的互联网公司,仅居腾讯、阿里、美团、拼多多之后。快手作为国内领先的去中心化短视频/直播内容社区,当前正处于商业化加速期。

快手在发展过程中,并没有采取以知名艺人和 KOL 为中心的战略,没有将资源向粉丝较多的用户倾斜,也没有设计级别图标对用户进行分类,其目的是让平台上的所有人都敢于表达自我,强调人人平等,是一个面向普通用户的产品。

快手依靠短视频社区自身的用户和内容运营,致力于打造社区文化氛围,依靠社区内容的自发传播,促使用户数量不断增长。快手满足了普通人群表达自我的需求,是一个为普通人提供记录和分享生活渠道的短视频平台。快手坚持不对某一特定人群进行运营,也不对短视频内容进行栏目分类,不对创作者进行级别分类。

为了方便用户发布更多的原生态内容,快手的设计以简单、清爽为主,使用户更专注于内容。在快手平台上发布短视频的用户及其作品,都有可能在"发现"页面获得展示的机会,即使是刚注册的新用户也不例外。用户发布的短视频获得的点赞越多,被选中推荐的概率就越大。

快手会在一个屏幕里呈现很多视频,用户对内容的兴趣指向更加精准。快手知道用户的兴趣偏好在哪里,兴趣的算法更加精准。快手的内容更丰富,整体内容更长尾,人格化更强。快手平台强调的是通过产品搭建和推荐算法逻辑打造一种平等普惠的社区调性,属性偏私域流量,快手多年来培育的社区氛围,能更好地调动用户之间的关注与互动,用户黏性和信任度高。

三、秒拍

秒拍是由炫一下(北京)科技有限公司开发和发布的集观看、拍摄、剪辑、分享于一体的短视频聚合平台和高质量短视频社区。秒拍在 2014 年全新上线后,就获得了"文艺摄影师"的称号,风格偏向于文化和潮流。

秒拍发展初期,在各大短视频平台中视频时长最短,其核心功能定位为简单易用的短视频拍摄编辑工具。不过从产品开发至今,秒拍从基本的工具属性延伸出了更多的社交属性和媒体属性,成为一个专注媒体类短视频的平台。与微博进行合作后,秒拍视频可以直接在该平台上进行播放,这在很大程度上增加了与其他同类短视频平台之间的竞争力。秒拍与微博之间构建了一个"媒体+社交"的生态圈。

如今,新升级的秒拍实现了图片和视频合一,可以满足用户不同的信息获取需求。秒拍还实现了横屏和竖屏合一,横屏适合品牌官方 PGC 内容,竖屏适合 UGC 内容,加上秒拍在 MCN 机构合作上的率先耕耘,让品牌商们在秒拍上做营销有了更多的选择。

四、西瓜视频

西瓜视频是北京字节跳动科技有限公司旗下的个性化推荐短视频平台,由今日头条孵化而来。2016 年 5 月,西瓜视频的前身头条视频正式上线,通过投巨资扶持短视频创作者,经过一年的发展,其用户数量就突破 1 亿,并在 2017 年 6 月 8 日正式升级为西瓜视频。

西瓜视频拥有众多垂直分类,专业程度较高。在西瓜视频上,95% 以上的内容属于职业生产内容(Occupationally Generated Content,OGC)和 PGC。该平台采用人工智能精准匹配内容与用户兴趣,致力于成为"最懂你"的短视频平台。

西瓜视频的本质是一款信息流资讯软件。创作者为西瓜视频平台提供内容,同时获得收入分成;广告商为西瓜视频提供收入,同时获得流量;用户为西瓜视频提供流量,同时获得内容。三者形成一个闭环,彼此赋能并推动彼此增长。

西瓜视频不仅具有优质、高效的短视频,还有内容更专业、丰富,传达的信息更体系化的长视频。西瓜视频有一套成熟的培训体系,能够提供定期的技能培训,帮助创作者快速在西瓜视频成为专业的内容生产者。此外,西瓜视频有利好的政策扶持(如平台分成),能够帮助短视频创业者实现商业变现。

五、小红书

在小红书,用户通过文字、图片、视频笔记的分享,记录了这个时代的正能量和美好生活,小红书通过机器学习对海量信息和用户进行精准、高效匹配。2020 年,小红书已经成为中国市场广告价值较高的数字媒介平台。

小红书生活方式社区运营方向是通过用户"线上分享"消费体验,引发"社区互动",并推动其他用户"线下消费",反过来又推动更多用户"线上分享",最终形成一个正循环。小红书以内部商业闭环("种草"笔记、"带货"直播、小红书商城)为核心,发展更加开放的平台内部、外部双循环。这不仅有利于小红书平台的发展,也能更好地满足小红书用户和品牌商家的多样化需求。

六、哔哩哔哩

哔哩哔哩(bilibili)源于垂直细分下的二次元领域,逐渐发展成为多领域的短视频和长视频综合平台。截至 2020 年 8 月,哔哩哔哩月均活跃用户数首次突破 2 亿,其中大部分用户年龄在 25 岁以下,成为年轻人的潮流文化娱乐社区。

用户通过注册哔哩哔哩可以成为注册用户,但要想成为正式会员需要通过答题考试。这是故意设置障碍引起用户兴趣,让用户获得身份认同感。同时,这种过滤机制屏蔽了很多跟平台不匹配的用户,留下的都是平台的忠实用户。

哔哩哔哩的用户群体以"90 后""00 后"为主,他们具有文化自信、道德自律和知识素养。这样的用户群体使哔哩哔哩与其他视频网站存在巨大的差异。哔哩哔哩吸引用户的是高质量的 UP 主(即上传发布视频的人)创作的视频和良好互动的社区氛围,而一般视频网站用户可能只是因为某部剧、某些视频才去充值或登录观看。

如果用一个词来形容哔哩哔哩用户,那就是兴趣。在哔哩哔哩上,用户可以找到与自己志同道合的人,并且以相同的兴趣爱好交织在一起,以视频的信息载体加深彼此的关系。哔哩哔哩还引入了很多知名媒体,也有一些知识界的"大 V",如罗翔,他通过讲法律来吸引更多不同年龄层的用户。现在,哔哩哔哩已经真正成为一个以兴趣、爱好结交朋友的视频社区。

七、微信视频号

微信视频号是 2020 年 1 月 22 日腾讯公司官微正式宣布开启内测的平台。微信视频号不同于订阅号、服务号,它是一个全新的内容记录与创作平台,也是一个了解他人、了解世界的窗口。视频号的位置放在微信的发现页内,就在朋友圈入口的下方。

视频号支持点赞、评论进行互动,可以转发到朋友圈、聊天场景,与好友分享。

2023 年 1 月 10 日,在 2023 微信公开课 PRO 上,视频号团队介绍,2022 年总用户使用时长已经超过朋友圈总用户使用时长的 80%。视频号直播的看播时长增长 156%,直播带货销售额增长 800%。

2023 年 4 月 7 日,据微信公开课消息,微信视频号创作分成计划正式上线。

视频号内容以图片和视频为主,可以发布长度不超过 1 min 的视频,或者不超过 9 张的图片,还能带上文字和公众号文章链接,而且不需要 PC 端后台,可以直接在手机上发布。

第三节　打造高质量短视频的设备

对于短视频拍摄者来说,选好拍摄设备对短视频的拍摄质量有着直接的影响。

一、常用的短视频拍摄设备

目前,常用的短视频拍摄设备有智能手机、单反相机、运动相机及航拍无人机等。在选择拍摄设备时,拍摄者可以根据器材功能或要拍摄的视频题材进行选择。

（一）智能手机

对于现在主流的短视频平台来说，当前市面上的旗舰手机已经完全可以胜任一般的拍摄需求。随着智能手机的普及以及手机摄像头技术的发展，手机上的摄像头已经从原来的单摄发展为双摄、三摄，多倍光学变焦模式，手机的拍摄性能越来越强大。

一般情况下，iPhone Pro 系列，华为的 P、Mate 系列手机都可以兼任拍摄的重任。

（二）单反相机

单反相机（图 10-1）不只用于摄影，其视频拍摄功能也很强大。与手机相比，单反相机在拍摄视频方面有着很大的优势。单反相机的感光元件要比手机的感光元件大很多，更大的感光元件意味着更高的像素、更广的动态范围及更好的感光能力。可以这样说，感光元件决定了画面的质量，在成像上单反相机可以拍摄出更优质的视频画面，高光处和阴影

图 10-1　索尼 A7M4 单反相机

处的细节都能如实地反映出来，使画面更加细腻，画质更具观赏性。

单反相机的镜头光圈可以给视频画面带来不同的景深效果，也就是背景虚化。光圈越大，背景虚化效果越强，拍摄主体就越突出。虽然手机也提供了一些大光圈的摄像头来实现背景虚化效果，但其虚化效果和专业单反镜头相比有较大差距。

（三）运动相机

随着拍摄要求越来越高，各种相机产品不断地改进创新。在动态拍摄的需求下，运动相机应运而生，如图 10-2 所示。运动相机是一种便携式的小型防尘、防震、防水相机，拍摄出来的画面视野更广。运动相机的配件很丰富，如自行车支架、遥控手表、头盔底座等，解决了很多在户外场景中无法常规拍摄的问题。

图 10-2　大疆 ACTION 4 运动相机

(四)航拍无人机

航拍无人机(图10-3)主要用于从高空俯拍一些广阔的场景,可以让人们从一个新的角度来观察周围的世界。国内无人机做得比较好的品牌有大疆、道通等品牌,可以实现6 km远的图传,4级风抗,完全可以满足一般的视频拍摄任务。

图10-3 航拍无人机

二、常用的短视频拍摄辅助设备

要想拍摄出具有专业水准的短视频作品,还需要利用一些辅助设备来帮助实现拍摄目的。常用的短视频拍摄辅助设备包括稳定设备、录音设备、补光设备等。

(一)稳定设备

画面稳定是拍摄短视频最基本的要求,长期观看晃动幅度较大的画面容易让人产生晕眩感和不适感。可用于拍摄短视频的稳定设备主要有三脚架、滑轨、手持稳定器等。

1.三脚架

三脚架由可伸缩的支架和云台等组成,如图10-4所示。脚架管脚的节数大多数是三段或四段,通常来说,节数越少,稳定性越好。云台用于将手机或单反相机固定到三脚架上,一般由快装板和水平仪组成,可以完成一些诸如推拉升降镜头的动作,从而提升视频画质,更好地完成拍摄任务。有的三脚架还具有扩展功能,如支持安装补光灯、机位架等。

图10-4 三脚架

除了常规的伸缩型三脚架,市面上还有许多颇具创意的便携型支架,如手机八爪鱼支架,小巧轻便,便于携带,具有可以随意弯曲的支架腿,可以缠绕在物体上进行拍摄。

2. 滑轨

使用滑轨可以拍摄左右或前后移动的运镜效果,滑轨包括电动滑轨和手动滑轨。电动滑轨可以让移动的视频画面更加匀速、稳定,还可以通过 App 来设置运动轨迹。滑轨常常与三脚架配合使用,常用的滑轨拍摄方式包括平移、推拉、倾斜旋转、俯拍、升降、模拟摇臂等,如图 10-5 所示。

图 10-5 滑轨

3. 手持稳定器

使用三脚架可以保持相机静止时的稳定,但在拍摄动态视频时,就需要手持稳定器了。手持稳定器能够抵消相机原有的运动,从而保持相对静止和稳定。手持稳定器不仅可以防止手抖带来的画面抖动,还具有精准的目标跟踪拍摄功能,能够跟踪锁定人脸及其他目标拍摄对象,让动态画面的每一个镜头都流畅、清晰。另外,手持稳定器支持运动延时、全景拍摄和延时拍摄等,能够满足拍摄者对视频拍摄的较高要求。

手持稳定器的类型主要有手机稳定器和相机稳定器两种,如图 10-6 和图 10-7 所示。手机稳定器有大疆 OsmoMobile SE、智云 Smooth5S 等产品。相机稳定器的种类更丰富一些,一般是按照相机的质量来分类。架设相机的质量不同,稳定器的体积、质量和相关配置有很大的差异。

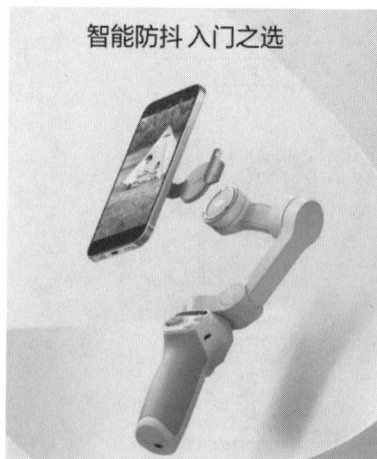

图 10-6 手机稳定器

图 10-7 相机稳定器

（二）拾音设备

声音是短视频的重要组成部分,拍摄者在录制短视频时,不仅要考虑后期对声音的处理,还要做好同期声音的录制工作。如果使用手机或相机自带的话筒录制声音,音质难以得到保证,后期处理起来比较麻烦。如果拍摄者想提高拾音的质量,就需要使用外置话筒等拾音设备,如图 10-8 所示。

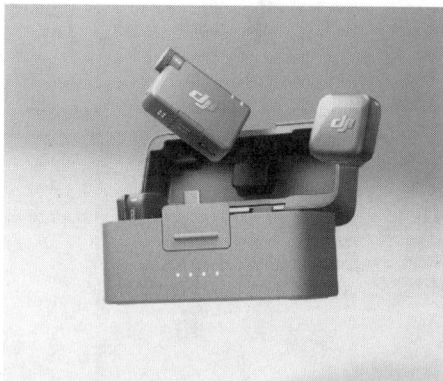

图 10-8　拾音设备

（三）补光设备

在拍摄短视频的过程中,有很多需要用到补光灯的场景。一般来说,如果被摄物体需要光线,并且距离比较近,可以尝试使用闪光灯。对于大部分手机来说,手机的相机和闪光灯是同时工作的,但一部手机正在拍摄时,也可以使用另外一部手机的闪光灯进行打光。这种搭配相当于外置闪光灯,虽然不能连闪,但如果使用得当也能得到不错的光线效果。

在短视频拍摄中,常用的补光设备一般分为三大类:闪光灯、LED 补光灯和反光板。

1. 闪光灯

闪光灯可以直接插在相机顶上的热靴接座上,灯头可变焦调整照射范围,还可通过灯头自带或外接的控光附件进一步控制光效,如图 10-9 所示。该灯的优点是方便灵活,可用于快速跟拍,使用成本相对低。

图 10-9　热靴灯

2. LED 补光灯

LED 补光灯相对闪光灯而言亮度要弱一些,但 LED 亮度稳定,一些高端的 LED 补光灯还可以实现稳定的可调色温,可以胜任人像、静物、微距的拍摄。LED 补光灯大致可以分为便携 LED 灯、手持 LED 灯和影视专业 LED 灯,如图 10-10 所示选择 LED 补光灯时,主要看 LED 的显色性是否准确,是否能够调整色温,以及 LED 的亮度是否够用等。

图 10-10　不同类型的补光灯

3. 反光板

反光板(图 10-11)是利用自然光的反射对被摄主体进行补光,多用于对人像和静物的拍摄。反光板可以复制主要光源,通常用于与被摄主体保持较远距离或日光微弱等情况,其在室外可以起到辅助照明的作用,有时也可作为主光源。

图 10-11　反光板

第四节 短视频商业价值变现

运营短视频的最终目的就是变现,以实现短视频的商业价值,流量变现是非常重要且关键的环节。通过变现实现短视频的商业价值,不仅能激发短视频创作者的创造热情和积极性,为其提供全方位的资金支持,还能开创内容创作新高度,满足用户多样化、深层次的需求。随着短视频的快速发展,其商业变现模式变得更加多元化和灵活化。

一、广告变现

广告变现是短视频变现的常用方法,也是直接、高效的变现方式。当短视频有了一定的播放量,短视频账号有了一定的粉丝量时,广告主会主动联系短视频创作者,这时短视频创作者就可以考虑拍摄广告类短视频,以达到变现的目的。目前,在短视频行业,广告变现的常见类型有植入广告。

植入广告是在短视频内容中插入商家的商品或服务信息,使广告和短视频内容相结合,在潜移默化中达到广告营销的目的。这类广告对内容、商品或品牌信息的契合度有着较高的要求。

植入广告的类型有很多,包括台词植入、剧情植入、场景植入、道具植入、奖品植入和音效植入等。植入广告是一种软广告的形式,这种广告多采取故事化叙事的模式,模糊了广告与内容的界限,达到"润物细无声"的效果。

二、电商变现

在短视频领域,电商的运营模式是短视频创作者将短视频内容提供给用户,为电商提供用户群,而电商以短视频作为内容入口,增加流量并增强用户黏性,从而实现电商变现。短视频电商变现主要有自营电商变现模式和短视频带货模式。

(一)自营电商变现模式

自营电商变现模式分为两种:一种是通过短视频打造个人IP,建立自己的个人电商品牌从而实现变现;另一种是通过短视频为自建电商平台导流进而实现变现。

1. 个人电商品牌变现

个人电商品牌变现主要是以专业用户生产内容(PUGC)为主,这些专业的知名人士通过自身的影响力为自有网店导流进而实现变现。短视频创作者在上传短视频后,可以选择添加商品链接,这样用户在播放短视频时,商品链接会自动出现在短视频画面下方。当用户对短视频中的某款商品感兴趣时,可以直接点击推荐的商品链接跳转到网店页面,而短视频的播放不会被中断。例如,李子柒通过短视频打造出个人IP,建立了个人电商品牌。

2.为自建电商平台导流变现

随着电商平台的飞速发展,很多品牌开始自建电商平台。短视频创作者通过优质短视频的内容流量为自建电商平台导流,吸引用户进行变现,其内容生产模式一般为PGC。

电商平台合作,通过为其导流产生用户购买行为后进行利益分配。同时,短视频平台也开通了自己的线上店铺,如抖音小店、快手小黄车等,帮助创作者通过多种功能化的产品模块实现收益的最大化。

用户在观看短视频时,对应商品的链接会显示在短视频下方,用户通过点击该链接,可以跳转至电商平台进行购买。例如,某抖音短视频中,用户点击视频左下角放置的购买链接,便会出现商品信息,可以直接在平台购物界面进行购买。

(二)短视频带货模式

如今在新媒体平台上,短视频带货模式已经非常普遍。例如,各个短视频平台与淘宝、京东等电商平台合作,通过为其导流产生用户购买行为后进行利益分配。

三、直播变现

在短视频平台上,许多短视频创作者开通了直播功能,通过直播实现变现。"短视频+直播"的变现模式不断完善并逐渐成熟,如今直播变现的模式灵活多样,主要包括以下几种:

(一)主播带货模式

主播带货模式是指主播通过视频直播展示并介绍商品,最大限度地展现商品的特点与优势,使用户更直观地看到商品,提升用户的体验感,激发用户的购买欲望,促使用户产生购买行为来实现变现的一种方式。

另外,主播带货不受时间和空间的限制,购买渠道更加方便快捷,用户在观看直播的同时就可以直接挑选、购买商品,主播以此获得收益。

(二)粉丝打赏模式

粉丝打赏模式是指粉丝在直播平台上付费充值,购买平台上的虚拟礼物和道具送给自己喜欢的主播,平台将这些虚拟礼物和道具折换成现金,按照一定的比例与主播进行分成,主播因此而获得收益的一种变现方式。

(三)直播内容付费模式

创作者对优质的直播内容常采用内容付费的方式实现变现。例如,一对一直播、在线教育直播等,需要用户付费后才有权限进入直播间观看。目前,比较常见的直播内容付费变现模式主要有先免费再付费、限时免费和折扣付费的形式。

采用这种变现模式对直播内容质量要求较高,创作者必须有好的内容才能有效地留住用户。除此之外,短视频账号还要有一定数量的粉丝,并且粉丝的忠诚度较高,才能实现持续盈利。

（四）企业品牌宣传变现模式

企业品牌宣传变现模式就是企业通过专属的品牌直播间对品牌或产品进行宣传，提高品牌知名度，促进企业商品销售，提高商品销量，增加企业收益，从而实现变现的一种模式。

通常由短视频平台提供技术支持和营销服务支持，企业通过平台进行如发布会直播、招商会直播、展会直播、新品发售直播等多元化直播服务，打造专属的品牌直播间，助力企业宣传实现互动性、真实性、及时性，更好地完成宣传企业品牌或促进产品销售的目的。

（五）主播承接广告

当主播拥有一定的影响力之后，品牌方会委托主播对自家企业的产品进行广告宣传，主播收取一定的推广费用，该模式即为主播承接广告的变现模式。在直播中，主播可以通过带货、产品体验、产品测评、工厂参观、实地探店等形式满足品牌方的宣传需求，达到变现目的。

四、内容付费

与长视频和音频相比，短视频内容具有时长短、信息承载量丰富的特点，其内容付费市场潜力巨大。短视频内容付费的本质是让用户付费购买特定的短视频内容。要想让用户付费，短视频内容必须有价值，且具有排他性、稀缺性及独特性。目前，短视频通过内容付费变现的方法主要有用户付费观看和会员付费制两种形式。

（一）用户付费观看

短视频创作者通过销售专业知识付费课程，用户付费进行观看来实现变现。创作者以短视频形式帮助用户提高专业技能，用户向创作者支付费用，用户付费观看这种变现模式类似于线下交易的方式。

短视频创作者可以制作一些与用户的生活和工作紧密相关的知识内容，帮助用户获得知识或提升技能。例如，网易公开课中除了有免费课程外，还上线了很多付费课程，为用户讲解各种专业知识，如企业管理、沟通逻辑、办公技巧、法律、金融等相关专业知识，这些知识大多与用户的生活和工作密切相关。

短视频创作者还可以聚焦某一领域，在该领域持续地输出优质内容，吸引对该领域感兴趣的用户。销售垂直细分领域知识，以细分的深度吸引相对小众的用户群体进行付费观看。短视频内容越垂直细分，越能吸引某一类用户群体付费购买。例如，服务某类目标人群，美妆内容以年轻女性为目标人群，育儿知识以"辣妈"为目标人群等。

短视频创作者要想让用户付费观看，首先要找到核心目标人群，通过直击用户痛点的知识点吸引用户关注，并用符合其特质的内容和社区氛围增强用户黏性，从而实现内容变现。

（二）会员付费制

付费会员服务模式早已在长视频领域得到广泛的应用，用户在平台上付费成为平台会员才能观看精彩剧集。目前，很多短视频平台的付费观看模式与付费会员服务模式相互融合,形成会员付费制,用户既可以通过充值会员后免费观看大量原创的优质短视频,也可以只付费观看某条短视频。

五、平台渠道收益

短视频平台与短视频创作者之间保持着共生共荣和互相依赖的关系。主流短视频平台纷纷推出了活动补贴计划和分成计划,以此吸引更多的优质创作者入驻平台并持续输出高品质的内容,从而提高平台自身的流量,优化平台内容生态环境。而对于短视频创作者来说,通过参加平台的活动补贴计划、平台分成计划或者与平台签约,创作者可以实现自身账号的变现。

(一)参与平台有奖创作活动

各大短视频平台为了激励创作者的创作热情,鼓励创作者生产更多的优质作品,会不定期地发布各类有奖创作活动。创作者参与活动后,按照规则创作短视频。如果短视频作品能够脱颖而出,获得活动举办方的认可,创作者就能从活动中获得相应的奖励。通常活动不同,奖项设置也不同,奖品一般包括现金奖励、虚拟货币或专属礼物。

创作者要想通过参与平台有奖活动获得收益,需要注意以下两点:

①按照活动规则创作。短视频平台发布的各项有奖创作活动都有相应的参与规则,创造者在参与活动之前要详细了解活动的规则,然后按照活动规则创作出优质的短视频作品。

②选择适合自己的活动去参与。各大短视频平台都会发布有奖创作活动,创作者要分析自己的兴趣和能力,选择适合自己的活动来参与。只有符合创作者自己兴趣和能力的活动,才能充分激发创作者的创作热情,展现出创作者独特的创意和创作能力,创作者才能以高质量作品赢取不错的收益。

(二)获得平台分成

一些短视频平台推出了平台分成计划,为短视频创作者提供了更多商业变现的渠道。短视频创作者参与平台分成计划后,平台方会在创作者发布的某些短视频中添加广告,并向创作者支付一定的广告展示费,从而使创作者获得收益。对于短视频创作者来说,这是一种非常省时、省力的变现方式。在账号运营初期,创作者选择合适的平台分成模式可以快速积累所需资金,为后期创作及运营提供便利与支持。

1. 了解可分成的平台及其分成规则

创作者要想从短视频平台获得分成,首先需要了解有哪些平台为创作者提供了分成计划,以及各个短视频平台的分成规则。例如,快手平台推出了"创作者激励计划",创作者的粉丝量只要达到 10 000 人即可参加该计划。创作者参与计划后,系统会在其发布的部分短视频作品中添加便利贴广告,创作者可以根据广告推广的效果获得相应的收益。参与"创作者激励计划",创作者无须专门拍摄短视频,该计划不会对其作品播放量及上热门等权益造成任何影响。

2.选择合适的分成平台

短视频创作者入驻的分成平台越多,获得的收益就越多。但是,不同的分成平台对短视频作品的要求不同,创作者应根据实际情况有所侧重地选择分成平台。

例如,快手平台是智能推荐机制,短视频的播放量较少受到人为因素的干预,只要创作者的短视频作品质量够好,就能获得不错的播放量,短视频创作者就可以从中获得不错的收益。爱奇艺平台采用人工推荐机制,但它属于综合性视频平台,很多好的资源位通常会被各大影视剧、综艺节目占据。对于尚未形成广泛影响力的短视频创作者来说,要想在该平台上获得不错的分成收益可能会存在一定困难。

如今,短视频平台普遍不再将返还现金作为对创作者创作优质内容的主要鼓励手段,而是将关注点逐渐放在内容和变现的指导上,即搭建内容消费闭环,培养用户的消费行为,为创作者提供商业资源的扶持。

(三)与平台签约

新媒体时代,各大短视频平台层出不穷,为了能够获得更强的市场竞争力,很多平台纷纷开始与短视频创作者签约独播。与平台签约独播是短视频创作者实现短视频变现的一种快捷方式,但这种方式比较适合运营成熟、粉丝众多的创作者。对于新手短视频创作者来说,获得平台青睐、得到签约收益不是一件容易的事。

签约是平台与短视频创作者之间互相选择的过程。短视频平台为了更好地吸引创作者,往往会采用高价酬金的方式。例如,好看视频在 2019 年 5 月推出了"Vlog 蒲公英计划",提供 5 亿元现金补贴和 20 亿流量扶持。与好看视频签约首发的创作者,其收益补贴翻 3 倍;平台粉丝量 5 万以上的签约独家创作者,其收益补贴翻 4 倍。

而短视频创作者想要与平台进行签约独播,必须是已经达到一定的发展水平,有了一定的影响力,或者可以让平台看到其未来发展空间的创作者。签约独播是实现短视频变现中要求较高的一种模式,短视频创作者需要在前期进行较多的准备。

六、IP 价值衍生变现

新媒体时代,互联网领域的"IP"可以理解为所有成名文创(文学、影视、动漫、游戏等)作品的统称。也就是说,此时的 IP 更多代表智力创造的版权,如发明、文学和艺术作品等版权。进一步引申来说,创作者能够仅凭自身的吸引力,挣脱单一平台的束缚,在多个平台上获得流量并进行内容分发,这样就形成一个 IP。

目前,利用 IP 价值实现衍生变现的方式主要有两种:一种是版权输出变现;另一种是开发 IP 衍生品。

(一)版权输出

短视频创作者形成自己的 IP 后,可以根据自己的版权内容著作出书,或者借助 IP 的影响力打造影视化节目,从而实现 IP 版权变现。

短视频创作者除了自我使用 IP 版权外,还可以通过 IP 授权或转让版权的方式获得变现。也就是说,短视频创作者可以将自己打造的 IP 形象或版权内容授予他人使用,从中收取版权费。例如,"一禅小和尚"的 IP 持有者就将"一禅小和尚"的 IP 形象授予给其他品牌使用,并与其他品牌开发了联名款商品。

(二)开发 IP 衍生品

短视频创作者可以使用 IP 中的角色人物、场景、道具、标志等开发衍生品,通过销售衍生品进行变现。随着短视频的快速传播,IP 全产业链价值正在被人们深度挖掘,使得短视频变现的方式越来越多。很多短视频创作者发展为超级 IP,并通过衍生出的 IP 附加值实现了多种方式的变现,如推出自己的品牌产品、接品牌商广告、做品牌代言人、进入影视娱乐圈等。

📖【本章小结】

本章是有关短视频营销的概述,主要包括以下几个方面的内容:

第一节介绍了新媒体短视频的特点、发展历程、行业的产业链、发展因素、创业流程以及共性特征。

第二节介绍了一些主流、健康的短视频平台,如大家常见的抖音、小红书之类的平台。

第三节介绍了短视频拍摄的一些常见设备和辅助设备。

第四节介绍了短视频商业价值变现的一些常见渠道,如广告变现、直播变现、电商变现、内容付费变现、平台渠道收益、IP 价值衍生变现。

📖【复习思考题】

1. 短视频有哪些特点?

2. 短视频内容生产端有哪些内容生产方式?

3. 简述短视频的创作流程。

4. 短视频商业价值变现的渠道有哪些?

5. 列举常用的短视频拍摄辅助设备。

📖【案例分析】

抖音店铺的四大营销案例

随着社交媒体的快速发展,抖音已经成为许多商家进行产品宣传和销售的热门平台。本文将介绍抖音店铺的四大营销案例,以帮助你更好地了解抖音平台上的商业机会和应用方法。

一、明星带货营销

在抖音平台上,许多明星通过直播形式进行产品推广,这种形式称为"明星带货"。通过明星的影响力和号召力,吸引大量的用户关注和购买。明星带货营销是否成功关键在于明星的选择和产品的匹配度。只有选择适合自己产品的明星,才能获得最好的效果。

二、达人推广营销

抖音中的达人指的是平台上拥有大量粉丝和影响力的用户,他们的产品推广可以通过直播、短视频以及帖子等形式进行。通过合作推广达人,店铺可以借助其粉丝群体进行产品的曝光和销售。在选择达人合作时,需要关注其粉丝群体的特点和与产品目标受众的契合度。

三、品牌合作营销

与知名品牌合作是抖音店铺进行营销的一种方式。通过与品牌合作,店铺可以利用品牌的知名度和影响力吸引更多用户的关注和购买。品牌合作可以体现在抖音广告、活动策划、定制化商品等多个层面上。选择合适的品牌合作伙伴,并制订明确的合作目标和合作方案,是品牌合作营销的关键。

四、用户互动营销

抖音店铺的用户互动营销是通过与用户进行互动,增强用户参与感和黏性,从而达到推广商品的目的。例如,店铺可以通过举办抽奖活动、邀请用户参与挑战、互动评论等方式吸引用户积极参与。用户互动营销的关键在于给予用户有趣、有价值的活动内容和奖励。

这四大营销案例,均具有以下共同特点:利用抖音平台带来的大量用户流量和社交性,将商品推广和销售与娱乐有机结合;利用明星、达人和品牌的影响力和号召力,提高用户的购买欲望和信任感;通过有效的互动方式,增强用户的参与感和忠诚度。

当然,要想在抖音店铺上获得成功,除了选择正确的营销方式,还需要具备一定的产品品质、店铺运营能力和服务能力。只有通过优质的商品和良好的店铺服务,才能够更好地吸引和留住抖音平台上的用户。

抖音店铺的四大营销案例充分利用了抖音平台的优势,结合明星、达人和品牌的影响力,提高了用户的购买欲望和参与感,对于希望在抖音平台上开展营销活动的商家来说,这些案例提供了有价值的参考和借鉴。通过选择适合自己产品的营销方式,并注重产品品质和店铺服务,商家可以更好地利用抖音平台的商业机会,提升产品的知名度和销量。

问题:思考快手和小红书的营销模式,作出简单对比分析。

第十一章

跨界营销

📖【导入案例】

新式茶饮品牌"喜茶"的跨界营销

1."喜茶"与博物馆

有趣的灵魂总能相遇,古老文明与悠远茶香的碰撞,将艺术渗入人们生活之中。"喜茶"联合大英博物馆打造联名马克杯、会员卡。同时,在春节期间,携手深圳至正艺术博馆,将"喜茶"元素植入《清明上河图》中,在古今文化相遇中,通过联名手提纸袋、杯套等向年轻消费者们传达传统文化的博大精深。

2."喜茶"与"百雀羚"

"喜茶"与老上海本土国货"百雀羚"新旧灵感碰撞,一杯时尚,一瓶经典,以民国风路线为基调,致敬经典。双珠合璧,推出"喜茶"+"百雀羚"喜鹊礼盒,除此之外,两个品牌还联合打造线下快闪店,现场场景充斥着老上海复古风味,给消费者带来别出心裁的品牌体验。

3."喜茶"与"回力"

"喜茶"一直致力于结合中国元素,宣传中国制造。2020年开年,"喜茶"首次携手国民品牌"回力",延续致敬经典系列,设计出国潮特别款球鞋,利用消费者的国货青春情怀,无论是从品牌理念的角度,还是从产品设计的角度,"喜茶"+"回力"都为消费者带来了一场精彩的国货之光表演,真正让人看到"中国制造"的力量。

(资料来源:魏青青.浅析"喜茶"的跨界营销[J].现代营销·理论,2020(7).)

思考:请分析"喜茶"跨界营销的成功之处。你是如何理解跨界营销的?

引言

随着经济迅速发展,商品市场竞争愈发激烈,一定程度上导致了产品同质化,而企业要想在市场中站稳脚跟,就必须推陈出新,扩大品牌的差异。社会发展的日新月异使得消费群体更加细分化、多元化,个性化的消费需求成为人们心理、精神层面创新追求的体现。

首先,经济全球化使市场竞争更趋激烈。无论是单一行业的企业还是多行业的综合企业都面临着无数竞争对手的压力,行业之间的边界逐渐模糊,这样的境况给予了跨界的可能性和紧迫性。对于单个企业或品牌来说,它们的各方面能力如技术、渠道、资金、品牌影响力等方面都可能出现一些问题,而两个企业或品牌的合作,能充分利用彼此的资源优势,进行资源整合和升级,提高品牌的竞争力和影响力,对企业或者品牌的发展具有重要意义。

其次,消费群体多元化,新的消费方式不断产生。移动互联网时代,催生了无数的消费热点,消费群体更加细分化,对产品的需求更加个性化,使众多的品牌需要不断地融合才能适应新的消费方式和生活方式。线上线下、多种购物平台等的多维消费选择使得用户对品牌的忠诚度不能得到保证。对于用户来说,现在的消费不仅是一种单纯的物质追求,可能还附加了精神追求和情怀追求,而单一的商品属性很难激发用户的购买欲望,而跨界营销通过组合和混搭的形式,满足了用户对产品功能性或非功能性方面的需求,并且这种跨界的方式在一定程度上能帮助用户节约购买成本,使用户产生购买行动,从而提升产品的销售量。

最后,市场竞争导致了产品的同质化和市场的无序化。企业关注消费热点,但是消费热点背后产生的又是同质化的产品,缺乏创新精神而单一价格战或不能保证优良的品质导致了市场的无序。随着时代的发展和社会的进步,同类品牌的竞争日益加剧,而各个行业之间的界限越来越模糊,企业原来的经营范围可能很难满足市场的需求,品牌要走创新之路,营销要突破现有模式的局限,变对抗竞争为合作共赢。

基于多重背景,联合不同产品消费用户之间的相同特征,通过"跨"的方式将之前没有联系的品牌要素结合在一起,推出新的具有两个产品共性的新产品,跨界营销应运而生。这种跨界体现了创新的精神态度和价值取向,彰显出独特的审美角度,通过这种个性化的结合获得目标消费者青睐,进而使联合的双方市场和利润最大化,便逐渐形成了一种新型的营销模式。

第一节　跨界营销的概念

一、跨界营销的含义

"跨界"一词最早来源于篮球领域,原意是指一种运球方式,现如今成为一种新颖且实用的营销模式。对其内涵加以探析,跨界营销广义上首先包括跨行业的合作营销,也就是两个相关但不同行业的品牌联合起来进行营销。狭义跨界营销的基础是充分了解用户的需求和喜好,选取与本品牌跨度较大的产品、品牌进行合作,生产出具有特色的跨界产品,可以分为品牌与品牌的跨界以及品牌借元素跨界两种类型。可以把跨界营销定义为:两个或以上文化背景的产品门类,属性完全不同的企业间进行合作,利用各自品牌的特点和优势寻找共同的品牌诉求,针对共同的消费群体进行特定的营销宣传活动,为用户提供全新的品牌体验,从而达到双赢目的的营销活动。

可以从两个方面理解跨界营销的内涵:其一,"跨"出自身品牌局限的行业;其二,与其他品牌的融合产生新的市场需求,创造新价值。通过对资源的多方整合,使各自的品牌可以更加有力地面对市场的竞争,拓宽营销渠道,激发用户对品牌的追求,提高自身品牌影响力,满足跨界感知体验,实现共赢,取得良好的品牌传播效果。

跨界营销延伸了以往的营销理论,跨界营销的核心实质是要在目标用户中建立包含多种元素的多方位生活方式体验。单一品牌行业在这个经济全球化的时代竞争力大大减弱,而且更容易受到外部新晋品牌的挑战,这个时代强势的品牌必然是综合性的。

📖【知识链接】

跨界营销与其他相关概念的区别

1. 跨界营销与品牌联合

品牌联合,很早就应用于商业行为中,1908 年福特汽车与凡士通轮胎就开展了合作。品牌联合就是两个以上品牌的合作以达到创造更好的产品或使顾客享受更好的服务。

跨界看似与品牌合作很难区分,实际不然,主要有 3 点不同:①跨界是要跨越品牌自身属性的这个行业,没有明确跨出自身属性行业的跨界都是"伪跨界"。而品牌联合范围太广了,可以同行业也可以不同行业,从范围来讲品牌联合的范围要更广。②合作后的形式截然不同,区别甚大。跨界由数个行业融合,创造出另外一个新的产品或服务,使其具有多种品牌属性和特征。而品牌联合就是在多个品牌的基础上进行合作,合作的品牌就是为了通过这次活动而打开销量,并未有实质性变化。③跨界的目标是长期的,是一种营销的战略性行为,达到品牌长期保持一种可以在市场上战斗的活力,紧跟时代步伐。而品牌联合是针对短期盈利目标的策略性行为。

2. 跨界营销与异业整合

异业整合是让合作双方的资源实现对接,而对接之后得到利益最大化。从出现的时间来看,异业整合出现时间要早于跨界营销,都是针对不同行业进行的品牌合作,但是从合作方的联系紧密度来说,跨界营销要优于异业整合,可以把异业整合看作跨界营销的前身。

从两者的相同点来看:①形式上两者都突破了行业界限,是营销创新思维的体现;②其目的都是实现多个商家和消费者的共赢,满足人的立体需求;③手段都是与其他行业相互联合;④原则基本一致,找寻共同需求的消费者、品牌要具备契合性、匹配性。

两者具有显著区别:①战略属性不同,异业整合是一种战术或策略,而非企业战略,追求的多为短期目标。跨界营销作为一种战略性营销,具有长远可持续发展的特征。②异业整合的整合环节多集中于销售环节,谋求资源共享。跨界营销在产品设计环节比重更大,力图找寻不同行业品牌共性,进行融合的尝试。③异业整合不会对结合行业或产品有过多改变,属于搭接式的组合方式。跨界营销寻求化学反应,不同行业跨界产生新的事物。

(资料来源:王炫. 梅赛德斯奔驰中国区跨界营销策略研究[D]. 石家庄:河北大学,2017.)

二、跨界营销的特点

在时间的推移过程中,越来越多的行业人士逐步认识到互联网的重要性,并对其予以重视,同时,各行各业也离不开互联网,跨界营销同样也是利用互联网进行在线广告的宣传,从而将品牌合作产生的收益和成效,真正传递给产品的接受者和购买者,从而加深用户的好感度和忠诚度。在互联网的推广过程中,能够给用户和普通民众带来一定程度上的优势和效果,从而可以大大增加产品的传播效果,同时,在循序渐进过程中实现品牌的影响力。通过合作的方式创造更加良好的营销环境,在产品特性的基础上,借助定制的广告宣传,吸引观众的注意,引起公众的兴趣。除此之外,企业还可以借助互联网的优势,间接地推广它们的产品。

(一)资源共生共享

在传统的市场环境中,很少有行业或品牌愿意主动与其他行业或者品牌合作,来与他人共享自己的资源。当然,在传统市场环境中市场竞争压力要小得多,市场紧密化程度没有那么深入,单独的品牌自身愿意去投入巨大的推广宣传费用来建构自身的营销平台,维持本产品的营销模式。但是,实际的营销效果或许并不是那么尽如人意,广告费用的90%都是浪费掉的,花了很大的精力和物力得到的成效却事倍功半。企业的"闭关锁国",阻止资源共享流通对自身的发展非常不利。

跨界营销可以解决这个问题,资源匹配是跨界营销的合作基础。双方资源的匹配度包含资源的互补性和价值的关联性。资源的互补性主要是指产品功能以外的互补,如销售渠道、产品人气、用户体验等;价值的关联性是指合作双方在品牌、企业实力、目标客户、市场地位等方面的相关性和对等性,只有具备较高的关联性,双方才能建立良好的跨界合作基础,发挥协同效应,寻求强强联合取得双赢。跨界营销的优势不再拘泥于以往各行各业的边界,而是广泛寻求各行各业的合作伙伴,达到共享客户资源、拓宽多元化渠道、强化传播影响力、探索创新销售模式、提升品牌感召力等。企业双方通过打通各领域中的用户群体,使多方可以共享用户资源,打通不同领域之间的边界,真正意义上实现用户与商家的多赢。

(二)品牌非竞争共存,影响力互助共升

跨界营销的根本目的是让企业实现利润的最大化,直接的效果是实现品牌影响力的提升。通过对品牌影响力和感召力的提升,充分发掘出不同行业的共享用户,吸引更多的潜在用户。跨界营销通过发掘"风马牛不相及"的各种元素,使其融合连接,打造出原有品牌属性不能展现出的新形象,增强了品牌的传播能力,对于已经"审美疲劳"的受众来说,这是一种吸引力较强的方式。

企业通过在跨界领域中对品牌的多方阐释,可以改变用户对企业品牌的刻板印象,形成新的立体多元化的品牌形象,其品牌影响力会得到显著提升。

(三)以用户为中心理念共塑提升

传统营销手段是商家占据主动地位,而消费用户被动接受信息,这样既造成了资源的大量浪费,提高了成本,不易取得好的营销效果。而跨界营销就是要打破这种单方面品牌传播的局面,更加重视用户,以用户体验为首要目标。在以用户为本的理念作用下,采用创新的沟通平台,力求让用户潜移默化地认同品牌理念,重视双向沟通,使用户的产品和服务体验不再局限于对品牌固有的印象,增强了沟通便利性,实现了营销目标。

企业的理念是建立在品牌与受众双方沟通的基础上的,建立了这样的沟通平台,就等于

建立了高效、低成本的营销传播模式。其用最小的投入,得到了最大的产出,而用户也得到了很好的用户体验,这样的营销传播模式实现了效果的最大化。

(四)衍生与交互让领域边界相互融合、无限延伸

信息社会,信息的获取、传播更加快捷,与之俱来的是信息的大爆炸,结果是人们被信息的汪洋所淹没,信息碎片遍布网络世界,而这些快餐式的、条目式的信息碎片大都是某个知识体系群中的"冰山一角",彼此之间有着错综复杂的关联性。人们在接收到这些片段式的信息后,往往会出于好奇或者抱有解惑的心态进行相关信息搜索。"互联网+"时代,信息碎片不仅在自己的领域中传播,还可以通过超链接的方式整合在一起,使得人们的注意力比以往任何时期都更加容易被引导和操控。

从另一个角度来说,核心信息可以通过碎片化传播到任意一个领域。细分的网络社群使得每一个个体在网络中都具有多重身份,各个领域之间必然存在着交叉和重合的用户群体。一切都碎片化的"互联网+"时代,让各个领域的边界变得愈发模糊,看似毫无关联,甚至矛盾、对立的内容得以相互融合。

三、跨界营销的功能

(一)协同合作,建立共享机制

在传统的营销模式中,各个品牌及企业相互独立存在,依靠自身的实力建立的品牌影响力,存在成本高、见效慢、影响力不足等问题,而通过资源共享,协同合作,打破了原有资源封闭的状态,在不同行业中寻找合作伙伴,并没有增加竞争对手的数量,反而提升了双方的品牌号召力,以达到范围经济的效果。

(二)品牌促进,提升品牌影响力

跨界营销通过对不同消费群体的需求进行整合,能最大程度地提升用户的购买欲望和购买力,并且能够在一定程度上发展潜在消费用户,通过在不同行业间和无关要素间的相互融合渗透,使品牌形象更为丰满,使合作双方最大程度地提高目标用户的满意度和认可度,使品牌的竞争优势更加明显。

(三)降低费用支出,提高传播效率

跨界营销覆盖面广、成本低、效果好,是一种更为有效的品牌推广形式。企业只需要相对较低的成本来实现营销目标,并且可以产生比传统的营销模式更好的效果,可以通过如广告、公关和促销等手段来实现。跨界营销所产生的费用由双方共同承担,企业都是在原有资源的基础上进行合作,可以降低合作成本,以期达到更好的效果。

第二节 跨界营销的类型

目前对跨界营销的类型并未有较为科学统一的标准,依据现有文献研究来看,可以根据不同角度进行分类。

一、行业发展观角度

从行业发展观角度可以将跨界营销划分为水平跨界、纵向跨界和交叉跨界三种,相对比较宏观。

(一)水平跨界

水平跨界营销主要是指两个及两个以上的企业为了共同的发展进行跨界合作和资源共享,这种跨界方式相对普遍。例如,星巴克入驻天猫国际,以官方身份售卖其马克杯和会员卡等商品,同时天猫推出星巴克彩蛋等定制化商品,并将其 Logo 广泛展示在星巴克门店中,两者达到互为对方品牌背书的高度。

(二)纵向跨界

纵向跨界主要是指企业在发展过程中整合各部分的资源,并延伸到其他领域形成全新的发展体系。比如,随着三、四线城市生活水平的提高和购物需求的增长,阿里巴巴和京东等企业积极采取下乡刷墙、大篷车等具有乡土气息的方式展开宣传,并提供"送货到家"的物流服务,进行渠道下沉与拓展,释放乡镇地区的消费潜力。纵向跨界不仅表现在渠道方面,如恒大地产整合自身资源,进行足球、零售等多元化经营布局也是典型的纵向跨界营销。

(三)交叉跨界

交叉跨界主要是在融合水平跨界和纵向跨界特点的基础上,进一步加入了消费者互动的环节。在《小时代3》热映过程中,《小时代3》与"新辣道鱼火锅"开展跨界营销,推出"小时代"套餐,一方面,"新辣道"能够借助《小时代3》电影宣传以及其明星阵容所带来的粉丝效应,获取更多的用户认可和利润;另一方面,《小时代3》制作方能够在合作过程中获取比较可观的利润分成。可以说这次跨界营销是对粉丝变现的一次大胆尝试,不仅双方开展合作,重要的是融入粉丝的参与和互动,是典型的交叉跨界营销。

二、跨界营销的过程角度

一般在跨界营销的过程中,从产品跨界、促销跨界、渠道跨界、文化跨界、品牌跨界等方面进行类型划分更为具体和普遍。

(一)产品跨界

互联网已经浸透人们生活的方方面面,不断革新着人们的生活方式和需求,传统行业不断地被新产品所冲击:58同城颠覆家政服务、自媒体颠覆纸媒、阿里巴巴颠覆零售、余额宝颠覆理财、滴滴打车颠覆出租车行业等,互联网打破了原本呈线性发展的产业格局。在"互联网+"的时代背景下,不同产业的基因排序都需要重新组合,企业推出的产品需要不断地迭代更新,在这一过程中产品跨界变得更加普遍和多元化。

第一种常见的产品跨界方式是改变产品的价值属性。基于这种理念研发的产品主要是在原有产品的基础上附加或者强化产品的其他属性,使得产品焕发新生,树立全新的产品形象,在不同的领域拓展市场。其中比较典型的案例就是云南白药跨界牙膏领域,云南白药作为传统药企受到外部竞争环境的影响遇到了发展的瓶颈,在寻求转机的过程中,云南白药以已深入人心的"止血、修复和化瘀"产品功能为核心资本跨界牙膏领域,研发出具有牙龈止血功效的全新产品,将目标用户定位为乐于接受新生事物,具有预防意识以及对药品具有一定敏感性的人群,这样云南白药不仅能够保留其技术和品牌上的优势,而且能够跨入全新的营销领域,占据药效牙膏的空白市场,获得了比较高端的价值定位。云南白药在产品跨界研发的过程中,虽然主要运用其核心的药效技术,但是以往产品的药物定位变成了新产品的牙膏定位,其价值属性发生了根本性的改变,其核心优势已经根植到目标用户的脑海,有助于新产品的推广以及云南白药品牌形象的提升。当然,产品跨界并非一定要完全跨入全新的行业和领域,适当增加产品的附加属性也能助力产品跨界。连续多年位列海外信用卡消费第一的招商银行信用卡与亚马逊合作推出"网红快递袋",快递袋的独特之处主要在于其文案为"我的心愿是买到世界充满爱""一日之计在于刷"等流行语。虽然这只是一次看似简单的产品跨界,但是合作企业针对同为境外购物的目标消费群体,选择可以100%触达用户的快递袋作为传播媒介,附上迎合现代人购物心理的流行文案,无疑为快递袋原本单调的包装属性增添了趣味性和娱乐噱头,这种产品跨界同样可以为用户体验暖心升级。

第二种常见的产品跨界方式是不同品牌共同合作研发新产品。在"互联网+"时代人们的需求具有多维性,功能单一的产品难以争得竞争优势,企业可以和同行业或者其他行业的企业进行合作,优势互补,借鉴不同的产品理念,为用户带来全新的体验和感知,在这一产品跨界的过程中通常伴随着技术跨界。红牛功能饮料曾和Hallym大学进行合作推出一款适用于智能手机的红牛饮料罐形状的便携充电器,这款充电器不仅外形特别,而且在充电过程中和充电断开状态下都会展现出红牛的移动网页。这款产品首先准确把握便携充电需求的市场趋势,智能手机的普及,开发便携式充电器具有较强的实用价值;其次是目标用户的重叠性提升市场定位的精准性,红牛饮料的目标受众和广泛使用智能手机消费群体基本为年轻人;最后是两者产品功能定位的不谋而合,红牛一直以"功能饮料和补充能量"为产品定位,而便携充电器是"补充电力能量"的产品。在这款便携充电器的实际使用过程中,潜移默化地将产品理念传递给用户,加深了用户对红牛饮料产品功能和品牌印象的认知。再如,苹果公司和耐克共同推出"Nike+iPod"系列产品,用户在穿耐克鞋运动的过程中可以通过电子设备实时查看和存储运动锻炼的相关数据。不同品牌在结合自身产品特性的基础上,共同合作开发产品,让用户从不同的角度和场景去感受产品,体验新鲜的生活方式。

（二）促销跨界

促销跨界是一方或者双方合作企业，将本企业的产品放置在另一个企业开展促销活动，或者将两家企业商品捆绑在一起，面向用户进行整体销售，进而降低成本，提高销量。这种方式能够满足用户消费需求的多样性，并且利用"物多价廉"的消费心理，在短时间内通过降低捆绑产品的销售价格，薄利多销，从而实现整体营业收入的增加。促销跨界运用比较广泛，常用于食品、家电、汽车等行业间，如超市常见的奶制品与餐厨用具捆绑销售；来自电商、餐饮、音频、视频、读书等不同领域 App 的联合会员等。

（三）渠道跨界

渠道的正确选择一方面有助于企业扩大产品销量，占据市场份额；另一方面有助于企业宣传品牌理念。随着"互联网+"时代的到来，线下渠道不断与线上渠道进行跨界融合，原有的常规渠道向新的移动互联网渠道拓展开发，逐步形成全方位、立体化的渠道体系。渠道跨界是基于渠道的共通性进行跨界，在以渠道和终端占优势的行业内应用较多，常见于家用电器、IT、汽车、手机、日用品、快速消费品、耐用消费品、饮料食品等行业。近几年多有国外企业借助中国品牌具有的渠道优势进行联盟与合作的例子，如海尔与三洋、飞利浦与 TCL、波导与西门子等，以争取更多利益。

第一种常见的渠道跨界方式为渠道共享，即具有相似目标消费群体的不同品牌相互交换和共享渠道，让目标用户能够广泛地接收品牌信息。屈臣氏在开展微信扫码注册会员的活动中，与美图手机展开渠道跨界合作：用户在成功注册会员的过程中有机会抽取美图手机一部，而美图手机用户在转发活动信息的过程中有机会获得屈臣氏礼盒一套。在活动过程中美图手机借助屈臣氏全国线下门店的优势，进行多渠道覆盖，从门店的堆头、海报、宣传单页的派发、时尚杂志的广告投放等多种方式进行了捆绑宣传，同时屈臣氏在微博、微信等线上平台积极发布活动信息，形成线上线下渠道共建互动的宣传体系。渠道共享的跨界方式相对比较普遍，这一过程中合作双方对不同的销售渠道进行整合共享，打通双方销路，强化推广，达到互利共赢的合作局面。

第二种常见的渠道跨界方式为线下渠道与线上渠道的整合融通。传统线下渠道的价值在于能够为用户提供真实的体验和现场服务；而线上渠道则突出足不出户的方便快捷，两者相辅相成，共同打造全新的渠道生态圈。加油站便利店的非油商品通常与车流量的多寡相生相依，而昆仑好客便利店不断开拓新模式，深入挖掘店销潜力，利用新年期间开展一系列主题活动，除了提供丰富的店销商品外，还与美团外卖合作推出"配送不打烊"服务，非油商品销量涨幅显著。通过线下便利店联动美团外卖平台的跨界合作，实现线上线下深层次融合，双方资源共享、优势互补，打造更加便捷的消费体验，激活更多潜在用户和消费场景。

在"互联网+"的新经济环境背景下，行业之间的界限变得更加模糊，企业通过渠道跨界能够推进彼此之间的共享合作，打破竞争僵局，塑造全渠道体系，使企业的市场格局向立体化、系统化发展。新消费群体的需求愈加多维化和碎片化，通过对新消费群体的数据分析，可以优化跨界渠道，让不同特点的消费群体能够在适时的场景和方式中接触产品信息，提升渠道质量，优化用户体验。

（四）文化跨界

文化是企业和品牌发展的内核，"互联网+"时代推动着文化的多元化发展与融合。无论是本土化营销，还是面向海外市场，文化跨界发展已是大势所趋，这反过来要求企业进一步推动文化资源与生产生活融合，既传播品牌文化，又发展产业、增加效益，提升品牌价值和内涵，实现文化价值和实用价值有机统一。

对于文化本身而言，文化具备经济价值，要做文化价值的增量，取得市场认可。近几年，故宫成了"网红"，它以其自身的文化魅力带动多种形式经济的发展，让自己的文化魅力得到了多种渠道的传播。合作彩妆，让国货彩妆不只是一个化妆品，更成为一个艺术品；合作综艺《上新了，故宫》，让人们了解到故宫更多的历史，让古老不再象征"沉闷"，而是"魅力"与"期待"。

对于企业而言，品牌的目标消费群体具备一定的文化相似性，如"初音未来"的目标受众多为热爱二次元的年轻人，而 kindle 的目标受众则是追求便捷的阅读爱好者，企业在精准定位目标用户的基础上，要把握用户的文化特征，才能更好地增加品牌附加价值和产品溢价。连锁快餐品牌麦当劳，通过多年对中国的饮食文化方面的探索，对产品进行改良，推出了符合国人口味的粥饭和豆浆油条等餐品。很早就推出的"宅急送"服务满足了用户便捷的生活需求。作为跨国企业在本土化的过程中通过文化跨界满足用户的文化诉求，麦当劳持续推陈出新丰富品牌资产，延续了品牌持久的生命力。

（五）品牌跨界

品牌跨界是不同行业、不同品牌的企业，通过共同的品牌地位和风格面向相同的消费群体开展营销活动，以共同进行品牌推广，相互引流对方的消费群体，增强对本品牌的关注，促进销售额快速增长。

不同品牌的用户之间存在三种关系：包含、交叉和不相关。共同的消费群体是品牌实现跨界的基础和目标，通过跨界合作，能够使各个品牌紧密地结合在一起。要想实现跨界营销，必须了解共同消费群体的需求，甚至创造消费群体的新需求，只有以用户为中心，才能促进跨界营销的成功实施。

一种品牌跨界的方式为两个不同行业间品牌的跨界。只有匹配出两个行业品牌之间的共同目标消费群体，发现潜在用户和相关用户，以用户为中心，满足用户的多种消费需求，才能通过跨界营销提升产品的价值和意义，提高品牌的影响力和号召力。

另一种品牌跨界的方式为一个品牌与多品牌的跨界。如果两个品牌的跨界是基于共同的消费群体，那么一个品牌与多个品牌的跨界就更有挑战性，这种跨界形式必须寻找品牌间的共同点，如共同的企业文化、品牌内涵等。为了解决多品牌的跨界问题，品牌之间不能随意跨界，而是要找到一个核心要素，树立明确的品牌形象，丰富品牌内涵。

第三节 跨界营销的实施原则与策略

在跨界营销的整合实施过程中,品牌合作方的执行团队需要明确核心目标,面向的目标用户需要有一定的统一性、关联性,跨界整合的实施能够为双方市场提供叠加效应。实施跨界营销策略时,需要遵循一些基础性原则,便于跨界整合营销过程中,节省更多的时间成本,更有效地落实。

一、实施原则

(一)资源匹配,共生互补

开展跨界营销的关键一步就是要做好匹配工作,两个企业在品牌价值观、消费群体、市场地位等方面具有共性,匹配优质的合作对象和合作方式能够帮助跨界营销取得事半功倍的效果,若匹配不合理很可能会导致跨界营销的效果大打折扣甚至对品牌产生负面影响,但是在产品服务属性上两者要具备相互独立性。

在选择匹配的合作对象过程中主要有三个维度可以作为衡量"合适的合作伙伴"的标准,所谓的合适并不意味着企业的实力和规模必须相等,而是意味着企业之间合作能够取长补短,又不丧失品牌原本的风格和优势。第一个维度是合作企业之间不能是具有竞争关系的企业。互联网的发展打破了行业之间的壁垒和界限,企业之间能够资源共享开展合作,为的是在激烈的市场竞争中能够通过合作占有更多的市场份额和竞争优势,若彼此为竞争关系,则会与合作目的相悖。第二个维度是目标消费者群体相似且品牌之间存在非功能互补性。跨界营销的过程中,无论是联合研发新产品还是进行营销活动,企业应针对同时满足双方品牌的特定细分市场和目标用户,并对用户特征和需求进行分析。第三个维度是品牌效应叠加而不丧失品牌本质。品牌之间进行跨界营销可以共享市场资源,产生品牌叠加效应,如果其中的一个品牌在合作过程中,过于适应对方的特点而模糊甚至丧失了自身的核心优势,那就需要重新审视合作对象了。

在选择恰当的合作对象之后,匹配有效的合作方式有利于实现边际效应的最大化。传统的跨界营销多采用几个品牌的简单累加,或是单一地开展企业促销活动,在"互联网+"时代跨界营销要达成不同要素之间的渗透融合,切实为用户带来价值回馈。故宫博物院与腾讯在 NEXT IDEA 年度盛典上共同宣布,双方达成长期合作意愿,其中换装养成类手机游戏"奇迹暖暖"与故宫开展跨界合作。合作中"奇迹暖暖"在游戏中开设专门的故宫传统服饰板块,将故宫内精美的服饰、配饰及其背后的来历与内涵等通过游戏的方式更有趣而生动地呈献给游戏玩家。"奇迹暖暖"的官方微博同步记录了画师们与故宫的专家们合作绘制的难忘瞬间,拉近了粉丝与品牌之间的距离。除此之外,还推出了游戏指引者——"大喵",在活动中主持问答挑战赛,优秀的用户可以获得免费宫廷服装。这次跨界合作匠心巧作,是一次传统文化与现代文化的碰撞与交融。

(二)产品服务多角度价值关联,品牌非竞争性

对于消费者而言,不同的产品和服务的形象及品牌具有自身独特的辨识度,在与其他行业开展跨界合作的过程中,需要明确跨界双方在价值体系上存在对应的关联性,双方在价值关联中存在相应的交集,才存在跨界合作的基础。价值体现的关注点包含市场、终端品牌、用户、产品、渠道、促销、团队等方面。比如,从市场的角度看,新兴行业与传统行业相互结合的过程中,是否存在多处市场共同点,是否存在市场冲突;从品牌的角度考虑,在跨行业合作过程中,品牌的相互结合是否存在明显的切入点;从渠道的角度出发,所在行业的发展渠道目前是否有局限性,与对方行业的合作是否可以快速拓展行业的盈利渠道,等等。

在跨界营销过程中,任何一方都有引导市场、提升自身利益的直接需求。跨界合作不是一蹴而就,如果在策划过程中提前终止合作,更换跨界对象,甚至直接与竞争对手合作,将给对方带来巨大损失。双方在合作之前可以提前设定合作目标,在达到预定目标之前签署必然的排他协议,确保双方利益。

(三)市场效应提升,品牌效应叠加

跨界营销合作的最终目的为降低成本,通过整合营销合作,实现效益的最终提升。在跨界营销的基础理论中,品牌、媒介、产品、价格、渠道、终端、广告、团队等资源的跨界整合合作,降低企业的运营成本,提升企业的影响力,增加企业产品服务的边际收益等是重要的理论基础支撑。通过界内边际收益进行分析,如在产品服务的原有市场内,产品服务的销售及收入渠道现状如何;公司在固定成本的支出外,推广运营成本现状如何;在界内能否为企业带来边际效益的增加等。在实际合作的初期过程中,双方的品牌跨界、市场跨界的合作存在一定的融合度,需要一定的时间周期才会实现边际收益的突破,从实际业务出发考虑时间成本对效益的整体影响,更加合理地开展项目的评估。

在跨界合作过程中,合作的基础在于提升双方的品牌及市场效应,最终的结果是实现1+1>2 的市场局面。具体呈现在双方品牌价值、市场竞争力、行业地位的发展趋势的增长。鉴于跨界合作品牌间的融合所带来的市场响应快速提升,推动了双方的品牌知名度以及在各自市场的行业位置,从而进一步提升双方在行业市场中的竞争力。

(四)提升消费便利性,以用户为中心

在"互联网+"时代,传统行业与互联网跨界融合,用户每天接触大量的商品信息,品牌需要思考如何在碎片化时间和海量信息中先声夺人才能脱颖而出。从消费的便利性考量,当用户在界外消费便利性高于界内消费便利性时,可以推动用户改变原有的消费习惯,用户对跨界产品能够进入全新的认知阶段,逐步构建全新的消费市场,寻求企业进一步的利润。消费便利性要素主要体现在用户与产品接触的空间距离、用户从产品认知到购买的时间耗费、用户对产品定价的认知合理性,针对跨界产品与原有产品相比所享受的服务等。

跨界营销倾向于具有相似用户群体的品牌通过优势互补,为用户提供更加贴心而富有创意的体验,以用户为中心依然是合作的基础原则,并且在互联网大数据的加持下将更好地

践行。首先,大数据和云计算等科学算法能够更有效地发挥信息数据的作用,描绘更清晰的用户画像,对用户进行更精准的定位,发现和导引用户的新诉求。其次,互联网催生消费群体的多样化,在跨界营销的过程中要实时把握不同消费群体的需求,为用户提供个性化或定制化的产品和服务,并不断地对产品进行迭代更新,加强沟通互动,注重情感共鸣。最后,跨界营销要紧跟用户的场景需求,为用户创造新的价值,从不同的角度诠释和满足用户的体验,增强品牌的立体感和纵深感,增加用户对品牌的好感度及忠诚度。

(五)系统协调,整合营销

高效的系统协调能力是保证跨界整合营销的必要条件。界内与界外的合作毕竟是两家不同领域的运行公司,两套不同的运行系统,如何将两家公司的产品进行有机的结合,实现高效的运作,需要双方共同协调,制订合理的系统运行模式。在双方跨界整合营销开展的过程中,双方要形成一致的整合思路,明确各自的职责,建立快速有效的沟通及协商机制。在品牌的战略跨界合作过程中,更加需要从组织结构、运营模式、市场协调、资源整合,投入产出等多渠道进行改善优化。

在跨界营销活动面向市场和受众的对外宣传阶段,协同传播资源,整合营销传播,实现高效传播是跨界企业的核心能力之一。互联网时代传播环境发生了质的变化,以往单一重复的宣传方式已为窠臼,社交网络的发展让人们同时扮演信息接受者和信息发送者的双重角色,人们每天在碎片化的媒体渠道接触碎片化的海量信息,并实时地在各大媒介平台传播自己的观点和信息,信息传播模式逐渐呈现去中心化的星形传播形态。不同的媒介平台具备不同特点的用户属性和传播价值,企业在跨界营销的传播阶段要跨界整合不同的媒体资源,把握不同媒体的传播规律和用户特征,形成多平台联动的灵活传播方式,尽可能地覆盖目标消费群体的传播途径,让目标用户在不同的接触点接收到一致的品牌信息,打造可以进行资源共享,多次互动传播的整合传播平台。例如,小米与音乐虚拟偶像"初音未来"开展跨界传播宣传新品红米 Note4,首先在宣传合作伙伴的选择上,"初音未来"是世界上第一个使用全息投影技术举办演唱会的虚拟偶像,其本身具有很强的科技感和未来感,这与小米电子产品的定位十分契合。其次,"初音未来"的主要受众是垂直度较高的二次元用户,这类年轻粉丝是红米的重要用户群体,两者的目标用户具有很大的重合性。最后在产品传播方面,小米独树一帜,一方面,小米将红米 Note4 的新配色取名为"初音绿",并与"初音未来"联合推出包含"初音"元素的限定套装,为粉丝奉上专属福利;另一方面,小米选取二次元人群聚集的 B 站作为套装的首发渠道,精准定位目标传播对象,小米通过 B 站的官方账号上传三支明星与初音联袂出演的预告片为红米预热,紧接着开展"应援支持首发"的营销模式,B 站用户每达到 10 万人次的应援,小米套装的预售时间就提前 1 小时,充分调动了"初音未来"的粉丝积极参与互动。整个跨界营销的传播过程无论从产品配色还是传播渠道和传播方式都一致地体现了品牌的传播要素,具有完整性和连贯性。

二、实施策略

(一)契合用户兴趣点,满足用户需求

"互联网+"时代用户需求是品牌发展的源动力,善于发掘用户的潜在需求,多维度地满足用户的现实需求,不仅要关注用户,更要加强与用户的沟通互动,才能更准确地把握用户的需求取向。比如,阿里巴巴推出的"娱乐宝",粉丝通过筹集资金参与电影投资,不仅能够获得一定比例的年收益,而且通过少量的资金就能关注影片拍摄进度,与明星进行互动,充分调动了粉丝的积极性和热情。通过这种互动形式,电影制作方能够实时把握粉丝们对剧本、演员、导演等要素的意见和看法,为电影制作提供真实的依据和指导,这种模式既充分利用了粉丝经济,又满足了粉丝们对电影幕后的好奇心,可谓一箭双雕。

营销的目的是吸引用户并赢得用户青睐,而满足用户需求是营销的最终目标。借助大数据、云计算等技术分析和确定潜在的用户需求,将其与品牌特性结合,关注用户兴趣点来策划跨界营销内容将事半功倍。在品牌跨界营销策划中,企业要有前置思维和预判思维,不只是被动地满足用户诉求,更要积极主动地激发和创造用户需求,最大限度地探索和满足用户心理期待,增强用户对品牌的好感度和忠诚度。

(二)优选品牌伙伴,实现价值同创共享

选择合适的合作伙伴能够形成优势互补,使品牌跨界营销的效果事半功倍,反之则会影响营销效果,并对品牌声誉产生负面影响。跨界合作品牌或企业在优势互补的同时不会牺牲品牌自身的特色,在此基础上进一步增强用户对品牌的认知与认可,在更大程度上放大各自的优势,增强双方的竞争实力。跨界合作双方实力相当是影响最终营销成效的重要因素,合作双方在经营理念、企业文化、市场地位等方面应当对等,只有强强合作才能产生强大的品牌共振,实现1+1>2的双赢。

"互联网+"时代的到来让许多传统行业都进入了发展的瓶颈期,新事物层出不穷,同质化趋势日益加重,信息过载造成人们对营销信息产生疲态,面临严峻的市场环境,品牌要想破除发展的"天花板",不仅要拥有核心的竞争力,还要以开放、共享的心态拥抱更广阔的市场格局。两个来自不同领域的品牌展开跨界合作是成熟品牌跨界全新的发展领域,其营销行为本就吸引眼球,充满创意,但跨界营销的策划需要进一步从思维方式、价值观念和营销模式等全方位地进行创新和变革。一方面,跨界营销可以从解决用户痛点的角度提升创意,如支付宝、微信等推出"扫码支付"的便捷功能,跨界金融领域,就是抓住了日常生活中吃饭、打车和购物等生活场景需要准备零钱和银行卡等不便的用户痛点;又如"Wi-Fi 钥匙"等 App 是意识到随着人们对网络需求的日益增加,但是却经常出现流量不够用的用户痛点,从而打造了一款解决用户需求的 App,既不缺乏创意,又为用户带来很强的实用价值。另一方面,跨界营销可以跳出常规思维进行微创新来完善用户体验,如招商银行信用卡和"故宫淘宝"跨界推出一款定制中国风的"奉诏出行"行李牌,这款产品虽然没有包含过多的技术含量,但是招行信用卡在境外市场占据主要份额,而行李牌则是出入境用户的必备品,通过与"故宫

淘宝"的合作,为用户定制独一无二的行李牌,既贴心又实用。而"故宫淘宝"通过这款产品向世界传播了中国传统文化,加深了与用户的情感交流和沟通。

(三)匠心创意整合,提高跨界力度

跨界营销,要找到"跨界"中间的那个能让用户不断跟这个品牌产生链接的界限。成功的跨界营销不是僵化的"拼凑",而是需要巧妙的创意将自身品牌与跨界领域或跨界品牌完美衔接,这种链接是在用户意料之中又在意料之外的精妙创意点,是让用户惊喜并接受的有效接触。跨界营销不仅要制造冲突感,还要求合作的双方有 CP 感,达到意想不到却又在情理之中的奇妙效果。例如,2019 年火爆兴起的国潮大势,其中国内知名运动品牌"李宁"和传统党媒人民日报旗下的新媒体的国潮跨界最为惊艳,此次跨界合作令人意想不到,却又十分契合。传统党媒代表着国内最正统的社会思潮,而李宁则代表着国产品牌的纯正品位,两个品牌理念相契合的品牌合作必然是最热的"国潮"。

除了创意外,跨界营销要注意跨界产品是否真的被用户自主消费体验和自愿二次分享,如果跨界产品仅仅停留在概念层面,缺少了 UGC 内容所形成的二次传播场域,那传播效果必定会大打折扣。比如,天猫"国潮行动"发起的一系列国潮跨界活动,在依托大平台优势的基础上,通过大数据算法精准锁定目标群体,通过创意共创,用户能够看到自己的国潮创意被采用,极大地提升了用户的成就感,此外在营销传播、产品销售等层面尽可能地提高用户参与度。

理想的跨界营销要从跨界受众是否高度重合、品牌内在价值观是否保持一致以及如何选取恰当的传播模式等方面进行深层次的战略规划,并且多数具备跨界大、跨界高和跨界深的重要特征。跨度大主要意味着来自完全不同领域的品牌或企业展开合作,共同打造一种全新的价值体验,对于用户来说本身就是意外之喜,容易激发用户的好奇心前往体验和尝试。跨度高主要表示选择跨界合作的对象时,选择在市场上具有重要地位和影响力的强势品牌,能够借助资源优势获得更多的关注度。而对于一直高高在上的大品牌而言,通过与平民品牌的合作,未必会降低自身的高端定位,而是通过这样的合作契机接近公众,注入更多的亲民元素,获得更多的大众化的市场份额。跨度深说明跨界营销不能只做表面功夫,要从细节开始实现不同要素的渗透融合,真正为消费用户创造全新的价值体验。若要让用户获得难忘的价值体验,首先从细节方面要做到专注和极致,其次要为用户真正地创造全新的价值体验。

📖【本章小结】

本章是有关跨界营销的基本知识,主要包括以下几个方面的内容:

第一节介绍了跨界营销的概念、特点、功能等基础性内容。跨界营销是指两个或两个以上文化背景的产品门类,属性完全不同的企业间进行合作,利用各自品牌的特点和优势寻找共同的品牌诉求,针对共同的消费群体进行特定的营销宣传活动,为消费者提供全新的品牌体验,从而达到双赢目的的营销活动。跨界营销的特点包括资源共生共享;品牌非竞争共存,影响力互助共升;以用户为中心理念共塑提升;衍生与交互让领域边界相互融合、无限延伸。跨界营销的功能包括协同合作,建立共享机制;品牌促进,提升品牌影响力;降低费用支

出,提高传播效率。

第二节介绍了跨界营销的类型,从行业发展观角度进行划分可分为水平跨界、纵向跨界和交叉跨界三种,相对比较宏观;根据跨界营销的过程可分为产品跨界、促销跨界、渠道跨界、文化跨界、品牌跨界五个方面,更为具体和普遍。

第三节介绍了跨界营销的实施原则与策略,实施原则包括资源匹配,共生互补;产品服务多角度价值关联,品牌非竞争性;市场效应提升,品牌效应叠加;提升消费便利性,以用户为中心;系统协调,整合营销。实施策略包括契合用户兴趣点,满足用户需求;优选品牌伙伴,实现价值同创共享;匠心创意整合,提高跨界力度。

【复习思考题】

1. 跨界营销产生的基础是什么?
2. 如何理解跨界营销的概念?跨界营销与传统营销的区别是什么?
3. 根据跨界营销的特点分析跨界营销的优势有哪些?
4. 实施跨界营销需要遵循哪些原则?
5. 实行跨界营销有哪些策略?
6. 跨界营销的发展对其他营销模式有什么启示?

【案例分析】

国货老品牌百雀羚的跨界营销

2019年是"双十一"的第11个年头,百雀羚以8.56亿元的全网销售额获得"双十一"国妆品类冠军。这已经是百雀羚第五年卫冕冠军。不难发现,在百雀羚销量暴增的同时,百雀羚跨界营销传播活动越来越频繁,且多伴随着"双十一""618"等重大活动而开展。跨界营销传播不仅满足了当代年轻消费者的猎奇心理以及对个性化、时尚感的追求,更重要的是百雀羚在一系列的跨界营销传播中形成了自身品牌力,将传承东方美学、匠心打造和天然不刺激的产品形象深植于消费者内心。2017年和2018年的"双十一",百雀羚两度跨界钟华,分别打造"燕来百宝奁"限量礼盒和"雀鸟缠枝美什件"彩妆礼盒,在当年的"双十一"都取得了令人瞩目的销售额。2019年,百雀羚跨界敦煌博物馆推出肌初套装敦煌定制礼盒及敦煌悦色岩彩彩妆系列。肌初套装敦煌定制礼盒成为天猫"双十一"预售最早破千万的新品之一,敦煌悦色岩彩眼影盘成为预售中脱颖而出的爆款。百雀羚通过跨界营销传播对传统文化的创新性表达,吸引了众多消费者购买产品。

表11-1 百雀羚"双十一"跨界营销传播情况

跨界产品	跨界对象	跨界时间	跨界活动	行业
百雀羚	故宫文化珠宝首席设计师钟华	2017.10	产品:"燕来百宝奁"限量礼盒 视频:《认真,让东方更美》系列	文化IP、宫廷文化
百雀羚	洛天依	2017.10	PV:《漂亮面对》 一系列定制产品:面膜等	二次元

续表

跨界产品	跨界对象	跨界时间	跨界活动	行业
百雀羚	肯德基	2017.11.11	经典复刻版"上海阿拉长衫" 肯德基爷爷玩具:"上校一刻" 水光面膜	餐饮
百雀羚	故宫文化珠宝首席设计师钟华	2018.10	产品:"雀鸟缠枝美什件"彩妆礼盒 视频:《认真,让东方更美丽》系列	文化IP
百雀羚肌初复活系列	非遗敦煌彩塑技艺传承人杜永卫	2019.10	肌初套装敦煌定制礼盒 敦煌悦色岩彩彩妆系列	博物馆、传统文化
百雀羚	人民日报新媒体	2019.10	"中国正当潮·70而潮"主题国潮行动 限量款礼盒"雀逐卷云匣"	媒体

　　针对"618",百雀羚也开展了跨界营销传播活动。比如,在2019年的"618",百雀羚跨界美团推出"复活仙饮店",推出的"仙饮"产品即为百雀羚的复活小绿瓶。复活小绿瓶的目标人群消费群体为都市白领,而美团早已作为本地生活服务平台深入城市白领人群之中。百雀羚通过跨界美团导入目标消费群体,并以走心的文案搭配清新画面,吸引年轻女性群体的注意力。消费者只需点击广告就可直接跳转至京东百雀羚旗舰店定制仙饮礼盒的购买页面,以交互式营销闭环提升跨界营销传播活动至销量的转化率。经过与美团的跨界营销传播,百雀羚仅京东平台当日销量就与2018年"双十一"销量基本持平,实现同比195%的大幅增长,销售额位居美妆国货第一。

表11-2　百雀羚针对"618"跨界营销传播情况

跨界产品	跨界对象	跨界时间	跨界活动	行业
百雀羚	非遗花丝镶嵌	2018.06.01至06.18	"金雀衔丝礼盒"和百雀羚花丝快闪店	非遗、文化
百雀羚三生花	抖音	2019.06	"颜值三生花不完"	短视频
百雀羚"复活小绿瓶"	美团	2019.06.18	"复活仙饮店""京东旗舰店定制仙饮礼盒"	电商

　　除了配合"双十一"与"618"这两大购物狂欢节,百雀羚还在其他节日开展跨界营销传播。2017年母亲节,百雀羚跨界"局部气候调查局"推出怀旧长图广告《一九三一》,通过巧妙的悬念设置引出百雀羚专门为母亲节定制的肌肤赋活"月光宝盒"。广告以其精美复古的上海街景和故事化的叙事赢得了众多好评,引爆了社交媒体,取得过亿曝光率。总的来说,

百雀羚将跨界营销传播与重大活动结合往往能够事半功倍,能够更快、更有效地提高产品销量,搭建跨界营销传播至实际经济效益的营销闭环。

近年来,百雀羚在竞争激烈的市场环境中能够接连登顶榜首,不断领跑同行业品牌的重要原因之一就是将"认真"精神深刻地融入品牌理念中,并贯彻到底。百雀羚两度携手钟华,凭借"燕来百宝盒"限量礼盒和"雀鸟缠枝美什件"礼盒扭转消费者对传统文化敬而远之的态度,让东方美学焕发出来新的活力。百雀羚不仅对产品用心,还在《认真,让东方更美》系列视频中将品牌"认真"精神传递给消费者。百雀羚与敦煌彩塑技艺传承人杜永卫一起拍摄的视频将品牌"认真"的精神与杜永卫"赋活"雕塑和壁画的故事联结在一起。通过杜永卫彩塑再造的故事阐释"最怕认真二字"这一主题,提升品牌所传达"认真"精神的厚度,再从"如果世界都不认真"的角度从对立面对品牌的"认真"精神进行阐释,通过反差感、冲突感来强调"认真世界"的美好。百雀羚从各个细节之处衍生出来的"认真"精神让消费者感受到品牌的厚度以及对消费者负责的态度。现在正处于消费者至上的时代,但很多品牌没有意识到这一点,反而盲目地追崇一些花里胡哨的营销策略,如此很有可能使消费者流失。百雀羚注意围绕消费者传输品牌"认真"精神,关注消费者本身,从不同角度与消费者进行良好沟通,试图建立更加亲密的关系。"认真,你就输了"作为生活中人们经常用来自嘲的网络热词,是为了宽慰自己对待某些事情无须过于认真,无须过于追究。但面对这种"认真,你就输了"的自嘲心理,百雀羚反其道而行之,选择将"认真"精神贯彻到底,并着重宣传"认真,你就赢了"的品牌理念。百雀羚跨界京剧大师王佩瑜合作视频《认真,你就赢了》,视频讲述了王佩瑜坚持传承京剧的故事。在讲述故事的过程中让消费者感受到这仿佛是百雀羚多年来认真传承传统文化,打破人们对传统文化刻板印象的故事,也像是每一个平凡人在重重困难、挫折中认真追梦的故事。百雀羚将品牌的"认真"精神与消费者的亲身经历关联起来,引发消费者的共鸣,使品牌和消费者之间的关系迅速拉近。此外,百雀羚还跨界偶像行业,与其品牌代言人ONER拍摄了一个《认真,你就赢了》的视频,讲述了4个年轻人为在舞台上发光发热背后认真努力的故事。视频突出了其为追求音乐梦想坚持不懈的"认真"精神,进而引出百雀羚"认真"的品牌精神。通过与ONER的合作将"认真"精神传递给其粉丝及更多年轻人,拉近了与年轻消费者之间的距离。

表 11-3　百雀羚凝练"认真"精神的跨界营销传播情况

跨界产品	跨界对象	跨界时间	跨界活动	行业
百雀羚	故宫文化珠宝首席设计师钟华	2017.10	产品:"燕来百宝盒"限量礼盒 视频:《认真,让东方更美丽》	文化 IP、宫廷文化
百雀羚	京剧大师王佩瑜	2017	脸谱面膜、《认真你就赢了》	京剧
百雀羚	故宫文化珠宝首席设计师钟华	2018.10	产品:"缠枝美什件"彩妆礼盒 视频:《见微知著》	文化 IP
百雀羚	ONER	2018.11	"认真,你就赢了"	偶像
百雀羚肌初系列	非遗敦煌彩塑技艺传承人杜永卫	2019.10	肌初套装敦煌定制礼盒 敦煌悦色岩彩彩妆系列	博物馆、传统文化

跨界产品	跨界对象	跨界时间	跨界活动	行业
百雀羚	RIO、剑南春、魅蓝手机、美的等品牌	2019.11.30	"认真最美,匠心比心"活动	各行各业

纵观百雀羚一系列的跨界营销传播活动,从携手故宫到跨界京剧演员王珮瑜、年轻一代具有影响力的偶像 ONER 再到牵手敦煌博物馆,不难发现,百雀羚一直在用"认真"精神串联多角度、多形式和多身份的跨界营销传播活动。在创造范围广、热度高、口碑优的跨界营销传播活动的同时不忘关联品牌的"认真"精神。如此,虽然百雀羚跨界营销传播的跨度越来越大,但"认真"的品牌精神却在不断地凝练。最终,实现工匠精神至品牌的嫁接,引发消费者对百雀羚的关注与思考,加深消费者对百雀羚的品牌认同感。

(资料来源:刘维.国货老品牌百雀羚跨界营销传播研究[D].湘潭:湘潭大学,2020.)

问题:

1.结合案例从跨界营销的角度分析百雀羚品牌营销成功的优势有哪些?

2.结合当前经济社会发展趋势,案例中日化行业企业跨界营销的成功给其他行业带来哪些启示?

第十二章

社群营销

📖【导入案例】

知味葡萄酒

新时代，社群营销应该怎么做？基于数据挖掘的个性化、精准化营销能让你的社群与众不同，并以最高ROI达到用户与企业的双赢。

知味葡萄酒杂志是一家专注于为葡萄酒爱好者提供轻松的葡萄酒文化、专业的品酒知识、实用的买酒建议和精彩的品鉴体验的创业公司。自创业以来，知味的推广与内容始终以社群为核心。通过知味专业、垂直的葡萄酒媒体内容和线下的葡萄酒教育体系，知味已然成为国内最火的葡萄酒媒体，超过50万规模的葡萄酒爱好者聚集到了知味周围的葡萄酒文化社群里。

社群已经建立，运营应该怎么做？知味并不希望像传统的方式那样，单纯地搜集所有会员的联系方式做成通讯录，或者是在社群内部群发广告。知味认为，社群营销是依赖个人偏好及消费行为特征所构建的社群，在增值服务这方面，应适度规避"商业激励"而采用"情感维系"来升华客户与厂家和品牌的关系。

知味能够通过用户数据采集功能内容标签的方式收集所有社群用户与知味的交互行为与内容偏好。用户不管是看了一篇特定内容的微信图文、参加一场特定主题的品酒活动还是购买了知味所推荐的葡萄酒或周边产品，知味都能记录下来。通过足够长时间的数据收集，知味可以通过结构化获取的用户信息对他们进行分类，并通过不同主题的话题社群将用户组织到一起。比如，阅读过较多次数关于意大利葡萄酒文章的用户，或者参加过知味组织的意大利葡萄酒品鉴会的用户，都会被邀请加入"知味意粉"小组。在这样的情况下，葡萄酒爱好者用户会陆续被不同主题的社群以网状的形式包含到至少一个社群小组中。

这样一来，精准的分组使得社群活跃度非常高，而且还为精准地向用户发送他们感兴趣的内容信息和产品营销内容提供了有效通路。同时，基于对庞大的粉丝数据系统进行挖掘，知味可以据此为其粉丝发送完全个性化的促销信息。例如，知味可以设定自动流程规则，让系统自动向在过往的1个月内参加过入门级葡萄酒培训课程的客户发送中级葡萄酒培训课程的培训信息。这样个性化、差异化的优惠大大地提高了粉丝购买的可能性，同时降低了信息推送的成本。

知味还使用了平台活跃度打分的功能，交互频繁的用户活跃分数会上升。对不够活跃的用户,定向推送一些"召回"目的的内容以降低用户流失。3 个月内,粉丝的活跃度上升了 55%。

通过使用多种营销功能和分析工具,知味做到了全方位精准化的社群营销。客户与知味社群平台的黏性非常高,长期形成的情感维系要远比"满 500 积分抵 5 元消费"这样的商业折扣受用得多。

思考:知味葡萄酒是如何进行社群营销的?

引言

移动社交互联网已成为今天经济社会的基础设施,人们与各种移动电子设备交互的时间远远超出了人与人之间的交流时间,沟通工具的使用更迭悄无声息地改变着人与人之间的关系。随着移动互联网和社交软件的普及,人们的碎片化时间逐渐被社交软件所占据。现在,看电视、阅读报纸和看杂志的人数大幅下降。无论是在公司、地铁,还是在餐桌上,人们基本上手机不离手。当人们在这些社交软件上花费大量时间时,就会派生出很多新的商机,而社群营销就是其中之一。

目前,社群发展已经步入 3.0 时代,社群营销作为一种新兴的营销方式,以其高效率和低成本优势逐渐成为现代企业营销的标配。越来越多的公司正试图运营自己的社群,甚至学术界和业界都把社群营销作为重要课题去研究。如今,企业该如何运用社群营销去解决企业现有难题并为企业寻求未来发展之策,这个课题值得深入研究。

第一节　社群的基本内涵

一、相关概念梳理

(一)社交

人是社会的产物,人具有社会属性,需要与他人进行信息交流或情感互动,从而维持肉体与精神的需求。社交就在这种情况下应运而生。社交(Social Contact)是指社会上人与人之间的交际往来,是人们运用一定的方式(工具)进行交流,从而达到某种目的的社会活动,如一次商业洽谈。

社交很难避免,除了传统的面对面交流和书信交流之外,以手机、平板电脑、笔记本电脑等便携工具为载体开展社交的现象越来越普遍。如今,网络成为主流社交方式之一。现在并不乏可以一天不说话,但不能一天不上网的"御宅族"。从积极的方面来看,这些载体以文字、语音、视频等丰富的社交手段强有力地打破了时间与空间的界限,使人们可以随时随地接收信息进行社交,为现代人的生活带来了极大的便利。

移动电商就是在社交的基础上形成和发展起来的。社交既是移动电商开展活动的方式,也是其产生的根源。移动电商(M-Commerce),一说是发端于朋友之间晒照,感兴趣和询问的人多了,晒的人就发现了商机,自己做起了生意;另一说是海外代购(Overseas purchasing)。某人在国外留学,国内的亲朋好友请求代为购买某类产品,人们发现有利可图,便有人以此作为"兼职"或专门以此为职业。

电商具有很强的虚拟性,它们通过图片、视频等不同方式来展示自己的商品,将相应的产品或服务以虚拟的形式呈现给消费者。消费者要想对自己感兴趣的产品或服务有进一步的了解,同时电商企业要想获得消费者的信任,吸引消费者购买都需要进一步的沟通。正是有了社交,交易才能正常进行,营销企业才能不断地获取、转化和维系着客户,并不断发展下去。从一定程度来说,社交是营销活动的基础。

(二)社区

社区(Community)是在较密切的社交行为的基础上形成的群体。传统的社区,一般可以分为地理空间类,如某住宅小区;情感空间类,如轮滑社等。作为市场营销的组成部分,社区有着巨大的潜力,这主要体现在以下几个方面:

1. 较大的人流量

影响市场营销的因素多种多样,其中人流量是市场营销的关键因素之一。如果没有人流量的支持,营销方案设计得再巧妙也难以取得较高的传播量,自然也就无法吸引到足够多的消费者。而社区,恰恰能够提供充足的人流量保证。

相对于传统的居住区,现代化社区的居住密度更高。尤其是高层建筑居多的现代化社区,住户数量要远远超过相同面积的传统居住区。这样,商家开展同等规模的营销活动便能够吸引更多的消费者,无疑提高了营销的效率。

2. 较为固定的消费群体

传统的营销模式中,商家只能在与消费者的初次接触中,竭尽所能地引起消费者的兴趣,促成交易达成。一旦没能成交,消费者各回各家,商家就很难跟进做二次销售,而在社区内,消费者的数量、住所是完全固定的,商家能够轻易地掌握,并进行及时的、有针对性的跟踪营销。由于将社区变为营销活动的现场,因此能够让该社区内的消费者第一时间获取有关产品、营销活动的信息,能够保证营销的针对性和有效性。

3. 较为相同的情感联系

社区内的居民,有着共同的生活区域、相似的生活方式,他们之间很容易产生信任感和认同感。一旦"攻陷"了一小部分消费者,让他们购买你的产品,往往能够吸引一大批消费者。

在互联网时代,社区大部分是以兴趣爱好集结起来的网络虚拟社区。兴趣是成员之间相互连接的基础,人们根据自己的兴趣爱好在 QQ、微信、微博、论坛等交流平台上搜索相关群体或个人,经常讨论与兴趣相关的事件、活动或者互相切磋,从而形成一个围绕兴趣爱好进行密切社交的社区。构成兴趣的要素有很多种,如对某款产品或某个公司的喜爱,拥有共同的行为习惯、拥有相同的标签和社会职业、拥有相同的空间属性、相同的情感诉求等。

兴趣不是一成不变的，也并不是唯一的，每个人的兴趣对象和维持时间都会随着环境、阅历等的变化而变化。比如，一个人以前喜欢阅读，现在喜欢打球；或者既喜欢阅读又喜欢打球；或者以后的某一天对两者都不感兴趣都不喜欢了。由兴趣集结的社区成员关系较为松散，缺乏一定的长期稳定性。但是一般情况下，有一点可以确定，那就是社区成员的兴趣大小和他们的需要成正比，需求越大，感兴趣的程度越大。

二、社群的概念

（一）社群的定义

Worsley（1987）曾提出社群的广泛含义：可被解释为地区性的社区；用来表示一个有相互关系的网络；社群可以是一种特殊的社会关系，包含社群精神（community spirit）或社群情感（community feeling）。就没有地缘优势的虚拟网络社区而言，如果进化不到社群这个阶段，其生命必定不会长久。一旦社区成员的新鲜感过去，或社区不能带来价值，该社区很快就会成为"死群"，直至解散。相对于社区，社群的着力点在于提供价值，如某明星的粉丝群，能够不断地放送一些偶像的"独家私密信息"、照片等，或者是某类技术群，定期放送计算机使用技巧、软件教程等，这样才能留住成员。

简单来说，社群（Association/community）就是一个群体基于某个点（兴趣、爱好、身份、需求）而衍生的社交关系链，是在社区成员之间的关系得到进一步强化的基础上形成的稳定群体。社群除了人作为其基础要素之外，还需要有符合自己特点的表现形式。比如，社群要有社交关系链，是基于一个点、需求和爱好将大家聚合在一起，是要有稳定的群体结构和较一致的群体意识；成员有一致的行为规范、持续的互动关系；成员间分工协作，具有一致行动的能力，这样的群就是社群。例如，乔布简历集结的是一群未找到好工作而对简历产生浓厚兴趣的应届毕业生，成员们因为急需找到好工作，往往会有非常强烈的参与和学习简历制作、应聘面试技巧的欲望，对社群的活动都会积极参加并及时给予反馈。

但是，事物一般都有两面性，一部分社群的特点和优势或许也是它的弱势：一是单一的服务对象，会导致成员需求单一化；二是黏度不强，成员一旦达到目的，对社群的需求就会大大减弱，于是很快就会退出，或者成为彻头彻尾的"旁观者"，不再参与社群的任何活动。这样的社群由于兴趣爱好的不稳定，人员更迭会非常迅速，其存活率十分堪忧。因此，社群需要经营。

如今，社群已经是个商业词汇，是商家连接用户的最短途径和最经济的方式，承载了非常复杂的企业商业模式。品牌在工业时代寻找用户，在信息时代寻找粉丝，在现在的移动互联社交时代寻找社群。社群目前的形式有微信群、公众号、今日头条、微博、贴吧、直播等。

（二）社群的组织形态

社群的组织形态可以定位为社群圈层效应，主要分为核心圈层、组织圈层、扩散圈层。核心圈层主要目的是沉淀，组成人员是群内高质量人群、大咖，具有思考能力并能产生独到的个人见解；组织圈层主要目的是发酵，组成人员是社群的运营人员，能够对核心圈层产生的观点和见解在社群内引导互动；扩散圈层主要目的是口碑和二次传播，群内其他成员均为扩散圈层人员，如图 12-1 所示。

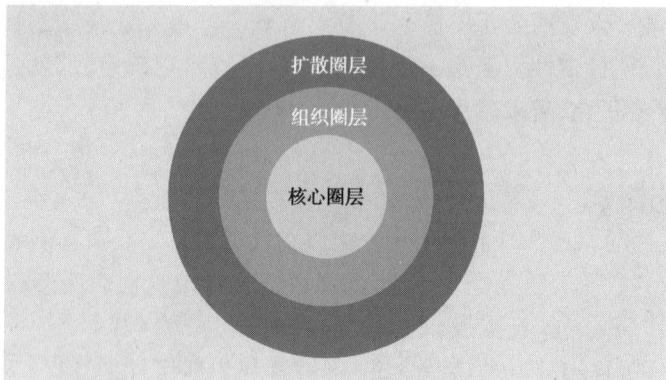

图 12-1　社群的组织形态

📖【知识链接】

STC 的组织形态

Social Talent Circle(简称 STC)作为品牌社会化营销领域职业社群目前有注册会员超过 8 000 人，汇集国内外一线品牌营销高端从业人员。成立至今，该社群一直定位于营销行业内的学习和分享。

STC 首先吸纳各大公司负责市场营销的中高层作为核心会员，他们在话题沉淀和输出方面有很强的实力。

除此之外，STC 有专门的运营团队和社群核心成员一对一沟通，将大家在工作中遇到的问题和独到的见解，通过内容、案例的形式在群内传播。

社群里那些不太参与讨论的成员也会收藏、分享这些内容和见解，并且将 STC 介绍给其他业内好友。

3 个圈层的成员之间的互动，活跃了社群氛围，让 STC 一直保持着旺盛的生命力。

(三)社群的作用

社群作为互联网形式，通过它可以跟用户零距离地接触，可以和用户进行直接的互动，这体现在以下几个方面：

1.销售自己的商品

以青瓜社群来举例说明。当青瓜推出升级课程或者新课程时，只要放在群里，大家就会直接付费购买，不需要客服，也不需要介绍，服务用户的成本非常低。公众号"小小包麻麻"也是这样，直接通过公众号做团购。再举一个例子，小米开始也是通过社群来传播即将上线的商品。用户在社群里购买东西是在一种氛围里购买，大家的生活方式相似，都使用类似的东西。

需要注意的是，如果想利用社群销售自己的商品，前提是自己利用的社群必须要有一定的用户数量，且用户质量很高。此外，销售的东西一定要是精品，只有这样才能形成良好的口碑,营销之路才能走得长远。

2.直接接触用户

很多 App 都会有意见反馈,让用户填写意见或者建议,但是这样做并不是明智之举,它会使用户体验变得很差。现在 App 泛滥,每个人的手机里都有好多 App,一旦不好用,如出现卡顿、闪退,直接就卸载,很少有人会在手机上一个字一个字地浪费时间去填写反馈。想要用户反馈,可以设置一些选择项,让用户直接提交就行,选择项之外可以设置一个输入框,让用户自愿填写反馈。

用户是非常直接的,有什么问题后,用户可以在社群里直接反馈。例如,用户反馈"充值时,软件直接退出了,我还要重新登录一遍,太麻烦。"再如,"这次东西还行,就是包装太差"或者"你们选择的快递公司实在太慢,下次能不能快一点"。

除了能直接接收用户的反馈信息外,利用社群还可以深度挖掘用户的需求。例如,做活动组织大家出去玩时,发现单身的人并不少,于是就组织一比一的单身派对,参加的用户特别多,很多用户还愿意付费参加。

3.进行公关

社群的另外一个含义就是,用户在你手里,你有什么,可以直接对用户说,具有很强的公关意义。

例如,假如有竞争对手攻击你,说你们的产品有什么问题,你马上可以设计这样一个活动,让社群的用户出主意:"如何优雅地打压我们?"让大家参与进来。这样就把对手的打压变成了一场好玩的游戏;如果自己的产品确实存在问题,可以大大方方地承认,同时让用户提意见如何改进,采纳的给予奖励,甚至可以采用不同的方式,如"卖萌",告诉大家,可以通过社群进行非常有效的公关活动。

社群成员是产品流行的源头,通过社群用户,产品向大众流行,这里以小米手机为例。小米手机的成功在很大程度上是"米粉"的功劳。米粉经常混在小米的群和论坛里,除了每次都准时抢购小米的新手机外,他们会抓住机会向周围的人推荐小米的产品。每一位米粉都是小米社群用户的一个节点,都在时时刻刻地向外在的世界传播着相关的信息,如小米 5S 发布后,米粉就开始向周围的人宣传 5S 的黑科技。

4.帮助管理人员提供创新的思路

社群可以帮助管理人员提供创新的思路,如笔者经营社区时,就有一个使用 Discuz 程序的站长经常在一个群里讨论他们需要一个什么样的功能,以提高运营效率。随后让相关技术人员直接按照大家的要求写成程序,在经过大家使用后没有问题,便发布在 Discuz 的官方网站里,然后 Discuz 官方再把它写到软件的版本里。

(四)社群的类型

社群营销是个性化、小而美的营销方式。社群营销的重要性和多样性可以极大地满足用户的商品需求和精神需求,其中的商业价值不言而喻。目前社群营销的形态分为六大类别,分别是产品型社群、兴趣型社群、品牌型社群、知识型社群、工具型社群、资源型社群。

1.产品型社群

产品型社群中往往企业产品的用户真实的身份是企业的忠实顾客,热爱企业的理念和其产品。通过爱好、兴趣等联系的产品型社群通常已具备自己平台的流量。除家庭、相关企业外，是一种比较好的联系方式。产品型社群的主要特征表现为：①没有中间环节和利润。②顾客看重产品功能，维系靠情感。③个人需求差异化，社群表现为一个集体。产品型社群是互联网社会组织结构的新模式，是家庭、企业之外的另一种联系方式，这条路径是新互联网商业模式，目前已被验证是符合逻辑的一种路径。

2. 兴趣型社群

一般来说，兴趣相像的人总是喜欢相类似的事物，他们总是在网上寻找相类似的东西。兴趣型社群，就是基于大家共同的兴趣和爱好而创建的社群，通过虚拟网络由具有共同兴趣的参与者组成。参与者通过网络进行互动交流，寻找到一群彼此兴趣和爱好相投的伙伴，实现了人与人之间的自由聚合。兴趣型社群是较为常见的，如手机、汽车、运动、摄影等。兴趣型社群形成的关键是"同好"，大家在社群中有收获、有分享，基于同好，社群中会出现大量的铁杆拥护者。

在这个追求自由化、多元化、个性化的社群时代，来自个体成员非常微小的兴趣、非常精细的需求、非常细腻的情感，都能找到同类的人组成社群，个人的兴趣有了社群的互动而引起共鸣并得到放大，如美食类社群"大众点评"、时尚消费类社群"美丽说"等。无论是哪种兴趣型社群，都蕴含着巨大的商业价值，值得企业和商家挖掘。

3. 品牌型社群

品牌型社群是产品型社群的一种延伸。品牌型社群以用户对产品的情感利益为联系纽带。用户基于对产品的特殊感情和认知，认为品牌能体现自身的体验价值和形象价值。用户认为这种品牌价值符合他们的人生观和价值观，从心理上得到契合，从而产生心理上的共鸣。

4. 知识型社群

知识型社群是兴趣型社群的一种延伸。知识型社群成员乐于分享自己的知识经验和成果。社群成员之间相互交流和学习，并从中得到相互的肯定和尊重，知识型社群最能发挥内隐知识的传递和知识创新的作用。群员在社群活动中自动自发地交换意见和观念，知识型社群经常会出现思想上的激烈碰撞。

5. 工具型社群

工具型社群，具体地说应该是社群应用平台，有社交平台、有即时语音的、有即时文字的、有直播类的，如微博、微信、陌陌等，是为人们进行社群交流提供的基础性工具。

如今，社群已经渗透到人们的工作、学习、生活中，成为一种普遍的日常状态。在这一趋势下，社群成了加强实时沟通的一种灵活方便的工具。各种社群软件和社群应用为人们进行社群交流提供了基础性工具，从社群渗透到社群成员个体的工作生活中。社交工具的日常应用让社群成员在现实社群和网络社群两种状态下相互交叉。

比如，越来越多的公司用微信群组织会议、协调项目和处理工作。一个工作或者学习项目成立时，一个社群也随之组建好了，整个项目的信息都可以在社群中进行沟通。又如，朋友们在聚会散场的时候，都会一同加入一个群来交流和互动。可以说，工具型社群具有应用性、灵活性、场景性等特点，可以完全服务于用户特定的场景沟通需求。

6.资源型社群

资源型社群是一种以资源置换共享为基础的社群模式,其目的和兴趣型社群相差不大,在于成员之间不断分享资源。比如,做公众号运营的朋友、同学,建立这么一个社群,企业或者商家要做公众号运营,建立这么一个资源社群,这就属于资源社群。

三、社群的发展阶段

在中国互联网市场,社群经历了三个阶段(图12-2),即社群1.0、社群2.0和社群3.0。2002年腾讯QQ群首创的群聊形态是社群1.0模式的典型代表,它以互联网人群聚集、信息互通与传递为核心目的;社群2.0阶段是基于共同的兴趣爱好的陌生人社群崛起,社群运营者的差异化策略,逐渐形成社群独有的文化效应和归属感,品牌号召力日益显著;社群3.0时代就是移动社群时代,这个时代以连接一切为目标,包括人的聚合,以及连接信息、服务、内容和商品载体。

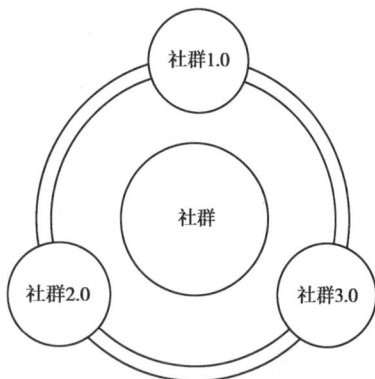

图12-2 社群的发展阶段

据第47次《中国互联网络发展状况统计报告》:截至2020年12月,我国网民规模达到9.89亿人,较2020年3月新增网民8 540万人,占全球网民总数的1/5。我国手机网民规模达9.86亿人,手机网民占比达99.7%。随着手机终端的大屏化和手机应用体验的不断提升,手机作为网民主要上网社交互动终端的趋势越来越明显。移动互联网时代的到来,使网络社群呈现出强烈的移动化趋势,这为社群的爆发带来了契机。

四、社群的生命周期

只有让用户对品牌社群持续产生兴趣,才能让社群为品牌提供最大价值。然而和世间万物一样,社群也有自己的生命周期,社群的生命周期一般包括萌芽期、高速成长期、活跃互动期、衰亡期、沉寂期(图12-3)。

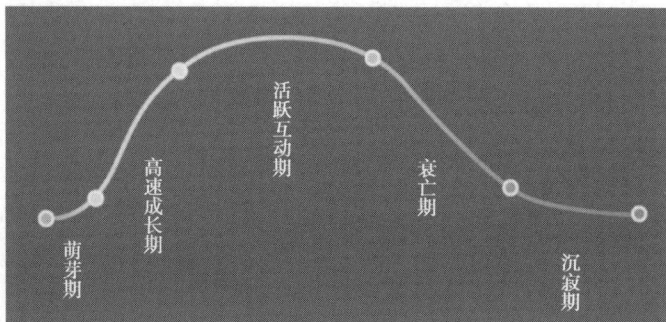

图12-3 社群的生命周期

社群每个生命周期阶段的时间长短会根据运营者的投入有不同表现。品牌要让自己的社群在有限的时间内,尽量长时间地存在,但一般来说品牌社群的生命周期一般为两年,衰亡一般情况下是不可避免的,这主要有以下三个方面的因素:第一,在两年内社群的运营给社群成员带来的新鲜红利会消失殆尽。第二,在两年的生命周期内,一个群完成了商业价值的转换。即使企业品牌有大量的忠实粉丝,产品在不断地升级换代,在两年时间内,该挖掘的商业价值被挖得差不多,若继续维护社群,成本会超过回报。第三,群主未达成目的而不再维护,群员的需求未满足而不再活跃。

但是如果将陡降的"衰亡期"变为可控的"互动缓冲期",让整条周期曲线平稳起来,即可避免社群的迅速衰亡。互联网时代可打破这一社群遵循的规律,因为互联网时代的社群更加本地化、富媒体化、去中心化、碎片化,其更为活跃、生命周期更长。

第二节　社群营销的基本内涵

一、社群经济的产生与发展

(一)社群经济的产生

社群经济是在移动互联网的驱动下而产生的一种新型经济形态。生产传播工具更加普及,人人都可以作为生产者和传播者,价值创造的门槛被大大降低,在以"罗辑思维"为代表的一批新兴"社群经济体"的带领下,现已呈现出一派蓬勃、繁荣的自生长状态。相较于传统的经济形式,社群经济的形成有其独特的时代背景和技术机遇,其自身运行系统和商业模式中的特征和优势随着不断涌现出的社群品牌的发展而愈发明显。对于品牌来说,社群经济既是时代赋予的机遇,也意味着探索求变的挑战,只有把握其形成机理和运行机制,才能赢取新一轮的社交红利。

社群经济的重点首先在于社群,其次在于经济。随着时代的不断变迁和媒介技术的进步,人类社群的发展可以说是经过了"聚合—离散—重新聚合"这样一个过程,科学技术的进步和大众媒介的普及使得社群的内涵在新时代的语境下发生了最为重要的变化,即形成社群的基本因素从血缘、地缘关系转变为成员的情感联结。拥有相同兴趣爱好或相同需求的人们,通过互联网开始连接,逐渐形成规模,促进了各行业的发展。

(二)社群经济的发展

1. 社群经济1.0——以论坛为载体的平台型社群

平台型社群以各类论坛为载体,以话题为中心,用户的回复、互动是平台型社群生存发展的基础。从某种意义上说,平台型社群在交流层面是扁平化的,是一种分散式的沟通,内容的价值不一定大,但信息流非常大,适合大众娱乐构建社群氛围。

平台型社群的生命周期一般为2~3年,在这期间,一部分社群完成商业转换,不断升级换代;一部分社群因维护成本过高,最终走向沉寂。平台型社群的主要营收来自互联网广告,其中房产、汽车占比最大。以网站论坛"19 楼"为例,2015 年年底全站注册用户数达 5 176 万户,主要营收来自互动广告,70% 来自线上,30% 来自线下。

在互联网广告的裹挟下,大部分平台型社群痴迷于关注度和热度以及由此带来的网站流量。当内容制作者有了更高的台阶,内容消费者有了更多选择,平台型社群的商业化之路变得措手不及。

2. 社群经济 2.0——以参与感为核心的产品型社群

互联网思维摧枯拉朽般地破坏了传统硬件产品的固有玩法,诞生了产品型社群。产品型社群的核心是用产品和用户建立直接的"连接",并在"连接"的基础上,构筑新的商业模式。这类社群早期以标签吸引核心用户,塑造品牌认同。中后期在营销过程中不断增加普通用户的卷入感,和用户共同完成产品建设。

产品型社群存在分水岭,苹果是一种模式——为极客而生,做行业标杆型产品。小米是另一种模式——提供一个价格更容易承受,质量远超过平均水平,但并不追求业界第一的产品。小米作为一家卖硬件的互联网企业,通过边际成本下降带来毛利上升,达到盈利。"低利润+增值"是商业竞争中常见的模式,美国的西南航空、中国的春秋航空,几乎每个行业,都有通过这种模式运营的企业。但小米最大的不同是赋予了用户/粉丝很高的互动权限。

本质上,小米的一切动能来自社群,社群的力量推动着小米的变革和品牌的再造。在产品的流程和营销过程中,产品型社群提供便利的平台方便用户二次创作,然后根据用户参与的意见不断完善产品,用户在参与的过程中获得成就感,这个链条会形成正向滚动。如果一个社群,既能够满足成员的某种价值需求,又能够给运营人带来一定的回报,就会形成良好的自运行的生态。

3. 社群经济 3.0——把名声转化为生产力的网红经济

社群经济经历了平台型和产品型的嬗变,随着精神消费图腾的出现,用户对品牌人格化、个性化的需求不断提升,社群以某一种精神领袖或 KOL(关键意见领袖)为核心,实现某种产品的高强度消费,开启了社群经济 3.0 时代:网红经济。

消费趋势变化、传统电商发展面临瓶颈及自媒体的快速发展共同推动网红经济爆发。严格意义上讲,网红并非新生事物,但"网红经济"这一概念近两年才被提出。无论是原生社群经济本身,还是觊觎粉丝经济的资本力量,都已经成为促使各种精英、达人走上把名声转化为生产力的关键性因素。

网红经济脱胎于社群经济,但在这个"趣味相投"的娱乐时代,网红经济具备一些独特属性:首先,人格化属性。社群品牌的塑造和维护,都是人格化的过程,社群本身能够迎合特定用户的需求。其次,颜值派、以内容取胜的实力派和通过与众不同博取眼球的个性派是当下网红的 3 类典型。网红经济主要涉及电商、直播以及衍生行业,其中网红电商盈利惊人。一线网红品牌化、打破生命周期,二三线网红集团化、抵御外界风险,而粉丝数量有限的达人走向微商。

越来越多的迹象表明,网红经济的未来是可持续的:①电商网红化。淘宝 2015 年女装 C 店(非天猫类店铺)前 10 名过半是网红店,网红雪梨淘宝店按照一年 2 亿元的销售额测算,线上服饰业净利率为 20%~50%,即使按照 20%,一年的利润可达到 4 000 万元。②品牌娱乐化。消费者更偏向娱乐化、个性化的品牌,网红品牌具备强烈的个人属性和娱乐色彩,符合年轻一代消费人群的消费需求。③营销社群化。广告营销从贴片广告转向信息流广告,加上移动端碎片化程度加深,规模化经营下的网红社群营销符合口碑营销和精准营销的趋势。

二、社群营销的概念

传统媒体时代的消费者是"大众的",企业孜孜不倦地找寻大众化的需求并生产大众需要的产品。PC 互联网时代使得消费者"个体化",品牌的推广可以直接围绕以数据追踪和标注的"个体消费者"来展开。而到了移动互联网和社群时代,社群、品牌、消费者三者实时连接的互动关系结构重塑着消费者对消费和企业对于营销的观念,创造着更多的商业可能性。

(一)社群营销的定义

社群营销(social marketing)是基于社群而进行的营销活动。社群营销是一种基于相同或类似需求、爱好等的商业形式,通过某种载体来聚集人气,并利用产品或服务满足群体的需求。社群营销的载体不只局限于线上各种平台,甚至线下的平台和社区都可以做社群营销。随着市场竞争激烈,社群营销开始浮出海面。据了解,目前互联网比较主流并且适合社群营销的平台有 QQ 平台、微信平台、微博平台、百度网吧、陌陌平台、知乎、豆瓣等。

(二)社群营销的内涵

社群营销是在网络社区营销及社会化媒体营销基础上发展起来的用户连接及交流更为紧密的网络营销方式,主要通过连接、沟通等方式实现用户价值。

社群营销的思维模式就是找到一群同频的人,这里所说的同频可以是有某一方面共同爱好,或者有某一方面需求,总之就是具有相同属性的人,这个概念其实很宽泛,找到这些人之后把这些人聚到一起,不断地互动,不断地输出价值,建立信任,培养感情,而最终成为忠实的粉丝。

社群营销将经典营销理论中的关系营销、定制营销、体验营销和口碑营销充分融合,发挥社群的交互性优势,重塑品牌、社群、消费者的关系,在三者的互动中打造全新的营销模式。社群营销的核心,就是重塑和消费者的连接,形成精准社群,并且让社群中的粉丝有效交互,提升传播效果。

三、社群营销的特点及优点

(一)社群营销的特点

移动互联网的大范围覆盖,加剧了营销的变革。如今,无论是 PC 端还是移动端,社群营销都占据着主导地位,其主要特点有以下几个方面:

1. 弱中心化

社群营销是可以实现一对多、多对多的互动,并不是只有一个组织人和一个富有话语权的人,而是每个人都能说,使得传播主体由单一走向多重,由集中走向分散,这是一个弱中心化的过程。

2. 多向互动性

社群营销是通过社群成员之间的互动交流,包括信息和数据的平等互换,使每一个成员成为信息的发起者,同时成为传播者和分享者,这种多向的互动性,为企业营销创造了良好的机会。

3. 情感联系进一步加强

社群成员都是基于共同的爱好、兴趣而聚集在一起的,彼此间具有情感优势,易建立起情感关联。社群成员能够产生点对点的交叉感染,还能协同产生叠加能量,从而合力创造出价值,使企业从中获得利益及有价值的信息。

4. 自行运转

社群营销在一定程度上可以自我运作、创造、分享,甚至进行各种产品和价值的生产与再生产。在这个过程中,社区成员的参与度和创造力,能催生出多种有关企业产品的创新理念,或完善企业产品、服务功能的建议,使企业交易成本大幅度下降。

5. 呈现碎片化

社群在定位上呈现出多样化、信息发布方式松散的特点。社群在产品设计、内容、服务上呈现碎片化的趋势,虽然碎片化会使社群缺乏统一性,为企业的社群营销带来很多的不确定因素,但企业只要善于挖掘、整理,就能挖掘出社群的价值。

(二)社群营销的优势

1. 针对性强

由于同一社群内的人们往往有着相似的生活习惯、认知和消费意识等,因此社群营销有很强的针对性,可以根据产品和社群内消费者的特点进行集中重点的宣传,使营销更具穿透力和杀伤力。

2. 氛围好

社群营销贴近消费者的生活,很容易引发消费者的共鸣,配合社群内长期的宣传推广,可以显著提升消费者的购买欲望,在消费者尝试产品后,可以提供优质的售后服务,培养消费者的品牌忠诚度,甚至是培养或改变消费者的消费观念。

3. 口碑宣传比例高

社群营销形式直接,消费者能够现场体验,可信度较高,而且消费人群密度高,为口碑扩散提供了有利条件。同时,社区内消费者有着相似的认知,相互之间有较高的信任感,使得口碑宣传的效果更加明显。

4. 投入少,见效快

社群营销范围固定,而且主要依托于社群内的宣传媒介,并不需要很高的资金投入。社群营销能够直接接触消费者,省略了中间环节,不需要苦苦等待消费者前来,往往能够更快地取得成效。

5. 培养典型消费者

社群营销的运作范围相对较小,可以集中有限的资源和精力向消费者做推荐,做跟踪,提高产品的试用率。社群营销直接面向消费者,双方容易建立信任和情感纽带,使消费者成为产品或品牌的"粉丝",这些消费者能够使产品在社区内的影响力迅速扩大。

6. 快速掌握反馈信息

社群营销能够近距离、多频次地接触消费者,能够更快、更容易地掌握消费者对产品、价格、活动的意见建议。企业和商家可以根据消费者的具体需求及时调整产品策略和活动内容,改善营销方案,同时为社群营销战略提供了可靠的信息支持。

第三节 社群营销的基础——社群的构建与运营

一、构建社群的基本要素

构建社群需要重视一些必要的要素。从社群运营的实践过程中,可以总结出 5 个构成完整社群的要素,它们分别是同好、结构、输出、运营和复制。根据这 5 个单词的英文首字母,可简称为"ISOOC 模型",如图 12-4 所示。

| 同好 | 结构 | 输出 | 运营 | 复制 |
| Interest | Structure | Output | Operate | Copy |

图 12-4 社群的 5 个构成要素

(一)同好(Interest)——社群成立的前提

社群构成的第一要素同好是社群成立的前提。所谓"同好",是对某种事物的共同认可或行为。我们为了什么而聚到一起?最重要的是一起做什么。任何事物没有价值就没有存在的必要。正如国内以自律为荣的最大女性社群"趁早",在社群活动中所提到的那句话:"为了找到同类,我们造了一个世界。"

这些同类,可以基于某一个产品而聚集到一起,如苹果手机、锤子手机、小米手机;可以基于某一种行为而聚集到一起,如爱旅游的驴友群、爱阅读的读书交流会;可以基于某一种标签而聚集到一起;可以基于某一种空间而聚集到一起,如某生活小区的业主群;可以基于某一种情感而聚集到一起,如老乡会、校友群、班级群;可以基于某一类"三观"而聚集到一起,如"一个人走得快,一群人走得远"的 Better Me 大本营。

（二）结构（Structure）——决定社群的存活

社群构成的第二要素结构决定了社群的存活。很多社群之所以走向沉寂，是因为最初就没有对社群的结构进行有效的规划，这个结构包括组成成员、交流平台、加入原则和管理规范。这4个组成结构做得越好，社群活得越长。

①组成成员。发现、号召起那些有"同好"的人抱团形成金字塔或者环形结构，最初的一批成员会对以后的社群产生巨大影响。

②交流平台。要有一个聚集地作为日常交流的大本营，目前常见的有QQ、微信、YY等。

③加入原则。社群有了元老成员，建好了平台，慢慢会有更多的人慕名而来，那么就得设置一定的筛选机制作为门槛，一是保证社群质量；二是会让加入者感到加入不易而格外珍惜这个社群。

④管理规范。社群人越来越多，就必须要管理，一要设立管理员；二要不断完善群规。

（三）输出（Output）——决定社群的价值

社群构成的第三要素输出决定了社群的价值。持续输出有价值的东西则是考验社群生命力的重要指标之一。例如，拆书帮用拆书法输出高质量的读书笔记，形成了国内独具特色的读书社群；秋叶PPT社群以持续高质量的PPT作品，在新浪微博上时常引起大量转发，形成国内知名的职场教育品牌。

所有的社群在成立之初都有一定的活跃度，但若不能持续提供价值，社群的活跃度会慢慢下降，最后沦为广告群。没有足够价值的社群迟早会被解散，也有一些人会屏蔽群，再去加入一个新的群或选择创建一个新群。

为了防止以上情况出现，优秀的社群一定要能给群员提供稳定的价值，如坚持定期分享、某些行业群定期可以接单等。"输出"还要衡量群员的输出成果，好的社群里所有的成员都有不同层次、不同领域的高质量输出，能够释放出更强大的能量。

（四）运营（Operate）——决定社群的寿命

社群构成的第四要素运营决定了社群的寿命。不经过运营管理的社群很难有比较长的生命周期，一般来说，从始至终通过运营要建立"四感"：第一，仪式感，如加入要通过申请、入群要接受群规、行为要接受奖惩等，以此保证社群规范。第二，参与感，如通过有组织的讨论、分享等，以此保证群内有话说、有事做、有收获的社群质量。第三，组织感，如通过对某主题事物的分工、协作、执行等，以此保证社群的战斗力。第四，归属感，如通过线上线下的互助活动等，以此保证社群的凝聚力。

如果一个社群通过运营这"四感"有了规范，有了质量，有了战斗力，有了凝聚力，就可能持续运营。

（五）复制（Copy）——决定社群的规模

社群构成的第五要素复制决定了社群的规模。社群的核心是情感归宿和价值认同，社群过大，情感分裂的可能性就越大，在"复制"这一层，有两个问题需要考虑：

第一,是不是真的有必要通过复制而扩大社群规模?

人们有时候会有一种误区,认为没有几万人都不好意思称为社群。其实经过前面4个维度考验的群,完全可以称为社群了,小而美也是一种,而且大多存活得比较久。现在很多人进入一个人数很多的群,第一件事是遴选信息的成本高,人员相互认知成本也高。相反,小圈子里,人员较少,大家的话题相对集中,小圈子里人人都容易活跃起来。从微信群、QQ群等社群的大数据中发现,90%的用户在不足20个人的小群里活跃。人人都想组建人多的大社群,但是许多大社群非常不活跃。

社群规模要看社群的成长阶段,每一个社群都有一定的成长周期,不同的阶段用不同的节奏进行控制。一般来说,规模越大的社群,越可能永远只是为新手用户提供服务,在过滤优质信息上有很大的难度,这样的群如果不控制活跃度,看着每天的信息不少,但是信息价值太小。这会导致高价值成员沉默或者离开,社群价值就无法得到提高。那么就要明确扩大规模是为了什么?扩大规模之后能解决什么瓶颈?社群定位适合扩大规模吗……这些问题要先进行思考,盲目复制反而会起到反作用。

第二,是不是真的有能力维护大规模的社群?

复制不是即兴的事情,而是要综合人力、财力、物力与精力等多角度综合考量之后的结果。例如,从一家小米粉店发展到中国互联网社群餐饮第一品牌的伏牛堂霸蛮社,号称是有20万年轻人的社群,曾尝试做一场50万人的线上发布会,微信群发布会最后只来了7万人,仅仅是7万人就出现失控的局面,反而给品牌造成很不好的影响,之后伏牛堂管理团队复盘,开始严格控制霸蛮社的规模和质量。规模的扩大意味着更多的投入,那么相应的投入产出比是否能够支撑社群一直维护下去要考虑清楚。

二、维持社群活跃度的方法

(一)达成社群成员的共识

保持社群活力的基础是达成共识。这里所说的共识并不能通过某种强制性手段强加于社群成员,而是需要他们自愿地达成某种共识。必须遵循人的自然情绪和客观原因,强行推销某种观点是传统营销中经常看到的现象,这样的效果甚微。

商家打算做社群营销,建立群之后,要让大家知道这个群的价值所在,这是维系客户不退群的关键。商家可以在社群中分享一些好文章,有价值的文章,或者说是群成员都很关心的话题等,这样才会引起群成员的注意,增加群的活跃度。同时,群内的文章会被大家转发。商家在文章中发一些隐含的推广链接,这样就完成了裂变推广。

(二)充分发挥社群领袖的作用

保持社群活跃度的一个重要核心是社群领袖,其具有极强的煽动力,具有活跃组内成员参与社群的作用。对于企业和商家而言,关键是如何能够有效地动员社群领袖为自己服务。当然,作为信息的发起者和源头,企业和商家要掌握发动社群领袖的基本原则——明确传递信息、坚定立场、反复强调以及进行传染性传播。社群领袖是维持社群健康成长、运行,并爆发出巨大能量的关键。不过，前提是必须要有优秀的产品、适合传播的话题，以及清楚自己要达到什么样的效果。社群的能量是强大的，它能够瞬间成就一个品牌，也能瞬间毁灭一个品牌，运营社群要把握好度，不可盲目进行。在数字化社群中，人们接触的信息实在是太多了，将某一信息植入大脑中是非常不容易的，而要想实现这一目标，传播的信息就必须做到简单而有力量。

当一个富有力量、简单、容易记忆的观点得到有效重复和传播以后，在人们的认知世界里便不存在异议，这就是所谓的流行观点。流行观点一旦形成，就会形成巨大的能量，在社群中具备巨大的传染力。传染的力量往往来自模仿，模仿是人类与生俱来的天性，没有什么能比天性蕴藏更大的能量了。传染的威力之大，不仅可以让人接受某种观点，还可以改变一个人的感情模式。

总之，提升社群活跃度、保持社群长久运营，一个重要前提是企业可以提供高品质产品，在此基础上提炼一个简单而有力量的核心信息，进行反复强调，有效发挥社群领袖的作用，给消费者社群树立一个有力的榜样，进行传染性传播，从而形成流行观念。

（三）设定好的社群主题

主题的设定会直接影响社群的活跃度，它是社群成员进行互动的共同指向。主题通常可以划分为小众主题和普遍性主题。好的主题首先要考虑社群成员的需求；其次是提出者对该主题的熟悉程度。主题本身没有优劣之分，它的评判标准在于是否能够激发社群成员的参与热情，提高活跃度。抛出问题、活动策划都有可能成为好主题。问题针对性强、参与成本低、反应效率高，通常是蜕变为好主题的最佳材料。

好主题有助于提高参与感，保持存在感。存在感一般是指在某个空间认识到自我存在的感觉，包括实体存在和精神存在，既可以指对自身存在的认识，也可以指他人对某人存在的发现。互联网空间的存在感，一般指精神存在，即在某个社区、社群的一种自我存在的感觉。

在去中心化的互联网时代中，人们需要认识自身的存在价值，找到存在感。存在感产生的前提是参与感和自我价值的实现，只有认识到自己的参与对某个空间产生了影响，才会有存在感。表明存在感几乎没有捷径可走，一般就是通过在社群中不断刷消息，但如果消息杂乱无章，甚至没有内容，只是一些灌水、闲聊等，只会令人生厌。人们可以通过建立一定的主题来保持自身的存在感。首先，主题为社群的交流提供了方向，以免成员言之无物，产生一些无价值的讨论；其次，一个好主题总会吸引众多成员参加，每个人都有可能在主题讨论中成为中心人物，体现或实现自身价值，影响他人的可能性大大增加。

📖【知识链接】

服装店的多种粉丝互动群

某服装店开设了自己的淘宝店，有比较稳定的销量，而且该服装店的产品质量好、款式新颖，获得了很多用户的关注。后来，该店将店铺延伸到热门互动购物网站蘑菇街，在蘑菇街中凭借团购活动和令人心动的价格获得了大量用户的喜爱。

为了更好地与社群营销接轨，该服装店根据不同平台为粉丝打造了两个不同的粉丝互动群,分别为蘑菇街优店粉丝互动群和淘宝店粉丝互动群。该服装店将这两个互动群的二维码印在了用户购物时的宣传卡片中,用户拿到实物的同时,会看到这张卡片,可以顺手去扫描一下。当用户扫描蘑菇街优店的粉丝互动群时,就会看到该服装店的一个微信账号。在其个性签名中,将其让用户满意的宗旨加入其中。用户添加之后,就可以与企业进行更好的互动,加强服装店的社群人气。通过这种方式,不仅为企业营造更好的销售气氛,还为用户营造更诚信互动的环境。该服装店通过打造这种多粉丝互动群,获得了很高的社群人气,同时在淘宝店和蘑菇街也获得了更高的人气。很多优惠活动和促销信息会在这些互动群中传递,让更多用户获得第一手的购物信息。

(资料来源:王卫东.营销新道:社群营销的发展与实践[M].北京:中国商业出版社,2018.)

(四)增加社群的专业分享

专业分享是社群信息的有效更新方式。如果每天推送有效信息,该社群的生命力就比较强。例如,"罗辑思维"的罗胖坚持每天一分钟语音信息,"死磕自己,愉悦大家",获得了大量粉丝。社群管理者应该时常发布一些专业分享内容,这种分享带有官方分享的权威性,大部分社群成员都会进行查看、审阅或学习,有必要保证专业分享的正确性。如果管理者发出的专业分享出现了错误,尤其是常识性的错误,将会极大地影响该社群本身的权威性和专业性,以及社群成员对该社群的认可度和信任感。

社群成员上传的专业分享分为权威性的和一般性的。对专业了解比较透彻的成员在社群中的地位会比较高,一般会被称为"大神",他们上传的分享、对专业的熟识和在社群的地位会自带光环,成为权威性的专业分享,有些质量很高的分享会被社群永久收藏。对该专业了解较少的成员上传的一般性的专业分享,需要对其正确率和专业性进行考量,但这些分享并不见得不受社群欢迎。其所占比重较大,内容通俗,而成为查看和接收较多的一类。这类成员的分享直接代表社群运营的成果和反馈,意味着该社群能够给成员们带来价值。

专业分享的内容丰富、形式多样。专业分享的核心是内容,专业性强、正确率高但通俗易懂的内容是优质分享。由于人们通常不会长时间集中精神在某项内容上,因此专业分享的内容应该做到主题鲜明、言简意赅,只有这样才能吸引成员的注意和兴趣,才能让他们观看和学习。专业分享的形式可以以文档、视频、语音等方式存在和分享。

专业分享多多益善。分享的次数越多,社群的活跃度自然会越高。一方面它可以体现社群价值和专业性,更好地服务社群成员,吸引更多志同道合的人加入社群;另一方面可以增加社群成员对社群的信任感,增加社群黏性。

(五)加强社群的互动性

在搭建社群后,需要为社群成员创建一个良好的、有温度的社群环境。当前有一些企业搭建的社群待人冷漠,给人冷冰冰的感觉,让人无法感到温暖。想要社群有温暖,必须学会与用户互动。互动是社群的最大优势,企业一定要通过互动来打造温暖的社群环境,活跃气氛,铸造高人气。

社群营销从某一层面来说属于网络营销,网络营销之间往往存在很多共通之处。开展社群营销不是简单地搭建平台,更要多动脑筋,学会通过互动搞定用户,营造气氛。

1. 利用社交网络,加强粉丝互动

在社群营销中,企业可以利用社交网络进行社会化社群营销。例如,利用微博、微信等相对比较轻松的社交网络来积极塑造企业的形象,并在这一过程中不断倡导自己的生活方式,以取得前期用户的肯定。企业可以发表个人信息,与粉丝互动,如互相评论、点赞,回复留言,写一些好玩的段子吸引用户,维护自己的群成员,让社群中的气氛变得活跃。

2. 打造"社群+移动"互动模式

在开展社群营销时,应该积极打造"社群+移动"互动模式。随着移动互联网的发展,出现很多移动社交软件,而这些社交软件是与社群营销息息相关的。企业可以利用移动互联网进行更好的社群营销。针对移动、社会化两大重点,应选取一个热门应用为互动和营销平台,然后推出一系列活动等,营造购物氛围,让社群成员更好地参与购买和互动。

3. 创建多种粉丝互动群

社群的最大优势在于它是一个群体,有很多成员,成员之间可以互相调侃、聊天、宣传。社群互动不一定必须在之前建立的社群中,可以是另外一种单独的形式来构成的互动。建立多种多样的粉丝互动群是社群互动的关键所在,这样可以让来自更多渠道的用户、成员进行更便利的交流和互动。

第四节 社群营销的步骤、方法与技巧

一、社群营销的步骤

(一)定位

1. 目标客户定位

社群营销,需要对目标客户进行准确的定位,需要一一进行分析。并不是每一个客户都能够赚钱,仔细分析目前的客户,可以发现很多客户是不赚钱的,可能会伴有一定的麻烦。要选对客户,定制好客户标准。

2. 主打产品定位

通常,很多公司都希望把自己的每一个产品推广到极致,但是,处于移动互联网的时代,这种做法只会加速失败。一个主要的原因在于目前很多产品同质化过于严重,消费者不知道这个产品究竟具有什么特色。这就需要针对一个产品进行主推,把这个主推产品打造到极致,做到让用户刮目相看。传统的大而全的产品推广方式已经难以适应当下的情形,就像诺基亚的手机品牌非常多,但是最终被苹果公司的一款机型打败。

（二）运营

1.学会先付出

进行运营,要学会先付出。任何一个人决定购买产品的时候,都只是一个具体的行为,而在行为背后一定是有具体情感支撑的,需要找到这个具体的支撑点,围绕这个支撑点找到可以为顾客免费提供服务的机会,通过免费降低顾客与企业接触的成本,进一步提高企业与顾客之间的信任度。

2.互动

传统的销售过于单一,没有贴心的服务,只会让顾客感觉自己和企业心理的距离都很遥远,不够贴心,而造成这种情况的主要原因是沟通方式不正确。在移动互联网下,微信、QQ、微博等可以让企业直接面对终端客户,不断听取来自顾客的意见,让顾客感觉企业不再离自己很遥远。

（三）推广

进行推广的时候,必须要找到适合自己的推广渠道。社群营销的最终目的就是通过社交媒体进行具体的营销。目前,通常的社交媒体就是微信、微博、QQ等。这些渠道都有自己的特点。通常来讲,就是通过这些渠道不断分享对目标客户有帮助的知识,加上频繁的互动,不断加强企业与目标客户的联系,最终实现销售。

二、社群营销的方法

（一）意见领袖是基本动力

社群不同于粉丝经济,过度地依赖个人,但是它依然需要一个意见领袖对其进行相关引导,而且这个领袖不能随便找人充当,必须是某一领域的专家或者权威人士,这样才能进一步推动社群成员之间的互动、交流,树立起社群成员对企业的信任感,从而传递有用的价值。

（二）提供优质的服务

企业通过进行社群营销,可以在一定程度上提供实体产品或某种具体的服务,来满足社群个体的具体需求。提供服务是社群中一种普遍的行为,如招收会员得到某种服务,进入某个群得到某位专家提供的咨询服务等,能够吸引不少人群的注意力。

（三）优质的产品是关键

无论是处在工业时代,还是在移动互联网的时代,产品都是销售的核心所在。如今,企业做社群营销的关键依然是围绕产品进行的,如果没有一个有创意、有卖点的产品,再好的营销也得不到消费者的青睐。

（四）宣传到位

有了好的产品，接下来就要看企业以什么样的方式来展现，这显得尤为重要。在这个移动互联网时代，社群营销可谓是一种再好不过的选择了，这种社群成员之间的口碑传播，就像一条锁链一样，环环相套，有着较强的信任感，比较容易扩散且能量巨大。

（五）选对开展方式

社群营销的开展方式并不是单一的，而是多种多样的。比如，企业自己通过建立社群，做好线上、线下的交流活动；与目标客户进行合作，支持或赞助社群进行活动；与部分社群领袖合作开展一些相关的活动。企业必须在开展社群营销方面多下功夫，才能达到良好的社群营销效果。

三、社群营销的技巧

（一）情感营销

情感营销，主要是指将消费者个人的情感差异和需求作为营销的具体核心，通过对情感包装、情感促销、情感广告、情感口碑、情感设计等策略进行借助，从而激起消费者的情感需求，进一步诱导消费者心灵上的共鸣，寓情感于营销之中，最终实现企业的经营目标。

情感营销之所以有效，首先是因为对于消费者而言，购买商品时所看重的并不是数量多少、质量好坏或价钱高低，而是为了得到一种感情上的满足、心理上的认同；其次是因为相比不断以各种说服教育、比较强硬地催促用户购买产品来说，情感营销是用更加温柔的情感、更加细腻的言语，使用户主动要求购买产品。

另外，通过采用情感营销获得的消费用户，往往都是有效用户，甚至可能是铁杆粉丝，这些用户一般与社群的黏性比较强，更容易产生反复购买的行为，在提高消费量方面更加有效。要想使情感营销成功进行，就需要用户对社群的价值观有明确的认可，或者迎合一部分用户的价值观，如文化、个性化、时尚和浪漫、品位和艺术、笑点、痛点等。

（二）奖励营销

奖励营销是指用户在接受营销信息的同时还可以获得相应的奖励。通常包括购物奖励、推荐奖励以及将营销信息附加在赠品上的营销方式等。

1. 购物奖励

购物奖励，主要是指在购买产品的同时，可以有机会获得额外的奖励。例如，游戏《地下城与勇士》（DNF）官网推出幸运购物活动，玩家只要在商城里购买任意一种道具，就可以在购买成功的弹窗里获得相应幸运购物活动的抽奖机会，这种奖励比较实用，如无期限普通、高级、稀有装扮兑换券。

2. 推荐奖励

推荐奖励通常是指在推荐其他用户进行参与活动的同时，自身可以获得一定数量的提成。这种奖励方式,常用于投资与金融理财方面。例如,积金汇采取推荐提成活动,推荐好友投资,即可获得好友投资的提成,享有两级高收益提成,另外可获得一级客户投资收益的10%和二级客户投资收益的2%作为提成;成功推荐有效投资用户,按照推荐人数奖励现金。

3. 将营销信息附加在赠品上

将营销信息附加在赠品上的营销方式,最典型的是手机流量奖励营销,即向用户赠送手机流量的同时,附上想要宣传的产品信息。例如,凯迪拉克通过利用流量对新款凯迪拉克ATS-L进行宣传。客户只要登录到凯迪拉克天猫旗舰店,预订新款 ATS-L 28T,填写相关信息并预付定金,那么前 100 名前往指定 4S 店完成购车合同签订的客户,即可获赠 1 亿 KB 免费安吉星 4G LTE(车载移动网络系统,类似于 Wi-Fi)流量。

与之前的购物奖励相比较而言,将营销信息附加在赠品上的营销方式,更具有一定的优越性。"购物奖励"一般都面临传播有限、范围较小、奖励众口难调的局限性。而将营销信息附加在赠品上的营销方式,其覆盖面相对较广,活动周期比较长,并且手机流量一般都是大众需要的东西,不会出现众口难调的相关问题。

(三)内容营销

以内容服人是成功营销的一个重要因素。内容营销主要在于打造内容性的产品,让产品成为社交的具体诱因。一般来说,内容营销从产品端开始就要做足功夫,最大限度地为产品注入"内容基因",打造全新的"内容性产品",从而形成一种自营销。通常"内容性产品"主要有以下 3 个特点:

①赋予目标用户一种较为强烈的身份标签,使他们在一定程度上具有社群认同感和归属感。

②用户在进一步选择购买该产品时,已经产生某种情绪共鸣,能够理解并且接受产品自带的相关内容。

③内容植入产品,使产品成为一种实体化的社交工具。当用户使用该社交工具时,首先会和产品产生最直接的第一次互动,然后会与同样使用该产品的用户碰撞出各种故事。

例如,锤子科技于 2015 年 10 月推出一款专门为文艺青年量身定做的、"只有 18% 的人会喜欢的"文青版坚果手机,背壳颜色采用文艺青年喜欢的暗淡色系,在发布会前发布 8 张悬念海报,具有强烈的"社群感",明确体现出"物以类聚、人以群分"。

在内容营销过程中无论采取什么形式的载体,对于社群而言,最后都要与互联网相互结合在一起。内容营销最适宜的载体是能够在网络上短时间内实现病毒式传播的各种形式,如视频、音频、图片、文字等。而这些形式都涉及相关的技术,在一定程度上,与技术达到一种相融合的状态,可以增加内容的亮点和切实体验感。

📖【知识链接】

百度全景尼泊尔古迹复原行动

"See you again,加德满都"——百度全景尼泊尔古迹复原行动。2015 年 4 月 25 日,尼泊尔发生了里氏 8.1 级地震,使位于加德满都等地的古建筑群遭到严重损毁。2015 年 4 月 29

日,百度对外宣布发起"See you again,加德满都"——百度全景尼泊尔古迹复原的行动,并为此开辟专门的图片上传渠道,把全世界游客在尼泊尔拍摄的照片资料进行收集,并通过百度地图全景技术,对遭到损坏的尼泊尔古迹进行数字化三维还原,让还没来得及亲眼看到的用户可以一睹历史建筑曾经的辉煌。

(资料来源:王卫东.营销新道:社群营销的发展与实践[M].北京:中国商业出版社,2018.)

第五节 社群营销的三重境界

目前已经形成商业模式的社群营销大致有三重境界,三重境界各有商业主体。第一重境界:边缘人群"割韭菜"——享受社群红利,但最终玩坏社群;第二重境界:社区商业的社群化——有温度的社群连接成为商业加法;第三重境界:没有营销痕迹的增强连接与关系让渡——社群融入主流商业,成为商业的路由器,成就踏雪无痕的社群营销。

一、第一重境界:边缘人群"割韭菜"

社群营销被严重误解,始于微商。微商几乎摧毁了大众对社群营销的好感,以致主流商业谈起社群营销都有恐惧,不愿参与,甚至不愿提及。微商是多层次直销(传销),借助社群的复活和放大,其基本特点如下:

第一,以海量社会边缘人群为主,以突破边缘人的人生困境为诱惑,以个别早期收割者的成功为范本。边缘人群巨大,在传统商业体系中没有位置,能够迅速形成巨大的体量。

第二,"半熟人"和陌生人形成多层次社群。根据邓巴数字,一个人拥有稳定社交关系的熟人的极限是148人,但148人显然很难形成商业价值,微商有大量"半熟人"或陌生人进入,并且形成多级社群。虽然社群技术上不允许超过3级,但管理上是可以多级的。因为是多层级社群,所以能够容纳海量边缘人群。

第三,微商不是品牌商的营销逻辑,是零售逻辑。零售逻辑就是"把不同的产品卖给同一个人",微商体系的供应链要经常换,一个产品很难持续销售。品牌商需要的是形成稳定的渠道和销售关系。

微商是很不稳定的商业体系,多数人在微商体系里一无所得,甚至做到最后"无朋友",做微商要求"脸皮厚",不怕干扰人的正常生活。但是,微商体系进化很快,方法持续更新,名称不断转换,如社交电商、新零售,现在有向私域流量靠拢的趋势。2020年,微商溃不成军。对微商体系造成致命影响的是直播电商。以后,社群不再会有微商类型的商业模式了。

边缘人群"割韭菜",未来还会借助新的技术卷土重来,因为这批人始终存在,但这批人玩什么毁什么。

二、第二重境界：社区商业的社群化

第二个收割社群的商业模式是平台。前几年是拼多多，现在是社区团购。拼多多只是把社群当作一次性的流量入口，然后迅速把新顾客平台化。这是拼多多能够迅速成长的重要原因。

社区团购借助了社区店的社群。社区店的特点是熟人也是熟客。社区商业社群化目前最火的是社区团购，线下店借助社群形成团购体系。社区团购没有火爆前，社区店的社群化早已完成。

相比于微商的"半熟人"社群，社区团购的熟人社群有两大特点：第一，社区社群的生活半径与商业半径重叠。有相同的生活半径是熟人，有相同的商业半径是熟客。第二，社区社群的特点是干净、有温度。因为生活半径与商业半径重叠，无人敢乱来，不会过分商业化。社区社群不仅不扰民，反而有助于熟人强交互。干净就是不扰民；温度就是熟人之间的互动、互助。

社区社群有双重流量。社群是增量，门店有存量。存量摊薄成本，增量的毛利就是净利。经过社区团购的洗礼，"店+群"已经成为标配，同时意味着 B 端的社群红利已经释放完毕。然而，社区社群是平台逻辑，不同于零售商的零售逻辑和品牌商的营销逻辑。

三、第三重境界：增强连接和关系让渡

微商社群的商业痕迹太浓，太扰民，真正的社群营销反而要求尽可能抹掉商业痕迹，这是润物无声、踏雪无痕的营销，是商业的最高境界。另外，社群营销不能只讲社群一个要素，社群要与主流商业整合。社群融入营销的众多要素，成了一个营销体系。社群的价值不是直接交易化，而是营销体系中的杠杆、路由器。对社群的功能定义是增强连接、关系让渡。增强连接指的是 B 与 C 之间的增强连接；关系让渡指的是有强社群关系的人把关系让渡给他人商业利用。

第三重境界有 3 个关键词：KOC、场景体验、云店。

B 端社群已经充分商业化，潜力很小，现在最有商业价值的人是 KOC，而且 KOC 在 B 与 C 之间有放大效应，是连接的路由器。KOC 有增强连接的能力。现在社群营销的核心是找到足够多的 KOC。KOC 有强关系，但 KOC 的价值怎么充分利用呢？这就需要做到关系让渡，而且是心甘情愿的。做法就是场景体系，形成强认知。强认知是关系让渡的前提。KOC 有强关系，场景体验有强认知，但怎么商业化呢？就需要随时可交易的平台：云店。KOC 是社群营销的核心对象，场景体验是落地措施，云店是交易平台。这是一个完整的客户群营销体系。

（一）社群营销关键词一：KOC

某家行业龙头企业，几千名业务员人人拉群，传播内容不错，但效果极差。因为社群营销有一个关键前提：线下强关系。已经过了社群割韭菜的时代，没有 C 端强关系，社群的价

值已经不大。

社群人人有,是现代人的标配。现在还讲拉群,对社群营销已经没有意义。或者说,现在要做社群营销根本不需要拉群、建群,因为每个人都有了自己的社群。同时,没有线下强关系的社群,已经很难产生商业价值。

但是,不同人的社群价值不同。B 端(终端、零售)的社群价值基本上被充分利用了,在第二重境界就被利用了。现在一些 B 端令社群"待价而沽"了,从公域流量变成了商域流量。社群的 B2C 路径已经没有价值挖掘。那么,现在还有哪些人的社群有价值呢?应该是KOC。商业逻辑是 B→KOC→C。KOC 社群的价值是"增强连接"。B 端与 C 端之间增加一个 KOC,就是放大器,能够连接更多的 C 端,KOC 是增强连接。

特别强调一下。社群营销是什么?人即渠道,关系即流量。KOC 与 KOL 的区别是 KOL是媒体(传播),KOC 是渠道。KOC 不是微型版的 KOL,两者的价值和用途完全不同。

KOC 有双重属性。首先,KOC 本身是用户,是 C 端;其次,KOC 是有渠道价值,是影响更多 C 端的桥梁。什么样的人是 KOC 呢?大概有 4 个要素:强关系(熟人多)、爱尝鲜、爱分享(热心交流)、专业(可以教得更专业)。个别 KOC 的价值不大,KOC 形成密度价值就大。比如,一个县有 50 个 KOC,就可以覆盖整个县城了。为什么要形成密度呢?因为有密度就形成了交叉覆盖。交叉覆盖的价值是交叉印证。当一个人从多个渠道获相同的信息时,就更相信了。

(二)社群营销关键词二:场景体验

KOC 有影响力,那么怎么把 KOC 的强关系利用起来呢?前提是场景体验。通过场景体系,让 KOC 心服口服,心甘情愿地做"关系让渡",即把自己的强关系让别人所用。

为什么场景体验有这么大的作用呢?先说场景。产品是功能,场景是生活。再说体验,体验是最强的认知。场景体验结合起来,就能够让 KOC 形成强认知。

认知手段很多,广告、内容传播等都是认知手段,但体验是最强认知。一次体验,胜过百次媒介传播。但体验的效率太低,这是矛盾的。体验是不能广泛推广的认知手段,但体验对B 端、KOL、KOC 和大 C 却是可以的,毕竟人数不太多。

正是对场景体验的强认知,让 KOC 愿意做关系让渡。KOC 会觉得,这是对熟人、朋友做的有价值的事,不是简单的商业利益。

(三)社群营销关键词三:云店

云店不是微商城。微商城的逻辑是 B2C,云店的逻辑是 B2B2C。

微商往往把交易搞得轰轰烈烈,让更多的人跟随。KOC 社群要搞得润物无声,那么,云店就是最好的交易平台。

最好的社群交易场景是线下认知,社群推送,云店下单。这是一套营销体系,社群只是其中的一个环节,而且是商业痕迹不那么明显的环节。

以人为渠道,对 KOC 是有风险的。把社群营销做得没有痕迹,商业价值才能放大。

上面讲的客户群营销的三重境界,各有商业主体。

微商是零售逻辑。品牌商沦为微商的供应商,参与度不高。

社区团购是平台逻辑，品牌商和经销商仍然沦为供应链，参与度不会太高。

真正让社群在品牌商和代理商发扬光大，并且渗透全渠道链的是第三重境界。社群的价值是增强连接和关系让渡，而不是直接拉人头赚点小钱。

KOC、场景体验、云店，这3个关键词似乎与社群无关，但恰恰是为社群营销赋能的营销手段和工具。

📖【本章小结】

本章是有关网络营销的概述，主要包括以下几个方面的内容；

第一节介绍了社群的基本内涵。

第二节探讨了社群营销的基本内涵。社群营销是在社群基础上形成的一种不可或缺的营销方式，它具有自身独有的特点和优势，如移动互联网时代互动变得更加多向、碎片化等。

第四节重点介绍了社群营销的步骤、方法和技巧。社群营销的步骤，要遵循的具体规律，明确做好定位、运营及推广手段；社群营销的方法，应该做到全面且综合，把握好相应的关键所在，通过一些经常用到的营销技巧合理地进行社会营销。

📖【复习思考题】

1. 如何理解社群的概念？社群与社交、社区的区别是什么？
2. 社群的基本类型有哪些？
3. 什么是社群营销？社群营销有什么特点和优势？
4. 构建社群的基本要素有哪些？
5. 如何维持社群的活跃度？
6. 如何进行社群营销？社群营销的基本方法是什么？有哪些技巧？

📖【案例分析】

秋叶PPT的社群营销

秋叶团队是致力于在线教育的一个互联网社群，主要受众为大学生和职场新人。目前课程学员超2万人，主推"和秋叶一起学PPT""和秋叶一起学职场技能""和阿文一起学信息图表"等课程。秋叶的社群分两块。

第一块为69人组成的核心群，各有擅长的领域，在一起经常能碰撞出很多绝妙的创意或想法，基于互联网众包协作开发课程、做有影响力的新媒体、写累计下载量过百万的电子书……

第二块为PPT爱好者，其中很大一部分已经是课程学员，还有很多喜欢读书、喜欢新媒体、喜欢分享的年轻人。通过秋叶老师和核心群不断推出新课程、新活动、鼓励大家一起动手、总结、分享，吸引越来越多爱学习的年轻人加入。秋叶社群和金山、美的、万达等企业合作品牌活动#一页纸大赛#、#群殴PPT#和各主流出版社合作#读书笔记PPT#，影响力日趋扩大。

秋叶PPT社群成员最初是以PPT这个工具的爱好者为发端，在秋叶的引导、发现、培养之下又聚集了一批爱阅读、爱思考、爱学习、爱分享的核心群体。PPT 爱好者小众化,决定了社群的规模与影响力都是有限的。

要入群,买课程就是门票;想升级到核心群,就多努力学习、展示优秀的作品。不同用途的群所设置的管理结构不同,学员群管理模式是金字塔结构,平时禁言,核心群是环形结构,极度活跃。平台主阵地是 QQ 群,目前有 6 个 2 000 人的学员 QQ 群,1 个 1 500 人的学员 QQ 群,1 个 1 000 人的 QQ 群,根据购买课程的人数,还在不断增加。秋叶的学员群功能,一是答疑服务,二是定期分享,秋叶会在其中筛选出优秀的人才纳入核心团队,进行培养。

核心人物的输出主要是优质课程的不断开发与升级,周五定期有群内干货分享,3 分钟免费微信教程,经常送书,鼓励动手做读书笔记 PPT,让学员赚回学费等。群员输出是在秋叶主导、群员分工协作的情况下,一起做成了 PPT 领域最有影响力的微信公众号;一起写出了年销量破 10 万册的系列纸质书籍、单期下载量破 20 万的电子书;一起开发出付费学员人数破 20 000 人的在线课程……

学员购买课程,获得入群资格后,会获得个人编号,有公告和禁言,有庄重感;核心小伙伴入群,爆照甩节操秀下限,有欢快轻松感。购买课程后自由完成课程内布置作业,发微博,老师点评。还有品牌活动#群殴 PPT#、#一页纸大赛#,参与后可获得奖品,影响力越来越大,这几个活动已经获得过与美的集团、万达集团的合作;怎么做出国内影响力最大的微信号?怎么一起写书? 怎么一起开发课程? ……这样的"大事",秋叶会根据核心群群员各自擅长的领域给予分工,虽然群员来自天南地北,但是通过网络分工协作,每天交流创意和进度。平时做推广,群员自行组织接龙转发,自运行力和凝聚力很强;组织多次线下活动 P 友会,增进群员对社群的归属感。

秋叶团队实用类在线教育已到领头羊的位置,首先,课程有破百万的销售额,不缺钱;学员破 5 万,核心团队 69 人末位淘汰,不缺人;经常有和各大企业合作的机会,不缺影响力。以学员群为核心分化出很多以秋叶核心小伙伴为中心的子社群,如邓稳的群殴 PPT 群、秦阳的秦友团群、阿文的信息图表群、蔬菜有乐膝盖的表情包群、油杀臭干的动画手绘群等,陈慧敏运营的 Better Me 社群。

秋叶的核心文化就是:玩耍起来无节操,认真起来无人敌——玩的同时把活做好,还能挣到钱。

(资料来源:秋叶,秦阳,陈慧敏. 社群营销:方法、技巧与实践[M]. 2 版. 北京:机械工业出版社,2016.)

问题:

基于社群构成要素 ISOOC 模型,分析评价秋叶 PPT 的社群质量。

参考文献

[1] 徐同谦,贾梦珂. 技术与演进:数字营销研究图景:1996—2022 年数字营销研究的纵向分析[J]. 新闻与传播评论,2023,76(5):115-128.

[2] 敖韫. 数字经济时代企业数字化转型的实现路径分析[J]. 全国流通经济,2023,76(20):120-123.

[3] 王永贵,张二伟,张思祺. 数字营销研究的整合框架和未来展望:基于 TCCM 框架和 ADO 框架的研究[J]. 商业经济与管理,2023(7):5-27.

[4] 张雨钊. 互联网视域下数字营销的变局[J]. 商展经济,2023(2):64-66.

[5] 韩国颖,张科. AIGC 营销:人机共生式营销模式 推动数字营销向数智化跨越[J]. 企业经济,2024,43(2):111-124.

[6] 李晓静. 数字媒体下的全国人大代表履职研究[D]. 长沙:湖南大学,2015.

[7] 鲍磊,江梓毓,奚凯悦. 数字营销的发展:从 1.0 时代到 4.0 时代的进化[J]. 山东纺织经济,2022(2):19-22.

[8] 潘媛媛. 新零售背景下 X 酒店数字营销策略优化研究[D]. 南昌:南昌大学,2023.

[9] 黄飞燕. 石林 DC 禽业有限公司数字营销策略研究[D]. 昆明:云南财经大学,2023.

[10] 阳翼. 数字营销[M]. 2 版. 北京:中国人民大学出版社,2019.

[11] 周茂君. 数字营销概论[M]. 北京:科学出版社,2019.

[12] 朱磊,崔瑶. 数字营销效果测评[M]. 北京:科学出版社,2020.

[13] 王薇. 数字营销发展及趋势研究[J]. 全国流通经济,2023(13):28-31.

[14] 孙建国. 数字经济时代企业数字化转型的创新策略[J]. 现代商业,2023(8):79-82.

[15] 田朔,孙爱琳. 数字经济对中国制造业企业创新的影响研究[J]. 经济问题,2023(6):41-49.

[16] 王永贵,项典典. 数字营销:新时代市场营销学[M]. 北京:高等教育出版社,2023.

[17] 戴夫·查菲,菲奥纳·埃利斯-查德威克. 数字营销:战略、实施与实践[M]. 7 版. 王峰,韩晓敏,译. 北京:清华大学出版社,2022.

[18] 冯蛟,张淑萍,李国鑫. 数字营销:理论、实务与案例[M]. 北京:清华大学出版社,2023.

[19] 程明. 数字营销传播导论[M]. 武汉:武汉大学出版社,2022.

[20] 龚雅娴. 企业数字化转型：文献综述与研究展望[J]. 产经评论，2022，13(1)：40-47.

[21] 王永贵，汪淋淋. 传统企业数字化转型战略的类型识别与转型模式选择研究[J]. 管理评论，2021，33(11)：84-93.

[22] 吴超，赵静，罗家鹰，等. 营销数字化：一路向 C，构建企业级营销与增长体系[M]. 北京：机械工业出版社，2022.

[23] 项典典，包莹，焦冠哲. 数字经济视域下的产消者：研究述评与展望[J]. 外国经济与管理，2022，44(3)：36-52.

[24] 杨扬，刘圣，李宜威，等. 大数据营销：综述与展望[J]. 系统工程理论与实践，2020，40(8)：2150-2158.

[25] 彭英. 数字营销[M]. 北京：清华大学出版社，2023.

[26] 任保平，杜宇翔，裴昂. 数字经济背景下中国消费新变化：态势、特征及路径[J]. 消费经济，2022，38(1)：3-10.

[27] 龚雅娴. 数字经济下的消费行为：述评与展望[J]. 消费经济，2021，37(2)：89-96.

[28] 李永平，董彦峰，黄海平. 数字营销[M]. 北京：清华大学出版社，2021.

[29] 查克·希曼，肯·布尔巴里. 数字营销分析：消费者数据背后的秘密[M]. 2 版. 海侠，译. 北京：机械工业出版社，2021.

[30] 黄家娥，李静，胡潜. 基于企业画像的行业信息精准服务研究[J]. 情报科学，2022，40(2)：99-104.

[31] 聂帆飞，马元驹. 企业财务风险偏好画像构建[J]. 山西财经大学学报，2022，44(11)：94-107.

[32] 曾津，韩知白. 数据分析实战：方法、工具与可视化[M]. 北京：人民邮电出版社，2023.

[33] 中国商业联合会数据分析专业委员会. 客户与产品数据分析[M]. 北京：中国商业出版社，2021.

[34] KOTLER P，KELLER K L，ANG S H，et al. Marketing management：an Asian perspective[M]. London：Pearson，2018.

[35] 胡晓峰，石忠义. 市场营销学[M]. 重庆：重庆大学出版社，2022.

[36] 黎传熙. 数字创新生态下营销动态能力的构建与资源编排：基于零售新业态企业的双案例研究[J]. 经济与管理，2024，38(2)：84-92.

[37] 李岚，孙锦铭. 数字营销传播：主流媒体融合转型的新突破[J]. 中国广播电视学刊，2024(3)：42-46.

[38] 郭献山. 数字经济背景下中小企业市场营销数字化转型研究[J]. 江苏科技信息，2023，40(36)：50-53.

[39] 李欣阳，赵耀. 数字营销在企业营销活动中的应用价值和实施路径[J]. 老字号品牌营销，2023(24)：20-22.

[40] 钟思雪. "互联网+"时代企业数字营销创新路径研究[J]. 中国中小企业，2023(11)：165-167.

[41] 江缤. 数字营销模式下新零售企业营销策略探析[J]. 营销界，2023(17)：47-49.

[42] 刘弋瑗. TalkingData 产品副总裁闫辉: "新风向" 催化数字营销三大变化[N]. 中华工商时报, 2022-01-19(7).

[43] 王袁欣, 苍海心, 范小青. 全媒体传播体系下科技企业数字营销的传播策略: 以华为公司为例[J]. 传媒, 2023(24): 70-72.

[44] 王佳玫, 武晓宇. 价值链重构与资源战略重组: 新媒介生态下数字营销的创新路径[J]. 编辑学刊, 2022(3): 36-42.

[45] 张庆昌. 浅谈数字媒体技术在现代广告设计与营销中的应用[J]. 营销届, 2023(5): 41-43.

[46] 黎志勇, 杨玉娟. 数字媒体时代电商 5W 直播传播模式研究[J]. 北方传媒研究, 2023(5):5-8,14.

[47] 张珺. 借力新媒体传播打造哈尔滨网红旅游城市的对策研究[J]. 学理论, 2022(11): 64-67.

[48] 陈钦兰. 新媒体营销: 数字、工具与运营[M]. 北京: 机械工业出版社, 2023.

[49] 杨明刚. 数字媒体品牌策划与设计[M]. 上海: 上海人民出版社, 2022.

[50] 顾晨娴. 数字媒体语境下的太平鸟品牌视觉营销分析[J]. 丝网印刷, 2023(18): 75-77.

[51] 宋亚, 刘艳菲, 刘春芽. 论数字媒体艺术对营销的影响[J]. 老字号品牌营销, 2023(11): 9-11.

[52] 宁延杰. 数字化营销: 新媒体全网运营一本通[M]. 北京: 北京大学出版社, 2023.

[53] 肖凭. 新媒体营销[M]. 2 版. 北京: 北京大学出版社, 2023.

[54] 秦旭剑, 李文涛. 数字媒体在东北品牌设计中的创新应用研究[J]. 上海包装, 2023(12): 126-128.

[55] 李宏. 旅游目的地新媒体营销-Ⅱ: 策略、方法与案例[M]. 北京: 旅游教育出版社, 2021.

[56] 周思祺, 毛悦颖. 企业数字化转型与价值创造探析:以太平鸟服饰有限公司为例[J]. 经营管理者,2022(10):72-73.

[57] 李桢. 数字新媒体时代江西茶文化品牌塑造与传播策略研究[J]. 农业与技术, 2023, 43(18):177-180.

[58] 陈晓环, 单皎洁, 郭姝麟. 融媒体时代的品牌形象设计策略研究[J]. 国际公关, 2023(15):88-89.

[59] 罗伯特·斯考伯, 谢尔·伊斯雷尔. 即将到来的场景时代: 大数据、移动设备、社交媒体、传感器、定位系统如何改变商业和生活[M]. 赵乾坤, 周宝曜, 译. 北京: 北京联合出版公司, 2014.

[60] 彭兰. 场景: 移动时代媒体的新要素[J].新闻记者, 2015(3): 20-27.

[61] 许晓婷. 场景理论: 移动互联网时代的连接变革[J]. 今传媒, 2016, 24(8): 85-86.

[62] 蔡余杰, 纪海. 场景营销: 大连接时代的"营销颠覆者"[M]. 北京:当代世界出版社, 2016.

[63] 赵静. 场景营销研究[D]. 哈尔滨: 黑龙江大学, 2017.

［64］关芷蕙. 移动程序化技术驱动下的场景营销模式研究［D］. 广州：暨南大学，2017：18-19.

［65］邬镇宁，黄贵莲. 场景化营销的传播应用探析：构建场景［J］. 广告大观（理论版），2017（5）:4-13.

［66］丁蕾. 场景营销：开启移动互联网时代的营销新思维［J］. 出版广角，2017（3）：65-67.

［67］张佚凡. 价值共创视角下互联网公益活动参与意愿影响因素研究［D］. 南京：南京大学，2018.

［68］罗敏. 场景连接一切：场景思维+场景构建+场景营销+案例实战［M］. 北京：电子工业出版社，2018.

［69］谈佳洁. 消费者视角下城市消费空间"场景"概念的建构［J］. 城市问题，2019（5）：85-94.

［70］褚肖依. 基于技术视角的移动媒介场景研究［D］. 济南：山东大学，2019.

［71］臧丽娜，刘钰莹. 基于SIVA理论的品牌传播场景构建［J］. 当代传播，2019（2）：97-100.

［72］刘大勇. 场景营销：打造爆款的新理论、新方法、新案例［M］. 北京：人民邮电出版社，2019.

［73］喻国明，陈雪娇，卢文婕，等. 边缘计算、5G与传播的未来融合：试论场景视阈下新闻传播过程的重新构建［J］. 传媒观察，2019（10）：5-10.

［74］童艳霞. 浅谈场景营销开启移动互联网时代的营销新思维［J］. 老字号品牌营销，2019（1）：21-23.

［75］于萍. 移动互联环境下的场景营销：研究述评与展望［J］. 外国经济与管理，2019，41（5）：3-16.

［76］李之博. 场景营销：基于连接的营销革命［J］. 中外企业家，2020（3）:27-28.

［77］于海跃，李琪. 移动互联网下的企业创新营销模式研究［J］. 现代商业，2020（5）：37-39.

［78］王乐，王楠，杨锦霞. 微信内容营销对企业品牌形象的影响研究［J］. 中国集体经济，2018（12）：48-49.

［79］李霞. "互联网+"背景下内容营销与产品定位的融合探讨［J］. 商业经济研究，2018（8）：51-53.

［80］华达尼. 内容营销策略实践研究：以网易云音乐为例［J］. 环球市场，2019（26）：139.

［81］仝彦丽. 新媒体时代企业内容营销的策略分析［J］. 电子商务，2019（6）：53-54.

［82］殷咸权. 社会化媒体下的内容营销：以微信公众号为例［J］. 经营与管理，2019（8）：123-126.

［83］武希广，黄湘萌. 基于感知利益的内容营销对大学生消费者购买意愿的影响分析［J］. 中国市场，2020（4）：135-136.

［84］周懿瑾，陈嘉卉. 社会化媒体时代的内容营销：概念初探与研究展望［J］. 外国经济与管理，2013，35（6）：61-72.

[85] 白建磊，张梦霞. 企业微博矩阵虚拟化运营机制研究：内容呈现、粉丝服务和关系营销[J]. 财经问题研究，2015(12)：75-81.

[86] 徐大佑，汪延明，刘芳梅. "互联网+"背景下的内容营销策略[J]. 经营与管理，2016(3)：54-57.

[87] 贺爱忠，蔡玲，高杰. 品牌自媒体内容营销对消费者品牌态度的影响研究[J]. 管理学报，2016，13(10)：1534-1545.

[88] 杨艳. 体验式营销在 C2C 电子商务中的应用[J]. 商业时代，2011(16)：34-35.

[89] 聂元昆，贺爱忠. 营销前沿理论[M]. 北京：清华大学出版社，2014.

[90] CHASTON I. Internet marketing and big data exploitation[M]. Aukland, New Zealand：Palgrave Macmillan，2015.

[91] PALMATIER R W，MARTIN K D. Big data's marketing applications and customer privacy[M]//The Intelligent Marketer's Guide to Data Privacy. Cham：Springer International Publishing，2019.

[92] XIA H，TANG S Q，LI S，et al. Application research of big data E-commerce in closed community[C]//Proceedings of the 2018 1st International Conference on Internet and e-Business. Singapore，Singapore. ACM，2018：43-46.

[93] RATNER B. Statistical and machine-learning data mining：techniques for better predictive modeling and analysis of big data[M]. Third Edition.

[94] 丁雅雅. 基于大数据技术的 JH 电信精准营销研究[D]. 南京：南京邮电大学，2020.

[95] 陈敏. 大数据背景下小微电商 S 公司精准营销策略研究[D]. 昆明：云南师范大学，2020.

[96] 高志坚. 移动互联网背景下基于消费者洞察的精准营销[J]. 商业经济研究，2020(11)：86-89.

[97] 于洋. 基于 CRM 的 X 银行精准营销研究[D]. 石家庄：河北经贸大学，2020.

[98] 赵崇希. 基于客户价值细分的 A 公司精准营销策略[D]. 绵阳：西南科技大学，2019.

[99] 薛晶. B2C 电商企业大数据精准营销的构建研究：以 W 企业为例[D]. 深圳：深圳大学，2019.

[100] 金丽芳. 移动互联网时代唯品会精准营销策略研究[D]. 广州：广东外语外贸大学，2019.

[101] 吕彦吉. 基于通信客户消费行为细分的精准营销研究与应用[D]. 阜新：辽宁工程技术大学，2019.

[102] 李维胜，莫静玲. 房地产精准营销沙漏模型研究：基于人工神经网络[J]. 技术经济与管理研究，2018(9)：31-35.

[103] 邓典雅. 大数据背景下商业银行精准营销的设计与应用[D]. 广州：华南理工大学，2018.

[104] 高振宇. 考拉珍礼微信电子商务模式精准营销策略研究[D]. 杭州：浙江理工大学，2018.

[105] 魏想明，张晶，向贤松. 大数据精准营销[J]. 企业管理，2016(11)：91-93.

[106] 李维胜,蒋绪军. 电子商务精准营销对策研究[J]. 开发研究,2013(2):46-49.

[107] 时炼波,张俐华. 论精准营销的内涵与实施策略[J]. 企业经济,2009,28(8):90-92.

[108] 郑冰清,古怡. 品牌 IP 营销的发展战略研究[J]. 价值工程,2020,39(32):254-255.

[109] 陈思."互联网+"时代品牌 IP 化的应用[J]. 武夷学院学报,2020(8):33-38.

[110] 寇尚伟,杜芸. IP 营销:人格价值的回归[J]. 企业家信息,2017(2):64-66.

[111] 李斌. IP 生态圈:泛娱乐时代的 IP 产业及运营实践[M]. 北京:中国经济出版社,2017.

[112] 牛兴侦. 泛娱乐×IP:跨界融合与协同发展[M]. 北京:中国书籍出版社,2017.

[113] 秦阳,秋叶. 如何打造超级 IP[M]. 北京:机械工业出版社,2016.

[114] 袁伟伟."IP+商业":内容营销的核心与突破解读[J]. 商业经济研究,2017(15):48-50.

[115] 贺泽兰. 基于虚拟社区互动的 IP 整合营销研究:以《三生三世十里桃花》为例[D]. 南宁:广西大学,2018.

[116] 戴维维. 品牌传播中的视觉 IP 打造[J]. 山西青年,2020(9):82-83,126.

[117] 刘春雄. 品牌不一定是 IP,但 IP 天然是品牌[J]. 销售与市场(营销版),2018(8):57-59.

[118] 袁航. 传统品牌如何搭上超级 IP 的快车[J]. 企业观察家,2018(10):108-109.

[119] 苏落. 读懂"IP 经济"[J]. 成功营销,2016(Z2):82-85.

[120] 谭爽,周瑞华.[玩 IP"通关"大考验]品牌如何转化 IP 粉丝[J]. 成功营销,2016(6):30-31.

[121] 姚小飞. 品牌 IP[M]. 北京:中国纺织出版社,2022.

[122] 徐海龙,王丹凤. 虚拟数字人的身份价值和受众心理辩证[J]. 视听界,2022(6):30-32.

[123] 程玉田. 4I 营销理论视角下虚拟数字人营销实践的现状、问题及优化对策研究[D]. 上海:上海师范大学,2023.

[124] 贾舟瀛. 汽车品牌自创数字虚拟人 IP 营销策略研究:以梅赛德斯-奔驰数字虚拟人 IP Mercedes 为例[J]. 产品可靠性报告,2023(8):37-39.

[125] 蔡丽蓉. 新媒体背景下抖音短视频平台品牌营销策略[J]. 北方经贸,2024(2):90-94.

[126] 陆瞻,张剑. 基于用户心理的短视频品牌推广研究[J]. 新闻研究导刊,2024,15(2):13-15.

[127] 单文盛,黎蕾. 移动互联网时代短视频营销策略和价值研究[J]. 长沙大学学报,2015,29(4):35-37.

[128] 白皓天."七秒"营销:浅谈短视频营销[J]. 新闻传播,2016(3X):48-49.

[129] 李朝辉,程兆兆,郝倩. 短视频营销与运营:视频指导版[M]. 北京:人民邮电出版社,2021.

[130] 营销铁军. 短视频营销[M]. 天津:天津科学技术出版社,2020.

[131] 骆建艳, 陈睿. 以抖音为例探析短视频营销对消费者购买意愿的影响[J]. 中国商论, 2023(22): 41-44.

[132] 张志. 基于抖音兴趣电商模式的病毒短视频营销[J]. 国际公关, 2024(4): 120-122.

[133] 曾佳欣. 赋能: 互联网+跨界运营与融合实践[M]. 北京: 电子工业出版社, 2017.

[134] 林汶奎. 跨界时代: 从颠覆到融合[M]. 北京: 人民邮电出版社, 2016.

[135] 张战伟. 跨界思维: 互联网+时代商业模式大创新[M]. 北京: 人民邮电出版社, 2015.

[136] 丁青松. 动漫企业跨界整合营销策略研究: 以 A 企业为例[D]. 南京: 南京邮电大学, 2016.

[137] 张丹丹. CRYPTON 公司 IP 跨界营销策略研究[D]. 兰州: 兰州理工大学, 2016.

[138] 陈炳祥. 跨界营销: "互联网"时代的营销创新与变革[M]. 北京: 人民邮电出版社, 2017.

[139] 韩布伟. 互联网+跨界颠覆[M]. 北京: 化学工业出版社, 2017.

[140] 卓曼. 跨界营销的成功要素与实施路径研究[J]. 长春师范大学学报, 2017(6): 195-198.

[141] 杨玉. "互联网+"时代的跨界营销研究[D]. 哈尔滨: 黑龙江大学, 2018.

[142] 程丹亚, 袁炜灿. 跨界营销: 品牌另辟蹊径的营销之道[J]. 新闻研究导刊, 2018, 9(15): 76-77.

[143] 周青杉, 何星池. 浅析可口可乐在中国的跨界营销策略[J]. 传播力研究, 2018(21): 34.

[144] 杨春丽. 跨界营销中的品牌策略[J]. 中国市场, 2018(15): 141-142.

[145] 王玉玺, 海龙. 消费者跨渠道购买行为分析: 基于消费数据的实证研究[J]. 未来与发展, 2019, 43(4): 54-60.

[146] 张益铭. IP 跨界营销赋能新媒体传播方式的创新发展: 以人民日报社新媒体中心为例[J]. 出版广角, 2019(21): 70-72.

[147] 刘珊琪, 胡付照. 在线音乐平台跨界营销应用研究: 以网易云音乐为例[J]. 市场周刊, 2019, 32(2): 81-82.

[148] 李娜, 陈玉萍. 打开脑洞跨界营销[J]. 企业管理, 2019(10): 102-104.

[149] 冯文娜. 互联网经济条件下的企业跨界: 本质与微观基础[J]. 山东大学学报(哲学社会科学版), 2019(1): 107-117.

[150] 陈瑞娟, 刘晨宇. 跨界营销: "互联网+"时代老品牌的新生之道[J]. 艺术科技, 2019, 32(12): 187-188.

[151] 陈海军, 张瑞清, 王竞宇. 互联网时代品牌跨界营销策略研究: 以三大媒体 2019 年度盘点为例[J]. 新媒体研究, 2020, 6(23): 37-40.

[152] 林莹. 2019 年品牌跨界营销案例盘点[J]. 中国广告, 2020(2): 57-60.

[153] 张婷. 创业黑马公司社群营销策略研究[M]. 南昌: 华东交通大学, 2019.

[154] 王卫东. 营销新道: 社群营销的发展与实践[M]. 北京: 中国商业出版社, 2019.

[155] 王风国. 市场营销专业学生社群营销实践教学探讨[J]. 山东纺织经济, 2020, 37

（10）：47-49．

［156］刘春雄．社群营销，是商业边缘还是主流？［J］．销售与市场（管理版）．2020（11）：29-33．

［157］秋叶，秦阳，陈慧敏．社群营销：方法、技巧与实践［M］．2 版．北京：机械工业出版社，2016．

［158］武永梅．社群营销：方法技巧、案例分析、应用实战［M］．天津：天津科学技术出版社，2017．

［159］秦阳，秋叶．社群营销与运营［M］．北京：人民邮电出版社，2017．